Oliver Gorus

Erfolgreich als Sachbuchautor

Von der Buchidee bis zur Vermarktung

Bibliografische Information der Deutschen Nationalbibliothek

Die Deutsche Nationalbibliothek verzeichnet diese Publikation in der
Deutschen Nationalbibliografie; detaillierte bibliografische Daten sind
im Internet über http://dnb.d-nb.de abrufbar.

ISBN 978-3-86936-179-6

Lektorat: Ute Flockenhaus
Umschlaggestaltung: Martin Zech Design, Bremen | www.martinzech.de
Umschlagfoto: Martin Zech, Bremen
Satz und Layout: Das Herstellungsbüro, Hamburg | www.buch-herstellungsbuero.de
Druck und Bindung: Salzland Druck, Staßfurt

2., völlig überarbeitete Neuauflage
© 2011 GABAL Verlag GmbH, Offenbach

www.gabal-verlag.de

Inhaltsverzeichnis

Vorwort zur 2. Auflage

»Sie können diese Verlagstypen allesamt in einen Sack stecken und draufhauen, Sie erwischen auf jeden Fall den richtigen!«, grantelte der gestandene Bestsellerautor, während er in seiner Kaffeeküche stand und für mich eine Nespressokapsel aussuchte.

Er war unzufrieden. Die Verlage machten einfach immer, was sie wollten, nur nicht das, was er wolle. Die leidige Titeldiskussion! Der Coverentwurf sei natürlich grauenhaft. Aber egal, was er vorschlage, die Damen und Herren auf den hohen Rössern wüssten natürlich immer alles besser! Und das Lektorat erst! Die besten Stellen hätten sie rausgestrichen! Er überreichte mir meinen Espresso und funkelte mich zwischen tiefroten Zornesfalten hindurch an.

»Das war mein erstes und mein letztes Buch bei diesem gutmenschelnden Intellektuellenklüngel, das sage ich Ihnen! Den nächsten Vertrag mache ich nicht mehr selber, das verbietet mir alleine schon mein Arzt. Den nächsten Verlag …«, er fuchtelte drohend mit dem Zeigefinger, »… den besorgen Sie!«

Mein Klient hatte zwar zwischenmenschliche Umgangsformen, die mich an die heiseren Zwischenrufe von der Seitenlinie bei niedrigklassigen Jugendfußballspielen erinnerten, aber ich mochte ihn. Hinter seinem herrischen Gehabe konnte man ganz deutlich eine liebenswürdige Ader hervorschimmern sehen. Manchmal zumindest. Und er war gut. Er hatte wirklich etwas zu sagen und seine Begabung, Entwicklungen in der Wirtschaft vorauszudenken und den Nerv der Zeit zu treffen, war brillant.

Am Ende bekam ich doch nicht den Auftrag, sein nächstes Buch zu vermitteln. Er kümmerte sich lieber wieder selber darum, denn eigentlich machte es ihm ja Spaß, sich mit den »studierten Bürschchen« vom Verlag herumzuschlagen, wie er es nannte. Meine Agentur durfte ihn dafür beim Manuskript unterstützen, und das war hier der entschieden dankbarere Job.

So wie diesem Autor geht es vielen. Die Verlage scheinen einfach nicht zu verstehen, was der Autor will. Die wohldurchdachten Titelvorschläge werden vom Tisch gewischt, ohne dass der Verlag eine bessere Alternative vorweisen kann. Das Buch wird nicht als Marketingschwerpunkt, sondern nur als B-Titel eingestuft und entgegen der Bedeutung des Buches ganz hinten in der Verlagsvorschau platziert. Der Ladenpreis wird viel zu hoch festgesetzt. Der Schutzumschlag wird weggelassen, das Cover ist viel zu langweilig, und dann will der Verlag auch noch auf den Untertitel verzichten, obwohl darin doch die eigentliche Kernthese formuliert ist. Jeder Autor, der ein bisschen Erfahrung gesammelt hat, kennt diese Konfliktpunkte und kann selbst Anekdoten dazu erzählen. Irgendwie scheinen die Verlagsleute einfach anders zu ticken …

Es ist tatsächlich so: Die Buchbranche hat ihre eigenen Gesetze und merkwürdige Bräuche. Warum beispielsweise dauert es Monate, um über einen Buchvorschlag zu entscheiden, wo doch der Lektor bereits klar sein Interesse bekundet hat? Warum lässt sich der Verlag völlig unsinnige Verwertungsrechte für das Werk einräumen, die er nie und nimmer nutzen wird? Warum braucht der Verlag das Manuskript vom Autor acht Monate vor Erscheinen und lässt es dann monatelang unbearbeitet herumliegen? – Ich habe schon oft erlebt, dass Lektoren gestandene Geschäftsleute heftig vor den Kopf gestoßen haben. Ohne das zu wollen. In bester Absicht. Und dass umgekehrt in den Lektoraten ratloses Kopfschütteln herrscht über die störrische und verbohrte Art des Autors. »Warum nur macht der nicht einfach, was wir sagen?«, fragen sie dann. »Wir sind schließlich die Buchexperten!«

Ich habe Sympathien für beide Seiten. Und ich kann beide Seiten auch ziemlich gut verstehen, denn ich kenne sie aus eigener, intensiver Erfahrung. In den meisten Fällen haben in der Tat beide Seiten recht – aus der Perspektive ihrer jeweils eigenen

Welt aus betrachtet. Dieses Buch wendet sich aber an die (angehenden) Autoren: Die wirkungsvollste Art, solche Konflikte gar nicht erst aufkommen zu lassen und die natürlichen Interessensdifferenzen zwischen Autor und Verlag in Win-win-Situationen zu verwandeln, besteht für Sie als Autor erstens darin, zunächst einmal Ihre Seite des Geschäfts so professionell wie möglich zu erledigen. Das ist bereits ein weites Feld. Deshalb geht es in diesem Buch auch nicht darum, wie man ein Buch publiziert, sondern wie man ein Buch gekonnt publiziert. Und außerdem empfiehlt es sich zweitens, früher oder später so viele ehrlich interessierte und verständnisvolle Einblicke in das Büchergeschäft genommen zu haben, dass Sie über die Perspektive Ihrer eigenen Welt hinausblicken und das Spiel der Bücherbranche mitspielen können. Dieses Buch soll Ihnen bei beidem helfen.

Die erste Auflage erschien noch unter der Autorschaft eines Duos. Inzwischen gehen mein damaliger Geschäftspartner Jörg Achim Zoll und ich getrennte Wege, er ist aus dem Büchergeschäft ausgestiegen und hat mir die alleinige Autorschaft an diesem Werk überlassen. An dieser Stelle möchte ich seinen Beitrag zum Manuskript ausdrücklich würdigen und mich bei ihm für die Zusammenarbeit daran bedanken.

Ebenfalls bedanken möchte ich mich bei dieser Gelegenheit für die hervorragende Zusammenarbeit bei den Kolleginnen vom GABAL Verlag, insbesondere und stellvertretend für das Verlagsteam bei Ute Flockenhaus und Ursula Rosengart.

Und nicht zuletzt bedanke ich mich bei Ihnen, den Lesern, für viele positive Rückmeldungen und Weiterempfehlungen und für Ihre schiere Zahl. Einige von Ihnen sind meine Klienten geworden, viele von Ihnen haben mithilfe dieses Buches ihr Buchprojekt alleine gestemmt. Beides ist für mich ein Erfolg. Ich freue mich sehr, dass dieses Buch in die nächste Runde gehen darf!

Ich wünsche Ihnen viel Freude beim Lesen und anschließend viel Erfolg beim Publizieren!

Oliver Gorus
im Winter 2010/2011

Wozu publizieren?

*Ob es den Beruf des Autors überhaupt gebe, hat ein kluger Mensch
einmal gefragt, und gleich selbst die Gegenfrage gestellt,
ob es den Beruf des Roulettespielers gebe. Antwort auf beide Fragen:
Nein, es gibt nur Leute, die es nicht lassen können.*

Seit vielen Jahren bewege ich mich im Büchergeschäft, und im
Kontakt mit Außenstehenden begegnet mir immer wieder dieser
eine Satz: »Ach, Autoren verdienen ja nichts!« In Internetforen,
auf Buchmessen, im Anschluss an Buchvorstellungen oder sonst
wo im lockeren Gespräch fällt wie verabredet irgendjemand dieses knappe und scheinbar vernichtende Urteil. Was dabei mit-
schwingt, ist offensichtlich eine Mischung aus Mitleid (Autoren
beuten sich selbst aus), Selbstmitleid (ich würde so gern ein Buch
schreiben, aber es lohnt sich ja nicht) und Empörung (die böse
Marktwirtschaft kennt keinen gerechten Lohn für harte Arbeit).
Der Zweifel an Sinn und Zweck des Publizierens hat sich in den
Köpfen fest verankert. Aber ich finde, das macht gar nichts. Denn
es führt im besten Fall dazu, dass potenzielle Autoren von Sach-
und Fachbüchern nicht einfach drauflosschreiben, sondern ihr
Vorhaben zunächst einmal gewissenhaft durchdenken. Und das
ist gut so.

Autoren verdienen nichts

Vielleicht haben Sie ja zu diesem Buch gegriffen, weil Sie gerade
mittendrin sind in einem solchen Prozess des kritischen Abwä-
gens. Falls ja, dann habe ich für Sie zunächst eine gute Nachricht:
Publizieren lohnt sich. Ja, es kann sich sogar in Euro und Cent
auszahlen, Sachbücher, Fachbücher oder Ratgeber zu veröffent-

lichen. Wie bei den meisten guten Nachrichten gibt es aber eine Einschränkung. Denn die oben zitierte Behauptung, dass Schreiben den Autoren kein Geld einbringe, ist wahr und falsch zugleich.

Viel Lärm um nichts? Das Autorenhonorar

Tatsächlich ist das Bücherschreiben zunächst einmal eine eher brotlose Kunst, zumindest dann, wenn Sie nur auf die Erträge schauen, die Ihnen aus dem Abverkauf Ihres Buches über den Handel erwachsen. Natürlich gibt es Ausnahmen, die diese Regel bestätigen, insbesondere bei Sachbüchern für große Zielgruppen: *Götter, Gräber und Gelehrte; Sorge dich nicht, lebe!; Simplify your Life* … Es gibt auch Autoren, die 20 oder mehr Ratgeber und Fachbücher parallel im Buchmarkt haben und jedes Jahr im Februar nach den Honorarabrechnungen für einen Monat in die Karibik fliegen (um dort das nächste Buch zu schreiben). Aber von den rund 50 000 Sach- und Fachbüchern, die jedes Jahr in Deutschland neu erscheinen, schaffen es eben nur ein paar ganz wenige auf die Bestsellerlisten.

Reden wir übers Geld

Lassen Sie sich die Sache einmal anhand eines Beispiels vorrechnen: Die gängigste Berechnungsgrundlage für das Autorenhonorar ist beim Sach- und Fachbuch der prozentuale Anteil an den Nettoverlagseinnahmen. Maßgeblich hierfür ist zunächst der Ladenpreis des Buches, der hierzulande der Preisbindung unterliegt. Der Verlag legt demnach aufgrund seiner internen Kalkulation einen Ladenpreis für sämtliche Händler verbindlich fest. Vom Ladenpreis ist nun zunächst die Mehrwertsteuer (in Deutschland auf Bücher 7 Prozent) abzuziehen, danach der so genannte Handelsrabatt, also die Marge für den Buchhandel. Der Handelsrabatt ist Verhandlungssache zwischen dem Verlag und jedem einzelnen Abnehmer. Als Grundlage für eine Beispielrechnung taugt die Höhe für die größten Abnehmer, die Zwischenhändler oder »Barsortimente« (wie z. B. Libri oder KNV), bei denen wiederum die einzelnen Buchhändler bestellen. Bei Sachbüchern und Fachbüchern beträgt der Rabatt hier durchschnittlich ungefähr 45 Prozent; zumindest ist dies eine runde Zahl für das Beispiel.

Gehen Sie jetzt einfach von einem Sachbuch mit einem Ladenpreis von 20 Euro aus. Abzüglich der gesetzlichen Mehrwertsteuer beträgt der Nettopreis in Deutschland 18,69 Euro. Zieht man hiervon den durchschnittlichen Handelsrabatt von 45 Prozent ab, erhält man 10,28 Euro und somit ungefähr die Hälfte des Ladenpreises als Nettoverlagseinnahme. Hiervon erhält der Autor nun den vertraglich festgelegten prozentualen Anteil an Honorar. Die Höhe dieses Anteils hängt vom Verlag, der Buchgattung, dem Marktwert des Autorennamens und nicht zuletzt dem Verhandlungsgeschick des Autors oder seines Agenten ab. In aller Regel bewegen sich die Autorenhonorare zwischen 10 und 15 Prozent von den Nettoverlagseinnahmen. (Mehr Informationen zum Thema Honorar folgen in Kapitel 11, Verlagsvertrag und Verhandlungen.) Nehmen Sie an, in dem Beispiel sei keine Staffel, sondern ein festes Honorar in Höhe von 12 Prozent vereinbart worden. Dann verdient der Autor an jedem verkauften Buch ungefähr 1,20 Euro. Schafft es der Verlag, in zwei Jahren 5000 Exemplare des Buches zu verkaufen – ein schöner Erfolg für einen noch nicht sehr bekannten Autor –, dann erhält der Autor in diesem Zeitraum insgesamt ungefähr 6000 Euro Honorar für sein Buch. Hat nun ein Freiberufler mit einem Stundensatz von 80 Euro mehrere Monate lang an diesem Buch gearbeitet, dann sollte er es besser nicht in erster Linie auf das Honorar abgesehen haben – und er sollte es besser vermeiden, sich auszurechnen, welches Stundenhonorar beim Bücherschreiben unterm Strich für ihn herauskommt.

Angesichts dieser vielleicht etwas ernüchternden Beispielrechnung möchte ich gleich anfügen: Die relativ niedrigen Honorare entspringen nicht der bösen Absicht der Verlage.

Manche finden, Bücher seien teuer. Das ist eine subjektive Wertung und als solche nicht zu bestreiten. Objektiv gesehen, das heißt gemessen an der Kaufkraft, sind Bücher im deutschsprachigen Raum seit den 1950er-Jahren immer billiger geworden. Teuer ist und bleibt ihre Produktion. Wenige Buchkäufer machen sich bewusst, welcher Aufwand hinter einer einzigen professionell gemachten Neuerscheinung steckt. Und da schlagen nicht nur Druckkosten zu Buche, sondern vor allem die Löhne der vielen am Produktionsprozess Beteiligten: Lektoren, die nicht nur den Kontakt zum Autor halten und das Projekt managen, sondern oft in vielen Stunden Arbeit aus einem Rohtext erst ein lesbares Manuskript machen; Korrektoren, die akribisch nach Fehlern suchen; Hersteller, Setzer, Grafiker, die dem Text mit großem Können erst sein lesergerechtes Aussehen verleihen; Marketiers und Presseleute, die dafür sorgen müssen, dass das Buch überhaupt

Bücher sind billiger geworden

in der Öffentlichkeit wahrgenommen wird; Vertriebsleute, von denen die Buchhändler erwarten, professionell betreut und regelmäßig besucht zu werden.

Sie alle arbeiten für das fertige Buch – und dieser ganze Prozess braucht immer einige Monate, manchmal mehr als ein Jahr. Zeit, während der der Verlag liquide bleiben will, seine Gehälter und Rechnungen zahlen muss und Kapitalkosten hat. Kein Wunder, dass die Umsatzrendite der Verlagsbranche sich bei mageren drei Prozent bewegt. Und mancher Verlag hält sich mit zwei, drei Bestsellern über Wasser, während das übrige Programm rote Zahlen schreibt. Ein Honorar erwartet und erhält aber jeder Autor. Manchmal ist es nicht sehr hoch, aber in der Regel ist es fair.

Profis im Bücherschreiben

Wie schon erwähnt, gibt es trotz der genannten Zahlen Menschen, die vom Bücherschreiben ganz gut leben können. Die Bedingung dafür ist entweder Prominenz, die auch mit anderen Tätigkeiten – wie etwa der Darbietung seichter Popsongs oder dem Lenken von Staaten – erlangt worden sein kann, oder ein ganz besonderer Arbeitsstil. Profischreiber im Sachbuch- oder Ratgebersegment sind durchaus nicht typischerweise Bestsellerautoren, die mit Glück und Geschick einen Volltreffer gelandet haben; sie beherrschen vielmehr ihr Handwerk perfekt. Sie haben vor allem den Faktor Zeit so sehr im Griff, dass die Honorare sich auch in Relation zu dem entstandenen Aufwand lohnen. Ein echter Profi schreibt ein Sachbuch oft innerhalb von sechs Wochen. Er ist häufig Journalist oder bedient sich zumindest effektiver journalistischer Recherchetechniken. Und die eigentliche Manuskriptarbeit erledigt er mit größter Effizienz. Profis legen auch oft umfangreiche Archive an, um bei ähnlichen schriftstellerischen Anforderungen auf vorgefertigtes Material zurückgreifen zu können. Sie profitieren von guten Kontakten zu Verlagen und Agenturen und davon, Themenfelder systematisch besetzen zu können. Schließlich arbeiten viele Profischreiber auch zeitweise als Ghostwriter, was lukrativ sein kann, wenn sie dieses spezielle Feld gut beherrschen. Ein professioneller Ghostwriter erhält üblicherweise zwischen 15 000 und 30 000 Euro pro Buch von seinem Auftraggeber – und zwar spätestens bei Manuskriptabgabe und ganz unabhängig vom späteren Verkaufserfolg. Ja, manche bekommen ihr Geld zuweilen selbst dann, wenn sich überhaupt kein Verlag für das Projekt finden sollte. Allerdings: Ein Buch als Ghost so zu schreiben, dass es zum Autor passt wie ein Handschuh, ist deutlich anspruchsvoller als ein eigenes Buch zu schreiben. Die Qualität des Ghostwritings streut im Markt dementsprechend so breit wie dessen Preise.

Auch jeder Profischreiber wird sich wünschen, dass von seinen Büchern möglichst viele Exemplare verkauft werden. Dazu muss er es verstehen, seine Person und seine Werke geschickt zu vermarkten. Gelingt es ihm schließlich, sich als Autor einen Ruf aufzubauen und einem größeren Publikum ein Begriff zu sein, dann kann er leicht auch noch auf andere Weise Geld verdienen. Etwa damit, dass er zu den Themen seiner Bücher als Referent, Keynote-Speaker oder Moderator auftritt. So kommt selbst der Profiautor kaum an der Erkenntnis vorbei, dass nicht der »primäre Effekt«, also das Honorar, sondern die »sekundären Effekte« das Publizieren erst so richtig spannend machen.

Machen Sie die Entscheidung für ein Buchprojekt niemals vom zu erwartenden Honorar abhängig. Überlegen Sie stattdessen, welche beruflichen und persönlichen Vorteile eine Publikation Ihnen bringen würde.

Mein Tipp

Die »sekundären Effekte« des Publizierens

Interessant wird es also, wenn Sie das eigene Sachbuch oder Fachbuch als ein Instrument zur Selbstvermarktung betrachten. Das klingt für Sie vielleicht im ersten Augenblick gewöhnungsbedürftig. Soll das Buch nicht in erster Linie dem Leser einen Nutzen bringen? Und was hat der Verlag davon, wenn der Autor sich selbst vermarkten will? Ist das Buch nicht auch so etwas wie ein Kulturgut? Ganz sicher. Aber hier besteht überhaupt kein Widerspruch. Denn für immaterielle Güter, wie das in Büchern vermittelte Wissen, gilt grundsätzlich dasselbe wie für materielle, nämlich dass ihr Austausch allen Beteiligten Vorteile bringt.

Instrument zur Selbstvermarktung

Ich will also einmal voraussetzen, dass Ihr geplantes Buch – gekonnt konzipiert – seinen Lesern einen hohen Nutzen bringen wird. Genau das ist gleichzeitig die Grundlage für ein gutes Geschäft des Verlags. Trotzdem bleibt dann die Frage zu beantworten, was Ihr Nutzen als Autor ist, was Sie zu einem so mühsamen Tun wie dem Bücherschreiben antreibt. Und dann ist nicht die Vermarktung des Buches, sondern die Vermarktung Ihrer Persönlichkeit das Ausschlaggebende.

Das eigene Sach- oder Fachbuch ist eines der besten Instrumente, um die eigene Persönlichkeit, die individuelle Leistung und gegebenenfalls die eigenen Produkte zu vermarkten. Warum ist das so? Weil ein Buch Prestige, Renommee und Aufmerksamkeit erzeugt. Buchautoren sind etwas Besonderes. Ein Buch geschrieben zu haben ist in unserer von zwei Buchreligionen – Judentum und Christentum – maßgeblich geprägten Kultur eine herausragende Leistung. Das Buch ist gewissermaßen der Goldstandard dieser Kultur, und die Autoren versorgen die *»geistigen Tankstellen der Nation«*, wie *Helmut Schmidt* die Buchhandlungen einmal genannt hat, mit Kraftstoff. Man kann es drehen und wenden, wie man will: Wer in unserer Kultur wirklich etwas gelten und bleibend bewegen will, sollte ein Buch geschrieben haben. Daran hat sich auch im Internetzeitalter nichts geändert. Buchautoren haben einen besonderen Status – und genau das können Sie sich für Ihre persönlichen und geschäftlichen Ziele zunutze machen.

Hochwertige Kontakte knüpfen Bei allen anderen PR-Maßnahmen haben Sie ausschließlich Rechnungen zu begleichen, während Sie beim Buch mit einem unter dem Strich überschaubaren Aufwand Tausende bis Hunderttausende hochwertiger und langfristiger Kontakte erzeugen. Kontakte zu Personen, die sich für genau Ihr Thema interessieren und die oft Ihre potenziellen Kunden und Partner sind. Anders als bei anderen Marketingmaßnahmen beschäftigt sich Ihr Leser über Stunden und Tage mit Ihnen und Ihren Thesen. Das Buch steht über Jahre in seinem Regal, vielleicht in Griffweite vom täglichen Arbeitsplatz aus, und gehört zum ständig verfügbaren Wissensschatz Ihres Lesers. Welcher Kommunikationskanal kann das leisten außer dem Buch? Hinzu kommen die Erwähnungen und Besprechungen in den Medien. Bei einer Besprechung in einer überregionalen Tageszeitung sind es gleich eine Viertel- bis eine halbe Million möglicher Kontakte. Und schließlich erzählen die

Leser ihren Kollegen und Bekannten davon, schreiben darüber in Internetforen und zitieren einzelne Gedanken oder gelungene Sätze in eigenen Veröffentlichungen, Reden oder Diskussionsbeiträgen. Bücher und Autoren sind immer Gesprächsthema.

Im Folgenden erläutere ich Ihnen die wichtigsten Nutzenaspekte des Publizierens. Natürlich ist nicht für jeden Autor alles gleich zutreffend, wichtig und interessant. Aber jeder Autor, egal ob er Sach- oder Fachbücher oder Ratgeber schreibt und welche Themen er behandelt, wird von mindestens einem dieser Effekte profitieren können. Zur Planung eines jeden Buchprojekts gehört ganz zu Beginn, die wichtigsten Ziele der Publikation zu definieren und den Publikationsprozess von Anfang an darauf abzustimmen. Wer seine Ziele kennt, wer weiß, was die positiven Effekte einer mühsamen Arbeit sein werden, dem fällt es auch viel leichter, motiviert bei der Sache zu bleiben und die kaum vermeidbaren emotionalen Tiefs zu meistern.

Nachweis von Kompetenz als Karrieremotor

Bücher sind die Bundesliga der Medien, die Königsklasse der Kommunikation. Ein Sachbuch oder Fachbuch hat eine Komplexität und Tiefe, die zu meistern für jeden Autor eine Herausforderung ist. Ein Thema in einem Buch in allen Facetten auszuleuchten ist etwas anderes, als einen kurzen Artikel zu schreiben. Wer ein Buch geschrieben hat, dem traut man in seinem Fach auch noch einiges mehr zu. Er hat bewiesen, dass er es souverän beherrscht.

Der Kompetenznachweis durch das eigene Buch – der bei Fachbuch-, aber auch bei Ratgeberautoren in aller Regel noch etwas relevanter ist als bei Sachbuchautoren – kann vor allem bei jüngeren Autoren einen regelrechten Karriereschub auslösen.

Ein junger Betriebswirt begann seine Karriere bei einem internationalen Konzern der IT-Branche fast zeitgleich mit dem Beginn des Booms der so genannten *New Economy*. Anders als so mancher zu dieser Zeit ließ er sich aber nicht einfach von den schier unbegrenzten Möglichkeiten des Internets und den wie Pilze aus dem Boden schießenden neuen Geschäftsmodellen

Karriere – powered by Buch

blenden, sondern interessierte sich für die Hintergründe der gegenwärtigen wirtschaftlichen Entwicklung. Er schrieb schließlich ein Buch über Veränderungsmanagement in einer sich immer schneller wandelnden Ökonomie.

Damit seine Firma das Buch unterstützen und der Verlag es gut vermarkten konnte, musste er damals noch einen alten Hasen aus der Firma als Koautor mit ins Boot holen, (was aber nicht bedeutete, dass er damit Entlastung beim Konzipieren, Recherchieren und Schreiben bekam). Das Buch erhielt, als es nach kurzer Zeit auf dem Markt war, anerkennende bis begeisterte Rezensionen in der Wirtschaftspresse, entwickelte sich jedoch nicht gerade zum Verkaufsrenner. Dabei mag eine Rolle gespielt haben, dass zu dieser Zeit das öffentliche Interesse an der digitalen Ökonomie in dem Maß abnahm, wie das Internet gerade erst alle seine Möglichkeiten zu entfalten begann.

In der nun folgenden ökonomischen Flaute kam es zu vielen Entlassungen – doch einen angesehenen Fachautor mit Blick für das große Ganze entlässt keine Firma so schnell. Er verbesserte sich schließlich mit einem Wechsel zu einem Unternehmen der Telekommunikationsbranche, um dort eine Position mit einem größeren Verantwortungsbereich zu übernehmen. Sein Status als Fachautor brachte ihm einen Vertrauensvorschuss, den er zu nutzen verstand. Inzwischen hat er ein weiteres Buch geschrieben – zu dem eher konventionellen Thema Projektmanagement, aber auf dem neuesten Stand der Entwicklung in großen Unternehmen. Damit zeigte er seinen Kollegen und Vorgesetzten, dass er seinen Job aus dem Effeff beherrscht, und bereitete so den nächsten Karrieresprung vor, der ihn zum größten Softwareanbieter Europas in eine nochmals verantwortungsvollere Position führte. Mittlerweile braucht er natürlich keinen Herrn mit ergrauten Schläfen mehr als Aushängeschild für seine Buchprojekte, sondern kann sich als federführender Autor seine Koautoren allein unter fachlichen Gesichtspunkten aussuchen.

Aufmerksamkeit in Medien, Fachwelt und Öffentlichkeit

Wettbewerb um Aufmerksamkeit Nach einer in der Werbebranche verbreiteten Weisheit gibt es keine gute oder schlechte Werbung, sondern nur solche, die Aufmerksamkeit erzielt oder eben nicht. In einer Medien- und Kommunikationsgesellschaft ist das Erheischen von Aufmerksamkeit zu einer wesentlichen Voraussetzung für geschäftlichen und persönlichen Erfolg geworden. Es gibt eine »Attention-Economy«, einen Wettbewerb um Aufmerksamkeit, den jeder erst einmal bestehen muss, bevor über die Qualität seiner Botschaft, seiner Inhalte, seiner Agenda überhaupt befunden wird.

Bücher schaffen Öffentlichkeit. Mit einem intelligent konzipierten und professionell platzierten Sachbuch oder Fachbuch ist es leicht möglich, Aufmerksamkeit in der Fachwelt, den Medien und schließlich sogar der breiten Öffentlichkeit zu erlangen. Die Voraussetzungen müssen natürlich stimmen: das richtige Thema zur richtigen Zeit, ein klar definierter Lesernutzen, eine aktive Vermarktung des fertigen Buches. Werden hier keine Fehler gemacht (in den folgenden Kapiteln erfahren Sie Schritt für Schritt, worauf es ankommt), dann sichert das Buch dem Autor, seinem Anliegen und seinen Produkten nicht nur Aufmerksamkeit, sondern Publicity. Bücher schaffen eine Öffentlichkeit, entweder (wie beim Fachbuch) in der Fachwelt einer bestimmten Disziplin oder Berufsgruppe oder (wie beim Ratgeber) in einer begrenzten Öffentlichkeit von Menschen, die von einem bestimmten Thema persönlich betroffen sind, oder (wie beim Sachbuch) in der breiten Öffentlichkeit von an einem bestimmten Thema Interessierten.

	Fachbuch	Sachbuch	Ratgeber
Zielgruppe	Profis	Interessierte	Betroffene
Thema	Wissen von etwas vermitteln	über etwas schreiben	zeigen, wie man etwas macht
Ladenpreis	hoch	mittel	niedrig
Auflagenhöhe	klein	sehr groß	groß
Wirkungsdauer	lange	kurz	lange
Marktzugang für den Autor	leicht	sehr schwer	anspruchsvoll

Tabelle 1: Fachbuch, Sachbuch, Ratgeber. Vorsicht: Ausnahmen bestätigen die Regel – es ist kein Problem, ein Sachbuch zu finden, das lange am Markt ist, oder ein Fachbuch, das sich hunderttausendfach verkauft. Trotzdem lassen sich die Buchgattungen auf diese Weise praktikabel voneinander abgrenzen.

Das Schöne an der Publicity des Autors ist, dass sie wie nebenbei entsteht. Wer eine Anzeige in einer Tageszeitung schaltet, wird von der Öffentlichkeit als jemand wahrgenommen, der für sich werben will. Wer hingegen ein Buch veröffentlicht, gilt als jemand, der anderen etwas Nützliches mitteilen möchte – was ja auch geschehen sollte. Auch Buchbesprechungen sind keine Werbung, sondern die fachliche oder journalistische Auseinandersetzung mit einem Gegenstand. Und trotzdem machen sie Werbung für den Autor. Wobei auch eine eher kritische Besprechung das Kriterium erfüllt, Aufmerksamkeit zu schaffen, und damit den Zweck der Werbung erfüllt. Oder frei nach *Oscar Wilde:* Es ist besser, wenn die Leute schlecht über einen reden als überhaupt nicht. Die kritische Aufnahme eines Buches in den Medien kann dazu führen, dass Menschen das Buch kaufen, um sich selbst ein Urteil zu bilden. Der Autor kann eine Kontroverse sogar nutzen, um sich noch mehr ins Gespräch zu bringen. Der Marketingeffekt stellt sich also in jedem Fall wie nebenbei ein und ist dadurch umso effektiver.

**Von null auf
hundert in
einem Buch**

Ein Beispiel dafür, wie sehr ein Fachbuch in einer Fachöffentlichkeit Publicity schaffen kann, lieferte einer der Klienten meiner Agentur in den letzten Jahren. Er ist selbstständiger Unternehmensberater und Keynote-Speaker und hatte seine Karriere als Controller in Auslandsniederlassungen deutscher Großunternehmen begonnen. Er hatte sich schon einige Jahre lang für innovative Konzepte jenseits der klassischen Budgetierung interessiert, wie sie seit Mitte der 1990er-Jahre in den angelsächsischen Ländern diskutiert wurden. Schließlich schrieb er das erste deutschsprachige Fachbuch zu einem neuartigen System der Unternehmenssteuerung. Es sollte gleichzeitig umfangreicher und fundierter werden als die bislang auf dem Markt verfügbaren englischsprachigen Bücher.

Bereits kurz nach der Auslieferung des Buches erschienen die ersten Besprechungen in der Fachpresse für Management und Controlling. Sie fielen ausgesprochen positiv aus und sicherten dem Buch rasch einen beachtlichen Verkaufserfolg. Im nächsten Schritt berichtete die allgemeine Wirtschaftspresse über das Buch und seinen Autor, der daraufhin bald als deutscher Topexperte zum Thema gehandelt wurde. Wieder einige Wochen später erreichte das Buch Platz zwei auf der Rangliste der zehn besten Wirtschaftstitel, die von der Redaktion der Zeitung *Financial Times Deutschland* regelmäßig gekürt werden. Durch diese Publicity konnte der Autor das Thema in der deutschsprachigen Fachöffentlichkeit mit seinem Namen verknüpfen. Die Anfragen nach seinen Beratungsleistungen und Vorträgen nahmen in der Folge sprunghaft zu. Daneben wurde er als Referent zu verschiedenen hochkarätigen Veranstaltungen eingeladen. Das blieb selbstverständlich nicht ohne Auswirkungen auf die Höhe seiner Berater- und Auftrittshonorare, denn durch das Buch und die Bekanntheit in der Fachöffentlichkeit hatte sich sein Marktwert erhöht. In der Folge machte er vieles richtig: Er ruhte sich nicht auf seinen Lorbeeren aus, sondern legte nach. Sein nächstes Buch gewann den Preis für das beste Wirtschaftsbuch des Jahres. Mittlerweile publiziert er bei Deutschlands bekanntesten Wirtschaftsverlagen, wird in mehrere Sprachen übersetzt, tritt weltweit als anerkannter Experte auf und berät Unternehmen in mehreren Ländern.

> **Beobachten Sie Trends in anderen Ländern. Macht ein bestimmtes Thema oder Konzept dort gerade Furore, so ist oft auch Platz für eine deutschsprachige Veröffentlichung. Das gilt ebenfalls, wenn dazu ein Buch in Übersetzung erscheinen wird, denn das deutschsprachige Lesepublikum (und auch die Verlagszunft) bevorzugt in der Regel Autoren aus dem eigenen Sprachraum. Die Quote der in deutscher Sprache publizierten Übersetzungen geht seit einiger Zeit zurück.**

Mein Tipp

Im Sachbuchbereich sind es nicht selten Journalisten, denen es durch eine Buchveröffentlichung gelingt, innerhalb ihres Berufsstandes aus der Masse hervorzutreten und sich einen Namen zu machen. Auch sie recherchieren häufig ein aktuelles Thema, das sie durch die Publikation mit ihrem Namen verknüpfen. Innerhalb des Journalismus können sie so ebenfalls eine Art Expertenstatus erlangen, vor allem, wenn sie weitere Bücher zum gleichen Thema oder zu verwandten Gebieten folgen lassen. Wenn sie nicht ohnehin dort beheimatet sind, öffnet sich ihnen häufig auch eine Tür zu den elektronischen Medien.

Kundenakquisition, Auftragsgenerierung und Kundenbindung

Freiberufler aller Art, Selbstständige und Mitarbeiter in Unternehmen mit Profitcenter-Struktur sind besonders darauf angewiesen, mit möglichst geringem Aufwand neue Kunden und Aufträge zu akquirieren sowie ihre Kunden langfristig an sich zu binden. Das eigene Sachbuch oder Fachbuch ist hierzu ein bestens geeignetes Instrument und lässt sich gezielt im Rahmen des persönlichen Marketings oder im Kommunikationsmix eines Unternehmens einsetzen. Es ist ein Kompetenznachweis gegenüber dem potenziellen Kunden, der diesem im Idealfall schon konkrete Einblicke in die eigene Arbeitsweise gewährt. Vor allem für Dienstleister sind solche Kostproben ihres Könnens hilfreich, da der Kunde ungern die Katze im Sack kauft.

Leser- und Kundenzielgruppe Wer mit seinem Buch auf potenzielle oder bestehende Kunden zielt, wird in der Regel darauf achten, dass Leserzielgruppe und Kundenzielgruppe weitgehend identisch sind. Als Buchgattung bietet sich das praxisorientierte Fachbuch oder auch der Ratgeber an. Dass Sterneköche auch Kochbücher schreiben oder herausgeben und damit Gäste in ihre Restaurants locken, hat sich mittlerweile schon fest etabliert. Der Bezug zwischen eigener Tätigkeit und Buchthema kann aber auch lockerer sein. Fachautoren, deren Fachwissen einen wesentlichen Teil der von ihnen angebotenen Leistung ausmacht, müssen in ihren Büchern oft den Spagat zwischen Preisgabe von Insiderwissen an den Leser und vom Leser noch wohlwollend akzeptierter Eigenwerbung leisten. Manche Autoren haben bei ihrem ersten Buch auch Bedenken, dass die Preisgabe ihres Wissens ihnen mehr schaden als nützen könnte. Wie unbegründet diese Befürchtung ist, zeigt das folgende Beispiel.

Geben und Nehmen Ein Beraterteam aus dem Geschäftsbereich Unternehmensfinanzen bei einer der weltweit führenden Unternehmensberatungen machte sich auf meine Anregung daran, ein Fachbuch zum Thema Businessplan zu schreiben. Dem Anspruch des Beratungshauses gemäß sollte es im oberen Marktsegment angesiedelt sein und sich weniger an Existenzgründer richten als an größere Unternehmen, die eine Ausdehnung oder Neugliederung ihrer Geschäftstätigkeit planen. Nachdem sich die Autoren zunächst mit großem Engagement auf das Vorhaben gestürzt hatten, kam zwischenzeitlich Skepsis auf. Die Berater fragten sich: Wird sich der große Arbeitsaufwand für das Buch überhaupt lohnen? Können wir bei unserem Stundensatz im Beratungsgeschäft nicht viel mehr verdienen? Und vor allem: Ist es nicht geradezu dumm, in einem Buch so viel Wissen preiszugeben, das man den Kunden gut auch verkaufen könnte? Die Autoren ließen sich aber schließlich doch nicht davon abbringen, das Buch zu Ende zu schreiben.

Als es erschienen war, kaufte die Marketingabteilung der Beratungsfirma einen größeren Posten der Exemplare für die Unternehmenskommunikation. Das Buch wurde auf einer »Roadshow« an potenzielle Kunden verkauft und bei den verschiedensten Anlässen auch an Kunden und Partner verschenkt. Nach einem Jahr fiel die Bilanz der Berater glänzend aus: Das Buch hatte nachweislich bereits nach kurzer Zeit zu Neukunden und mehreren Aufträgen geführt, die den Aufwand mehr als nur refinanzierten. Keiner der neuen Kunden hätte allein durch die Lektüre des Buches auf eine Beratung verzichten können. Aber gerade weil das Buch schon so viel an qualifiziertem Beraterwissen enthielt, konnte es die Kunden besser überzeugen, als es jedes Akquisitionsgespräch vermocht hätte.

Neue Kunden gewinnen und bestehende Kunden begeistern kann auch, wer nicht zu demselben Thema veröffentlicht, um das sich auch jedes Kundengespräch dreht. Wenn das Buch zur beruflichen Rolle des Autors passt und sein Profil schärft, wird es immer auch bei Kunden positive Effekte erzielen. Das gilt natürlich dann erst recht, wenn der Kunde oder Partner das Buch vom Autor geschenkt bekommen hat, am besten handsigniert, denn das ist schließlich eine Geste der Wertschätzung mit einem ganz persönlichen Anstrich.

Vorbereitung öffentlicher Auftritte und Nutzung weiterer Medien

Was qualifiziert Menschen, vor 150 Teilnehmern einer Tagung, eines Kongresses oder einer firmeninternen Veranstaltung eine dreiviertel Stunde lang zu reden und dafür eine Honorarrechnung über 3000 Euro oder mehr zu schreiben? Vielleicht der bisherige Berufsweg und die Bekanntheit in der Fachwelt oder breiten Öffentlichkeit. Aber ganz häufig zusätzlich oder sogar vor allem das eigene erfolgreiche Buch.

Live-Auftritte Buchautoren sind nicht immer, aber häufig auch gute Referenten zu ihrem jeweiligen Thema. Der Markt für Live-Auftritte zu bestimmten Sachthemen, also so genannte Impulsvorträge, Fachreferate, Reden oder Moderationen, ist im deutschsprachigen Raum noch unterentwickelt und wird sich nach Meinung von Insidern in den nächsten Jahren weiter entfalten. Experten können auf diesem Feld in einen intensiven, persönlichen Kontakt mit ihrer Zielgruppe treten. Und sie können in diesem Markt auch wesentlich mehr Geld verdienen als mit einem Buch. Das Buch kann jedoch die Eintrittskarte sein, um ansehnliche Auftrittshonorare zu realisieren. Mag das Autorenhonorar für das Buch selbst auch enttäuschend gewesen sein, so zahlt sich mit jedem Auftritt die geleistete Vorarbeit nun richtig aus.

Die Veröffentlichung des Buches ist in jedem Fall eine gute Basis, um Kontakte zu weiteren Medien und zu Veranstaltern zu knüpfen. Stellen Sie sich bei passender Gelegenheit als Autor eines Buches vor, dann haben Sie immer einen konkreten thematischen Anknüpfungspunkt, um sich als Referent, Interviewpartner oder Teilnehmer an Diskussionen und Kolloquien ins Spiel zu bringen. Journalisten aus Printmedien, Hörfunk und Fernsehen kommen dabei durchaus auch von sich aus auf einen Autor zu, wenn sie bei der Recherche zu einem bestimmten Thema auf dessen Buch gestoßen sind. Mit etwas Geschick kann der Autor sich dann seine Auskunftsfreude mit ein wenig kostenloser Werbung vergüten lassen, beispielsweise mit der Erwähnung der vollständigen bibliografischen Angaben oder dem Abdruck des Buchcovers oder im Fernsehen mit dem Einblenden des Buches. Hier gilt selbstverständlich das wirtschaftliche Grundprinzip von Leistung und Gegenleistung.

Neue Impulse und persönliche Weiterentwicklung im Schreibprozess

Viele Autoren von Sach- und Fachbüchern erleben einen Effekt des Bücherschreibens, der vordergründig betrachtet gar nicht mit der Kommunikation mit den Lesern, den Kunden oder der breiteren Öffentlichkeit zusammenhängt. Sie bemerken, wie sich im Prozess des Schreibens über einen bestimmten Gegenstand in der »großen Form« des Buches ihre eigene Beherrschung dieses Gegenstandes noch einmal deutlich vertieft. Der Umgang mit einer Materie wird einfach souveräner, wenn man ein Buch dazu geschrieben hat. Der dahinter stehende Effekt lässt sich ja schon bei anderer Gelegenheit beobachten. Es ist stets leichter, in einem Gespräch einen Gedanken ganz unverbindlich zu äußern und ein wenig auszuspinnen, als diesen anschließend in einem Protokoll oder Memo präzise und schlüssig auszuformulieren. Aber erst wenn man das geschafft hat, ist der Gedanke auch innerlich vollkommen ausgereift.

Vertiefung des Themas

Wer Bücher zu einem Fachthema oder als Selbstständiger zu seinen Leistungen schreibt, wird auch dann vom Schreiben enorm profitieren, wenn er über sehr viel Berufserfahrung verfügt und sein Wissen schon seit Jahren anwendet. Selbst Berater und Trainer, die schon über viele Jahre Veränderungsprozesse begleiten und im Lauf der Zeit Hunderte von Veranstaltungen geleitet haben, berichten mir, der Schreibprozess habe ihnen ganz neue Impulse für ihr Kerngeschäft gegeben. Sie hatten ihr umfangreiches Fach- und Methodenwissen noch nie so intensiv durchdenken und in seiner Gesamtheit logisch strukturieren müssen. Auch völlig neue Formulierungen von Kernsätzen ihres jeweiligen Themas, ja manchmal eine ganz neue Wahl der Schlüsselbegriffe waren mitunter die Folge. Manche der Klienten meiner Agentur haben nach Abschluss ihres Buchmanuskripts erst einmal ihre gesamte Kommunikation umgekrempelt und ihre Webseiten, Broschüren usw. überarbeitet.

Beim Konzipieren und Schreiben treten fast automatisch die eigenen Stärken, aber auch die bisher vielleicht übersehenen Schwachpunkte zu Tage. Der Autor wird sich bewusst, was er kann, und kann gleichzeitig dort nachbessern, wo er noch Mängel erkennt. Wer ein Buch schreibt, macht immer die Erfahrung, worauf es bei seinem Gegenstand wesentlich ankommt.

Verbesserte Außenwirkung

Dieses Durchdenken des eigenen Fachgebiets, der eigenen Leistungen oder Produkte, bleibt nicht ohne Konsequenzen für die Außenwirkung einer Person. Und so betrachtet kommt auch dieser Effekt letztlich wieder der Selbstvermarktung des Autors zugute. Wer ein Thema, ein Fach, eine Dienstleistung so fundiert reflektiert hat, wie es ein Buch erfordert, der wird fast automatisch selbstbewusster und tritt gegenüber Kunden oder der Öffentlichkeit souveräner auf. Diese neue Selbstsicherheit, wie ich sie vor allem bei Erstlingsautoren erlebe, macht neue Kontakte leichter, erweitert Möglichkeiten und führt bei vielen auch zu mehr persönlicher Zufriedenheit.

Die Freude, Autor zu sein

Wenn schon vom persönlichen Nutzen des Publizierens die Rede ist, dann will ich zum Schluss noch von etwas sprechen, über das sich nur wenige Autoren öffentlich äußern, das aber fast alle empfinden. Gemeint sind die Freude, das Glück, ja der Stolz, Autor zu sein. Insbesondere Erstlingsautoren erleben ein großartiges Gefühl, wenn ihr Buch nach Monaten der Planung, der Manuskriptarbeit und schließlich der Herstellung endlich erschienen ist. Sie packen das erste Freiexemplar aus der Schutzfolie und können oft noch gar nicht glauben, dass nun ihr eigenes Buch in den Buchhandlungen steht, gekauft und gelesen wird und sie selbst es verschenken können. Das mag jetzt etwas übertrieben klingen, aber mein Team und ich erleben tatsächlich immer wieder, wie selbst nüchterne Naturen vollkommen euphorisch zum Telefon greifen, wenn das Päckchen mit den ersten Belegexemplaren eingetroffen ist. Sie haben es geschafft! Sie sind stolz darauf! Und das sollen sie auch sein.

- Mit dem eigenen Sachbuch oder Fachbuch verschaffen Sie sich effektiv und kostengünstig berufliche und persönliche Vorteile.

- Das Autorenhonorar gewährt Ihnen einen fairen Anteil am Erlös des Buches, entschädigt Sie aber fast nie unmittelbar für den entstandenen Aufwand.

- Sekundäre Effekte machen das Publizieren für Sie lohnend und meistens auch finanziell lukrativ.

- Mit Ihrem Buch sorgen Sie für Publicity in verschiedenen Medien.

- Mit der Buchveröffentlichung bereiten Sie Live-Auftritte vor, für die es attraktive Honorare geben kann.

- Der Marktwert Ihrer Persönlichkeit oder Ihrer Produkte kann sich erhöhen, das Buch Ihre Karriere beschleunigen.

- Mit dem Kompetenznachweis durch das Buch können Sie potenzielle Kunden überzeugen und bestehende Kunden an sich binden.

- Die hohen Anforderungen des Schreibprozesses können Ihnen auch persönlich neue Impulse geben.

Teil 1

Beschreiben –
Konzeption und Positionierung

1. Finden Sie »Ihr« Thema – Reden kann man über alles, schreiben nicht

»… sehen wir für Ihr Thema leider keine ausreichende Zielgruppe und bedauern …« – Ach, schon wieder! Solche Absagen tun weh. Verlage werfen häufig nur einen kurzen Blick auf das Thema und befassen sich dann gar nicht mehr weiter mit dem Buchangebot. Was läuft da schief? Vielleicht ist die Buchidee von Anfang an nicht marktgerecht? Der erste Schritt zum erfolgreichen Buch ist die Wahl und der Zuschnitt des Buchthemas. Buchthemen liegen weder in der Luft noch auf der Hand, sondern wollen gut überlegt sein.

Stellen Sie sich vor, Sie schreiben den besten Text, den Sie je geschrieben haben – und keiner will ihn drucken. Und stellen Sie sich danach bitte vor, Sie schreiben einen Bestseller – und schämen sich hinterher dafür, weil Sie selbst Ihr Buch grauenvoll finden.

Nein, ich will Sie nicht quälen. Und schon gar nicht auf der ersten Seite des ersten Kapitels. Also, worauf will ich hinaus? Nun, das für Sie richtige Buchthema mit dem richtigen Zuschnitt zu finden ist ein Akt der Balance. Auf der einen Seite stehen Sie – mit Ihrer Persönlichkeit, Ihren Absichten, Ihrem Wissen und Können und Ihren Erfahrungen. Auf der anderen Seite steht der Buchmarkt – in Person des Lektors, der die Interessen, Mechanismen und Gesetze der Branche vertritt. Sie wollen Öffentlichkeit und noch ein paar andere Dinge. Er will Umsatz und noch ein paar andere Dinge. Wenn Sie Zugang zu diesem Markt finden möchten, gleichzeitig aber Ihre persönlichen Ziele mit Ihrem

Interessen des Autors und des Marktes

Buch erreichen wollen, dann müssen Sie die beiden Waagschalen ins Gleichgewicht bringen. Was Sie wollen, wissen Sie. Aber was will der Markt?

Thema und Autor müssen zusammenpassen

Bevor Sie überhaupt daran denken, ein Buch zu schreiben, steht Ihr Thema bereits fest. Oder weniger provokant formuliert: Die Bandbreite der Themen, für die Sie als Autor in Frage kommen, ist eingeschränkt. Am Anfang gilt es also, nüchtern das Terrain abzustecken, auf das Sie sich überhaupt sinnvoll begeben können. Erst im zweiten Schritt und unter dieser Voraussetzung entwickeln Sie dann Ihr eigentliches Buchkonzept. Grundregel Nummer eins lautet: Wenn Sie über ein bestimmtes Thema schreiben möchten, dann müssen Sie es auch verkörpern. Diese Regel gilt ohne Ausnahme.

Aber was heißt schon »verkörpern«? Als erfolgreicher Autor stehen Sie mit Ihrer ganzen Persönlichkeit hinter Ihren Büchern. Ihre Themen hängen untrennbar zusammen mit Ihrer Biografie, Ihrem beruflichen Werdegang, Ihren Kenntnissen und Erfahrungen, mit anderen Worten: Ihrer Kompetenz. Und das gilt nicht nur für Vergangenheit und Gegenwart, sondern auch für die Zukunft. Da die meisten Bücher über einige Jahre in der Öffentlichkeit wirken, sollte das Thema zu dem passen, was Sie sind und in der nächsten Zeit beruflich vorhaben. Gerade der letzte Punkt wird häufig übersehen. Was nützt Ihnen ein erfolgreiches Buch, das Sie mit viel Schweiß und Tränen entwickelt, vermarktet und geschrieben haben, wenn Sie mittlerweile beruflich die Pferde gewechselt haben und die Wirkung des Buches für Sie ins Leere läuft?

Der erste Arbeitsschritt Häufiger ist allerdings das Gegenteil: Immer wieder begegnen mir Autoren, die schon sehr viel Zeit und Geld investiert haben, um ein Buchprojekt zu einem Thema auf den Weg zu bringen, mit dem sie die Öffentlichkeit niemals erreichen werden. Wenn Thema und Autor nicht zusammenpassen, wird mit an Sicherheit grenzender Wahrscheinlichkeit schon die Verlagssuche scheitern. Weil das so ist und weil die Themenfindung innerhalb des Publikationsprozesses von angehenden Autoren immer wieder unterschätzt wird, widme ich dieser Aufgabe hier ein ganzes Kapitel. Das Buchthema ist keine Naturgegebenheit jenseits von Konzeption und strategischer Planung, sondern Ziel eines ersten Arbeitsschritts.

Thema und Autor müssen eine Einheit bilden – das wäre nicht nur gut für Sie, wenn Sie mit Ihrem Buch etwas erreichen wollen, sondern ist eine Anforderung der Verlage und damit letztlich des Marktes. Die Verlage müssen auf einem immer schwierigeren Buchmarkt nicht nur Bücher, sondern auch Autoren vermarkten. Die PR-Strategien, die sich die Presseabteilungen der Verlage für jedes Buch überlegen, können kaum funktionieren, wenn sich die Persönlichkeit des Autors nicht ins rechte Licht rücken lässt.

Eine Dame stellt sich mir am Telefon als Unternehmensberaterin vor und erklärt, sie habe bereits wesentliche Teile eines Manuskripts zum Thema Unternehmensführung fertiggestellt. Sie berichtet, bei ihrer Tätigkeit in Deutschland und Österreich sei sie immer wieder mit dem Problem konfrontiert worden, wie häufig und schnell Existenzgründer und Kleinunternehmer scheiterten. Auch habe sie zweimal an wissenschaftlichen Erhebungen zum Thema Insolvenzen kleiner Unternehmen mitgewirkt. In ihrem Buch wolle sie Existenzgründern und Geschäftsinhabern nun das nötige unternehmerische Rüstzeug vermitteln, das dieser Zielgruppe aus unterschiedlichen Gründen nur allzu oft fehle. Das, sagt sie, sei ihr ein wichtiges, auch gesellschaftspolitisches Anliegen – Managementwissen für alle. Ihr Manuskript, das sie mir nach dem Telefonat zukommen lässt, zeigt formal und inhaltlich durchaus tragfähige Ansätze.

Guter Rat aus berufenem Munde

Doch im nächsten Telefongespräch mit der Autorin stellt sich überraschend heraus, dass sich ihre Tätigkeit als Unternehmensberaterin nur auf Episoden beschränkte. Ihre Karriere hat sie hauptsächlich im Bereich Forschung und Entwicklung bei einem großen Pharmakonzern gemacht. Und in Kürze will sie bei einem anderen Großunternehmen wiederum eine Stelle in der Produktentwicklung antreten.

Im Ernst: Würden Sie sich als Unternehmer von einer Angestellten aus dem Forschungslabor Tipps zur besseren Unternehmensführung geben lassen? Wohl kaum! Und deshalb hätte kein Wirtschaftsverlag das Buch herausgebracht. Die Autorin steht einfach als Persönlichkeit nicht glaubwürdig hinter dem Thema, denn sie hat selbst nie eine Firma gegründet und war sogar als

Unternehmensberaterin lediglich angestellt. So kann das nichts werden mit dem Buch, die Verlagssuche ist aussichtslos. Nachdem sie das eingesehen hat, macht sich die Autorin schließlich Gedanken darüber, was wirklich »ihr« Thema sein könnte – und betrachtet das alte Manuskript als eine Art schriftstellerische Fingerübung.

Manuskript: sehr gut! – Aber wer ist der Autor?

Sie könnten sich nun fragen, ob das nicht etwas übertrieben ist. Ist es nicht viel entscheidender, ob das Manuskript gut oder schlecht ist? Meine Erfahrung sagt: Ob das Manuskript gut ist oder schlecht, ist für die Verlage auf jeden Fall entscheidend. Aber vor dieser Entscheidung steht noch eine Kette weiterer Entscheidungen. Die Manuskriptqualität wird erst dann geprüft, wenn alle anderen entscheidenden Fragen zuvor mit positivem Ergebnis abgehakt worden sind. Und eine der ersten Fragen der Lektoren, wenn meine Agentur ihnen in einem persönlichen Gespräch ein Buchprojekt vorschlägt, ist so gut wie immer: »Wer ist der Autor?« Wenn Ihr Projekt diese Hürde nicht nimmt, braucht der Lektor keine Zeile Ihres Manuskripts zu lesen und hat Zeit für andere wichtige Dinge gewonnen.

Machen Sie sich bitte klar, was das bedeutet: Sie können das inhaltlich beste Manuskript zu einem Thema verfasst haben – wenn niemand ein solches Buch von Ihnen erwarten würde, werden Sie trotzdem keinen Verlag finden.

Wie Reputation entsteht Aber warum ist die Persönlichkeit des Autors nur so wichtig? Das hängt in gewisser Weise auch mit dem sozialen Wandel zusammen. Organisationen und Institutionen wie Parteien, Kirchen oder Gewerkschaften haben stark an Glaubwürdigkeit und gesellschaftlicher Prägekraft verloren, so dass es mehr denn je von der Überzeugungskraft Einzelner abhängt, ob die Öffentlichkeit Inhalte als relevant und vertrauenswürdig einschätzt. Und da gerade das breite Publikum die Quellen und Referenzen eines Autors in aller Regel nicht überprüfen kann, bildet es sich ein Urteil anhand des Eindrucks von dessen Persönlichkeit. Dabei verlässt man sich gern auf die Qualitätskontrolle der renommierten Verlage. Autoren, die es in das Programm etablierter Häuser geschafft haben, wird ein Kompetenzvorsprung zugeschrieben. So entsteht Reputation.

Sicherlich sind akademische Weihen in Deutschland und erst recht in Österreich mehr als anderswo noch ein Pfund, mit dem man wuchern kann – und wenn Sie promoviert haben oder habilitiert sind, sollten Sie das in Ihrer Selbstdarstellung als Autor auch angemessen berücksichtigen. *»Der Titel wirkt, egal wie viele Buchstaben er hat«,* sagt auch *Freiherr Moritz Knigge,* und der muss es ja wissen. Trotzdem ist seit den Bildungsreformen der 1960er-Jahre der Doktorhut in einigen Fachbereichen schon beinahe zur Massenware geworden und kann deshalb nur noch einer der Bausteine sein, um die Kompetenz eines Autors zu kommunizieren. Dabei gilt: Im Fachbuchsegment spielt der akademische Titel durchaus noch eine Rolle, im Ratgebersegment schon weniger, vielleicht mit Ausnahme des »Dr. med.« bei Gesundheitsratgebern. Und im Feld der Sachbücher sind sie kaum der Rede wert.

Letztlich ist die Autorenpersönlichkeit ein Produkt des Marketings. Das gilt für alle erfolgreichen Autoren – selbst die Antitypen des Kapitalismus, die Ankläger und Schwarzbuchschreiber, werden als Mahner und Querdenker geschickt positioniert und ins Rampenlicht gerückt, mit anderen Worten: vermarktet. Damit sind sie genauso Teil eines wirtschaftlichen Systems wie alle anderen, ob es ihnen nun gefällt oder nicht. Um aber eine Autorenpersönlichkeit – egal welche – aufbauen zu können, brauchen Marketingleute eine stimmige Ausgangssituation. Sie wollen Anknüpfungspunkte für eine »Story«, die den Autor und sein Thema interessant machen und das Interesse des Publikums wecken.

Glaubwürdigkeit für ein Buchthema

Wer über ein Thema schreiben will, mit dem er nicht beruflich befasst ist, gerät beim Fachbuch und beim Ratgeber schnell in Erklärungsnotstand. Auch biografische Brüche können zum Problem werden – es sei denn, Sie können diese positiv wenden und plausibel machen, dass Sie gerade deshalb manches besser erkennen als andere, weil Sie nicht immer mit dem Strom geschwommen sind. Schwierig kann es auch werden, wenn Sie als Autor zu jung beziehungsweise zu alt für ein Thema sind. Das klingt ein wenig diskriminierend, aber stellen Sie sich vor, wie verkäuflich die Ansichten eines unter 30-Jährigen zu den großen philosophischen Fragen der Menschheit oder auch nur zum Thema Personalführung sind. Umgekehrt bekommen Verlage in den letzten Jahren immer mehr Buchangebote von älteren Autoren, die aus dem Berufsleben ausgeschieden sind und nun das Bücherschreiben für sich entdeckt haben, um auf ihr aus ihrer Sicht bewegtes Leben zurückzublicken. Wie war das noch im Vertrieb in den Fünfzigern? Für die Autoren eine wunderbare Sache. Aber für den Lektor nur einen Seufzer und eine Standardabsage wert.

Um keine Missverständnisse aufkommen zu lassen: Damit ist keineswegs gemeint, dass junge oder alte Menschen keine guten Bücher schreiben können. Damit ist nur gemeint, dass die Verlage darauf achten, wer hinter einem Buchthema steht und ob das glaubwürdig kommunizierbar ist. Das Manuskript steht nie für sich allein. Ich weiß, das müssen viele Erstlingsautoren erst einmal verdauen …

Beste Absichten – falsches Thema

Das Vorstandsmitglied eines mittelständischen Industrieunternehmens hat eine Wut im Bauch. Eine heilige Wut auf die Politiker und auf das, wie er findet, ungerechte Steuersystem. Jeden Monat ärgert er sich aufs Neue, wie viel der Staat von seinem Bruttoeinkommen einfordert, während andere … na ja! Die ausufernde Staatsquote und die Höhe der Sozialabgaben seien skandalös, doch das Schlimmste sei, wie Vater Staat seine Machenschaften so geschickt verschleiere, dass dem einzelnen Bürger gar nicht bewusst sei, wo er tatsächlich in welchem Maß zur Kasse gebeten werde. Aufklärung sei dringend erforderlich, Schärfung des politischen Bewusstseins und natürlich auch Protest. Um den Stein ins Rollen zu bringen, habe er »sich einfach mal hingesetzt und aufgeschrieben …« Das Manuskript sei schon komplett fertig. Es sei mitnichten ein zorniges Pamphlet, betont er, sondern sauber recherchiert, mit vielen Daten und Fakten unterlegt und allgemein verständlich aufbereitet.

Das Thema liegt ihm sehr am Herzen, keine Frage. Doch ist er wirklich berufen, sich hier zu äußern? Deutschlands komplexes Steuersystem bietet natürlich auch nach Jahrzehnten der Diskussion noch Möglichkeiten, sich daran abzuarbeiten. Prominente Juristen oder Spitzenpolitiker äußern sich hier immer wieder. Außer den Fachexperten nehmen sich natürlich noch Journalisten des Themas an. Spätestens seit *Rudolf Augstein* das erste deutsche Nachrichtenmagazin gründete, gibt es kaum einen Missstand, der nicht irgendwann von Journalisten ans Tageslicht gebracht würde.

Der Autor des Manuskripts ist jedoch kein Fachexperte, sondern hat sein Berufsleben mit der Vermarktung in Deutschland produzierter Maschinen in Nahost und Südamerika verbracht. Außerdem hat er keinerlei journalistische Erfahrung. Seine Beobachtungen könnten noch so treffend sein – ihm fehlt schlicht die Glaubwürdigkeit als Autor. Der Mann hat sich überschätzt. Er hat sich voller Leidenschaft auf ein Thema gestürzt, aber nicht gesehen, dass er in der Öffentlichkeit überhaupt nicht sinnvoll mit diesem Thema verknüpft werden kann.

Das Buchthema finden Sie bei Ihrem täglich Brot

Wenn Sie ein Buch schreiben, um Ihren geschäftlichen Erfolg auszuweiten oder Ihre Karriere zu fördern, ist der erste Schritt zum richtigen Thema meist recht einfach. Vor allem als Berater, Trainer oder Coach leitet sich das Thema Ihres Buches sinnvollerweise aus Ihrem Kerngeschäft ab. Sie geben mit dem Buch eine Kostprobe des Wissens, von dem auch Ihre Kunden profitieren. Dementsprechend ist Ihre Zielgruppe weitgehend identisch mit dem Kundensegment, an das sich Ihr Angebot richtet. Weitere Veröffentlichungen planen Sie dann so, dass diese jede Ausdehnung Ihrer Geschäftstätigkeit begleiten und in der Öffentlichkeitsarbeit unterstützen. Sind Sie zum Beispiel in der Beratung für Existenzgründer tätig, wäre das Thema Geschäftsplan ein nahe liegendes Thema, zu dem Sie einen Ratgeber schreiben könnten. Weitere Bücher könnten sich dann etwa mit dem Thema Marketing für kleine Unternehmen befassen oder mit den Aufgaben eines GmbH-Geschäftsführers. Darin würden Sie Ihren erfolgreichen Gründern weitere wertvolle Tipps geben und gleichzeitig Ihre Zielgruppe ausweiten.

Wenn Sie selbstständig oder beratend tätig sind, dann arbeiten Sie zunächst Ihre persönlichen und geschäftlichen Alleinstellungsmerkmale heraus, bevor Sie sich an ein Buchkonzept machen. Was macht Ihre Leistung einzigartig und wer sind Ihre Kunden? Aus der Antwort auf diese Fragen können Sie meist ein Buchthema ableiten.

Mein Tipp

Als angestellte Führungskraft werden Sie sich fragen, mit welchen Kompetenzen Sie innerhalb der Organisation auffallen und für welche künftigen Aufgaben Sie sich empfehlen wollen. Angenommen, Sie sind häufig mit Projektleitung betraut. Dann könnten Sie mit einem herausragenden Fachbuch über Risikomanagement im Projekt den Weg dafür ebnen, dass Ihnen künftig größere Projekte mit mehr Verantwortung übertragen werden oder Sie vielleicht in die Managementebene aufrücken, die Ihre bisherigen Projekte steuert.

Themenwahl bei einem Sachbuch

Anspruchsvoller ist die Themenwahl, wenn Sie sich mit einem Sachbuch an ein breites Publikum wenden wollen. Ausbildung und Beruf sind hier nur eines von mehreren Kriterien bei der Beurteilung der Frage, ob Autor und Thema zusammenpassen. Natürlich schreiben Politiker politische Bücher, Historiker über Geschichte und Physiker Bestseller über das Weltall. Aber dasselbe tun auch Journalisten und eine Reihe von Leuten, die über das entsprechende Thema weder promoviert haben noch damit beruflich direkt in Kontakt stehen. Journalisten haben es hier natürlich leicht, weil es einfach als ihr Job angesehen wird, Themen zu recherchieren und über die Ergebnisse zu berichten. Für alle anderen ist entscheidend, dass Thema und Autor zusammen genommen eine Story ergeben, die Aufmerksamkeit erregt und sich gut verkaufen lässt. Eigene Erfahrungen sind da in aller Regel eine gute Voraussetzung. So könnte eine Schweizerin, die in Schwarzafrika einen Einheimischen geheiratet hat, dafür zum Islam konvertiert ist und zehn Jahre in einer afrikanischen Familie gelebt hat, natürlich ein Buch über die afrikanische Gesellschaft schreiben, ohne Ethnologin oder Soziologin zu sein. Wahrscheinlich gerät ihr Buch sogar spannender als die Bücher der meisten Wissenschaftler. Auch weniger intensive Erfahrungen mögen ausreichen. Wichtig ist die glaubwürdige und interessante Verknüpfung zwischen Thema und Autor.

Perfekte Symbiose von Thema und Autor

Einer meiner Klienten ist der Kopf einer Unternehmensberatung, die sich auf die Inszenierung von Wandel in Unternehmen spezialisiert hat. Gleichzeitig ist er ein begabter und fantasievoller Geschichtenerzähler. Seit einigen Jahren beobachtet er, wie »Gemeinsamkeit« ein immer wichtigerer Faktor bei der Überwindung von komplexen Problemstellungen in Wirtschaft und Gesellschaft geworden ist. Wo knallharter Egoismus und das Schielen auf den kurzfristigen Vorteil vielleicht vor zwanzig Jahren noch ein Erfolgsrezept war, um im Dschungel des Kapitalismus à la Michael Douglas in »Wall Street« zu triumphieren, sind heute die Verhältnisse zu komplex und zu dynamisch, als dass Einzelne sie noch beherrschen könnten. Außerdem hat sich unsere Gesellschaft weiterentwickelt und ist heute zur Kooperation fähiger und gewillter. So seine Analyse.

Also hat er ein Buch darüber geschrieben, wie unter diesen Voraussetzungen gewollter Wandel gelingen kann – eben gemeinsam. Dabei setzt er auf seine ganz persönlichen Stärken und Eigenheiten: Er konzipiert kein abstraktes Fachbuch (was er, nebenbei, ebenso brillant beherrscht), sondern eine Geschichte. Genauer: Eine Fabel. Er denkt sich einen kunstvoll und symbolreich inszenierten Plot aus, kreiert charakterstarke Figuren und formuliert die Geschichte liebevoll und mit verschmitztem Humor. Ein Buchkonzept, mit dem er sich treu bleibt.

Sein ungewöhnliches Buch wird vom Buchhandel jedoch kaum richtig verstanden – auch aufgrund von handwerklichen Fehlern in der Vermarktung – und verschwindet in vielen Buchhandlungen in allerlei abstrusen Abteilungen, weshalb Autor, Verlag und auch ich zunächst reichlich enttäuscht sind. Trotzdem: Das Buch findet irgendwie doch seine Zielgruppe, nämlich Führungskräfte in Wirtschaft und Gesellschaft, vom Unternehmer bis zum Grundschullehrer, der Autor bringt sich ins Gespräch, findet Resonanz in den Medien, wird zu Vorträgen eingeladen, sein Werk wird als Theaterstück aufgeführt und er gewinnt auch neue Kunden für seine Unternehmensberatung. Am Ende hat es sich gelohnt. Das Buch positioniert ihn als Vordenker – mit allen positiven und strategischen Effekten.

Innerhalb der Bandbreite der Themen, für die Sie als Autor in Frage kommen, ist es immer noch Ihre Entscheidung, welchen Themas oder welcher Themen Sie sich annehmen möchten. Versuchen Sie hier am besten einmal, sich selbst von außen zu betrachten. Versetzen Sie sich in die Lage Ihrer Leser. Fragen Sie sich: Für welches Thema möchte ich stehen? Wie soll die Öffentlichkeit mich als Autor wahrnehmen?

Die Botschaft, die Sie über die Wahl Ihrer Buchthemen mit Ihrer Persönlichkeit verknüpfen, sollte so einfach wie möglich sein. Versuchen Sie, in einem Satz zusammenzufassen, wofür Sie als Autor stehen möchten. Je weniger Sie erklären, differenzieren

Einfache Botschaften

und relativieren müssen, desto besser. Vor allem am Anfang, wenn Sie das erste Buch schreiben oder noch nicht viel veröffentlicht haben, müssen Buchbranche, Presse und Publikum Sie reflexartig mit einem zentralen Inhalt verbinden können, damit sich Ihr Name einprägt und Sie auf einem bestimmten Gebiet langsam zum Begriff werden. Für mehr als eine solcher Verbindungen oder thematischen Assoziationen ist in den Köpfen der Leute erst einmal kein Platz. Aber auch bei prominenten Autoren, die schon zahlreiche Bücher veröffentlicht haben, ist es oft ein bestimmtes Thema, an das alle sofort denken, wenn der Name fällt. Machen Sie ruhig einmal selbst den Test mit Autoren, die Sie kennen. Als Beispiele finden Sie in Tabelle 2 einige Namen prominenter Autoren sowie die Themen, die jedem zu diesen Namen sofort einfallen.

Autor	Thema
Fredmund Malik	Führung
Lothar Seiwert	Zeitmanagement
Jamie Oliver	Kochen
Reinhold Messner	Bergsteigen
Stephen Hawking	Weltall
André Kostolany	Börse
Rüdiger Nehberg	Survival
Anselm Grün	Spiritualität
Samy Molcho	Körpersprache

Tabelle 2: Einige erfolgreiche Autoren und mit ihnen assoziierte Themen

Das richtige Thema zur richtigen Zeit

Erfolgreiche Autoren sind aber nicht allein deshalb erfolgreich, weil ihr Thema zu ihrer Persönlichkeit passt, sondern auch und gerade, weil sie den Nerv des Publikums getroffen haben. Ihr Thema war marktgerecht, und zwar zu dem Zeitpunkt, als das Buch erschienen ist.

Themenrelevanz für eine Zielgruppe

Grundregel Nummer zwei der Themenfindung lautet deshalb: Wenn Sie über ein bestimmtes Thema schreiben möchten, dann muss dieses Thema eine aktuelle Relevanz für eine klar einzugrenzende Zielgruppe besitzen. Darin sind folgende Fragen enthalten: Für wen? Warum? Wieso gerade jetzt? – Außerdem muss das Medium Buch dazu geeignet sein, die Zielgruppe mit diesem Thema zu erreichen, und zwar so, dass sich die Sache für einen Verlag rechnet.

Ein buchmarktgerechtes Thema ist zunächst einmal ein buchgerechtes Thema, das heißt, es muss auf ein paar hundert Seiten Papier mit ein paar hunderttausend Buchstaben zwischen zwei Buchdeckeln gut darstellbar sein. Einige Inhalte, zum Beispiel umfangreiche Nachschlagewerke, sind heute in elektronischen Medien einfach besser aufgehoben. Manche Themen können zu ausufernd für ein Buch sein – man müsste eine ganze Reihe von Büchern daraus machen –, andere zu speziell oder einfach zu dürftig, um in der Breite und Tiefe dargestellt zu werden, die dem Charakter des Mediums Buch entspricht und nicht etwa dem eines längeren Fachartikels. Diesen Buchcharakter haben Generationen von Autoren über Jahrhunderte geprägt, und er zeigt sich in der Erwartungshaltung des Publikums. Man erwartet von einem Sachbuch, dass ein klar abgegrenzter Gegenstand umfassend und vertieft behandelt wird.

Kaum ein Verlag würde wohl ein Buch herausbringen, in dem ein Autor ganz allgemein über den Einsatz von *SAP* in Unternehmen schreiben möchte. Einmal hat *SAP* viel zu viele unterschiedliche Produkte – im Mittelstand interessieren keine Lösungen für Großunternehmen und dort wiederum interessiert sich ein Personalmanager ganz sicher nicht für die Lieferketten-Software *SAP Supply Chain Management.* Zweitens kann man den Einsatz von

SAP unter dem betriebswirtschaftlichen oder dem technischen Aspekt betrachten, und damit befassen sich in Unternehmen wiederum ganz unterschiedliche Leute.

Das Thema »SAP« ist also für sich genommen noch kein Buchthema, weil es keine Relevanz für eine klar abgegrenzte Zielgruppe besitzt. Dagegen gibt es selbstverständlich Bücher zu einzelnen Anwendungen von *SAP*, etwa *SAP SCM* oder *SAP ERP*, und zwar zu der jeweils neuesten Version und entweder für diejenigen Manager, die über den Einsatz entscheiden, oder die Techniker, die das Produkt implementieren und warten müssen. Hier ist die aktuelle Relevanz des Themas für die Zielgruppe glasklar.

Zu kleine Zielgruppe Ein Beispiel für ein Thema, das für den Buchmarkt zu speziell ist, habe ich vor ein paar Jahren einmal erlebt, als eine Autorin mit dem Vorschlag auf meine Agentur zukam, über »Neukundenakquisition in der Werbebranche« zu schreiben. Dieses Thema eignet sich sicherlich hervorragend für ein Seminar, zumal wenn man als Autor gute Kontakte in besagter Branche hat. Für ein Buch kommt es allerdings nicht in Frage. Einmal, weil die Zielgruppe zu klein ist, um für einen Verlag wirtschaftlich interessant zu sein, und dann, weil die Besonderheiten der Kundenakquisition in der Werbebranche zwar sicher gegeben, aber nicht so zahlreich sind, um 180 Seiten eines Buches zu füllen. Vieles dürfte für andere Branchen genauso gelten – dann lautet das Thema aber einfach nur »Kundenakquisition«, wozu es bereits pfiffige Ratgeberliteratur gibt und wozu es durchaus noch weitere Neuerscheinungen geben wird.

Das Ohr am Buchmarkt

Ergebnis der Themenfindung Haben wir zunächst pauschal von *dem* Thema Ihres Buches gesprochen, so erkennen Sie anhand dieser Beispiele, dass ein Buchthema etwas ist, was sich in der Schnittmenge der Interessen und Ziele des Autors und der Anforderungen des Marktes langsam herauskristallisiert. Sie können also noch einmal unterscheiden zwischen Themen im Allgemeinen – etwa Gesundheit, Geschichte, Marketing usw. – und eigentlichen, konkreten Buchthemen.

Ergebnis des Themenfindungsprozesses ist es, das aus dem Spektrum der für Sie als Autor möglichen Themen ausgewählte Thema zu fokussieren und so zuzuspitzen, dass es dafür einen Markt gibt und eine Zielgruppe sich dafür interessiert.

Wenn Sie wissen wollen, was Ihre Leser interessiert, müssen Sie sich umgekehrt für Ihre Leser interessieren. Themenfindung bedeutet immer, nahe an Entwicklungen zu sein, Trends aufzuspüren, Bedürfnisse zu erkennen. Das betrifft Fachbücher genauso wie Ratgeber und Sachbücher. Wenn Sie ein bestimmtes Thema für Ihr Buch im Auge haben, dann suchen Sie Belege dafür, dass es einem Trend entspricht und eine aktuelle Relevanz besitzt. Dies einfach nur selbst zu behaupten, wird Ihnen bei der Verlagssuche nicht viel weiterhelfen, denn das tun alle Autoren. In Ihrem Exposé werden Sie Ihr Thema »verkaufen« müssen, und dafür brauchen Sie Argumente.

Bei Themen für Fachbücher und Wirtschaftsratgeber finden Sie in Studien, wie sie beispielsweise die großen Beratungshäuser regelmäßig veröffentlichen, oft wertvolle Hinweise auf eine aktuelle Relevanz und somit gute Argumente gegenüber den Verlagen. Wollen Sie ein breites Publikum erreichen, ist es selbstverständlich Pflicht, Printmedien und elektronische Massenmedien zu beobachten. In beiden Fällen ist es sinnvoll, das westliche Ausland mit zu berücksichtigen. Gibt es in England, Frankreich oder den USA Trends, die bald auch in Deutschland, Österreich und der Schweiz zu erwarten sind? Generell ist es eine anspruchsvolle Aufgabe, Trends richtig zu erkennen und im Hinblick auf den Buchmarkt realistisch einzuschätzen. Wenn ein Trendthema bereits in aller Munde ist, können Sie fast sicher sein, dass schon andere Autoren an Büchern dazu arbeiten. Andererseits erweist sich vieles, was in den Medien zunächst hoch gehandelt wird, im Nachhinein als Eintagsfliege.

Ich möchte auch generell davor warnen, an ein Buchprojekt mit der Frage heranzugehen: »Was wird wohl gut laufen?« Ich habe eingangs von der Balance zwischen Persönlichkeit und Markt geschrieben. Der meiner Meinung nach vielversprechendere Weg ist, beim Konzipieren von der eigenen Persönlichkeit auszugehen, nicht von der vermeintlichen Lücke im Markt. Im Klartext:

Eigene Message statt Suche nach Marktlücken

Finden Sie zuerst heraus, was Sie zu sagen haben, und bringen Sie es erst dann in einem zweiten Schritt in eine handwerklich gut gemachte Form, die im Markt funktioniert. Dabei kommen oft originelle, eigenständige Bücher heraus, die auch bei einem bereits etablierten Thema durch ihren ganz neuen Ansatz reüssieren können.

Die Suche nach einem »neuen« Thema ist demgegenüber erfahrungsgemäß eine Sackgasse. Es sind eher die bewährten Themen, die Bestsellerpotenzial bergen. Beziehungsratgeber zum Beispiel. Scheinbar ein alter Hut, ein Segment, das schon jahrelang keine Bestseller mehr hervorgebracht hatte – bis Eva-Maria Zurhorst genial titelte: »Liebe dich selbst und es ist egal, wen du heiratest«. Das Buch war einer der großen Bestseller im Ratgebersegment der letzten Jahre.

Besuch in großen Buchhandlungen Am besten planen Sie schon bei der Themenfindung einen Besuch in einer Großstadtbuchhandlung wie *Hugendubel, Mayersche, Thalia, Dussmann, Orell Füssli, Wittwer* usw. ein. Diese Buchhandlungen haben zu nahezu jedem Thema (fast) alle aktuellen, gut verkäuflichen Titel vorrätig. Schauen Sie sich in Ruhe um und fragen Sie auch einen der Buchhändler, welche Titel in Ihrem Themenfeld zurzeit besonders gut laufen. Viele Autoren bekommen in Buchhandlungen gute Ideen – denn das Vorhandene ruft immer nach Weiterentwicklung und trägt den Keim des Neuen schon in sich. Etablierten Themen einen neuen »Dreh« zu geben ist oft ein Erfolg versprechender Ansatz.

Mein Tipp Machen Sie sich beim Konzipieren bewusst, dass Sie für ein Publikum schreiben, nicht für sich selbst. Und dass Ihr künftiger Verlag ein Wirtschaftsunternehmen ist. Das klingt trivial, ist es aber nicht. Immer wieder gehen Autoren davon aus, was sie interessiert, müsste automatisch auch die ganze Menschheit interessieren. Ein fataler Irrtum.

Drei Schritte Anlauf nehmen

Das geeignete Thema für Ihr Buch zu finden ist letztlich ein Dreischritt. Aus den Themen, die Sie interessant und reizvoll finden, wählen Sie diejenigen aus, die Sie als Persönlichkeit glaubwürdig verkörpern können und die sich für das Medium Buch eignen. Dann versuchen Sie herauszufinden, welche aktuelle Relevanz das Thema für bestimmte Zielgruppen hat, welche Entwicklungen und Trends sich beobachten lassen. In diesem Schritt wird sich Ihr Thema bereits in verschiedene Unterthemen gliedern, da sich nicht jede Zielgruppe für alle Aspekte eines allgemeinen Themas – wie etwa Marketing oder Steuern – interessiert, sondern immer nur für bestimmte, in der eigenen Situation relevante. Im letzten Schritt gilt es, ein konkretes Thema aus einem größeren Themenkreis für eine bestimmte Zielgruppe so zuzuspitzen, dass ein Buchthema daraus wird. Am Ende steht das, was Ihre Leser wirklich lesen wollen. Die Ausformung des Buchthemas wird also letztlich von der Erwartung des Lesers bestimmt. In Tabelle 3 zeige ich Ihnen exemplarisch Wege von allgemeinen Themen zu Buchthemen. Bitte beachten Sie: Buchthema heißt noch nicht Buchtitel!

Thema allgemein	Aktualität, Relevanz, Trends	Fokussierung und Zuspitzung	Buchthema
Marketing	Gründer, Ich-AGs usw. brauchen Aufmerksamkeit, Geld ist knapp, aber es gibt neue Möglichkeiten (Internet)	Marketinginstrumente, die mit einem Minimum an Aufwand und Kosten ein Maximum an Reichweite bringen	Mit kleinem Budget Werbung machen
Geschichte	Interesse an Vergangenheit nimmt zu, Sinnorientierung im Business steigt, Bildung ist wieder mehr gefragt	Speziell für Manager interessante historische Ereignisse mit überraschendem Bezug zur Gegenwart	Historisches für Führungskräfte

Klöster	Metatrend Spiritualität, zunehmende Stressfaktoren, Suche nach Ruhepol und Sinnsuche	Zahlreiche Klöster machen Angebote für Entspannung, Wellness, Meditation, Selbstfindung	Eine Auszeit im Kloster nehmen
Projektmanagement	Trend weg von Linienorganisation hin zu Projektorganisation in Unternehmen, immer mehr Projekte parallel	Manager verantworten heute ganze Bündel von Projekten, die kritischer Bestandteil der Unternehmensstrategie sind	Multiprojektmanagement
Lebenshilfe	Überlastung und Überforderung durch zu hohe Komplexität, Gefühl von Übersättigung, Machtlosigkeit	Vieles im Alltags- und Konsumverhalten ist überflüssig, durch Verzicht kommt man zu Klarheit	Einfacher leben

Tabelle 3: Vom allgemeinen Thema zum Buchthema: aktuelle Relevanz erkennen, fokussieren und zuspitzen

Haben Sie ein konkretes Buchthema im Auge, machen Sie sich im nächsten Schritt intensiv Gedanken über den Nutzen für Ihre Leser. Was für eine Art Buch möchten Sie schreiben und was genau soll der Leser davon haben? Die Übergänge sind im Rahmen der Konzeption natürlich fließend, denn auch bei der Zuspitzung des Themas spielt der Lesernutzen bereits eine Rolle. Einer der häufigsten Ablehnungsgründe für Buchangebote bei den Verlagen ist jedenfalls ein nicht klar erkennbarer Nutzen für den Leser. Darum geht es im nächsten Kapitel.

- Thema und Autor müssen zusammenpassen. Der Autor muss sein Thema glaubhaft verkörpern und für den Verlag vermarktbar sein.

- Selbstständige, Berater, Trainer und Coachs können Buchthemen häufig aus ihrem Kerngeschäft ableiten.

- Marketing- und Presseleute der Verlage wollen eine »Story«, die ein Thema interessant macht und das Interesse des Publikums weckt.

- Wenn Sie über ein bestimmtes Thema schreiben möchten, dann muss es eine aktuelle Relevanz für eine klar einzugrenzende Zielgruppe besitzen.

- Der Themenfindungsprozess ist ein Dreischritt:

  1. Auswahl der für Sie strategischen und glaubwürdigen Themenbereiche

  2. Bestimmung der Aktualität und Relevanz eines bestimmten Themas

  3. Zuspitzung und Fokussierung des Themas zum eigentlichen Buchthema

2. Der Wert für den Leser – Kein Buch ohne Nutzen

*»Fakten, Fakten, Fakten und immer an die Leser denken« –
mit diesem Spruch stachelte Helmut Markwort die Redakteure von
Focus einst öffentlichkeitswirksam an, das Quasi-Monopol eines
anderen deutschen Nachrichtenmagazins zu brechen. Auch für
Buchautoren wäre dieser Leitsatz nicht der schlechteste.*

Viele Autoren sind geradezu verliebt in ihr Thema. Das betrifft
selbst nüchterne Charaktere. Schreibt ein Autor gerade, sagen
wir, über Projektcontrolling, so taucht er in sein Thema ein, stürzt
sich wie besessen auf sämtliche Fachliteratur, jagt jedem neuen
Artikel hinterher und wird typischerweise zu einem sprudelnden
Quell des Fachwissens und zu einem Verfechter sehr eindeutiger
Ansichten zu jeder Detailfrage. Das ist im Großen und Ganzen
auch gut so. Ein Buch zu schreiben erfordert eine Menge Energie
und Ausdauer, und wer da von seinem Thema nicht begeistert ist,
braucht gar nicht erst anzufangen.

Autorenblindheit Allerdings besteht die Gefahr, dass die auf das Thema konzen-
trierte Autorenperspektive blind macht für die Anforderungen der
Leser und damit letztlich auch der Buchhandlungen und Verlage.
Lektoren in den großen Verlagen können ein Lied davon singen,
mit welchen Mengen von Buchangeboten sie konfrontiert sind,
bei denen überhaupt nicht ersichtlich ist, wer das kaufen soll und
was der Leser, der es doch gekauft hat, damit anfangen soll – dabei
mag ja alles richtig sein, was drinsteht! Die Selbstzufriedenheit
des Autors, der zeigen will, dass er ein Thema mehr oder weniger

souverän bewältigen kann, war in diesen Fällen wohl das einzige Qualitätskriterium. Dabei kann eine simple Frage jeden vor dieser speziellen Form von Autorenblindheit schützen. Die Frage lautet: Wer soll mein Buch kaufen und warum?

Bücher schreiben, die gebraucht werden

Sie als Autor mögen in Ihr Thema verliebt sein – Buchkäufer sind es (noch) nicht. Leser wollen überzeugt werden und vor allen Dingen vorher einschätzen können, was ihnen die Lektüre eines Buches bringen wird. Am Schluss des in Kapitel 1 beschriebenen Themenfindungsprozesses stand bereits die Aufgabe, die aktuelle Relevanz Ihres Themas für eine bestimmte Zielgruppe zu erkennen. Dementsprechend muss das Thema fokussiert und zugespitzt werden. Im nächsten Schritt der Konzeptionsphase erarbeiten Sie, wie genau das zukünftige Buch Ihr Thema für diese Zielgruppe umsetzen soll und welchen konkreten Nutzen der Leser von der Lektüre haben wird.

Sie müssen also bei der Konzeption eines Buches drei Perspektiven vereinigen: Erstens Ihre eigene, thematisch geprägte Perspektive. Sie schreiben ein Buch zu einem Thema, mit dem Sie sich identifizieren. Zweitens die Marktperspektive des herstellenden und verbreitenden Buchhandels, also der Verlage und Buchhandlungen. Die Veröffentlichung muss sich für Ihre Verwertungspartner, die Ihnen den Zutritt zum Markt verschaffen, rechnen. Drittens die am Nutzen orientierte Leserperspektive.

Jede Handlung – also auch der Buchkauf und das Lesen – ist auf einen bestimmten Zweck hin ausgerichtet. Mit Nutzen meine ich dementsprechend ganz allgemein die Ratio, sich überhaupt mit Ihrem Buch zu beschäftigen. Nutzen meint demnach nicht Nützlichkeit im Sinn von Ratgebercharakter. Der Nutzen eines Buches kann beispielsweise auch Unterhaltung sein, wenn es das ist, wonach Ihre Leser suchen. Soll Ihr Buch aber unterhalten, dann muss es auch tatsächlich kurzweilig sein, sonst erfüllt es seinen Zweck nicht. Auch bei unterhaltender Literatur wird das Buchkonzept also vom Nutzen für den Leser her bestimmt.

Nutzen für den Leser

Wenn Sie Ihr Buch bei gegebenem Thema auf den größtmöglichen Lesernutzen hin konzipieren, ist das ein großer Schritt auf dem Weg zur erfolgreichen Publikation. Die stärkste Vertriebsmannschaft und die besten PR-Profis können ein Buch nicht zum Bestseller machen, wenn es dem Leser keinen offensichtlichen Nutzen bringt. Diesen Lesernutzen zu optimieren macht zwei einzelne Schritte erforderlich. Zunächst müssen Sie genau wissen, welche Leser Sie überhaupt ansprechen wollen. Und dann müssen Sie richtig einschätzen, was bei diesen Lesern gut ankommt, wie Sie Ihr Thema dieser Zielgruppe nahebringen. Sie müssen also Ihr Konzept so anlegen, dass es bei einer bestimmten Zielgruppe Resonanz findet.

Resonanz? Das bedeutet: Sie erkennen, dass diese Menschen einen konkreten Anlass haben, Ihr Buch zu kaufen. Und Ihr Konzept ist so gestrickt, dass es auch tatsächlich zur Kaufentscheidung kommt. Ihr Konzept sollte einen tatsächlich vorhandenen Nutzen versprechen. Das schlägt sich insbesondere im Titel und in der Gliederung nieder. Dazu später mehr.

Die erste Frage ist also, für wen Sie überhaupt zu Ihrem Thema schreiben wollen. Wer wird sich für das Thema interessieren? Je eindeutiger Sie diese Gruppen benennen und abgrenzen können, desto besser. Mit Blick auf die Vermarktungschancen gilt: lieber eine hohe Relevanz für eine kleinere Zielgruppe als eine bunte Themenmischung für alle und keinen.

Mein Tipp

Versuchen Sie bei der Konzeption, Ihre Zielgruppe nach Kriterien wie Berufsbezeichnung, beruflichem Status (z. B. Selbstständiger, Freiberufler), Funktion in einem Unternehmen (z. B. Vertriebsleiter, Projektmanager), Hobby oder Interesse, Geschlecht, Lebensalter, Betroffenheit von einem besonderen Umstand usw. einzugrenzen. Fragen Sie sich dann, was speziell für diese Leser wichtig ist.

Wer sind Ihre Leser?

Olaf Nollmeyer hat seinen Ratgeber *Die souveräne Stimme* speziell für Leser mit »Sprechberufen« geschrieben, also Lehrer, Dozenten, Trainer, Seminarleiter usw. Natürlich kann fast jeder Mensch davon profitieren, durch Stimmtraining die positive Wirkung seiner Persönlichkeit zu verstärken und gleichzeitig Stress abzubauen. Trotzdem fehlt den meisten der konkrete Anlass, hierzu ein Buch zu lesen. Deshalb wäre *Nollmeyer* mit der Aufforderung an jedermann, einmal etwas für die eigene Stimme zu tun, auf wenig Resonanz gestoßen. Bei den Leuten in »Sprechberufen« ist das ganz anders. Sie sind sich bewusst, dass die Stimme ihr wichtigstes Arbeitsmittel ist, und sie kennen den Stress, den es bedeutet, nicht ganz »bei Stimme« zu sein. Für diese überschaubare, aber immer noch ausreichend große Zielgruppe ist der Ratgeber hochrelevant. Das erleichtert die Kaufentscheidung.

Ist ein Buch auf einen bestimmten Leserkreis zugeschnitten, dann fällt die verkaufte Auflage im Allgemeinen höher aus als ohne einen solchen Zuschnitt – obwohl die Zielgruppe absolut gesehen kleiner ist. Letztlich erzielen Sie so mehr Resonanz. Haben Sie also Mut zum Fokussieren! Überlegen Sie immer, wer sich aus welchen Gründen wie stark für Ihr Thema interessieren könnte. Vielleicht gibt es eine besonders zahlreich vertretene Gruppe, auf die Sie das Thema zuschneiden können. So wird beispielsweise ein Buch zum Thema Mode sicher auch von dem einen oder anderen Mann gekauft werden, trotzdem ist es klug, es auf die Zielgruppe Frauen zwischen 25 und 45 zuzuschneiden – außer, es soll gezielt eine Nische besetzt werden.

Höhere Auflage trotz kleinerer Zielgruppe

Beim Fachbuch und beim Ratgeber wird sich die Zielgruppe häufig mit dem Personenkreis überschneiden, mit dem Sie als Autor auch beruflich zu tun haben. Wenn Sie selbstständig sind, dann ist es natürlich auch im Sinne des mit dem Buch beabsichtigten Selbstvermarktungseffekts, wenn sich Leser- und Kundenzielgruppe möglichst weit überschneiden. Als Trainer, Berater oder Coach können Sie sich fragen: Wer genau sind meine Kunden? Warum kommen diese zu mir?

Seien Sie in jedem Fall realistisch, wenn es darum geht, die Größe Ihrer Zielgruppe einzuschätzen; genauso, wie Sie nicht alle Themen glaubhaft verkörpern können, werden Ihnen bestimmte Zielgruppen verschlossen bleiben. Kein Autor erreicht alle. Selbst der Papst, der *Dalai Lama* oder die diversen prominenten UNICEF-Botschafter stoßen nur bei bestimmten Menschen auf Resonanz, während andere schon abschalten, wenn sie nur den Namen hören. Ein ganz brauchbarer Test ist der folgende: Wenn Sie sich gut vorstellen können, Angehörige einer bestimmten Personengruppe im persönlichen Gespräch für Ihr Thema und Ihr Anliegen zu gewinnen, dann können Sie diese im Allgemeinen auch zur Zielgruppe Ihres Buches rechnen. Bei allen anderen machen Sie sich lieber keine Illusionen. Ein junger buddhistischer Mönch wird es schwer haben, oberbayerische Rentner für ein Wochenende in seinem Ashram zu begeistern. Diese Leute werden auch sein Buch nicht kaufen, obwohl Spiritualität in deren Leben vielleicht durchaus eine Rolle spielt.

Auch Bestsellerautoren haben häufig mit ihren ersten Büchern nur in Zielgruppen Erfolg gehabt, deren Eigenarten und Bedürfnisse sie gut kannten. Erst später kam dann der Erfolg bei der Masse. Soziale Milieus konstituieren sich wesentlich nach zwei Faktoren: erstens nach dem Grad an Offenheit für Neues, der wiederum stark mit dem Lebensalter korreliert, und zweitens am Bildungsgrad, der wiederum mit dem gesellschaftlichen Status und dem beruflichen Erfolg korreliert. Wenn Sie nicht gerade Pädagoge oder Gerontologe sind, dann finden Sie mit Ihren Büchern in aller Regel zunächst dort positiven Widerhall, wo die berufliche und persönliche Situation der Menschen mit Ihrer eigenen vergleichbar ist.

Da Sie gerade dabei sind, sich intensiv Gedanken über Ihre Zielgruppe zu machen, möchte ich Sie noch auf einen Aspekt hinweisen, den vor allem deutsche Autoren oft sträflich vernachlässigen: Unter dem Gesichtspunkt der Reichweite betrachtet, gibt es nämlich gar keinen deutschen, englischen oder französischen Buchmarkt, sondern nur einen deutschsprachigen, englischsprachigen bzw. französischsprachigen. Deutschsprachige Verlage verkaufen ihre Bücher in Deutschland, Österreich und der Schweiz. In Wien oder Zürich ist man sich der Ausdehnung des Marktes auch durchaus bewusst. So ist der meistverkaufte Ratgeber zu zwei Merk-würdigkeiten des deutschen Arbeitsmarkts, *Gründungszuschuss und Einstiegsgeld* von *Andreas Lutz*, beim österreichischen *Linde*-Verlag erschienen, der ihn natürlich fast nur in Deutschland verkauft.

Bei deutschen Autoren vor allem von Fachbüchern und Rat-gebern erleben wir immer wieder, dass sie ihre Leser allein in Deutschland vermuten. So bezieht man sich dann ausschließlich auf deutsche Institutionen und deutsches Recht, und auch die Fallbeispiele stammen nur aus Deutschland. Nicht selten finden wir zudem Formulierungen wie »wir Deutschen« oder »gerade bei uns in Deutschland«. Bei aller Völkerverständigung und euro-päischen Einigung – in Österreich und der Schweiz, wo Ihre Bü-cher auch gelesen werden, kommt derlei Vereinnahmung nicht gut an. Am besten, Sie machen sich von Anfang an klar, dass Sie (fast) immer für »internationales Publikum« schreiben.

Berücksichtigen Sie beim Konzipieren und beim Schreiben in angemessener Form, dass Ihr Buch in drei Ländern gelesen werden soll: Deutschland, Österreich und Schweiz. Bieten Sie nach Möglichkeit Lesern in allen Ländern den gleichen Nutzen. Es kann Ihnen als deutscher Autor sogar einen Vorteil gegen-über Konkurrenztiteln verschaffen, wenn Sie auch die Eigen-arten (z. B. gesetzliche Bestimmungen) der kleineren Länder berücksichtigen. Die Leser in Österreich und der Schweiz (und da sprechen wir von einigen Millionen) werden lieber zu Ihrem Buch greifen, wenn solche Angaben bei anderen Autoren fehlen.

Mein Tipp

Fachbuch, Sachbuch oder Ratgeber?

Wenn Sie genau wissen, wen Sie mit Ihrem Thema ansprechen wollen und können, geht es im nächsten Schritt um das Wie. Damit ist eine weitere Weichenstellung angesprochen, die bei der Konzeption eines Buches vorzunehmen ist: Welche Buchgattung ist die richtige?

In der Einführung habe ich Ihnen bereits einen ersten Überblick gegeben, nach welchen Kriterien die drei Gattungen der nichtfiktionalen Literatur, Fachbuch, Ratgeber und Sachbuch, abgegrenzt werden können. Ich will das an dieser Stelle nun noch etwas vertiefen. Man kann trefflich darüber streiten, was das wichtigste Unterscheidungsmerkmal der einzelnen Genres ist. Da bestehen auch durchaus kontroverse Ansichten im Markt, beispielsweise von Verlag zu Verlag. Ich bevorzuge die Unterscheidung nach Zielgruppen und Funktion:

Fachbuch

Ein Fachbuch wendet sich an Fachleute in einem bestimmten Bereich, also an eine klar umgrenzte und einfach bestimmbare Zielgruppe. Der Autor ist selbst Experte und vermittelt das Wissen von seinem Thema von Profi zu Profi. Das ist die primäre Funktion eines Fachbuchs: Wissensvermittlung. Beispielsweise behandelt ein Buch für Homöopathen die theoretischen Grundlagen der Homöopathie. Fachbücher haben meist höhere Preise (oft 40–50 Euro und mehr), oft kleine Auflagen (ca. 800 bis 1500 Exemplare) und längere Laufzeiten am Markt. Sie sind die mit Abstand zahlreichsten nichtfiktionalen Bücher. Der Konkurrenzkampf ist in diesem Genre vergleichsweise schwach ausgeprägt. Den Markt teilen sich typischerweise traditionsreiche Verlage, die in der Fachwelt eine hohe Bekanntheit haben und relativ wenig Marketingaufwand für ihre breiten Programme betreiben, sowie Spezialisten für kleine Themen, die ihre Zielgruppen sehr gut kennen, aber kaum Breitenwirkung haben.

Ratgeber

Ein Ratgeber wendet sich an eine Zielgruppe, die von einem Thema unmittelbar betroffen ist. Der Autor ist Experte zu diesem Thema und zeigt in seinem Buch, wie man bestimmte, klar definierte Ziele erreicht. Die primäre Funktion eines Ratgebers ist also: zeigen, wie etwas geht. Ein Beispiel wäre ein Buch für Leute, die mit der Anwendung der Homöopathie bestimmte Beschwerden überwinden möchten und aus dem Buch erfahren, wie man es macht. Ratgeber haben oft niedrigere Preise (ca. 8–20 Euro), höhere Auflagen (ab ca. 3000 bis über

10 000 Exemplare) und Laufzeiten von durchaus einigen Jahren am Markt. Es gibt jede Menge Ratgeber, aber nicht so viele Titel pro Jahr wie im Fachbuchsegment. Der Konkurrenzkampf der Autoren um die verfügbaren Programmplätze bei den Verlagen ist stark ausgeprägt. Die Verlage betreiben in diesem Segment oft ein sehr aktives Handelsmarketing, indem sie z. B. Reihen konzipieren und versuchen, diese mit Aufstellern oder eigenen Tischen im Buchhandel attraktiv zu platzieren. Auch wird gezielt in Medien geworben, die von den jeweils Betroffenen genutzt werden.

Ein Sachbuch im engeren Sinne schließlich wendet sich an ein allgemein interessiertes, breites Publikum. Der Autor schreibt über ein Thema, in etwa wie ein Journalist, der über einen Sachverhalt berichtet und seinen Lesern seine Meinung dazu nahebringen möchte. Die Funktion eines Sachbuchs ist: Meinung äußern. Beispielsweise könnte ein Buch einem großen Publikum erklären, welche Bedeutung Homöopathie nach Ansicht des Autors für das Gesundheitswesen haben könnte. Sachbücher haben mittlere Preise (ca. 15 – 30 Euro), sehr hohe Auflagen (ab ca. 8000 – 10 000 bis über 100 000) und relativ kurze Laufzeiten am Markt. Sie stellen die höchsten schriftstellerischen Anforderungen an den Autor, der hier nicht nur informieren, sondern auch unterhalten soll. Die wenigen verfügbaren Programmplätze für Sachbücher bei den Publikumsverlagen sind hart umkämpft. Als unbekannter Autor haben Sie dort so gut wie keine Chance. Prominente dagegen werden auch dann gern genommen, wenn sich das schriftstellerische Talent in Grenzen hält. Für ihre Toptitel im Sachbuchbereich ziehen die großen Verlage regelmäßig alle Register in Vertrieb, Marketing und PR und als Vorschüsse werden große Zahlen auf die Schecks geschrieben. Die erfolgreichsten Sachbuchautoren gehören zu den Stars der Frankfurter Buchmesse und genießen einen mit Belletristikautoren durchaus vergleichbaren kulturellen Status.

Sachbuch

Im allgemeinen Sprachgebrauch wird der Begriff Sachbuch meist für nichtfiktionale Literatur schlechthin gebraucht, schließt also Fachbuch und Ratgeber mit ein. Diese Benutzung des Begriffs ist hier nicht zielführend. Manche Verlage bezeichnen jedes nichtfiktionale Buch, das ein breiteres Publikum erreicht, als Sachbuch – auch wenn es sich von der Funktion her eigentlich um einen Ratgeber handelt. Auch das stiftet eher Verwirrung. Auf der in den Medien meistzitierten »Sachbuch-Bestsellerliste«, die wöchentlich vom Magazin *Der Spiegel* veröffentlicht wird, tauchen denn auch immer mal wieder Ratgeber auf – in der Vergangenheit etwa die diversen Rezeptsammlungen von *Alfred Biolek* oder *Simplify your Life* von *Tiki Küstenmacher* und *Lothar Seiwert*. Wegen des verbreiteten Sprachgebrauchs haben wir auch dieses Buch der Prägnanz halber *Erfolgreich als Sachbuchautor* genannt, obwohl es genau genommen um Sachbücher, Fachbücher und Ratgeber geht.

Risiko Sachbuchkonzept

Eine freie Journalistin arbeitet hauptsächlich für den öffentlich-rechtlichen Hörfunk und für regionale Tageszeitungen. Sie hat im Laufe ihres Berufslebens immer wieder einige Jahre in Frankreich verbracht, nachdem sie bereits als Jugendliche von der französischen Kultur und Lebensart fasziniert war. Nach zahllosen Zeitungsartikeln und einigen Hörfunkfeatures zum Thema Frankreich möchte sie nun ein populäres Sachbuch über ihr erklärtes Lieblingsland schreiben. Dazu fehlt es ihr als Buchautorin nicht vollkommen an Erfahrung, doch ihre bisher einzige Buchveröffentlichung liegt bereits zehn Jahre zurück und steht in keinem Zusammenhang mit dem Thema Frankreich. Wegen dieser langen Zeitspanne muss sie damit rechnen, von den Verlagen wie eine Erstlingsautorin behandelt zu werden.

Die Autorin hat ihr Thema nach ihrer persönlichen Neigung gewählt, was in diesem Fall zunächst nicht weiter problematisch ist, da Kulturvermittlung zu den Aufgaben von Journalisten gehört und sie über hinreichende Kenntnisse und Erfahrungen verfügt, um über ihren Gegenstand zu schreiben. Sie möchte allerdings weder einen Reiseführer noch ein Fachbuch über interkulturelles Management verfassen, sondern stellt sich ein locker geschriebenes, amüsantes Feuilleton vor, das den Deutschen (an Österreicher und Schweizer denkt sie offenbar nicht) die Eigenarten Frankreichs und der Franzosen näherbringen soll. Diese Idee hat zwar einiges für sich, da gut geschriebene, unterhaltende Lektüre über andere Länder bei den reisefreudigen deutschen Lesern in aller Regel gut ankommt.

Der Blick auf das Marktumfeld offenbart aber sofort ein großes Problem: Es gibt bereits eine ganze Reihe von Büchern zum Thema Frankreich, die, ähnlich wie von der Autorin geplant, in Form eines amüsanten Streifzuges Land und Leute präsentieren. Einige dieser Titel sind bei großen und vertriebsstarken Verlagen erschienen, und unter diesen sind wiederum Bücher von prominenten Autoren wie *Ulrich Wickert,* die ein breites Publikum aus dem Fernsehen kennt. Andere Titel stammen zwar von weniger bekannten Journalisten, diese sind aber zumindest bei überregionalen Zeitungen fest angestellt und können sich mit Namen wie dem der *Zeit* oder der *FAZ* schmücken. Gegen diese Konkurrenz wird es die Autorin sehr, sehr schwer haben. Vielleicht wird das Buch nie erscheinen …

Die Entscheidung für Fachbuch, Ratgeber oder Sachbuch wird immer zunächst von Ihren strategischen Zielen als Autor abhängen. Erinnern Sie sich an die drei Perspektiven: Autorenperspektive, Marktperspektive und Leserperspektive. Aus der Autorenperspektive fragen Sie sich: Was will ich mit dem Buch erreichen?

Angenommen, Sie sind Betriebswirt, arbeiten als freier Unternehmensberater und haben einen Lehrauftrag an einer Hochschule. Dann können Sie mit einem Fachbuch »Internationale Rechnungslegungsstandards« sicherlich Ihre akademischen Kollegen beeindrucken und auf die Verlängerung Ihres Lehrauftrags hinwirken, werden aber kaum potenzielle Beratungskunden von Ihren Fähigkeiten überzeugen können. Schreiben Sie dagegen einen Ratgeber »Controlling für den Mittelstand« könnte das für Sie ein ausgezeichnetes Instrument zur Kundenakquisition sein. Und zwar einfach deshalb, weil das Buch Ihren Kunden einen konkreten Nutzen verspricht.

Die Marktperspektive spielt in diesem Zusammenhang natürlich auch eine Rolle. So kann es zum Beispiel sein, dass es zu einem bestimmten Thema ein Überangebot an Fachbüchern, aber noch keinen praxisorientierten Ratgeber gibt. Oder zahlreiche Ratgeber, aber noch kein Sachbuch.

Ein selbstständiger Unternehmensberater aus Süddeutschland ist vor allem mit der Begleitung von Projekten in mittelständischen Unternehmen befasst. Er ist ein engagiertes Mitglied der führenden Vereinigung für Projektmanagement und ein anerkannter Experte auf diesem Fachgebiet. Eine Publi-

Mit ausgefallenen Konzepten …

kation zum Thema Projektmanagement würde sich ideal in seine Vermarktungsstrategie einfügen und es ihm erlauben, neue Kunden zu akquirieren und an seine Firma zu binden. Nun gibt es zwar einerseits schon eine wahre Flut von Titeln zum Projektmanagement, andererseits aber auch einen seit Jahren stabilen Informationsbedarf zu diesem Thema.

Der Buchmarkt ist also grundsätzlich noch aufnahmefähig für neue Titel – sofern das Konzept stimmt. Dass der Autor in der Öffentlichkeit unbekannt ist und noch kein einziges Buch geschrieben hat, fällt hier weitaus weniger ins Gewicht als bei einem Sachbuchautor. Bei Fachbuch und Ratgeber kommt es ja zunächst darauf an, dass der Autor die nötigen Referenzen besitzt – also Ausbildung, Praxiserfahrung, namhafte Kunden. Und dann ist vor allem wichtig, dass sein Konzept fachliches Niveau besitzt und einen hohen Nutzen für den Leser verspricht. In einem so dicht besetzten Segment wie dem Projektmanagement genügt es jedoch immer noch nicht, einfach nur ein weiteres gutes Buch zu schreiben, um einen Erfolg landen zu können.

Nötig sind vielmehr eine klare Fokussierung innerhalb des Segments und ein echtes Alleinstellungsmerkmal. Beides kann der Autor in seinem Buchkonzept entwickeln. Zunächst fokussiert er sein Buch auf die Projektleiter als Zielgruppe. Es geht also nicht um Projektmanagement im Allgemeinen, sondern darum, was insbesondere Projektleiter wissen und können müssen, um ein Projekt zum Erfolg zu führen. Und dann borgt er sich als besonderen Clou eine Analogie aus dem Tierreich, die den roten Faden des Buches bildet. In jedem Kapitel wechselt der Autor zwischen dieser Bildebene und den konkreten sachlichen Handlungsanweisungen, die sich daraus spielerisch ableiten lassen. Damit hat er einen zeitgemäßen und unterhaltsamen Weg der Wissensvermittlung beschritten und seinem Buch ein Alleinstellungsmerkmal gegeben, das gute Voraussetzungen für eine erfolgreiche Vermarktung schafft.

Bücher, für die es kein Regal im Buchhandel gibt

Haben Sie sich für eine der drei Gattungen entschieden, dann muss Ihr Konzept auch deren Regeln entsprechen. Hüten Sie sich davor, sich mit einer Genremixtur zwischen alle Stühle zu setzen! Dies ist geradezu eine Falle, die seitens der Verlage in Form einer

Absagenquote von 100 Prozent zuschnappen kann – unabhängig von der inhaltlichen Qualität Ihres Manuskripts. So darf ein Praxisratgeber eben keine theoretische Abhandlung sein, in der sich die Praxis auf einige wenige eingestreute Beispiele beschränkt. Autoren von Diplomarbeiten und Dissertationen vergessen das schon einmal und meinen dann, aus ihrem wissenschaftlichen Meisterstück ließe sich mit wenigen Änderungen ein verkäufliches Buch machen. Das funktioniert nur in den allerwenigsten Fällen. In der Regel braucht, wer ein populäres Buch zu einem Thema schreiben will, mit dem er sich zuvor wissenschaftlich beschäftigt hat, ein völlig neues Konzept. Alles andere wäre eine Mogelpackung.

Lesererwartungen zu wecken und dann zu enttäuschen ist typisch für Bücher, die nicht dem Genre gemäß konzipiert worden sind.

Normalerweise finden Sie mit einem Buch, das keinem Genre zuzuordnen ist, auch keinen Verlag. Der Lektor weiß einfach, dass der Buchhändler für eine Mixtur aus Wirtschaftssachbuch und Businessratgeber oder für eine Mischung aus philosophischem Sachbuch und Designfachbuch oder für einen Mix aus Autobiografie, Reisebericht und Gesundheitsratgeber kein Regal hat. Die Handelsvertreter des Verlags müssen den Buchhändlern das Buch aber schmackhaft machen – und zwar mit wenigen Worten. Sind die Chancen dazu schon durch das fehlende Regal stark eingeschränkt, ist die Entscheidung, das Buch abzulehnen, schnell getroffen.

Alles entscheidet sich immer wieder an der Frage nach dem Nutzenversprechen. Welchen Nutzen soll der Leser von der Lektüre des Buches haben? Ist der Nutzen Unterhaltung, dann muss das Konzept auch wirklich witzig sein und darf nicht langweilen. Soll der Leser Methoden lernen, die sein berufliches Tagesgeschäft effizienter machen, dann müssen sie so dargestellt werden, dass sie verständlich und umsetzbar sind. Soll das Buch inspirieren, muss ein Feuerwerk von originellen Beispielen gezündet werden.

Das Nutzenversprechen einhalten

Mit dem Blick auf den größtmöglichen Nutzen für den Leser und mit Rücksicht auf das passende Genre wird so aus Ihrem Wunsch, zu einem bestimmten Thema ein Buch zu schreiben, immer mehr ein konkretes Buchprojekt. Doch es gibt ein paar tausend deutschsprachige Verlage und Millionen von Menschen, die Bücher schreiben. Bevor Sie sich also mit Elan an eine Gliederung machen und erste Arbeitstitel entwickeln, sollten Sie sich anschauen, was es auf dem Markt schon alles gibt. Deshalb geht es im nächsten Kapitel um das Thema Konkurrenz und Wettbewerb.

KOMPAKT

- Lösen Sie sich von der themenfixierten Autorenperspektive und nehmen Sie den Buchmarkt und den Leser in den Blick.

- Es gilt, möglichst früh festzulegen, wie genau das zukünftige Buch Ihr Thema für eine bestimmte Zielgruppe umsetzen soll und welchen konkreten Nutzen der Leser von der Lektüre haben wird.

- Besser eine hohe Relevanz für eine kleinere Zielgruppe als eine bunte Mischung für alle und keinen.

- Deutschsprachige Verlage verkaufen ihre Bücher in Deutschland, Österreich und der Schweiz. Das gilt es angemessen zu berücksichtigen.

- Bei nichtfiktionaler Literatur müssen Sie sich für eine der drei Gattungen Fachbuch, Ratgeber oder Sachbuch entscheiden. Ihr Konzept muss den Regeln des jeweiligen Genres entsprechen. Genremixturen bergen ein hohes Risiko, bei Verlagen auf Ablehnung zu stoßen.

3. Konkurrenz und Wettbewerb –
Wie Sie Ihr Buch einzigartig machen

*Verlage lehnen 99 Prozent aller Buchangebote ab. Oft allein deshalb,
weil der Autor den Markt falsch eingeschätzt hat. Erfolgreiche
Autoren liefern keine Massenware, sondern Maßarbeit für den Markt.
Und die Vermarktung beginnt mit der Konzeption.*

Wenn Konkurrenz das Geschäft belebt, dann geht es auf dem
Buchmarkt ziemlich lebendig zu. Die Branche gibt sich gern den
Anstrich der Kultiviertheit und kritischen Intellektualität, genießt
etwa den Moment der Selbstvergewisserung, wenn einmal im
Jahr der Vorsteher des Börsenvereins des Deutschen Buchhandels
vor laufenden Fernsehkameras den Friedenspreis überreicht –
und ist gleichzeitig eine der wettbewerbsintensivsten überhaupt.
Davon zeugt allein die Tatsache, dass Bücher – gemessen an der
Kaufkraft im deutschsprachigen Raum – seit den 1950er-Jahren
immer billiger geworden sind. Das freut die Leser und macht den
Verlagen zu schaffen. Längst findet man sich mit durchschnittlichen Umsatzrenditen ab, die kaum besser sind als die des notorisch ertragsschwachen Lebensmittelhandels. Und seit der großen Konzentrationswelle der letzten zwanzig Jahre befinden sich
viele Verlage, die Namen großer Verlegerpersönlichkeiten wie
etwa *Samuel Fischer* oder *Wolf Jobst Siedler* tragen, unter dem Dach
weit verzweigter Medienkonzerne, die auch mit Illustrierten und
Fernsehsendern ihr Geld verdienen.

Eigentlich wissen alle, dass viel zu viele Bücher auf den Markt ge- **Zu viele Bücher**
worfen werden. Rund 95 000 deutschsprachige Neuerscheinungen

gibt es derzeit pro Jahr, davon entfallen grob gerechnet etwa gut die Hälfte auf Fachbuch, Ratgeber und Sachbuch. Und natürlich bleiben auch die Novitäten der Vorjahre weitgehend im Angebot. Kein Wunder, dass der Kampf um Aufmerksamkeit längst ausgeprägter ist als der Wettbewerb um die interessantesten Inhalte. Der »Promi-Faktor« hat deshalb bei den Verlagen in den letzten Jahren deutlich an Gewicht gewonnen. Vor allem begabte junge Autoren leiden darunter, wenn Programmplätze am liebsten an Fernsehgesichter vergeben werden und jeder B-Promi zu seinem Kochbuch kommen muss. In einigen Segmenten muss die Branche aufpassen, dass sie sich nicht in dem Maße selbst demontiert, in dem sie sich als Lieferant von Begleitmaterialien der elektronischen Medien begreift. Immerhin gäbe es Möglichkeiten genug, aus dem Kraft zu schöpfen, was das Medium Buch einzigartig macht.

Selbstüberschätzung Was bedeutet das alles für Sie als Autor? Es bedeutet vor allem, dass Sie sich mit dem Buchmarkt beschäftigen müssen, wenn Sie Erfolg haben wollen. Und das bitte rechtzeitig und intensiv. Gar nicht so selten begegnen wir Autoren, die von dem Glauben beseelt sind, ihr Buch werde sich schon gegen all die anderen durchsetzen, da es ja auf einer guten Idee basiere und außerdem nicht so oberflächlich sei wie der Rest. Nun ist Selbstbewusstsein natürlich kein Fehler, Selbstüberschätzung jedoch töricht. Das schönste Thema, die größte Fachkompetenz als Autor und der bestdurchdachte Nutzen für den Leser nützen Ihnen überhaupt nichts, wenn es von anderen Autoren schon drei ganz ähnliche Bücher auf dem Markt gibt und diese sich womöglich noch glänzend verkaufen.

Wer zu spät kommt ...

Und nicht einmal nur die schon erhältlichen Bücher sind Ihre Konkurrenz, sondern auch jene, die gerade konzipiert und geschrieben werden und von deren Existenz Sie kaum etwas ahnen können. Das Einzige, was Sie gegen diese Konkurrenten tun können, ist schnell zu sein. Schon oft haben wir die Erfahrung gemacht, dass nicht nur bestimmte Themen, sondern auch konkrete

Konzepte gleichsam in der Luft lagen. Da macht sich dann ein Autor lange Gedanken oder räumt erst einmal anderen beruflichen Zielen Priorität ein, und nach nicht allzu langer Zeit ist es dann zu spät. So erzählte vor Jahren ein Unternehmensberater bei einem Glas Wein begeistert von seiner Idee eines »Sun Tzu für Manager« – altes chinesisches Strategiewissen für unsere Zeit –, aber die Idee dümpelte dann vor sich hin, und es wurde kein Projekt daraus. Heute gibt es dieses Buch längst, bei einem renommierten Verlag – und von einem *anderen* Autor.

Zu welchen geradezu aberwitzigen Situationen die Konkurrenz auf dem Buchmarkt führen kann, habe ich vor einigen Jahren einmal schmerzhaft erleben müssen. Meine Agentur beriet eine Berliner Fotografin bei der Konzeption eines populären Bildbandes. Das Projekt war schon ungefähr acht bis zwölf Wochen lang in der Konzeptionsphase und stand kurz vor der Vermittlung an einen Verlag. Es gab einen griffigen Arbeitstitel, ein visuelles Gesamtkonzept, eine Auswahl von Exposé-Fotos sowie einige kürzere Probetexte eines professionellen Autors, der den Textteil beisteuern sollte. Selbst über einige pfiffige Details, die dem Bildband seinen besonderen Charakter geben sollten, hatten wir bereits nachgedacht, um den Verlagen einige Ideen liefern zu können. Dazu zählten etwa ein kleines, fast quadratisches Format oder bestimmte typografische Details. Gerade waren wir dabei, das Exposé zu schreiben, und recherchierten im Internet noch einmal nach den bibliografischen Angaben möglicher Konkurrenztitel.

Die Konkurrenz schläft nicht

Da tauchte auf dem Bildschirm plötzlich ein Buch auf, das exakt unseren Arbeitstitel trug. Es war ein Bildband, den ein bekannter Verlag vor zwei oder drei Tagen für sein nächstes Programm angekündigt hatte. Wir schauten uns die Produktbeschreibung auf der Website des Verlags an – und die las sich wie ein Auszug aus unserem Exposé. Von den ungewöhnlichen Perspektiven, die trotzdem alles Bekannte berücksichtigen sollten, war dort ebenso die Rede wie bei uns. Es war, das zeigten noch weitere Merkmale, bis in Details dasselbe Konzept. Selbst das ungewöhnliche Format stimmte überein. Das Buch enthielt lediglich Fotos eines anderen Fotografen.

Natürlich war unser Projekt damit gestorben. Wir waren so überrascht und auch enttäuscht, dass wir zunächst sogar Ideenklau nicht ausschließen wollten. (Buchideen und -konzepte sind übrigens urheberrechtlich kaum bis gar nicht zu schützen.) Aber ein Gespräch mit dem Verlag klärte schnell, dass das nicht sein konnte. Das Buch befand sich schon in der Herstellung und war vor über einem Jahr konzipiert worden. Den Sommer über wurden die Fotos angefertigt. So war denn einfach zweimal unabhängig voneinander dasselbe Buchkonzept entstanden. Das Buch verkaufte sich übrigens ausgezeichnet, was uns immerhin zeigte, dass wir ein marktgerechtes Konzept entwickelt hatten. Aber das war für uns und erst recht für die Fotografin nur ein schwacher Trost.

Mein Tipp

Wenn Sie eine richtig gute Buchidee haben, dann zögern Sie nicht lange, sondern beeilen Sie sich mit der Umsetzung. Jede Woche, die Sie verstreichen lassen, steigt die Wahrscheinlichkeit, dass andere Ihnen mit (fast) derselben Idee zuvorkommen, auch wenn Sie das für noch so unwahrscheinlich halten.

Genau hinschauen, was die anderen machen

Im Wesentlichen sind es drei Schritte, in denen Sie bei der Buchkonzeption Konkurrenz und Wettbewerb berücksichtigen sollten: Zunächst vergewissern Sie sich, ob es für ein Buch zu dem von Ihnen geplanten Thema, in dem gewünschten Genre, für die anvisierte Zielgruppe und mit dem beabsichtigten Fokus überhaupt noch Platz auf dem Markt gibt. Falls ja, betrachten Sie, welche bereits existierenden oder von den Verlagen angekündigten Bücher Ihnen potenzielle Leser abspenstig machen könnten. Beides zusammen macht die Konkurrenzanalyse aus, für die Sie im Folgenden einige Techniken kennen lernen. Der dritte und entscheidende Schritt ist dann, aus der Konkurrenzanalyse die richtigen Schlüsse für Ihr Buchkonzept zu ziehen. Wie können Sie Ihrem Buch so klare Konturen geben, dass es sich vom Wettbewerb erkennbar unterscheidet? Sie sollten Ihrem Buch Alleinstellungsmerkmale verleihen, mit denen Sie einen Verlag, die Buchhändler und schließlich die Leser von Ihrem Produkt überzeugen können.

Konkurrenzanalyse Bei der Konkurrenzanalyse ist zunächst zwischen Konkurrenzwerken im engeren Sinn und dem weiteren Marktumfeld zu unterscheiden. Ein echter Konkurrenztitel setzt dasselbe Thema in demselben Genre auf eine vergleichbare Art und Weise um. Je größer die Zielgruppe und je höher gleichzeitig die Relevanz des Themas für diese Zielgruppe, desto mehr konkurrierende Titel verträgt der Markt.

So findet sich beispielsweise eine große Zahl von Ratgebern zum Thema »Rückenschule« bzw. »gesunder Rücken« auf dem Buchmarkt. Praktisch jeder Verlag, der Ratgeber zum Thema Medizin und Gesundheit herausbringt, hat hier etwas im Angebot. Der Grund ist, dass Millionen Menschen in Deutschland, Österreich und der Schweiz von chronischen Rückenschmerzen betroffen sind. Da die Schulmedizin keine Patentrezepte dagegen hat, sucht ein großer Teil der Betroffenen auf dem Buchmarkt Rat, wie man selbst zur Linderung der Beschwerden beitragen kann. Das Thema ist für die Betroffenen so relevant, dass trotz der vorhandenen Titelflut immer noch Platz für weitere Bücher zu sein scheint. So veröffentlichte *Dr. Grönemeyer,* der Bruder des bekannten Popsängers, nach einem sehr erfolgreichen Sachbuch über Menschlichkeit in der modernen Medizin den Ratgeber *Mein Rückenbuch* – vermutlich nicht ohne Ermutigung seitens des Verlags.

Als Beispiel für eine umgekehrte Marktsituation, in welcher der Markt kaum aufnahmefähig für Konkurrenzwerke ist, mag das strafrechtliche Thema »Tatherrschaft« beim juristischen Fachbuch dienen. Die Zielgruppe ist überschaubar und das Thema recht speziell. Hier gibt es außerdem mit dem Buch *Täterschaft und Tatherrschaft* von *Claus Roxin* einen seit 1963 immer wieder aufgelegten Klassiker der Fachliteratur, von dem jeder Jurist schon einmal gehört hat. Platz wäre da allenfalls noch für ein Buch mit einem alternativen Ansatz, das dem etablierten Experten in fast allen Punkten widerspräche. Bei diesem Thema ist allerdings fraglich, ob ein Verlag sich auf solch ein Wagnis einließe. Im Grunde gilt hier das »Highlander-Prinzip«: Es kann nur ein Buch geben. Das ist typisch für den themenorientierten Fachbuchmarkt. Diesen Effekt gibt es dagegen kaum im lösungsorientierten Ratgebermarkt oder im meinungsorientierten Sachbuchmarkt. Als Erstlingsautor sollten Sie jedenfalls nicht der Versuchung erliegen, mit etablierten Namen in direkte Konkurrenz zu treten, denn dabei können Sie nur verlieren.

Aufnahmefähigkeit des Marktes

Das erweiterte Wettbewerbsumfeld

Das Marktumfeld Neben den direkten Konkurrenzwerken sollten Sie immer auch das weitere Marktumfeld berücksichtigen. Damit sind Bücher gemeint, die zwar vom Genre oder Konzept her nicht genau Ihrem Vorhaben entsprechen, aber für die an Ihrem Thema interessierte Zielgruppe ähnlich attraktiv sein könnten. Wegen der limitierenden Faktoren jedes Marktes können Sie bei Ihrer Zielgruppe nun einmal nicht von einer unbegrenzten Kaufbereitschaft ausgehen. Die meisten Buchkäufer haben ihr persönliches Budget, das sie für Lesestoff ausgeben wollen oder können, und im Kampf der Verlage um diese Kaufkraft spielt vor allem Aufmerksamkeit eine große Rolle.

Angenommen, Sie schreiben einen Business-Ratgeber, der Geschäftsführern und Marketingverantwortlichen von kleinen und mittelständischen Unternehmen Know-how zum Thema »Kundenbindung« vermitteln will. Mit zahlreichen Praxisbeispielen behandeln Sie Themen wie Newsletter oder Social Media und geben zu all dem nützliche, sofort umsetzbare Tipps. Dann veröffentlicht aber einer der prominenten Wirtschaftsautoren vom Schlage eines *Reinhard Sprenger* oder *Günter Ogger* ein reißerisch aufgemachtes Sachbuch mit dem Titel »Die Kundenbindungs-Lüge«. Natürlich ist das im strengen Sinn kein Konkurrenztitel zu Ihrem Buch. Es ist ein Sachbuch, kein Ratgeber, behandelt sein Thema ziemlich pauschal, außerdem unter negativem Vorzeichen, und richtet sich nicht an eine spezielle Zielgruppe, sondern ein allgemein an Wirtschaftsthemen interessiertes Publikum. Trotzdem werden viele, die Sie als Leser auf der Rechnung hatten, zu dem Sachbuch greifen und es damit bewenden lassen – obwohl sie kaum praktisches Wissen daraus ableiten können. Der Sachbuchautor hat die Aufmerksamkeit für ein Thema auf sich gelenkt und gräbt damit auch Ihrem Ratgeber das Wasser ab. Ganz abgesehen davon, dass Ihr Buchthema nun beim Publikum einen negativen Beigeschmack bekommt.

Bei der Einschätzung des Marktumfeldes können sich Autoren manchmal arg täuschen, weil auf Büchern nicht immer draufsteht, was drinsteht. So war ich einmal mit der Frage konfrontiert, ob ein Ratgeber zum Thema »Ziele erreichen« ein originelles

Produkt darstellen würde oder nicht. Da es kein Buch gab, das so oder ähnlich hieß, schien für den Autor auf den ersten Blick eine Marktlücke gegeben zu sein. Eine genauere Analyse zeigte jedoch schnell, dass die Bücher der zahlreichen Motivations- und Erfolgstrainer wesentlich davon handeln, wie Menschen ihre beruflichen und persönlichen Ziele erreichen können. Ein Buch, auf dem »Ziele erreichen« draufstünde, brächte also allein deshalb keineswegs etwas Neues, und das Interesse der Verlage dürfte entsprechend verhalten sein.

> **Betrachten Sie lieber möglichst viele als zu wenige Bücher als Wettbewerber um die Aufmerksamkeit und die Kaufkraft Ihrer Zielgruppe. Die Verlage tun das nämlich auch. Der bei Autoren beliebte Satz »Zu dem Thema gibt es noch nichts« macht jeden Lektor misstrauisch.**
>
> **Mein Tipp**

Nach Konkurrenzwerken und Titeln im Marktumfeld Ihres geplanten Buches sollten Sie sorgfältig recherchieren und dafür genügend Zeit einplanen. Im Zeitalter des Internets verspricht natürlich die Online-Recherche schnell Klarheit. Eine Website wie *Buchkatalog.de,* die von dem Großhändler *KNV* betrieben wird, bietet Ihnen schnellen Zugriff auf die meisten aktuell lieferbaren Bücher mit den üblichen bibliografischen Angaben. Über die Seite *Buchhandel.de* können Sie das *Verzeichnis lieferbarer Bücher (VLB)* abfragen, das für Vollständigkeit bürgt, allerdings nicht so häufig aktualisiert wird wie die Datenbanken der Händler. Bei Lektoren beliebt und deshalb auch für Autoren empfehlenswert ist die Recherche über *Amazon.de,* den mit Abstand größten Online-Buchhändler im deutschsprachigen Raum und als *Amazon.com* auch weltweit. Empfehlenswert speziell für die Recherche in Business- und Wirtschaftsthemen ist auch *Managementbuch.de,* weil in dieser Online-Buchhandlung der ehemaligen Lektorin *Britta Kroker* mit viel Sachverstand jede Menge Zusatzinformationen und Bewertungen den einzelnen Buchbeschreibungen beigefügt werden.

Recherchieren bei Amazon

Die Datenbank von *Amazon* bietet zur Konkurrenzanalyse verschiedene Vorteile. Neben Übersichtlichkeit und Zuverlässigkeit ist der vielleicht wichtigste die Angabe des Verkaufsrangs für jeden Titel. Dieser wird nach einem bestimmten Schlüssel ermittelt, der sowohl die gesamten als auch die aktuellen Verkäufe über Amazon berücksichtigt. Bei Topsellern wird der Verkaufsrang tagesaktuell ermittelt, bei weniger gut verkäuflichen Titeln in größeren Intervallen. Was Erfolg in absoluten Absatzzahlen bedeutet, ist dabei vom Genre abhängig und davon, wie aktuell ein Titel ist. Der *Amazon*-Verkaufsrang ist ein einigermaßen zuverlässiges Kriterium, um einzuschätzen, ob sich ein Buch erfolgreich verkauft oder nicht – keinesfalls jedoch transparente Marktforschung, denn welche Faktoren genau auf welche Weise in den *Amazon*-Verkaufsrang einfließen, ist ein gut gehütetes Firmengeheimnis.

Amazon-Verkaufsrang
Um Ihnen trotzdem ein paar Hausnummern zu geben: Ein Buch mit einem *Amazon*-Verkaufsrang jenseits der 100 000 verkauft sich generell eher schleppend, unabhängig vom Genre, es sei denn, das Buch ist erst vor zwei oder drei Wochen erschienen und hat sein Potenzial noch nicht verwirklicht. Für ein Fachbuch im ersten Jahr nach Erscheinen ist Platz 10 000 ordentlich, Platz 5000 schon recht gut. Hingegen ist ein populäres Sachbuch, das im ersten Jahr über diese Verkaufsränge nicht hinauskommt, alles andere als ein Erfolg. Bücher, die sich unter den ersten 1000 finden, dürfen Sie generell als sehr gut verkäuflich ansehen.

Eine weitere Einschränkung ist hinsichtlich der Aussagekraft des *Amazon*-Rankings zu machen: Der Online-Buchhandel hat nach wie vor nur einen geringen Marktanteil von etwa 15 Prozent (die meisten Bücher werden über den stationären Buchhandel verkauft), und dabei gibt es je nach Thema größere Schwankungen. Beispielsweise werden Wirtschaftsbücher oder populäre politische Bücher viel bei *Amazon* bestellt, so dass der Verkaufsrang auch auf den Erfolg im stationären Handel schließen lässt. Auf der anderen Seite werden etwa Bücher zu den Themen Religion oder Esoterik viel im darauf spezialisierten Buchhandel und wenig bei *Amazon* gekauft. Ein Buch zum Thema »Paulus« kann also trotz eines *Amazon*-Rangs von 400 000 relativ erfolgreich sein, wenn es im christlichen Buchhandel stark nachgefragt wird. Generell ermöglicht es *Amazon* jedoch recht gut, erfolgreiche von weniger erfolgreichen Büchern zu unterscheiden.

Da *Amazon* über seine Plattform *Marketplace* auch mit gebrauchten Büchern handelt, ist die Datenbank dieses Händlers ziemlich vollständig und umfasst auch Titel, die seit längerem nicht mehr lieferbar sind. Je nach Thema kann es für Sie als Autor zwar durchaus interessant sein zu erfahren, ob es ein ähnliches Buch wie das von Ihnen geplante in den 1980er-Jahren schon einmal gegeben hat, als Konkurrenzwerke und ernst zu nehmende Titel im Marktumfeld brauchen Sie jedoch nur aktuelle Bücher zu betrachten. Abhängig vom Genre kann es dabei auch Titel geben, die zwar noch lieferbar, aber nicht mehr aktuell sind. Natürlich spielt hier auch eine Rolle, wie schnell ein Buch inhaltlich überholt ist.

So veralten Computerbücher extrem schnell und werden meist schon nach einem Jahr verramscht oder erfahren eine aktualisierte Neuauflage. Auch politische Bücher sind naturgemäß eine schnell verderbliche Ware. Es ist schon vorgekommen, dass ein Verlag auf der Frankfurter Buchmesse mit großem Aufwand ein Buch eines Spitzenpolitikers präsentierte, der wenige Tage nach der Messe von allen Ämtern zurücktrat. Auf der anderen Seite haben Bücher zu Themen wie Kunst und Kultur oder wissenschaftliche Fachbücher in wenig forschungsintensiven Gebieten oft eine lange Lebensdauer. Als Experte für ein bestimmtes Gebiet werden Sie in der Regel selbst ganz gut einschätzen können, wie schnell Angaben hier veralten. Als Faustregel kann gelten, dass Sie bei der Konkurrenzanalyse Bücher berücksichtigen müssen, die innerhalb der letzten drei bis fünf Jahre erschienen sind.

Veraltete Bücher

Bücher finden im Internet

Um über das Internet ein möglichst vollständiges Bild des Marktumfeldes zu erhalten, ist ein wenig Suchgeschick vonnöten. Wenn Sie mit Suchmaschinen wie *Google* gut umgehen können, hilft Ihnen das auch hier. Bei allen Datenbanken des Buchhandels finden Sie eine Suchmaske für die Profisuche, die es erlaubt, nach verschiedenen Kriterien zu suchen und unterschiedliche Sortierungen der Suchergebnisse zu wählen. Bei *Amazon.de* klicken Sie hierzu im Bereich »Bücher« auf »Erweiterte Suche«.

Schlagwortsuche Grundsätzlich können Sie in jeder Bibliotheks- oder Handelsdatenbank Bücher entweder nach Titelstichwörtern oder nach Schlagwörtern suchen. Bei der Konkurrenzanalyse empfiehlt sich die Schlagwortsuche, da Sie ja nicht wissen können, auf welche Titelideen Autoren und Verlage kommen. Oder würden Sie ein Buch über Risikomanagement unter dem Titelstichwort »Tango« suchen? Das Buch *Bärentango* von *Tom DeMarco* handelt allerdings von Risikomanagement und unter diesem Schlagwort finden Sie es auch. Jedes Buch wird von den Verlagen und den Redakteuren der Datenbanken mehrfach »verschlagwortet«. Sie finden es also in der Regel mit mehr als einem Suchbegriff. Bei der Konkurrenzanalyse machen Sie am besten mehrere Datenbankabfragen mit verschiedenen Schlagwörtern und vor allem Schlagwortkombinationen, die auf einen Titel im Marktumfeld zutreffen könnten. Als Beispiel finden Sie in Tabelle 4 einige Buchtitel und dazu passende Schlagwörter, mit deren Hilfe Sie diese Titel finden könnten. Einige der Titelstichwörter sind hier gleichzeitig Schlagwörter – das ist vor allem bei Fachbüchern und Ratgebern häufig der Fall.

Buchtitel	Schlagwörter
Klosterführer Österreich	Kloster, Österreich, Geschichte, Führer, Reiseführer, Architektur, Sakralbau
Mind Mapping	Lernhilfe, Mind Mapping, Rede, Ratgeber, Präsentation, Vortragstechnik, Lernpsychologie, Lernprozess
Bismarcks Außenpolitik 1870–1890	Deutschland, Politik, Außenpolitik, Geschichte, Bismarck
Im Garten von *Max Liebermann*	Malerei, Liebermann, Künstler, Garten, Berlin, Villa Liebermann, Kunstgeschichte, Natur, Ikonografie

Buchtitel	Schlagwörter
Konfliktlösung im Internet	Recht, Deutschland, Internet, Electronic Commerce, Rechtsstreit, Medienrecht, Freiwillige Gerichtsbarkeit

Tabelle 4: Mögliche Schlagwörter für Buchtitel in Datenbanken. Quelle: Online-Katalog der Staatsbibliothek zu Berlin

Wenn Sie bei Amazon als Suchergebnis eine längere Treffer-liste erhalten, wechseln Sie von der Standardsortierung »Beste Ergebnisse« zur Sortierung »Erscheinungsdatum«. So sehen Sie die neu angekündigten und gerade erschienenen Titel zuerst – und damit möglicherweise Ihre schärfsten Konkurrenten.

Mein Tipp

Ergänzend zur Konkurrenzanalyse im Internet sollten Sie wiederum einen Besuch in einer Großstadtbuchhandlung einplanen. Denken Sie beispielsweise über ein Buch zum Thema »Führung« nach, dann werden Sie in der Wirtschaftsabteilung und dort im Regal Management, auf dem Tisch mit den Neuerscheinungen und eventuell sogar bei den Sachbüchern einiges finden, was Ihre Leser ebenso interessieren könnte. Kommen Sie am besten zu einer ruhigen Zeit und fragen Sie dann auch den Buchhändler. Ob Sie dabei nach der Methode »verdeckter Ermittler« vorgehen, sich also als Interessent an einem bestimmten Thema ausgeben und den Händler alle Titel heraussuchen lassen, die er dazu findet, oder offen ansprechen, dass Sie Autor sind, bleibt Ihrem Geschmack und kommunikativen Geschick überlassen. Im Allgemeinen werden Buchhändler gern von Autoren angesprochen und betrachten das als Wertschätzung ihrer Buchmarktkompetenz. Da kommen Sie leicht ins Gespräch.

Das originelle Konzept finden

Am Verkehrskreuz Haben Sie Konkurrenz und Marktumfeld umfassend im Blick? Gut, dann gilt es, daraus die richtigen Schlüsse zu ziehen und Ihr Buchkonzept auf den Markt abzustimmen. Ihre Situation nach der abgeschlossenen Konkurrenzanalyse können Sie sich wie die Annäherung an ein großes Verkehrskreuz vorstellen. Im ungünstigsten Fall stehen alle Ampeln auf Rot und Sie kommen nicht weiter. Es gibt bereits mehrere direkte Konkurrenzwerke zu Ihrem Projekt, die den Markt komplett abdecken. Oder Ihre »einzigartige« Buchidee hatte auch schon jemand anderes, und der war schneller. Auch wenn es Ihnen schwerfällt: Unter diesen Umständen heißt es anhalten und wenden, zurück zum Start und das Thema wechseln oder zumindest neu zuschneiden.

Im günstigsten Fall stehen alle Ampeln auf Grün und Sie haben freie Fahrt geradeaus. Als vor einigen Jahren das Online-Auktionshaus *Ebay* zunehmend von professionellen Händlern als Vertriebskanal entdeckt wurde, hatte *Marion von Kuczkowski* als Erste die Idee, dazu ein Buch zu schreiben. Das Thema war neu, die Relevanz für die Zielgruppe hoch, also zeigten alle Ampeln Grün. Der Business-Ratgeber *Power Selling mit Ebay* wurde ein großer Erfolg und brachte der Berliner Autorin Publicity bis hin zu einem halbseitigen Artikel in der angesehenen Wochenzeitung *Die Zeit*.

Routenplaner Wie so oft besteht der Regelfall jedoch nicht in einem der Extreme, sondern liegt irgendwo dazwischen. Die eine Ampel zeigt Rot, die andere Grün, eine dritte Gelb. Eine Spur könnte noch frei sein, auf der anderen stockt es. Dort hinten können Sie abbiegen, hier vorn nicht. Die Kunst besteht nun darin, eine Route zu finden, auf der Sie ans Ziel kommen. Und der Routenplaner hierfür ist die Alleinstellung ihres Buches: Machen Sie Ihr Buch einzigartig! Verleihen Sie ihm Merkmale, die es von allen Konkurrenzwerken und dem Marktumfeld eindeutig abgrenzen.

Im Marketing wird ein Alleinstellungsmerkmal eines Produkts gern mit dem englischen Begriff *Unique Selling Proposition*, kurz: USP, bezeichnet. Ein »einzigartiges, verkaufsförderndes Wertversprechen«, genau darum geht es. Die Lektoren in den Verlagen hantieren damit täglich. In den so genannten Herbst- oder Frühjahrsvorschauen der Verlage, also den Programmprospekten für die Buchhändler, finden sich typischerweise drei bis fünf stichpunktartige USPs, die den Buchhändlern regelrecht einhämmern sollen, warum dieses Buch etwas Besonderes ist. »Das erste *Ebay*-Buch für Profihändler« wäre ein solches USP des Buches von *Marion von Kuczkowski* gewesen oder »Insiderwissen von Power-Sellern« oder auch »Zeigt, wie man sich mit *Ebay* selbstständig macht«. Diese kurzen und kräftigen Sätze sind das Handwerkszeug der Zunft der Verlagsvertreter, die die Nachricht vom baldigen Erscheinen Ihres Buches von Stadt zu Stadt tragen und dabei möglichst fleißig Zahlen schreiben.

Solche Alleinstellungsmerkmale, die sich dann auf möglichst knappe Formeln bringen lassen, sollten auch Sie für Ihr Buchkonzept entwickeln. Was bei den Buchhändlern funktioniert, überzeugt auch Ihren Lektor. Dabei kann als Grundregel gelten: Je größer die Konkurrenz und je unbekannter der Autor, desto mehr muss sich das Buch von den vorhandenen unterscheiden, frisch und originell daherkommen und wirklich Neues bieten. Ein schönes Beispiel hierfür ist das Buch *Ausgekuschelt* von *Roland Jäger*. Bücher zum Thema Personalführung gibt es wahrlich schon genug, und normalerweise kann ein eher unbekannter Autor in diesem Segment nur wenig reißen. *Jäger*, ein kantiger Berater, der keinen Konflikt scheut und bei harten Verhandlungen und schwierigen Mitarbeitergesprächen erst richtig auf Betriebstemperatur kommt, konzipierte ein Buch, das zu ihm passt: Der Untertitel lautet *Unbequeme Wahrheiten für den Chef*. Reichlich gegen den Mainstream der kuscheligen Teams und der verständnisvollen bis samtzarten Führungsstile positioniert, bietet das Buch Chefs wie Mitarbeitern einen erfrischend neuen Zugang zu den alltäglichen Führungsfragen im Unternehmen. Dass das Buch dabei bisweilen provoziert, gehört zum Konzept. Der Erfolg blieb nicht aus: breite Medienresonanz, Vortragsanfragen und mehrere Auflagen in kurzer Zeit. Ich bin nach vielen Jahren in den unterschiedlichsten Positionen im Buchmarkt heute der Meinung, dass sich ein gutes Buchkonzept mit klarer Alleinstellung immer durchsetzt, auch wenn das Thema nicht neu ist. *Ausgekuschelt* ist ein schöner Beleg für diese These.

Wichtig ist, dass die Alleinstellung eindeutig ist und sich leicht kommunizieren lässt. Allzu erklärungsbedürftige Buchkonzepte haben an allen Gliedern der Verkaufskette schlechte Chancen. Aber wo können Sie überhaupt ansetzen? Dies sind einige der wichtigsten »Stellschrauben«, an denen Sie drehen können, um Ihr Buch einzigartig zu machen:

- *Zielgruppe:* Sie grenzen sich von der Konkurrenz ab, indem Sie eine kleinere Zielgruppe ins Visier nehmen und das Buch ganz auf deren Bedürfnisse zuschneiden. Beispielsweise könnten Sie einen Business-Ratgeber zu einem bestimmten Thema nur für Frauen schreiben, da Frauen die Arbeitswelt oft anders erleben als Männer.
- *Aktualität:* Es gibt aktuelle Entwicklungen oder Trends, die Sie als erster Autor aufgreifen oder mit berücksichtigen. Zum Beispiel hat *Niels Pfläging* das erste deutschsprachige Buch zu dem innovativen Managementkonzept *Beyond Budgeting* geschrieben, das im englischsprachigen Raum schon einige Zeit vorher diskutiert wurde.
- *Story:* Sie verpacken ein (vielleicht eigentlich eher nüchternes) Thema auf eine originelle und überraschende Weise. So gelang dem amerikanischen Autor *Tom DeMarco* vor einigen Jahren ein Riesenerfolg mit dem Buch *Der Termin* – einem Roman über Projektmanagement. Er fand zahlreiche Nachahmer, so dass es bald auch Romane über Prozessmanagement *(Das Ziel)* und Ähnliches gab. (Achtung: Lieber nicht nachmachen; für Business-Roman-Konzepte von unbekannten Autoren gibt es derzeit kaum Programmplätze, die Chancen auf einen Vertrag sind winzig!)

- *Thesen:* Sie vertreten eine oder mehrere bewusst zugespitzte Thesen, die in der Fachwelt oder der breiten Öffentlichkeit Aufsehen erregen. So schlug der vorher wenig bekannte Amerikaner *Timothy Ferriss* in seinem Buch *Die 4-Stunden-Woche* vor, das Instrument des Outsourcings auch auf individueller und privater Ebene radikal anzuwenden, um sich so aller Routinetätigkeiten zu entledigen und seinen Lebensunterhalt mit minimalem Aufwand zu verdienen. Der Titel schaffte es (angesichts seines Versprechens kaum überraschend) auch in Deutschland auf die Bestsellerliste.
- *Umfang:* Ihr Buch ist entweder viel umfassender und breiter als die Konkurrenz oder kommt im Gegenteil schneller und präziser zum Punkt als alle anderen. Beispielsweise stellt die erfolgreiche *Schnellkurs*-Reihe des Verlags *Dumont* in ansprechend aufgemachten Taschenbüchern dar, womit man jeweils auch ein Studium bestreiten könnte: Architektur, Malerei, griechische Antike, Judentum, Christentum usw.

Was Verlage entscheiden

Aber Vorsicht: Kündigen Sie in Ihrem Buchkonzept keine Dinge als USP an, über die zu entscheiden und die zu gestalten eindeutig Sache des Verlags ist. Dazu zählen etwa Preisgestaltung, Buchformat, Layout und Satz oder die Verwendung fremden, urheberrechtlich geschützten Bildmaterials (für das der Verlag happige Lizenzgebühren zahlen muss). Hier können Sie natürlich Vorschläge machen, sollten dann aber nicht von Alleinstellungsmerkmalen eines Buches sprechen, für das Sie erst noch einen Verlag suchen. Die Verlage sind im Allgemeinen nicht begeistert, wenn Autoren bereits mit klaren Vorstellungen etwa zum Preis oder zum Buchformat an sie herantreten – und das ist auch verständlich, weil die Mehrzahl der Autoren mit diesen Dingen nicht ausreichend erfahren ist.

Mit dem richtigen Dreh ...

Ein Unternehmensberater aus Norddeutschland ist mit seinem mittelständischen Beratungsunternehmen seit 15 Jahren erfolgreich im Geschäft und begleitet international aufgestellte Industrieunternehmen bei Veränderungsprozessen. Er ist ein Fachmann mit großem Renommee bei seinen Kunden, jedoch trotz diverser Erwähnungen in Zeitschriften wie *Brand eins* niemand, der einem breiten Publikum ein Begriff wäre. Entsprechend hoch ist die

Hürde für sein Vorhaben, einen Verlag für die Veröffentlichung eines Buches über seinen ebenso unkonventionellen wie effektiven Managementansatz zu finden.

Die wenigen Programmplätze für das Thema Führung besetzen die großen Wirtschaftsverlage am liebsten mit Namen wie *Fredmund Malik, Reinhard Sprenger* oder *Gertrud Höhler.* Warum sollten sie auf einen noch unbekannten Autor setzen? Zumal sich dessen Publikationsliste im Wesentlichen auf ein klassisches Fachbuch beschränkt, das schon einige Jahre alt ist. Und so scheitert der Autor denn auch in der ersten Runde der Verlagssuche. Etwas umständlich war in seinem Exposé von »Komplexitätsfalle« die Rede und davon, dass dem Management gelinge, was der einzelne Manager nicht leisten könne. Das hat bei keinem Verlag gezündet. Dabei hat der Autor lauter interessante Gedanken. Führung sei wie Inszenierung, sagt er zum Beispiel. Und diese einzelne Formulierung bringt dann plötzlich einen Stein ins Rollen. Könnte das nicht der Aufhänger für das ganze Buch sein? Führung als Inszenierung und der Manager als Regisseur?

Es zeigt sich schnell, dass sich der gesamte Managementansatz des Autors perfekt mit dieser Analogie anschaulich machen lässt. Und so entsteht eine neue Gliederung mit Kapitelüberschriften wie »Das Drehbuch«, »Die Crew«, »Der Produzent«, »Die Stars«, »Die Premiere« usw. Jedes Kapitel soll einen spannend erzählten Vorspann aus dem Filmgeschäft enthalten, woran dann ein wichtiges Führungsthema festgemacht wird, das der Autor auf unkonventionelle Weise behandelt. So ist schließlich der Leser »im Film« – er lernt zu führen statt nur mitzuspielen. Dabei wird der Autor im Grunde nichts anderes sagen, als er schon in seinem ersten Exposé angekündigt hatte. Bloß die Verpackung ist eine ganz andere. Dem Autor ist es gelungen, aus seinen fachlichen Ideen ein einzigartiges, unverwechselbares Produkt zu machen, das für den Buchmarkt äußerst attraktiv ist. Und so fällt auch die Reaktion der Verlage komplett anders aus. Das Interesse ist groß, einer der renommiertesten deutschen Wirtschaftsverlage macht das Rennen. Drei Oscars für den Autor!

Der schwierige Buchmarkt

Was bleibt als Fazit? Wenn Ihr Literaturagent oder ein befreundeter Autor Ihnen erzählt, wie ungemein schwierig der Buchmarkt sei, dann hören Sie besser nicht weg. Mag ja sein, dass Ihr Agent Ihnen klarmachen will, wie wertvoll seine Leistung ist, oder Ihr Freund sich gerne als toller Hecht darstellt, der es der Konkurrenz mal wieder gezeigt hat. Im Übrigen gilt: Der Buchmarkt ist tatsächlich schwierig. Deshalb ist die Konkurrenzanalyse der vielleicht wichtigste, in jedem Fall von unerfahrenen Autoren meistunterschätzte Schritt der Buchkonzeption. Erst wenn Sie ganz sicher sind, dass Ihr Buch sich auf dem Markt wird behaupten können, sollten Sie die nächsten Schritte angehen.

KOMPAKT

- Es gibt rund 95 000 deutschsprachige Neuerscheinungen pro Jahr, davon gut die Hälfte Sachbücher, Fachbücher und Ratgeber. Wer nicht prominent ist, braucht vor allem ein unverwechselbares Konzept, um in diesem Markt eine Chance zu haben.

- Auf dem Buchmarkt zählt Schnelligkeit. Neue Themen und Ideen sind dünn gesät. Wer als Erster kommt, hat die größte Aufmerksamkeit.

- Bei der Konkurrenzanalyse vergewissern Sie sich, ob es für das von Ihnen geplante Buch überhaupt noch Platz auf dem Markt gibt. Dabei berücksichtigen Sie sowohl direkte Konkurrenzwerke als auch das weitere Marktumfeld.

- Verleihen Sie Ihrem Buch Alleinstellungsmerkmale (USPs), die es in den Augen des Käufers einmalig und unverwechselbar machen.

4. Ein treffender Arbeitstitel – Wie soll das Kind nun heißen?

*»Wer nicht Originalität genug hat, seinem Buch einen neuen Titel
zu ersinnen, wird noch viel weniger ihm einen neuen Inhalt zu geben
fähig sein.«* ARTHUR SCHOPENHAUER

Bücher sind keine Markenprodukte. Sie werden kaum einen
Buchkäufer finden, der sich für ein bestimmtes Thema interessiert und den Buchhändler analog zur bekannten Werbung eines
Arzneimittelherstellers fragt: »Gibt es da nicht etwas vom Verlag
Müller oder Meier?« Bestenfalls schätzt der Käufer bestimmte
Verlage als »seriös« ein und andere eher nicht oder schreibt dem
einen oder anderen Verlagsnamen ein gewisses Prestige in der
Fachwelt zu. Letztlich muss dem Kunden aber immer das einzelne Buch zusagen. Buchkäufer lassen sich nicht in überzeugte »Verlag-Müller-Leser« und »Verlag-Meier-Leser« einteilen, so
wie vielleicht in Stammleser der *Neuen Zürcher Zeitung* oder der
Frankfurter Rundschau.

Buchtitel als Marke Weil das so ist, übernimmt beim Buch der einzelne Buchtitel die
Funktion einer Marke. Diese Funktion besteht darin, dem Konsumenten Orientierung zu geben, Emotionen bei ihm zu wecken
und letztlich die Kaufentscheidung positiv zu beeinflussen. Der
Titel ist eines der wichtigsten Instrumente, um den Markterfolg
eines Buches zu fördern. Das wird beileibe nicht nur von Erstlingsautoren, sondern überhaupt von Autorenseite immer wieder
unterschätzt. Titelfindung ist ein sehr anspruchsvoller Job und
eine Sache für Marketingprofis. Sie werden aus diesem Grund

übrigens keinen Verlag finden, der dem Autor bei der Festsetzung des Titels das letzte Wort überlassen würde. Deshalb sprechen wir hier auch vom »Arbeitstitel« (und das sollten Sie als Autor gegenüber Verlagen ebenfalls tun) statt vom »Buchtitel«, denn diesen bestimmt schlussendlich der Verlag.

Warum sollen Sie sich als Autor aber nun ausführlich mit dem Thema Titelfindung beschäftigen, wenn das doch Sache des Verlags ist? Erstens, weil gute Ideen seitens des Autors dem Verlag natürlich willkommen sind. Als Autor haben Sie viel mehr Zeit, sich Gedanken über einen Titel zu machen, als Ihr notorisch überarbeiteter Lektor, und diesen Freiraum für Ihre Kreativität sollten Sie nutzen. Zweitens und vor allem aber deshalb, weil Sie ja Ihr Buchprojekt zunächst einmal dem Verlag genauso »verkaufen« müssen wie dieser später dem Leser. Das heißt, der Lektor ist Ihr erster Leser, und wenn Sie ihn nicht überzeugen und dieser nicht sein Entscheidungsgremium, dann wird es nicht viele weitere Leser geben. Der Arbeitstitel ist also auch eines der wichtigsten Instrumente, um Ihr Buch einem Verlag schmackhaft zu machen.

Schon der griechische Geschichtsschreiber *Herodot* (ca. 485 – 425 v. Chr.) zitiert Epen anhand eines Titels. Auch für die Dramen seiner Zeitgenossen waren durchaus pfiffige Titel im Umlauf, so etwa *Die Wolken*, *Die Wespen* oder *Die Frösche* für Stücke von *Aristophanes*. Mit zunehmender Literaturproduktion wurde es notwendig, die Werke einzelner Autoren voneinander zu unterscheiden. Das ist der älteste Sinn des Buchtitels. Doch bereits in der Antike entwickelten viele Autoren keinen besonderen Ehrgeiz, ihre Bücher mit griffigen Titeln zu versehen. Das übernahmen deshalb oft spätere Herausgeber. So könnte man etwa meinen, der Philosoph *Aristoteles* habe seine *Nikomachische Ethik* als Erbauungslektüre seinem Sohn *Nikomachos* gewidmet, aber in Wirklichkeit ist der Titel erst viel später entstanden. Im Altertum verbreitete sich auch eine Reihe gänzlich anonymer Schriften. Prominentestes Beispiel sind die biblischen *Evangelien* (»gute Nachrichten«), für die man in Unkenntnis der Autoren irgendwann die Verfassernamen *Markus*, *Matthäus*, *Lukas* und *Johannes* erfand, um ihnen Namen wie »Gute Nachricht nach Johannes« zu geben.

Bei Sachtexten leitete man den Titel in der Antike gern aus den Anfangsworten der Schriften ab, da viele Bücher mit einer kurzen Inhaltsangabe nach dem Muster »Über xyz handelt das Buch« begannen. So wurde der Titel mit »über« (lateinisch »de«) zu einer Art Standard. Der Römer *Cicero* beispielsweise schrieb um 50 v. Chr. *Über den Staat (De re publica), Tacitus* (ca. 55 – 117) *Über den Ursprung und Wohnsitz der Germanen.* Solche »Über«-Titel waren später auch an den mittelalterlichen Universitäten beliebt, wo mehr als ein großer Denker ein Buch *Über die Wahrheit (De veritate)* verfasste. Und noch der *Freiherr von Knigge* schrieb im 18. Jahrhundert *Über den Umgang mit Menschen.* Gänzlich aus der Mode kam das »Über« erst mit Beginn des Ersten Weltkriegs.

Bereits die Römer stritten darüber, was bei Buchtiteln schicklich sei. So tadeln sowohl *Cicero* als auch *Plinius d. Ä.* (23 – 79) den »schmückenden Titel« *(titulus festivus)*, der nicht genau den Inhalt des Werkes angibt, sondern den Leser locken und neugierig machen will. Eine Täuschung sei das, elende Großsprecherei und eines der vielen Laster der Griechen!

Da Bücher in der Antike als Schriftrollen und seit dem 2. Jahrhundert bis ins Mittelalter als Kodex (Lagen von Pergament mit einem Deckel) ausgeliefert wurden, befand sich der Buchtitel an einer eher unauffälligen Stelle, nämlich vor dem Index oder auf einer Art Beipackzettel, der naturgemäß häufiger verloren ging. Erst nach der Erfindung der Typografie durch *Johannes Gutenberg* (um 1400 – 1468) erhielt das Buch seine heutige Form und eine wesentlich höhere Verbreitung. Nun rückte auch der Titel mehr in den Blick. Denn im 16. Jahrhundert wurde im deutschsprachigen Raum das Titelblatt eingeführt, das bei jedem Buch Sachtitel, Erscheinungsort, Drucker bzw. Verleger und Erscheinungsjahr benannte. Das erste wirklich populäre Buch, *Martin Luthers* Bibelübersetzung von 1534, trug denn anfangs den heute berühmten Titel *Biblia / das ist / die gantze Heilige Schrift Deudsch* – auch ein frühes Beispiel für Titel und Untertitel.

In der Neuzeit finden sich in der Belletristik barock-verspielte Buchtitel, während sich bei Sachtexten das beginnende Zeitalter der wissenschaftlichen Exaktheit mit einer gewissen Umständlichkeit bemerkbar macht, die vielen Fachbuchtiteln heute noch anhaftet. Der Vater des neuzeitlichen Denkens, *René Descartes,* schrieb 1637 seine *Abhandlung über die Methode des richtigen Vernunftgebrauchs und der Wahrheitssuche in den Wissenschaften.* Bis ins 19. Jahrhundert steigerte sich die Pedanterie immer mehr und brachte schließlich noch das berüchtigte »unter besonderer Berücksichtigung« hervor. Bücher hießen also z. B. *Neuere Schiffs-Hebewerke unter besonderer Berücksichtigung der Entwürfe für den Donau-Molda-Elbe-Kanal vom maschinen- und betriebstechnischen Standpunkte dargestellt (Riedler, 1897).*

Parallel kam es jedoch zu einer ganz anderen Entwicklung. Im späten 18. und frühen 19. Jahrhundert, dem so genannten Zeitalter der »Lesewut«, wurde das Buch endgültig zu einem Massenprodukt und es entstand ein richtiger Buchmarkt. Neben den Funktionen der Unterscheidbarkeit und der Inhaltsangabe musste der Buchtitel nun zunehmend eine zweite Aufgabe erfüllen: die Aufmerksamkeit des – potenziellen – Lesers wecken. Genau das also, was *Cicero* ein Gräuel gewesen war. Dabei wird auch ein Bemühen um Prägnanz erkennbar und der Versuch, sämtliche Funktionen miteinander zu verbinden. Man kann trefflich streiten, weswegen *Karl Marx* zum Bestsellerautor wurde, aber der Titel *Das Kapital. Kritik der politischen Ökonomie* (1867) klingt auch für heutige Ohren noch eingängig.

Mit dem Medienzeitalter im 20. Jahrhundert scheint dann alles möglich – und das Ziel Aufmerksamkeit steht schließlich ganz im Vordergrund. So werden Buchtitel zu Schlagworten, etwa *Der Untergang des Abendlandes* (*Oswald Spengler*, 1918), oder Schlagworte zu Buchtiteln wie *Wir amüsieren uns zu Tode (Neil Postman)*. Ironische Anspielungen gehören heute genauso zum Repertoire wie Überraschungseffekte, von *Also sprach Bellavista* (*Luciano De Crescenzo*) bis *Der Mann, der seine Frau mit einem Hut verwechselte (Oliver Sacks)*. Alles im Kampf um die Aufmerksamkeit des Buchkäufers. Willkommen in der *Attention Economy!* (Auch das natürlich ein Buchtitel.)

Aufmerksamkeit macht Auflage

Der Buchtitel ist ein Verkaufsinstrument. Wenn Sie sich klar machen, wie Kaufen funktioniert, bekommen Sie auch ein Gespür für das, worauf es bei der Titelfindung ankommt. Vielleicht haben Sie ja schon einmal von der Formel AIDA gehört, die vor einigen Jahrzehnten in den USA geprägt wurde. Danach ist es so sicher wie die Arie bei Verdi, dass bei jeder Entscheidung eines Konsumenten für ein Produkt derselbe Prozess abläuft: Zunächst *attention* – das Produkt erregt Aufmerksamkeit. Dann *interest* – der Kunde beschäftigt sich näher mit dem Angebot –, gefolgt von *desire* – es entsteht der Wunsch, das Produkt zu besitzen bzw. zu nutzen. Am Schluss steht *action* – der Kunde schreitet zur Tat und geht zur Kasse.

Die AIDA-Formel

Der Haupttitel eines Buches hat in diesem AIDA-Schema die Funktion des ersten »A«. Es geht zuallererst um die Aufmerksamkeit des Buchkäufers für Ihr Produkt. Natürlich gibt es keine Aufmerksamkeit schlechthin, sondern nur Aufmerksamkeit für etwas ganz Bestimmtes, deshalb muss der Titel insgesamt, der ja aus Haupttitel und Untertitel besteht, aussagekräftig und konkret sein. Aber die Aufmerksamkeit ist das Entscheidende, und diese Last trägt hauptsächlich der Haupttitel. Führen Sie sich das vor Augen, dann wappnen Sie sich bereits gegen die beiden häufigsten Fehler von Autoren, nämlich entweder den Arbeitstitel zu überfrachten und als Inhaltsangabe zu missbrauchen oder ihn als Marketinginstrument nicht ausreichend ernst zu nehmen.

Mein Tipp — Versuchen Sie, einmal ganz die Perspektive des Lesers einzunehmen, der Sie und Ihr Buchkonzept überhaupt nicht kennt. Mit welchen Worten könnten Sie in einer Buchhandlung seinen flüchtigen Blick in Aufmerksamkeit ummünzen? Dieser Effekt ist das Hauptziel der Titelsuche.

Wenn Sie herausfinden wollen, wie man einen guten Buchtitel macht, dann beginnen Sie am besten damit, Titel von Büchern überhaupt erst einmal bewusst wahrzunehmen. Dass jedes Buch einen Titel hat und diese Titel nach bestimmten Mustern funktionieren gehört zu den Selbstverständlichkeiten des Alltags – die wenigsten denken darüber nach. Schärfen Sie also zunächst einmal Ihren Blick. Machen Sie einen weiteren Besuch in einer großen Buchhandlung (die Buchhändler kennen Sie ja jetzt schon) oder klicken Sie sich durch die Empfehlungsseiten eines Online-Buchhändlers. Dann achten Sie darauf, von welchen Buchtiteln Ihre Aufmerksamkeit gebunden wird. Woran könnte das liegen? Welche Schemata können Sie erkennen?

Titel der Sachbuch-Bestsellerliste — Zum Einstieg können Sie auch die folgende Tabelle verwenden. Hier habe ich für Sie einmal die Titel einiger Sachbuch-Bestseller zusammengetragen und verrate Ihnen, warum diese Titel aus meiner Sicht funktionieren (oder warum sich das Buch trotz des Titels bestens verkauft). Gleichzeitig warne ich Sie aber vor Titeln, die Sie als unbekannter Autor einem Verlag lieber nicht vorschlagen sollten. Wenn Sie Lust haben, dann decken Sie die rechte Hälfte der Tabelle zunächst mit einem Blatt Papier ab, lassen die Titel kurz auf sich wirken und lesen erst dann die Kommentare dazu. So entwickeln Sie langsam ein Gespür für Titel, denn darauf kommt es bei der Titelfindung am meisten an.

Titel / Untertitel	Autor	Kommentar zum Titel	Als Arbeitstitel für Ihr erstes Buch wäre das ...
Erinnerungen 1982–1990	Helmut Kohl	Klarer Fall: Hier sichert schon der Autorenname die Aufmerksamkeit. Trotzdem ist der Titel gut gewählt. Die Schlichtheit wirkt pathetisch. Und ein Mann, der allein mit acht Jahren seines Lebens 1136 Seiten füllen kann, muss wohl bedeutend sein, oder?	... ein Fall für die Psychiatrie.
Der kleine Medicus	Dietrich Grönemeyer	Eine gelungene Anspielung an einen Weltbestseller der Belletristik (Der Medicus) und auch wegen des treffenden Wortsinns ein sympathischer Titel für ein erzähltes Sachbuch, das Kindern medizinische Grundbegriffe vermittelt.	... ein ganz wunderbarer Einfall.
Die Deutsche Rechtschreibung	Duden-Redaktion	Der klassische Fachbuchtitel, bei dem draufsteht, was drinsteht – basta. Zu empfehlen nur, wenn das Buch sich über ein vorhandenes, starkes Informationsbedürfnis verkauft und keine zusätzliche Aufmerksamkeit braucht.	... langweilig.

Titel / Untertitel	Autor	Kommentar zum Titel	Als Arbeitstitel für Ihr erstes Buch wäre das ...
Born to Cook	Tim Mälzer	Vor englischsprachigen Titeln sei gewarnt. Die Verwechslungsgefahr mit englischen Büchern ist groß. Und viele Buchhändler reagieren emotional mit Abwehr. Soweit die Theorie. In der Praxis heißen Bestseller so wie dieser. Such is life.	... schon wegen des Englischen keine gute Idee.
Guinness World Records 2010	Guinness-Redaktion	Noch ein englischer Titel. In meiner Jugend hieß die deutsche Ausgabe noch *Das Guinness-Buch der Rekorde*. Und *Amazon.de* verzeichnet einfach den alten deutschen Titel, trotz des anderslautenden Covers gleich daneben. Eine babylonische Verwirrung, die der Verlag hätte verhindern können.	... die falsche Sprache – ich bleibe dabei.
Abgezockt und totgepflegt. Alltag in deutschen Pflegeheimen	Markus Breitscheidel	Sachbuchtitel auf dem Niveau von Schlagzeilen der *Bild-Zeitung* haben derzeit Konjunktur. Mag sein, dass man so »Auflage macht«. Eine ausgewogene Darstellung erwartet dann aber niemand mehr. Und auch mancher potenzielle Rezensent wird möglicherweise abgeschreckt.	... niveaulos.
Liebe dich selbst und es ist egal, wen du heiratest	Eva-Maria Zurhorst	Ein perfekter, weil absolut genregerechter Titel für einen Ratgeber. Das »Du« ist hier erlaubt. Ein Nutzen ist klar erkennbar. Üblich und immer wieder gut ist auch der Aufforderungscharakter schon im Titel.	... großartig.

Titel / Untertitel	Autor	Kommentar zum Titel	Als Arbeitstitel für Ihr erstes Buch wäre das ...
Kollaps. Warum Gesellschaften überleben oder untergehen	Jared Diamond	Schönes Beispiel für eine gelungene Kombination von Titel und Untertitel. Der Haupttitel schafft Aufmerksamkeit. Der Untertitel erklärt, worum es in dem populärwissenschaftlichen Buch geht. So funktionieren Titel.	... Profiarbeit.
Mein Leben	Gunter Sachs	Sterbenslangweiliger Titel. Wahrscheinlich weil der Autor als aufregend genug gilt. Der Verlag druckt den Autorennamen denn auch mehr als doppelt so groß aufs Cover wie den Titel. Warum kreativ werden, wenn der »Promi-Faktor« das Buch verkauft?	... nur machbar, wenn Sie ebenso prominent (und alt) sind wie G. S.
Mao. Das Leben eines Mannes. Das Schicksal eines Volkes	Jung Chang, Jon Halliday	Für ein Buch, das als künftiges Standardwerk über den kommunistischen Diktator angelegt ist, ist der schlichte Titel angemessen. Der doppelte Untertitel besteht allerdings bloß aus leeren Worthülsen. Hier wurde die Chance vertan, eine Kernthese des Buches publikumswirksam auf den Punkt zu bringen.	... passabel.

Titel / Untertitel	Autor	Kommentar zum Titel	Als Arbeitstitel für Ihr erstes Buch wäre das ...
Wenn du es eilig hast, gehe langsam. Das neue Zeitmanagement in einer beschleunigten Welt. Sieben Schritte zur Zeitsouveränität und Effektivität	Lothar Seiwert	Ein hervorragend konzipierter Buchtitel. Gleich mehrere Erfolgsprinzipien wurden hier dem Genre Ratgeber gemäß angewendet: Direkte Ansprache des Lesers. Prägnante These im Haupttitel. Appell bzw. Handlungsaufforderung. Rhythmus. Paradoxes zu Aufmerksamkeitssteigerung. Außerdem ein schönes Beispiel dafür, dass ein Buch auch mal zwei Untertitel haben darf, wenn sie gut aufeinander abgestimmt sind, und dass Knappheit keine unbedingte Voraussetzung für einen guten Titel ist.	... grandios konzipiert.
Ich bin dann mal weg. Meine Reise auf dem Jakobsweg	Hape Kerkeling	Wieder ein Titel, der nur bei einem Promibuch funktioniert. Einmal »Ich« und einmal »Meine« sind zwei Hinweise auf die Person des Autors zuviel, wenn sich niemand für sie interessiert. Für ein Fernsehgesicht wie Kerkeling aber ein Riesentitel, denn er setzt auf einen geheimen, eskapistischen Wunsch vieler: Endlich mal weg zu sein.	... ein Tick zu egozentrisch.

Titel / Untertitel	Autor	Kommentar zum Titel	Als Arbeitstitel für Ihr erstes Buch wäre das …
Sorge dich nicht, lebe! Die Kunst, zu einem von Ängsten und Aufregungen befreiten Leben zu finden	Dale Carnegie	Die Mutter aller Ratgeber. Auch hier ist die direkte Leseransprache und das »Du« genregerecht. Der Titel spricht ein starkes Bedürfnis an und gibt ein Versprechen – ein Bestsellerprinzip. Viele Verlage glauben, man dürfe im Titel keine negativen Formulierungen verwenden. Daran glaube ich nicht; dieses Buch ist ein schönes Gegenbeispiel. Der Untertitel der deutschen Ausgabe mit der Floskel »Die Kunst …« ist ein wenig mutlos.	… solide.
Die 4-Stunden-Woche. Mehr Zeit, mehr Geld, mehr Leben	Timothy Ferriss	Hier sind Titel und Untertitel einfach perfekt gemacht. Der Haupttitel bekommt Aufmerksamkeit, weil er die überraschende Abwandlung einer bekannten Sprachfigur ist. Der Untertitel ist ein so genannter »Flotter Dreier«, mit Rhythmus umgesetzt. Insgesamt ein einziges grandioses Versprechen, dieser Titel. Hut ab!	… ein Meisterstück.
Das Baby. Inbetriebnahme, Wartung und Instandhaltung	Louis und Joe Borgenicht	In meinen Titel-Workshops ist dieses Beispiel immer ein Lacher. So kann man Humor einsetzen und gleichzeitig die Zielgruppe kenntlich machen, ohne sie direkt zu nennen: Natürlich ist dies ein Buch für Frauen, die ein Geschenk für werdende Väter suchen.	… ganz schön clever.

Tabelle 5: Sachbuch-Bestsellerliste

Wenn Sie sich Titel verschiedener Bücher etwas genauer angesehen haben, wird Ihnen vielleicht aufgefallen sein, dass diese je nach Buchgattung recht unterschiedlich ausfallen. Tatsächlich kann ich Ihnen konkrete Hinweise, was einen guten Titel ausmacht, am besten in Bezug auf ein spezifisches Genre geben. Je nachdem, ob Sie ein Fachbuch, einen Ratgeber oder ein Sachbuch planen, sollten Sie beim Arbeitstitel andere Schwerpunkte setzen.

Arbeitstitel für Fachbücher: Draufschreiben, was drin ist

Anspruchslose Titel Beim Fachbuch werden traditionell die geringsten Ansprüche an den Titel gestellt. Typischerweise heißen Fachbücher so wie das Thema, von dem sie handeln. Ein Fachbuch über strategisches Bankmanagement heißt dann *Strategisches Bankmanagement.* Ein 2002 erschienenes Fachbuch über die Rolle von Kreditgeschäften in der Geschäftspolitik von Banken heißt *Die Mobilisierung von Kreditgeschäften als Instrument bankpolitischer Entscheidungen.* Ein Fachbuch über Klimawandel heißt *Klimawandel,* ein Computerbuch über das Programm *Acrobat* der Firma *Adobe* heißt *Adobe Acrobat* usw.

Solche Titel sind nicht gerade originell, werden sich aber vor allem aus drei Gründen noch lange halten. Erstens sind viele Fachautoren von den Traditionen des deutschsprachigen Wissenschaftsbetriebs geprägt, denen solche Titel entspringen. Zweitens sind Fachbücher oft auf eine hohe Relevanz für eine kleine Zielgruppe hin konzipiert, und die Verlage gehen davon aus, dass zusätzliche Aufmerksamkeit keine zusätzlichen Leser bringt. Drittens schließlich meint man den Lesern auf diese Weise »Seriosität« zu signalisieren. Im Umkehrschluss wäre ein ausgefallener Titel »unseriös« und ließe den Leser an der Fachkompetenz des Autors zweifeln.

Allerdings ist einiges in Bewegung geraten. Auch Fachbuchtitel werden tendenziell origineller und aufmerksamkeitsheischender. Das liegt einmal mehr an angelsächsischen Einflüssen. In England und den USA hat der spielerisch-ironische Umgang mit Sprache eine lange Tradition, und wenn jemand ein wissenschaftliches Buch wie einen Roman nennen will (z. B. *The Mutual Flame –*

G. W. Knight über *Shakespeare*), wird seine Reputation nicht darunter leiden. Außerdem ist der Wettbewerb auch im Fachbuchbereich intensiver geworden. Ich kann auch Fachbuchautoren nur empfehlen, sich ausreichend Gedanken über den Titel zu machen und nach Prägnanz zu streben.

Die Arbeit mit einem Haupttitel und einem Untertitel ist ein probates Mittel, auch Fachbuchtitel stärker zuzuspitzen und verkaufsfördernder zu machen. Statt »Die Mobilisierung von Kreditgeschäften als Instrument bankpolitischer Entscheidungen« könnte es dann vielleicht heißen: »Politik des Geldverleihs. Strategien im Kreditgeschäft bei Banken«. Das ist immer noch »seriös«, aber griffiger. Viele Fachautoren sind zu solchen griffigen Formeln übergegangen, die dann in einem Untertitel erläutert werden. Ein reales Beispiel: *Das Kapital der Bürger. Theorie und Praxis zivilgesellschaftlichen Engagements*. Nach den althergebrachten Regeln des Fachbuchs hätte eher der Untertitel der Haupttitel sein können. Aber so ist es einprägsamer.

Suchen Sie auch als Fachbuchautor nach einer griffigen Formel für Ihren Buchtitel. Denn zumindest die Aufmerksamkeit des Lektors müssen Sie gewinnen. Und da ist Prägnanz ein klarer Vorteil.	**Mein Tipp**

Untertitel

Im Allgemeinen sind Untertitel beim Fachbuch entweder erweiternder oder einschränkender Natur. Bei der Titelkombination *Strategisches Bankmanagement. Komplexität, Dynamik und Unsicherheit im Kreditgewerbe* werden noch weitere Stichworte ins Spiel gebracht, die einen ersten Eindruck vom Ansatz und den Schwerpunkten des Autors vermitteln. Dagegen wird der Titel *Klimawandel* durch den Untertitel *Lokale Auswirkungen auf Landnutzung und Landeskultur* eingeschränkt und fokussiert. Empfehlenswert ist, in Titel und Untertitel möglichst viele thematische Stichworte unterzubringen, die den Interessen Ihres Fachpublikums entsprechen.

Suchmaschinengerecht

Dabei sollten Sie beim Fachbuch auch ganz besonders darauf achten, dass Titel und Untertitel suchmaschinen- und datenbankgerecht sind. Nach welchen Stichwörtern suchen Fachleute, die

Informationen über Ihr Thema benötigen? Jedes Buch wird zwar für Datenbanken auch mit Schlagwörtern versehen, doch macht es einen Suchtreffer stets relevanter, wenn sich der Suchbegriff bereits im Titel befindet. Beim letztgenannten Beispiel könnten Experten nach »Klima«, »Klimawandel«, »Landnutzung« und »Landeskultur« suchen.

Einen Fall gibt es, in dem ein anspruchsloser Titel doch der beste ist. Nämlich dann, wenn Sie das erste Buch zu einem Thema oder einem neuen Konzept schreiben. Als der Begriff »Change Management« aufkam, hieß das erste Buch dazu *Change Management*, und das völlig zu Recht, denn das neuartige Konzept hatte Aufmerksamkeitswert genug. So wie der Buchmarkt aussieht, werden Sie aber nur extrem selten die Chance haben, das erste Buch zu einem Thema zu schreiben. Zumal es bei der Frage, wer der Erste ist, weder auf die Idee noch auf das Schreiben ankommt, sondern auf den Erscheinungstermin. Besser, Sie pokern nicht zu hoch.

Paragraphen gegen Ideenklau: der Titelschutz

Buchtitel funktionieren nicht nur marketingtechnisch gesehen wie eine Marke, sondern genießen auch ähnlichen rechtlichen Schutz. Für Sie bedeutet das: Wenn es schon ein Buch mit demselben oder einem ganz ähnlichen Titel gibt wie Ihrem Arbeitstitel, müssen Sie mit der Suche von vorn anfangen. Am so genannten Titelschutz kommen Sie nicht vorbei.

Der Titelschutz ist in Deutschland durch die §§ 5 Abs. 3 und 15 des Markengesetzes (MarkenG) geregelt. Da es sich um die strenge Umsetzung einer EU-Richtlinie handelt, sind die Verhältnisse in Österreich praktisch gleich. Rechtsgrundlage sind hier § 80 Urheberrechtsgesetz und § 9 des Gesetzes gegen den unlauteren Wettbewerb. In der Schweiz gibt es keinen vergleichbaren Titelschutz, sondern nur ein allgemeines Recht an einer Marke und das Verbot unlauteren Wettbewerbs. Schweizer Verlage orientieren sich aber an der Rechtslage in den Nachbarländern, bei deutschsprachigen Büchern am deutschen Recht, wenn sie ihre Bücher exportieren wollen.

Titelschutz entsteht automatisch dadurch, dass ein Buch auf dem Markt erscheint. Es gibt also keine offiziellen Register, in die ein Titel eingetragen werden müsste. Allerdings ist wirksamer Titelschutz an Voraussetzungen geknüpft. So muss der Titel *unterscheidungskräftig* sein. Bei einem Titel wie *Schwarzer Gürtel für Trainer* ist das keine Frage. Aber auch »schwache« Titel, wie z. B. *Im Garten zu Hause*, sind geschützt.

Kein Titelschutz besteht dagegen, wenn der Titel sich zwangsläufig aus dem Inhalt des Werks ergibt oder ein Interesse der Allgemeinheit an der freien Verwendbarkeit des Titels besteht. So sind etwa Titel mit geografischen Angaben, historischen Persönlichkeiten oder reinen Inhaltsangaben nicht schützbar. Beliebig viele Autoren dürfen ein Buch »Wien«, »Albertus Magnus« oder »Die besten Rezepte« nennen. Allerdings kann durch die *Verkehrsdurchdringung* ein eigentlich nicht schützbarer Titel aufgrund eines hohen Bekanntheitsgrads nachträglich Schutz erhalten. Ein oft zitiertes Beispiel ist *Das Parfüm* von *Patrick Süskind*.

Der Titelschutz gilt medienübergreifend und erstreckt sich auch auf Titel, mit denen *Verwechselungsgefahr* besteht. So untersagten die Gerichte z. B. die Verwendung folgender Titel (in Klammern der bereits vorhandene): »Sorge dich – lebe trotzdem« *(Sorge dich nicht, lebe!)*, »Schlemmen à la carte« *(À la carte)*, »Mein Garten Zuhause« *(Im Garten zu Hause)*, »Pasta & Pizza« *(Pizza & Pasta)*.

Beim Titelschutz gilt der *Grundsatz der Priorität*, das heißt, wer zuerst kommt, mahlt zuerst. Damit es aber beim Erscheinungstermin keine böse Überraschung gibt und nicht Tausende Prospekte eingestampft werden müssen, dürfen die Verlage Titelschutz schon eine gewisse Zeit vor Erscheinen beanspruchen. Das geschieht mit der so genannten *Titelschutzanzeige* in der Branchenpresse (z. B. *Börsenblatt* in Deutschland, *Anzeiger* in Österreich und *Buchhandel* in der Schweiz). Eine typische Formulierung lautet: »Unter Hinweis auf §§ 5 Abs. 3, 15 MarkenG nehmen wir Titelschutz in Anspruch für ›Erfolgreich als Sachbuchautor‹ in allen Schreibweisen, Darstellungen und Kombinationen.« Vor allem, wenn Sie an einem brandaktuellen Thema arbeiten, sollten Sie die Branchenpresse beobachten, um zu sehen, was gerade an Titeln (im doppelten Sinn) in Vorbereitung ist.

Ist Titelschutz einmal in Anspruch genommen, muss das Werk innerhalb einer »angemessenen« Frist erscheinen, sonst erlischt der Schutz. Verschleppen Sie also Ihr Projekt, muss der Verlag den Titel wieder freigeben! Im Allgemeinen gelten sechs Monate als angemessen, aber die Gerichte machen die Entscheidung in jedem Einzelfall von der »üblichen Vorbereitungsdauer« eines vergleichbaren Projekts abhängig. Trotz dieses zeitlichen Vorgriffs gilt der Titelschutz immer nur einem konkreten Werk, das zumindest in Vorbereitung sein muss. Niemand kann sich auf Vorrat die Rechte an allen möglichen Titeln sichern. Auch begründet die Titelschutzanzeige noch keine Unterlassungsansprüche – dazu muss das Buch erschienen sein.

Der Titelschutz endet automatisch, wenn der Berechtigte den Titel nicht mehr nutzt. Gab es also vor Jahren einmal ein Buch mit einem ähnlichen Titel wie Ihrem Arbeitstitel, kann Ihnen das egal sein, sofern das Buch nicht mehr lieferbar ist.

Arbeitstitel für Ratgeber: Bedürfnisse ansprechen

Beim Ratgeber spielt der gelungene Arbeitstitel eine wesentlich größere Rolle als beim Fachbuch. Hier kommt es besonders darauf an, die jeweils Betroffenen richtig anzusprechen und ihnen schon mit dem Titel den praktischen Nutzen des Buches anzukündigen.

Nachfrage-orientierte Titel

Zunächst einmal gibt es aber auch Ratgeber, bei denen der Titel nach dem Muster des klassischen Fachbuchs schmucklos Thema bzw. Inhalt benennt. Solche Ratgeber heißen dann *Entspannungstechniken, Ehe- und Partnerschaftsverträge, Hochzeit, Yoga, Ayurveda, Akupunktur, Schlagfertigkeit, Zeitmanagement* usw. Ganz ähnlich wie beim Fachbuch begnügen sich Verlage nur dann mit solchen Titeln, wenn sie vermuten, dass sich das Buch allein über das Thema verkaufen wird. Aufmerksamkeit und Interesse des Publikums werden unterstellt und sollen nicht erst geweckt werden. Mit anderen Worten: Der Markt funktioniert hier nachfrageorientiert.

Ein Titel wie die genannten kommt für Sie nur dann in Frage, wenn Sie sich vorstellen können, wie Ihr Leser zum Buchhändler sagt: »Ich suche ein Buch zu xyz.« Da es aber fast immer schon andere Bücher zu »Yoga« oder »Ayurveda« gibt, brauchen Sie ein Alleinstellungsmerkmal. Und das sollte schon der Titel erkennen lassen. Außerdem müssen Sie mit dem Arbeitstitel um die Aufmerksamkeit des Lektors buhlen. Und die ist sicher begrenzt, wenn ihm das hundertste Buch mit dem Titel »Rhetorik« angekündigt wird.

Die Mutter aller (Lebens-) Ratgeber

Im Jahr 1937 veröffentlichte der Amerikaner *Dale Carnegie* das Buch *How to Win Friends & Influence People*. Schon im Erscheinungsjahr verkaufte es sich 15 Millionen Mal. *Carnegie* gilt damit als Vater des modernen Ratgebers für alle Lebenslagen. Der Titel des Buches wurde stilprägend, denn seitdem spricht man vom »How-to-Buch«. Auch der deutsche Titel *Wie man Freunde gewinnt. Die Kunst, beliebt und einflussreich zu werden* wirkte nachhaltig. Heute noch sind »wie man« bzw. »wie Sie« ebenso beliebte Versatzstücke für Ratgebertitel wie »die Kunst, xyz zu tun«. *Carnegie* schrieb noch weitere »How-to-Bücher«, darunter *How to Stop Worrying and Start Living*, dessen deutscher Titel *Sorge dich nicht, lebe!* sogar noch eingängiger und dessen Auflage in Deutschland (vielleicht deshalb) klar höher ist.

Übrigens sind *Carnegies* Tipps aus *How to Win Friends & Influence People* so zeitlos, dass das Buch immer noch ein Bestseller ist: Um den anderen zu gewinnen, ohne dass er sich manipuliert fühlt, »*gib ihm das Gefühl, dass eine Idee eigentlich seine eigene ist*« oder »*räume eigene Fehler ein, bevor du andere kritisierst*«. Der Autor war überzeugt: Erfolg ist zu 15 Prozent Fachwissen und zu 85 Prozent »how to«.

Abgrenzung und Zuspitzung sind also empfehlenswert. Wen genau spricht Ihr Buch an? Was ist das konkrete Nutzenversprechen für den Leser? Solche konzeptionellen Überlegungen kann ein Titel auf eine knappe Formel bringen. *Der Scheidungsratgeber für Männer, Homöopathie-Ratgeber für Schwangerschaft, Geburt und Stillzeit, Ihr Recht als Vermieter, Heilen und Kochen mit Ayurveda, Naturmedizin für Kinder, Ratgeber für Mädchen zwischen 10 und 16* oder *Präsentationen mit PowerPoint* sind Beispiele für an klaren Leserbedürfnissen orientierte Ratgebertitel.

Ein Nutzenversprechen wird oft einfach durch Infinitive ausgedrückt, etwa *Visualisieren, präsentieren, moderieren* oder *Bluthochdruck senken ohne Medikamente*. Beliebt sind hierzu auch Muster wie »in x Schritten zur«, »wie« oder »wie Sie«: »In sieben Schritten zur Konzeption«, »Mit leichten Schritten zur letzten Zigarette«, »Wie bekomme ich einen Schwerbehindertenausweis?« usw. In allen diesen Fällen gehen Sie von einem Interesse der Betroffenen aus, auf das Sie reagieren.

Allerdings funktioniert der Markt beim Ratgeber immer stärker angebotsorientiert und nähert sich damit den Gegebenheiten beim Sachbuch. Das heißt, das Buch muss zuerst Aufmerksamkeit und Interesse des Lesers wecken, um sich gut zu verkaufen. Im Extremfall befriedigt es ein Bedürfnis, das es gerade erst selbst geweckt hat. Erst wenn Sie *Simplify your life!* lesen, fragen Sie sich, ob Sie sich nicht manche Dinge unnötig kompliziert machen. Auf

Angebots- orientierte Positionierung

diese Selbstzweifel hat der Autor spekuliert. Grundsätzlich gilt: Je weniger Ihr Ratgeber auf ein der Zielgruppe bereits klar bewusstes Bedürfnis reagiert und je origineller Ihr Ansatz ist, desto mehr muss der Titel Aufmerksamkeit erregen.

Samy Molchos Körpersprache des Erfolgs beispielsweise lässt den Leser überlegen, ob er vielleicht an seiner Gestik arbeiten könnte, um besser anzukommen. Dieser Titel lockt mit einem Versprechen: mehr Erfolg. Geschickte Ratgebertitel verstehen es, Bedürfnisse wenn nicht zu wecken, dann wenigstens zu verstärken. So spricht *Feng Shui für die Seele* das Harmoniebedürfnis an. Oder *Body Coach. Mach das Beste aus dir!* das Bedürfnis nach Fitness und Attraktivität. *Die 7 Wege zur Effektivität* wiederum setzt beim Leistungsstreben an.

Geht es um nicht ganz so gewichtige Themen und ist das Buch für die Zielgruppe eher ein »Nice-to-have« als ein »Must«, dann dürfen Ratgeber auch gern witzig-ironische Titel haben. *Putz dich schlank!* erregt ebenso Aufmerksamkeit wie *Das Männerverstehbuch.* Besonders gelungen: *Wie Sie Ihren Arzt davon abhalten, Sie umzubringen,* weil hier mit einem klassischen Muster des Ratgebertitels ironisch gespielt wird – und sich gleichzeitig jeder, der schon einmal Zweifel an der Schulmedizin hatte, angesprochen fühlt.

Mein Tipp
Bemühen Sie sich um einen originellen Arbeitstitel für Ihren Ratgeber. So machen Sie Lektoren neugierig. Denken Sie aber gleichzeitig daran, Suchmaschinen und Datenbanken die richtigen Stichwörter zu liefern, denn Betroffene suchen gezielt nach Informationen.

Arbeitstitel für Sachbücher: Den richtigen Reiz setzen

Beim Sachbuch gilt: Ohne Aufmerksamkeit kein Interesse, keine Kaufabsicht, kein Kauf. Und Aufmerksamkeit herzustellen ist die Kernaufgabe des Titels. Dabei ist in diesem vorrangig angebotsorientierten Markt erlaubt, was funktioniert. Genrespezifische Regeln gibt es kaum.

Sicherlich finden sich auch Sachbücher, die bei einem vorhandenen (oder vermuteten) Leserinteresse an einem bestimmten Thema ansetzen und deshalb mit inhaltsbeschreibenden Titeln auskommen. Ob *Deutsche Kolonien, Schlösser in Hohenlohe, Deutschland in den 50er Jahren, Schlachten der Weltgeschichte* oder *Mao* – diese Bücher vertrauen darauf, dass der Inhalt auch ohne spektakulären Titel genügend viele Interessenten findet. Schlagen Sie einem Verlag einen solchen Arbeitstitel vor, geben Sie allerdings keine besonders überzeugende Talentprobe Ihrer Kreativität als Autor.

In letzter Zeit greift das genaue Gegenteil dieser Nüchternheit auf dem Sachbuchmarkt um sich. Man könnte meinen, der Stil der *Bild*-Zeitung habe sich der deutschsprachigen Sachbuchlektorate vollends bemächtigt. Es wimmelt nur so von Begriffen wie »Lüge«, »Gier«, »Komplott« oder »Desaster«. Mal wird *Das Imperium der Schande* seziert, mal *Die Basar-Ökonomie* beklagt. *Die Strippenzieher* verbreiten *Die Billig-Lüge,* und vielleicht musste erst *Das Daimler-Desaster* geschehen, um irgendwann eine Welt *Jenseits der Gier* zu schaffen. In dieser »Epochenwende« kämpft *Gucci gegen Allah,* und selbst ein Journalist einer deutschen Qualitätszeitung, dessen Herausgeberkollegium noch in den 1980er-Jahren die Seriosität eines Bestattungsunternehmens pflegte, sieht *Das Methusalem-Komplott* am Werk und macht seinen Lesern Angst und Bange. Kein Zweifel: *Europa in der Krise.*

Titel im Stile der Bild-Zeitung

Positiv und empfehlenswert ist bei alledem immerhin der Versuch, die Kernthese eines Buches auf eine knappe Formel zu bringen. Jenseits von Geschmacksfragen vermuten wir aber, dass die Aufnahmefähigkeit des Marktes für Aufgeregtheiten aller Art bald abnehmen wird. Die Psychologie lehrt nun einmal, dass sich Reize nicht unbegrenzt mit demselben Effekt steigern lassen. Irgendwann tritt Ermüdung ein. Setzen Sie deshalb beim Arbeitstitel für ein Sachbuch lieber auf Originalität, Geist und Witz als auf Übertreibungen.

Dafür gibt es wunderbare Beispiele, auch und gerade bei Bestsellern. *Der Dativ ist dem Genitiv sein Tod* ist so ein Volltreffer. Eleganz und Charme hat auch *Der kleine Frieden im Großen Krieg.* Gerade populärwissenschaftliche Bücher haben oft den Bogen raus. *Kosmologie für Fußgänger* macht ebenso neugierig wie die *Reise zum*

Mittelpunkt des Frühstückseis. Und auch die Antwort auf die Frage *Warum Frauen schneller frieren* wüsste sicher mancher gern. Sachbuchtitel beziehen ihren Reiz oft gerade dadurch, dass sie ein wenig um die Ecke gedacht daherkommen. Anders als beim Fachbuch ist es legitim, sich dabei vom Thema etwas zu entfernen. Auch spielen suchmaschinengerechte Stichwörter beim Sachbuchtitel kaum eine Rolle. Im Zweifel lassen sie sich in einem Untertitel platzieren.

Die Top 20 der Begriffe in geschützten Werktiteln

Regelmäßig veröffentlicht der Branchendienst *MediaRegister* eine Hitliste der meistverwendeten Begriffe in geschützten Werktiteln. Erfasst werden nicht nur Bücher, sondern sämtliche Medien – Titelschutz gilt medienübergreifend. Wenn Sie also einen der folgenden Begriffe aus der Liste von 2010 in Ihrem Arbeitstitel verwenden, kommen Sie schnell in die Nähe geschützter – will heißen: bereits vergebener – Titel.

1.	Leben	11.	Tag
2.	Welt	12.	Frauen
3.	Liebe	13.	Magazin
4.	Buch	14.	2000
5.	Kinder	15.	Weg
6.	Geschichte	16.	Internet
7.	Handbuch	17.	Gott
8.	Zeit	18.	Glück
9.	TV	19.	Nacht
10.	Deutschland	20.	Berlin

Übrigens: Die Absteiger in dieser sehr stabilen Liste waren in den letzten Jahren die Begriffe »Internet« und, wenig überraschend, »2000«. Der Aufsteiger lautet: »Glück«.

Kreativitätstechniken anwenden

Sie kennen nun schon eine Reihe von Beispielen für Titel von Büchern verschiedener Gattungen. Schön und gut. Wie kommen Sie aber auf eine zündende Idee für Ihren Arbeitstitel?

Wenn es dafür eine Zauberformel gäbe, würde ich sie den Verlagen dieser Welt verkaufen und mir von den Nutzungsgebühren eine Insel in der Karibik kaufen. Ein paar Anregungen kann ich Ihnen jedoch geben. So können Sie Ihrem Einfallsreichtum mit bestimmten Kreativitätstechniken durchaus auf die Sprünge helfen. Ein Buch wie etwa *Die Ideenmaschine* von *Nadja Schnetzler* kann Ihnen wertvolle Anregungen geben, Ideen systematisch zu entwickeln.

Allerdings sind die meisten Kreativitätstechniken, wie z. B. das Brainstorming, für die Arbeit in Gruppen bestimmt, während Sie als Autor in der Regel allein auf einen Geistesblitz warten. Ich kann Ihnen deshalb empfehlen, einmal folgende in meiner Agentur bewährte Technik auszuprobieren. Suchen Sie nicht gleich krampfhaft nach konkreten Formulierungen für den Arbeitstitel, sondern gehen Sie zunächst einmal auf die Ebene der Positionierung zurück. Wie wollen Sie als Autor mit dem Buch wahrgenommen werden? Für was wollen Sie stehen? Und zweitens: Was macht Ihr Thema eigentlich aus? Wodurch wird es für den Leser interessant? Beantworten Sie diese beiden Fragen, indem Sie sich stichpunktartig Notizen machen. Tragen Sie Ihre wichtigsten Ideen und Gedanken zum Buchprojekt noch einmal zusammen.

Dann betrachten Sie Ihre Notizen und fragen sich: Was sind die wichtigsten Stichwörter? Unterstreichen Sie diese Schlüsselbegriffe und versuchen Sie anschließend, diese miteinander zu kombinieren. Probieren Sie einfach Dinge aus. Suchen Sie dabei nach Assoziationen und starken Bildern, die Ihnen bei den Stichwörtern kommen. Woran müssen Sie denken, wenn Sie xyz hören? So bilden sich langsam Phrasen, die Sie dann immer mehr zuspitzen und den Regeln des jeweiligen Genres gemäß formulieren.

Bei dem Buch von *Nadja Schnetzler* wären bei einer solchen Titelsuche sicherlich im Hinblick auf die Autorin Stichwörter wie »kreativ«, »ideenreich« und »unkonventionell«, aber auch »strukturiert«, »systematisch«, »große Unternehmen beratend« gefallen. Die Kunden von *Nadja Schnetzler* suchen gar nicht unbedingt Wege zu mehr eigener Kreativität, sondern wollen eher den Vorgang beherrschen, wie Kreativität gesteuert und produktiv gemacht werden kann. Also kommen für den Aufhänger des Buches weniger »Feuerwerk« »sprühend«, »innovativ« oder »Kreativität« in Frage, sondern eher »Prozess«, »Funktion«, »Methode« und ähnlich technisch-nüchterne Begriffe – ein schöner Gegensatz zum Thema und zur Konkurrenz. Von dort ist es nicht weit bis zur »Ideenfabrik« und zur »industriellen Ideenproduktion«.

Nun, in einer Fabrik stehen Maschinen, und über diese Assoziation kann man mit etwas Fantasie auf den Titel *Die Ideenmaschine* kommen. Der Untertitel: *Methode statt Geistesblitz – Wie Ideen industriell produziert werden.*

Gehen Sie bei der Titelsuche vor allem nicht zu verkopft vor. Jeder halbwegs originelle Buchtitel lässt sich auch destruktiv zerpflücken oder als unsachlich abtun. Spielen Sie nicht den Sprachanalytiker. Was zählt, ist die Aufmerksamkeit des potenziellen Lesers.

Ein braver Titel kann darum nicht das Ziel sein. Denn brave Titel kommen in den Himmel, freche Titel kommen überall hin. Das war noch nie so wichtig wie heute. Weil noch nie in der Geschichte Menschen so viele Überschriften pro Tag gelesen haben, wie hier und heute Ihr potenzielles Publikum.

Zum Abschluss dieses Kapitels gebe ich Ihnen noch elf Anregungen mit auf den Weg:

- Titel müssen grammatikalisch, orthografisch oder logisch nicht korrekt sein: *Das Papa-Handbuch für Kinder ab 3*
- Denken Sie an die persönliche Ansprache: *Nimm das Geld und freu dich dran!*
- Eine gute Variante sind Statements: *Ich bin keine Super-Mama!*
- Und Appelle: *Schluss mit dem schlechten Gewissen!*
- Eine Möglichkeit für Untertitel ist der »Flotte Dreier«: *Gut informiert – sicher im Online-Banking – finanziell selbstbestimmt*
- Für Sachbücher und Ratgeber geeignet sind Thesen: *Wer reden kann, macht Eindruck – wer schreiben kann, macht Karriere*
- Einen hohen Wiedererkennungseffekt haben Alliterationen: *Götter, Gräber und Gelehrte*
- Abwandlungen eingängiger Sprachfiguren erzeugen Aufmerksamkeit: *Die 4-Stunden-Woche*
- Ein prägnanter Rhythmus wird als Stilmittel häufig unterschätzt: *Das glücklichste Baby der Welt oder Klaus speckt ab!* (und nicht etwa *Alexander speckt ab!*)

- Setzen Sie auf interessante Verben statt auf dröge Substantive: *Wie ein Mann seinen Bauch begradigt*
- Aufmerksamkeit bringt auch Paradoxes: *Das Baby. Inbetriebnahme, Wartung und Instandhaltung*

Und die besten Titelbauer kombinieren all dies noch geschickt: *Wenn du es eilig hast, gehe langsam* (Ansprache, These, Appell, Rhythmus, Paradoxes).

KOMPAKT

- Der Titel ist eines der wichtigsten Instrumente für den Markterfolg eines Buches. Es geht um Orientierung und Aufmerksamkeit getreu dem AIDA-Prinzip.

- Fachbuchtitel und Titel für Ratgeber sollten auch Stichwörter enthalten, nach denen potenzielle Leser in Suchmaschinen und Datenbanken suchen könnten.

- Titel für Fachbücher sind oft eher themenorientiert, sollten aber die Positionierung des Buches deutlich machen.

- Bei Titeln für Ratgeber kommt es besonders darauf an, die jeweils Betroffenen richtig anzusprechen und ihnen den praktischen Nutzen des Buches zu zeigen.

- Titel für Sachbücher kämpfen um die Aufmerksamkeit des Publikums. Die besten Titel treffen einen Nerv und sind auf originelle Weise prägnant, ohne reißerisch zu sein.

- Kreativitätstechniken und systematische Ideensuche helfen bei der Titelfindung.

5. Eine saubere Gliederung –
Zeigen Sie, was Sie zu bieten haben

Würden Sie ein Sachbuch, ein Fachbuch oder einen Ratgeber kaufen, ohne das Inhaltsverzeichnis angeschaut zu haben? Wenn ja, dann schwimmen Sie zumindest in dieser Hinsicht gegen den Strom. Ein gutes Inhaltsverzeichnis weckt bei dem an Ihrem Buch interessierten potenziellen Leser den Kaufwunsch: Das ist ein Buch für mich, das will ich haben!

Eine Gliederung zu entwerfen ist für den Sachbuchautor ein Akt der Vermarktung seines Buches. Hier werden Weichen gestellt, die darüber entscheiden, ob das Buch einen Verlag finden wird und ob es dann dort auf dem abschüssigen Gleis in die Ramschkiste rollen oder auf dem nach oben führenden Gleis Richtung Bestsellerregal rauschen wird.

Gemischte Gefühle Diese Sichtweise ist für viele Autoren überraschend. Beim Thema Gliederung beschleichen so manchen Erstlingsautor ganz andere, ziemlich gemischte Gefühle. Weil er nämlich an Klausuren in Schule und Hochschule, vielleicht sogar an Diplom- oder Doktorarbeiten denken muss, wo eine penible Gliederung heilige Pflicht ist. Der brave Schüler soll hier zeigen, welche Fülle des Stoffs er geistig zu durchdringen, logisch zu verknüpfen und perfekt auf das Papier zu bringen imstande ist. Und wie so oft, wenn es nur darum geht, eine Belohnung zu bekommen, zählt Schein mehr als Sein. Die Gliederungen der Klausuren und Diplomarbeiten sind dann so umfangreich und verschachtelt wie möglich, die Skala der Gliederungsebenen ist nach oben offen, und es scheint einen Sonderpreis dafür zu geben, wie viel Fachvokabular sich in einer einzigen Überschrift unterbringen lässt. Kein Wunder, dass viele ihre Gliederungen erst machen, wenn sie den kompletten Text schon geschrieben haben. Da soll der Herr Lehrer staunen: Gliederung haargenau umgesetzt!

Vergessen Sie das alles. Bei einem marktfähigen Fachbuch, Ratgeber oder Sachbuch hat die Gliederung eine ganz andere Funktion. Vor allem ist sie hier wirklich wichtig und kein Blendwerk. Mit der Gliederung legen Sie fest, von welcher Seite her Sie Ihren Lesern den Zugang zu Ihrem Thema eröffnen wollen. Es ist ein großer Unterschied, ob Sie dem potenziellen Leser Ihres Sachbuchs über die Geschichte des Mittelalters Episoden anbieten oder lieber die großen Linien zusammenfassen, ob Sie wichtigen Personen einzelne Kapitel widmen oder ob Sie kapitelweise nach wichtigen Kriegen, nach Nationen oder Regionen, nach Ständen oder Bevölkerungsschichten oder nach irgendwelchen historischen Phasen vorgehen, ob Sie den Stoff chronologisch ordnen oder nach soziokulturellen Unterthemen strukturieren. Bei jedem Buchthema gibt es unbegrenzt viele Möglichkeiten der Gliederung. Sie ergibt sich nicht zwangsläufig aus dem Thema, sondern ist ein schöpferischer Akt – einer der wichtigsten im Buchprojekt. Sie entscheiden hier auch, was in Ihr Buch hinein soll und was nicht, und zwar bevor Sie anfangen zu schreiben.

Die erste Grundregel: Orientieren Sie Ihre Gliederung am Leser, nicht am Thema. Bereits durch die Anlage der Gliederung sorgen Sie dafür, dass die Inhalte lesergerecht daherkommen. Spezielle Anforderungen an die Gliederung ergeben sich dann noch daraus, für welches Genre Sie sich entschieden haben – Fachbuch, Ratgeber oder Sachbuch.

Am Leser ausrichten

Das Inhaltsverzeichnis verkauft das Buch

Bevor ich hier ins Detail gehe, möchte ich noch mal mit anderen Worten sagen, was ich bereits am Kapitelanfang behauptet habe. Ja, bei diesem Thema werde ich auch zur Verblüffung meiner Klienten einfach nicht müde, immer wieder in dieselbe Kerbe zu hauen: Die Gliederung ist ein Verkaufsinstrument. Das gilt schon für die Gliederung im Exposé für den Agenten oder Lektor, dem Sie Ihr Buchkonzept als Erstes »verkaufen« müssen, und erst recht gegenüber dem späteren Buchkäufer, der die Gliederung in Form des Inhaltsverzeichnisses zu sehen bekommt.

Erinnern Sie sich an das AIDA-Schema aus Kapitel 4. Wenn es im Verkaufsprozess die Hauptaufgabe des Haupttitels ist, im ersten Schritt gemeinschaftlich mit dem Covermotiv Aufmerksamkeit zu erzeugen – das erste »A« der AIDA –, wenn es des Weiteren die Aufgabe des Untertitels ist, im zweiten Schritt gemeinschaftlich mit dem Text auf der Buchrückseite bzw. dem Klappentext Interesse zu wecken – das »I« der AIDA –, dann ist im dritten Schritt die Gliederung bzw. das Inhaltsverzeichnis wesentlich dafür zuständig, »D« wie *Desire* auszulösen, also den Wunsch, das Buch zu besitzen.

»A« wie *Action* ist dann noch eine Frage des Preises, des Gewichts, der Dicke des Buchblocks, des Layouts, des Papiers, des Kontostands des Kunden, seines Zeitbudgets, seiner momentanen seelischen Verfassung und noch einiger anderer Faktoren, die mehrheitlich im Unbewussten Ihres potenziellen Lesers jongliert werden – auf die Sie als Autor jedenfalls keinen Einfluss haben.

Von Aufmerksamkeit zum Kaufwunsch Stellen Sie sich wieder den Buchkäufer in der Buchhandlung vor. Er hat Ihr Buch in die Hand genommen, weil ihn der Titel angesprochen hat. Im Idealfall hat die Gestaltung des Covers diesen Effekt verstärkt. Er dreht es zunächst um und liest den Klappentext. Dieser muss den Übergang von bloßer Aufmerksamkeit zu konkretem Interesse schaffen. Dann schlägt der Leser das Buch auf, betrachtet das Inhaltsverzeichnis und beginnt nun im Idealfall fest daran zu glauben, dass dieses Buch genau für ihn geschrieben wurde.

Sicherlich gibt es auch weniger systematische Menschen, die ein Buch einfach auf Seite 113 aufschlagen und dort zu lesen beginnen, um einen Eindruck zu bekommen. Die meisten werden sich aber schon deshalb am Inhaltsverzeichnis orientieren, weil sie auf diese Weise schnell feststellen können, ob das Buch auch hält, was Titel und Klappentext versprechen. Erst wer die Gliederung vor sich sieht, erkennt, was genau ein Autor unter seinem Thema versteht und wie eng oder weit er es fasst. Deshalb bietet beispielsweise auch der führende Online-Buchhändler *Amazon* dem Kunden die Möglichkeit, zu einem Buch das Inhaltsverzeichnis aufzurufen. So braucht dieser selbst dann keine Katze im Sack zu kaufen, wenn er das Buch nicht in die Hand nehmen kann. Leider scheuen einige Verlage die Mühe, *Amazon* die entsprechenden Datensätze zu übermitteln, deshalb ist die Funktion bei vielen Titeln nicht aktiv. So verschenkt man ein wichtiges Verkaufsinstrument.

Testen Sie Ihre Gliederung. Lassen Sie eine oder mehrere Personen Ihres Vertrauens einen Blick darauf werfen. Welchen Eindruck hat der andere? Fragen Sie vor allem auch, ob er sich unter jeder Überschrift etwas Konkretes vorstellen kann. Falls nicht, müssen Sie noch feilen.

Mein Tipp

Die buchgerechte Gliederung

Nimmt man alles bisher Gesagte zusammen, dann muss Ihre Gliederung dem Buchinhalt, dem Genre, dem Leser und den Anforderungen des Marketings Rechnung tragen. Und zuallererst muss sie dazu überhaupt dem Medium Buch gerecht werden. Das klingt selbstverständlicher, als es ist. Schnell können unerfahrene Autoren bereits hier auf Abwege geraten, etwa indem sie die Struktur ihres Buches mit Hilfe eines Mindmaps planen wollen. Dieses Instrument ist reichlich ungeeignet, um Buchgliederungen zu entwerfen.

Immer wieder begegnen mir Autoren, die den Inhalt ihres Buches mithilfe eines so genannten Mindmaps planen. Diese Technik ist eine Erfindung des Engländers *Tony Buzan* und verbreitete sich seit Mitte der 1980er-Jahre. Basierend auf Erkenntnissen der Hirnforschung soll sie mittels einer Synthese von sprachlichem und bildhaftem Denken jede denkbare Aufgabe – von der Alltagsplanung bis hin zu komplexesten Projekten – auf kreative und effektive Weise bewältigen helfen. Statt wie üblich mit Listen, Tabellen oder

Mind-Mapping ist tabu

Rastern wird beim Mind-Mapping immer mit einer Art Baumstruktur gearbeitet, wobei man sich den Baumstamm durchgesägt und in der Vogelperspektive vorstellen muss. Das Thema steht in der Mitte, und von dort gehen theoretisch beliebig viele Äste und Zweige ab, denen dann für jeden Unterpunkt in bunten Farben weitere Zweige wachsen und so weiter. Das Ergebnis sieht dann meist aus wie eine Mischung aus einem Schnittmuster und dem Netzplan der Londoner U-Bahn.

Bei der Stoffsammlung ist ein Mindmap bestimmt nützlich und angebracht. Aber für die Gliederung sitzt der Fehler schon in der Herangehensweise: Mit einem Mindmap konzipieren Sie Ihr Buch konsequent themenorientiert, nicht vom Leser und seinen Bedürfnissen her. Manchmal kann ich sogar beim Sichten des vorgelegten Gliederungsentwurfs dem Autor auf den Kopf zusagen, dass er ihn mithilfe eines Mindmaps erstellt hat.

Das Tolle am Mindmap ist, dass die Linearität des Denkens aufgebrochen wird. Mag ja sein, dass unser Gehirn ganz ähnlich funktioniert, aber wie soll ein auf diese Weise entwickelter Inhalt nun zwischen zwei Buchdeckel kommen? Ein Buch nimmt man in die Hand und schlägt es auf der ersten Seite auf. Dann blättert man um zur zweiten Seite, danach zur dritten und so weiter. Weder wachsen Kabel aus dem Buch, die es mit anderen Büchern verbinden, noch ist auf Seite 98 ein Link zu Seite 167 gesetzt. Aus Sicht der Hirnforschung ist das Buch ein ziemlich dummes Produkt. Obwohl die Hirnforschung alle ihre Ergebnisse in Büchern veröffentlicht. Wie auch immer: Mindmaps helfen Autoren meiner Erfahrung nach nicht weiter – zumindest nicht bei der Gliederung.

Der rote Faden Bücher funktionieren linear. Sie brauchen einen roten Faden, alles andere würde dem Medium – von wenigen Ausnahmen, wie beispielsweise Nachschlagewerken, abgesehen – nicht gerecht werden. Ein linearer Aufbau bedeutet:

- Es gibt einen Einstieg, einen Ausstieg und einen Weg dazwischen. Da der für den Leser zurückzulegende Weg ziemlich lang ist, weitaus länger als beim Artikel in Zeitungen und Zeitschriften, sollte er in einzelne Etappen in Form von Teilen und / oder Kapiteln unterteilt sein.
- Jede Aussage baut auf dem bisher Gesagten auf. Der Leser soll nicht hin und her blättern müssen, um

einzelne Aussagen zu verstehen. Vielmehr wird das Thema sukzessive vor seinem geistigen Auge entfaltet. Zusatzinformationen können mithilfe von Kästen, Tabellen oder Grafiken geliefert werden, doch sind das immer Einschübe innerhalb eines fließenden Textes.

- Der Leser wird durch den Text geführt. Leserführung im Buch bedeutet, dass sich der Autor an jeder Stelle gefragt hat, was der Leser jetzt schon weiß, was er als Nächstes und Übernächstes erfahren soll und wie er dahin kommen kann. Das gilt auch, wenn das Ziel »nur« Unterhaltung ist. Pointen zünden erst, wenn der Autor den entsprechenden Zusammenhang hergestellt hat.

- Der lineare Aufbau eines Buches legt schließlich nahe, mit einer bestimmten Dramaturgie, einem erprobten Muster des Aufbaus, zu arbeiten. Sehr viele nichtfiktionale Bücher beginnen mit einer Exposition, stellen also ihren Gegenstand zunächst vor, steigern dann die Informationsdichte, kommen danach im Hauptteil zum Hauptproblem und den Kernthesen und bestreiten anschließend mit einigen weiterführenden Aspekten den Schlussteil. Das Ganze läuft vor dem Leser wie ein Drama in einzelnen Akten ab und sollte vor allem beim Sachbuch auch Spannung erzeugen. Für die Dramaturgie gibt es viele Möglichkeiten; wichtig ist, dass Ihr Buch eine hat.

Übersichtlichkeit

Haben Sie Ihre Gliederung dem Medium gerecht angelegt, so ist Übersichtlichkeit die nächste Anforderung. Versetzen Sie sich in die Lage des Lesers, der in der Buchhandlung das Inhaltsverzeichnis aufschlägt, weil er wissen möchte, ob das Buch das richtige für ihn ist. Was würde Ihnen nun eine Gliederung nützen, die zwar allen Aspekten Ihres komplexen Themas mit Unter-Unter-Unterüberschriften gerecht zu werden versucht, den Leser dabei aber völlig verwirrt? Nichts, denn der Leser wird das Buch höchstwahrscheinlich tief seufzend zuklappen und im Regal weitersuchen, ob es da nicht noch etwas Verständliches gibt. Weniger ist bei der Gliederung oft mehr. Lassen Sie alles Nebensächliche weg. Im Text gibt es viele Möglichkeiten, einzelne Aspekte geschickt hervorzuheben, ohne dafür einen eigenen Gliederungspunkt ansetzen zu müssen. Fett- und Kursivdruck, Aufzählungspunkte, Kästen, Stichwörter in der Randspalte (Marginalien) usw. schaffen Überblick auch in großen Textblöcken.

Dementsprechend hat der Verlag dieses Buches auch das Inhaltsverzeichnis nicht mit den Zwischenüberschriften der Kapitel überfrachtet. Das würde unterschwellig nur ein falsches Signal aussenden, nämlich: *Ojemine, dieses Buch hat sehr, sehr viel Stoff und es ist kompliziert und die Lektüre wirklich harte Arbeit – kauf es lieber nicht!* Auch Junglektoren in Verlagen neigen nach meiner Erfahrung dazu, lieber zu viel als zu wenig ins Inhaltsverzeichnis aufzunehmen – dagegen dürfen Sie sich als Autor mit Fug und Recht wehren.

In engem Zusammenhang mit der Übersichtlichkeit steht die klare und logische Hierarchisierung des Stoffes durch die Gliederung. Trennen Sie das Wesentliche vom Unwesentlichen und gliedern Sie Ihr Buch in größere Sinneinheiten. Das Wichtigste gehört auf die erste Gliederungsebene. In der Regel ist das die Kapitelstruktur, manchmal kommen zusätzlich Teile hinzu.

Das Buch, das Sie gerade lesen, ist auf der obersten Ebene nach den vier Phasen des Publikationsprozesses gegliedert: Konzeptions-, Verlagsvermittlungs-, Manuskripterstellungs- und Vermarktungsphase. Innerhalb des ersten Teils ergibt sich die Kapitelstruktur dann aus den wichtigsten Einzelschritten im Prozess: Themenfindung, Eingrenzung des Lesernutzens, Konkurrenzanalyse, Arbeitstitel, Gliederung, Probetext. Das Thema dieses Absatzes, dass die Gliederung den Stoff hierarchisiert, ist den genannten Aspekten so weit untergeordnet, dass wir dafür keinen eigenen Gliederungspunkt vorgesehen haben. Schließlich entscheidet auch der Kaufinteressent in der Buchhandlung nicht anhand solcher Details, ob ihm das Buch gefällt.

Gleichmaß Eine weitere Anforderung an jede Gliederung, die Sie vielleicht zunächst ein wenig überraschen wird, ist das Gleichmaß. Hin und wieder bekomme ich Buchangebote mit extrem ungleichmäßigen Gliederungen zu sehen. Da sind dann etwa, um einmal einen extremen Fall zu konstruieren, fünf Kapitel vorgesehen.

Das erste Kapitel ist nur auf etwas mehr als zehn Seiten Länge angelegt und hat keine Unterpunkte. Das zweite Kapitel hat drei Überschriften auf der zweiten Gliederungsebene: »2.1« bis »2.3«. Kapitel drei hat nur eine Unterüberschrift, nämlich »3.1«. Kapitel vier hat dann aber plötzlich sechs Überschriften, wovon einige sich noch drei weitere Ebenen tiefer gliedern, also etwa als Punkt »4.6.2.1.3«. Das letzte Kapitel ist dann wieder ungefähr wie das zweite.

Jetzt können Sie natürlich fragen, wo denn das Problem sei. Kapitel 4 behandelt eben den wichtigsten und komplexesten Teil des Themas. Deshalb braucht der Autor hier 70 Seiten und fünf Gliederungsebenen. Anderswo dagegen nur zehn Seiten und eine Ebene, weil das nicht der Kern ist. Trotzdem würde diese Gliederung auf jeden Lektor und wohl auch auf die meisten Leser einen extrem schlechten Eindruck machen. Warum eigentlich?

Denken Sie einmal an ein Gedicht in Sonettform. Jeder Autor könnte genau dasselbe auch auf einer Seite Prosa sagen, vielleicht sogar präziser und differenzierter. Die Kunst besteht aber darin, es in vierzehn Zeilen zu sagen, die sich am Ende auch noch nach einem bestimmten Muster reimen. Egal ob in Literatur, Musik, Architektur oder Design – immer ist das harmonische Zusammenspiel von Form und Inhalt bzw. Funktion ein wesentliches Kriterium dafür, ob ein Werk als gelungen betrachtet wird. Ist die Sache rund, spricht man von Ebenmaß oder Gleichmaß.

Mit einer Gliederung, die Gleichmaß und Rhythmus besitzt, erfreuen Sie den Leser und verschaffen ihm einen angenehmen Zugang zu den Inhalten. Ein zusätzlicher praktischer Nutzen besteht darin, dass der Leser bei einer gleichmäßigen Gliederung die Lektüre gut planen und sich einteilen kann. Eine Gliederung löst immer auch Emotionen aus, und eine Menge literarischer und kultureller Traditionen schwingen mit. Insofern macht es durchaus einen Unterschied in der Wahrnehmung, ob Ihr Buch zwölf oder 13 Kapitel hat.

Mein Tipp

Betrachten Sie Ihre Gliederung einmal in der Seitenansichtsfunktion Ihrer Textverarbeitung, und zwar so stark verkleinert, dass Sie die Überschriften nicht mehr gut lesen, dafür aber umso besser das Muster erkennen können. Wie wirkt dieses Bild auf Sie? Verlassen Sie sich ruhig auf Ihr Gespür. Wenn Sie das Muster als unförmig oder gar chaotisch empfinden, ist es durchaus wahrscheinlich, dass die Gliederung auch inhaltlich unausgewogen ist.

Eine Frage nicht nur des Gleichmaßes, sondern auch der Logik ist es, dass jeder Gliederungspunkt tatsächlich etwas untergliedert. Eine Überschriftenebene, auf der sich nur eine einzige Überschrift befindet, ergibt keinen Sinn. Das scheint selbstverständlich zu sein, doch in Buchkonzepten sehe ich immer wieder Überschriften, die einsam und allein auf einer Gliederungsebene stehen.

Jede gute Gliederung ist ausreichend breit und angemessen tief. Die Breite bemisst sich schlicht nach der Anzahl der Überschriften auf der obersten bzw. den beiden obersten Gliederungsebenen, also der Teile und/oder Kapitel. Tiefe bedeutet die Anzahl der nachgeordneten Gliederungsebenen. Es gibt kein Gardemaß für die Breite und Tiefe einer Gliederung, zumal hier die Buchgattung eine entscheidende Rolle spielt. Als Faustregel für ein durchschnittliches Buch lässt sich aber sagen, dass eine Gliederung mit vier oder weniger Überschriften auf der ersten Gliederungsebene meistens zu schmal ist und mehr als drei Gliederungsebenen fast immer zu tief sind und auf Kosten der Übersicht gehen.

Hier geht es letztlich auch um Psychologie. Wie empfinden der Lektor und später der Leser die Gliederung auf den ersten Blick? Was weniger als eine halbe Seite füllt, wirkt dürftig und lustlos, was sich dagegen über viele Seiten erstreckt, wirkt labyrinthisch und hermetisch – unabhängig von den sonstigen Qualitäten des Konzepts. Vielleicht will der Autor sein Wissen ja doch eigentlich für sich behalten?

Formulierung der Überschriften

Die letzte genreunabhängige Anforderung an die Gliederung betrifft schließlich die Formulierung der Überschriften. Diese sollten generell prägnant, treffend und nicht zu lang sein. Es ist in Ordnung, wenn eine Überschrift später im Buchsatz in eine zweite Zeile umbricht. Eine Überschrift über drei Zeilen oder sogar noch mehr wirkt dagegen plump. Und was für den Buchtitel zutrifft, gilt auch hier: Es kommt nicht in erster Linie darauf an, den Inhalt eines Kapitels möglichst genau wiederzugeben. Viel wichtiger ist, dass der Leser neugierig auf diesen Inhalt wird und sich von der Überschrift angesprochen fühlt. Das zwingt Sie als Autor mindestens, die Überschriften konkret statt abstrakt zu formulieren. »Razzia – Wie Sie Ihre Zeitdiebe dingfest machen« ist in einem Ratgeber über Zeitmanagement eine allemal bessere, weil konkretere Überschrift als etwa »Kategorien zeitaufwändiger Tätigkeiten unter Berücksichtigung der Priorisierung von persönlichen Zielen«.

Bei der Wortwahl – im Denglisch des Marketings auch *Wording* genannt – sollten Sie darauf achten, die wesentlichen thematischen Stichwörter Ihres Buches unterzubringen. Das erhöht die Wahrscheinlichkeit, dass der Leser beim Studium des Inhaltsverzeichnisses das Gefühl bekommt, in dem Buch genau das zu finden, was er sucht oder wofür er sich interessiert. Idealerweise kann der Leser aus den Überschriften auch schon auf die inhaltliche Tendenz Ihres Buches oder seine Hauptthesen schließen.

Die Gewichtung ist hier aber im Einzelnen stark von dem gewählten Genre abhängig, deshalb will ich nach diesen allgemeinen Hinweisen nun noch auf die Besonderheiten bei den Gattungen Fachbuch, Ratgeber und Sachbuch eingehen.

Leserfreundlich meint nicht trivial – Die Gliederung beim Fachbuch

Auch im Hinblick auf die Gliederung zeigt das Fachbuch eine gewisse Nähe zum Wissenschaftsbetrieb mit seinen Qualifikations- und Forschungsarbeiten. Die Versuchung, die Gliederung vom Thema statt vom Leser her zu entwickeln, ist für Fachbuchautoren besonders groß. Manchmal treffen sie in den Fachverlagen dann auf Lektoren, die das durchgehen lassen, auch wenn die Marktchancen dadurch nicht gerade steigen. Schmale, dafür aber umso tiefere Gliederungen mit mehr als fünf Gliederungsebenen, eine unzureichende Hierarchisierung und ein schwerfälliges, allein auf das Thema fixiertes Wording sind traditionell typisch für Fachbücher.

Angelsächsischer Sachbuchstil
Allerdings ist dieses Genre in Bewegung gekommen. Wie bereits im Kapitel zum Arbeitstitel angedeutet, werden Fachbücher zunehmend »sachbuchiger«, nicht zuletzt unter angelsächsischem Einfluss. Wegen der dort viel lebendigeren und populäreren literarischen Tradition war es für Fachautoren in den englischsprachigen Ländern schon immer ein Muss, dem Leser bei der Lektüre auch ein gewisses Vergnügen zu bereiten. Hinzu kommt, dass sich der im deutschsprachigen Raum so berüchtigte »Fachidiot« jenseits des Kanals und des Atlantiks weitaus seltener findet. Vielmehr verfügen dort auch Naturwissenschaftler, Ingenieure oder Ökonomen über eine breite literarische und historische Bildung, was sich in zahlreichen Zitaten, Anspielungen und manchmal ironischen Formulierungen bemerkbar macht.

Ich kann Ihnen nur empfehlen, sich daran ein Beispiel zu nehmen und auch Ihr Fachbuch so leserfreundlich und interessant wie möglich zu gestalten. Dass aus den angelsächsischen Ländern, und nicht etwa aus Deutschland, längst die bedeutenderen inhaltlichen Beiträge in fast allen fachlichen Disziplinen stammen, sollte mögliche Skrupel eigentlich restlos beseitigen. Allerdings müssen Sie dafür bei Ihrem Verlag vielleicht auch ein wenig kämpfen. Ich habe es leider schon viel zu oft erlebt, dass Lektoren gerade die interessantesten, unterhaltendsten und dramaturgisch wichtigsten Stellen aus gut gemachten Manuskripten mit der Begründung »irrelevant« streichen wollen, nur weil sie das Raster des Gewohnten durchbrechen. Natürlich gibt es auch bei den Fachverlagen sprachsensible und literarischen Stilmitteln gegenüber aufgeschlossene Mitarbeiter. Aber das trifft eben nicht auf alle zu.

Bezogen auf die Gliederung bedeutet Leserfreundlichkeit, dass auch Ihr Fachbuch eher breit und flach als schmal und tief gegliedert sein sollte. So zerlegen Sie Ihr Thema in kleinere, aufeinander aufbauende Sinneinheiten, die vom Leser wesentlich besser bewältigt werden können als eine komplexe Struktur. Außerdem wird der Leser bei der Kaufentscheidung in der Buchhandlung in diesem Fall immer davon ausgehen, ein zugängliches und verständliches Buch in Händen zu halten. Wohlgemerkt: »Flach und breit« bedeutet in diesem Zusammenhang keineswegs inhaltlich flacher, breitgetretener Quark. Im Gegenteil: Je einfacher und zugänglicher die Gliederung, desto bereitwilliger folgt Ihnen der Leser in die Tiefen Ihres Sujets.

Hierarchisieren Sie konsequent und lassen Sie Nebensächlichkeiten in der Gliederung weg. Heutzutage kann auch ein Fachbuch mit zwei Gliederungsebenen auskommen. Meiden Sie möglichst Exkurse und sorgen Sie stattdessen für eine stringente Abfolge. Das Wording der Überschriften sollte auch beim Fachbuch verständlich, eingängig und möglichst konkret sein. Bringen Sie auf den Punkt, was den Leser jeweils erwartet, und nehmen sie dazu dessen Perspektive ein.

Sofern es nicht als reines Nachschlagewerk gedacht ist, sollte auch ein Fachbuch einen roten Faden haben. Bei vielen Themen bietet es sich an, einen prozess- oder projektorientierten Aufbau zu wählen. Sie gehen dabei von den Abläufen bzw. von den Aufgabenstellungen aus, mit denen der Leser konfrontiert ist und für die er nach Fachinformationen sucht. So kann sich beispielsweise ein Fachbuch zum Thema Marktforschung an den einzelnen Phasen des Marktforschungsprozesses orientieren und daraus seine Kapitelstruktur ableiten.

Projekt- oder prozessorientiert

Da auch bei Fachbüchern die Konkurrenz auf dem Buchmarkt stark zugenommen hat, zählt heute nicht mehr nur die Tiefe des dargebotenen Wissens, sondern auch die lesergerechte Aufbereitung und Vermittlung.

In den Mokassins des Lesers gehen – Die Gliederung beim Ratgeber

Der Ratgeber ist ein Produkt, bei dem der Nutzen für den Leser allesbestimmend ist. Dem hat auch die Gliederung zu dienen. Als Ratgeberautor fragen Sie sich, wie Sie die zu vermittelnden Lösungen für die Probleme des Lesers so strukturieren können, dass sie zum einen so eingängig und leicht umsetzbar wie möglich sind, dass sie zum anderen den Bedürfnissen des Lesers entsprechen. Der Leser eines Ratgebers ist einer, der in irgendeiner Form ein Betroffener ist – z. B. von einer Krankheit, von Versagensangst, Zeitnot oder anderen Problemen –, und er ist einer, der eine konkrete Aufgabe zu bewältigen bzw. ein Problem zu lösen hat, sei es das Anlegen einer Trockenmauer im Garten oder das Durchbrechen seelischer Mauern. Bei der Gliederung ist also einiges didaktische Geschick gefragt. Dazu müssen Sie aber kein Pädagoge sein, sondern sich nur so gut es geht in die Lage der Betroffenen versetzen, für die Sie schreiben. So habe ich mir beim Schreiben dieses Buches vor Augen geführt, wonach ich von Autoren immer wieder gefragt werde, was die Klienten meiner Agentur mit dem Publizieren von Büchern eigentlich erreichen wollen, welche typischen Fehler unerfahrene Autoren machen und welchen Faktoren meine besten Klienten ihren Erfolg verdanken.

Problem-orientierter Aufbau

Häufig wird sich für Ratgeber ein prozess- oder projektorientierter Aufbau anbieten. Der Leser will ein Ziel erreichen oder eine Aufgabe bewältigen und sucht dafür eine konkrete Handlungsanleitung. Sie lesen dieses Buch, weil Sie selbst ein Buch schreiben möchten oder weil Sie wollen, dass Ihre nächsten Bücher im Markt noch erfolgreicher werden. Deshalb orientiere ich mich hier am Publikationsprozess, erläutere jeden Prozessschritt und zeige Ihnen, wie Sie dort das Optimum herausholen und Fehler vermeiden.

Denkbar wäre für dieses Buch beispielsweise auch ein projektorientierter Aufbau gewesen, ausgehend von der Frage: »Wie finde ich einen Verlag für mein Buch?« Das ist nämlich die Problemstellung, deretwegen die meisten Klienten mich um Rat fragen. Erst durch meine Beratung entdecken sie, dass sie sich in der Regel nicht nur auf Verlagssuche begeben, sondern viel tiefer ansetzen und zunächst ihr Konzept optimieren oder erst einmal ihre Positionierung in der Öffentlichkeit definieren müssen. Für dieses Buch war es deshalb letztlich besser, es am Prozess auszurichten, weil mit jedem Schritt Weichen für den Erfolg gestellt werden.

Sie sehen daran: Wenn Sie Ihre Zielgruppe sehr gut kennen, etwa weil Ihre Leser auch Ihre Kunden sind und umgekehrt, fällt es

Ihnen nicht schwer, einen Ratgeber an deren Bedürfnissen auszurichten. Eine Schritt-für-Schritt-Anleitung liegt dabei häufig nahe. Ein typischer Untertitel für Ratgeber lautet denn auch: »In n Schritten zu xyz«. Denkbar ist aber auch, dass ein Ratgeber wie ein Kochbuch verschiedene Rezepte für unterschiedliche Anforderungen bereithält. Lesergerecht ist es dann, das Buch den Anlässen entsprechend zu strukturieren, aus denen der Leser Informationen sucht. So präsentiert ein klassisches Kochbuch seine Rezepte ja auch nicht bunt gemischt, sondern trennt zum Beispiel die einfache und schnelle Küche von aufwändigen Hauptgerichten.

Hierarchisierung

Gliederungen für Ratgeber sollten so einfach, übersichtlich und eingängig wie möglich sein. Oft wird dann die Gliederung eher breit und flach ausfallen. Wollen Sie strukturell mehr in die Tiefe gehen, bedarf es einer strengen Hierarchisierung. Auf der ersten Überschriftenebene muss klar erkennbar sein, wie das Buch sein Wissen aufbereitet. Dabei sollten Sie auch auf Vollständigkeit achten, denn der Leser wird das Inhaltsverzeichnis in der Buchhandlung häufig unter dem Aspekt studieren, ob er in Ihrem Buch Antworten auf alle seine Fragen findet. Schon das Inhaltsverzeichnis sollte dem Leser signalisieren: »Hier bist du richtig«, »Hier wird dir geholfen«, »Hier findest du Lösungen für dein Problem«.

Dazu tragen auch die Überschriften bei. Sie dürfen nicht beschreibend sein, wie beim Fachbuch, sondern sollten ein Nutzenversprechen enthalten. Also nicht »Frühdiagnose initialer Arthrose«, sondern »Arthrose frühzeitig erkennen« oder »So erkennen Sie erste Anzeichen der Arthrose«. Auch das Wording der Überschriften ist wichtig und muss die Zielgruppe ansprechen. Schreiben Sie als Experte für eine breite Zielgruppe, dann ist klares, verständliches Deutsch gefragt, und die Zahl der Fachbegriffe sollte so klein wie möglich gehalten werden. Sie müssen in einem Gesundheitsratgeber zu Seborrhöe nicht von »Schmerfluss« sprechen, aber viele lateinisch-griechische Fremdwörter sind überflüssig und lassen sich gut auch durch deutsche Begriffe ersetzen.

Die Story

Der Ratgebermarkt ist hart umkämpft. Vor allem, wenn es zu Ihrem Thema schon eine Reihe anderer Ratgeber gibt, sollten Sie kreativ sein und Ihr Buch zu etwas Besonderem machen. Eine Möglichkeit auf der Ebene der Gliederung ist, Ihren Ratgeber mit einer »Story« zu strukturieren, die sowohl das Buch interessanter als auch die Wissensvermittlung eingängiger macht. So kann dann ein Ratgeber für Führungskräfte Management wie eine Inszenierung begreifen und den Prozess der Inszenierung eines Films als Story nehmen. Oder ein Medizinratgeber kann eine Reise durch den menschlichen Körper sein. Oder ein Schreibratgeber kann wie das Trainingslager eines Sportlers beschrieben werden. Der Fantasie sind dabei allerdings immer die Grenzen gesetzt, die sich aus der Anforderung ergeben, für den Leser leicht umsetzbares Handlungswissen zu liefern.

»Das ist ja interessant!« – Die Gliederung beim Sachbuch

Sachbücher sind sehr häufig breit und flach gegliedert. Sie stellen ein Thema auf eingängige Weise für eine breite Zielgruppe dar, und das gelingt besonders gut mit einer Abfolge kurzer, in sich relativ geschlossener Episoden – sozusagen Häppchen statt Vollwertkost. Ein solcher Aufbau ist aber auch nicht zwingend und kann schon gar nicht für jeden Fall empfohlen werden. Generell gibt es für die Gliederung von Sachbüchern die wenigsten festen Regeln. Das Spektrum reicht vom populärwissenschaftlichen Sachbuch, das wie ein Fachbuch strukturiert sein kann, obwohl es für Laien geschrieben ist, bis hin zum »erzählten Sachbuch«, das seine Stilmittel der Belletristik entlehnt. Im Durchschnitt sind Gliederungen von Sachbüchern aber deutlich weniger komplex als beim Fachbuch und weniger zweckrational als beim Ratgeber. Viele Sachbücher kommen mit einer einzigen Überschriftenebene aus.

Am Leser statt am Inhalt orientieren müssen Sie sich auch bei der Gliederung eines Sachbuchs. Der Aufbau darf durchaus locker und assoziativ, der rote Faden etwas lose gesponnen sein – Hauptsache, der Leser findet es interessant, und es macht ihn neugierig auf das Buch. Wie schon beim Titel so tritt auch hier der Aspekt des Verkaufens im Vergleich zu den anderen Gattungen am meisten in den Vordergrund. Erinnern Sie sich an zwei Grundvoraussetzungen: Sachbücher werden mehr aus Lust und Laune, aus Interesse am Thema bzw. an der Person des Autors gekauft als wegen eines konkreten Bedürfnisses. Und die Konkurrenz auf dem Sachbuchmarkt ist brutal.

Das Inhaltsverzeichnis, das der Leser in der Buchhandlung begutachtet, nachdem ihm Titel und Klappentext zugesagt haben, hat deshalb hier oft den Charakter eines Verkaufsprospekts für das Buch. Das Ziel des Sachbuchs ist es, beim Leser geradezu sinnliche Leselust zu wecken. Der Puls geht etwas schneller, die Finger werden feucht und am Schluss denkt sich der Leser: Dieses Buch muss ich unbedingt lesen! Das dabei entstehende Begehren ist dann das »D« der AIDA – *Desire*.

Inhalts-verzeichnis = Verkaufs-prospekt

Eine übersichtliche, eingängige Struktur der Gliederung ist hier allenfalls die halbe Miete. Sachbuchgliederungen erzielen ihren wesentlichen verkaufsfördernden Effekt durch die Formulierung der Überschriften. Ich bezeichne diese Art Überschrift gern als »journalistisch«, weil sie dem Stil entlehnt ist, den Zeitungen bei Artikelüberschriften pflegen. Es hängt von Ihrem Thema und Ihrer Zielgruppe ab, ob Sie sich dabei eher an der *Bild*-Zeitung oder an der *FAZ* orientieren wollen. In jedem Fall sind solche journalistischen Überschriften prägnant, enthalten oft Schlagwörter oder erinnern an Slogans. Manchmal sind sie auch witzig-ironisch und arbeiten mit Zitaten und Anspielungen. Statt »Frühdiagnose initialer Arthrose« oder »Arthrose frühzeitig erkennen« könnte die Sachbuchüberschrift also etwa lauten: »Am Anfang kaum greifbar: Arthrose« oder »Arthrose, der schleichende Anschlag auf die Fitness«.

Die Überschriften eines Sachbuchs dürfen auch einmal kryptisch sein, wenn sie den Leser darauf neugierig machen, was wohl hinter einer Überschrift wie »Der Matthäus-Effekt« oder »Die drei Lektionen des Joe Flom« steht. Diese beiden Überschriften stammen aus dem internationalen Bestseller »Überflieger« von Malcolm Gladwell, der das Sachbuch-Genre meisterhaft beherrscht.

Ein guter Rat ist auch hier, sich möglichst viele Sachbücher anzuschauen, um zu sehen, wie es die Besten machen. Auch die regelmäßige, aufmerksame Zeitungslektüre schärft das Gespür für prägnante Formulierungen.

Zum Schluss noch ein Wort zur Form der Gliederung. In der Wissenschaft hat jede Fakultät ihre eigenen Vorlieben. So gibt es die Gliederung mit unterschiedlichen Gliederungselementen, bei der die Gliederungsebenen dann etwa mit »A, B, C«, »I, II, III«, »1, 2, 3«, »a, b, c« usw. bezeichnet werden, bis dem Wissenschaftler auf der neunten Gliederungsebene dann langsam die Zeichen ausgehen. Eine Alternative ist das numerische Schema »1, 2, 3«, »1.1, 1.2, 1.3« usw. Im Buchmarkt ist diese recht verbreitet und scheint mir daher zumindest für Fachbücher und mit Einschränkungen für Ratgeber empfehlenswert. Denken Sie aber daran, dass selbst beim Fachbuch die flache Gliederung auf dem Vormarsch ist. Beim Sachbuch können Sie die Überschriftenebene eins auch als »Kapitel 1« ausschreiben und die zweite Ebene als unnummerierte kursive Überschrift folgen lassen. Halten Sie es möglichst einfach, übersichtlich und nicht zu pedantisch, dann liegen Sie richtig.

KOMPAKT

- Ihre Gliederung sollte am Leser, nicht am Thema orientiert sein.

- Die Gliederung ist ein Verkaufsinstrument. Sie ermöglicht dem Leser zu entscheiden, ob ihm das Buch wirklich zusagt, ob er es haben will.

- Weil Bücher linear funktionieren, brauchen sie einen roten Faden, eine Art Dramaturgie. Es gibt einen Einstieg und einen Schluss, dazwischen baut eines auf das andere auf. Der Autor führt den Leser durch das Buch.

- Jede Gliederung sollte übersichtlich, klar hierarchisiert, gleichmäßig und ausreichend breit sein. Die Überschriften sollten prägnant, treffend und nicht zu lang sein.

- Für die Buchgattungen Fachbuch, Ratgeber und Sachbuch ergeben sich jeweils spezielle Anforderungen an Aufbau und Struktur, die Sie beachten sollten.

- Es gibt keine starren formalen Anforderungen an die Gliederung. Einfachheit und Übersichtlichkeit sind der beste Maßstab für die Form.

6. Ein überzeugender Probetext – Der Beweis, dass Sie schreiben können

*In Aesops Fabel vom prahlerischen Fünfkämpfer brüstet sich
ein Athlet, einst in Rhodos einen gewaltigen Sprung getan zu haben.
Da sagt einer der Umstehenden: »Freund, wenn es wahr ist,
brauchst du keine Zeugen. Hier ist Rhodos, hier springe –
Hic Rhodus, hic salta!«*

Kennen Sie die Firma mit den Hochglanzprospekten, deren Produkte nichts taugen? Oder den telegenen Politiker, der in Amt und Würden kläglich versagt hat? Haben Sie schon einmal etwas im Internet bestellt und waren schockiert, als Sie das Paket öffneten? Wer Dinge eloquent ankündigt, muss das Versprechen dann auch einzulösen verstehen. Deshalb wollen Verlage nicht nur Ideen präsentiert bekommen, sondern Fakten sehen, bevor sie einem Autor einen Vertrag anbieten. Denn das beste Konzept wird einen Lektor nicht voll überzeugen, solange er sich kein Bild davon machen kann, wie der Autor schreibt. Können Sie das, was Sie in Ihrem Exposé versprechen, auch einlösen? Beherrschen Sie das Autorenhandwerk und kennen Sie die Regeln des jeweiligen Genres? Zeigen Sie es!

Fakten vor Vertrag

Muss das denn sein?

Ein Probetext schafft Klarheit und ist deshalb bei Buchangeboten ein Muss. Der Verlag möchte sowohl ein Exposé als auch einen Text sehen. Davon gibt es nur wenige Ausnahmen, die wiederum fast alle damit zu tun haben, dass der Autor seine Fähigkeiten bereits ausreichend unter Beweis gestellt hat. So kann eine Autorin, die bereits ein Dutzend erfolgreiche Ratgeber veröffentlicht hat, ein weiteres originelles Ratgeberkonzept guten Gewissens ohne Probetext einem Verlag anbieten – solange nur die Gliederung überzeugend ist. Ihre Referenzen stehen bereits im Bücherregal. Auch kann der Autor eines Sachbuch-Bestsellers »seinem« Verlag eine Fortsetzung nach demselben Strickmuster anbieten, ohne dazu mit einer weiteren Talentprobe vorstellig werden zu müssen.

Aber schon wenn ein Autor das Genre wechseln will, wird es schwierig. Einer meiner Klienten ist einer der erfolgreichsten Ratgeberautoren im deutschsprachigen Raum – für den Genrewechsel zum Sachbuch braucht aber auch er einen Probetext. Und wenn ein Fachautor mit wissenschaftlichem Hintergrund einen Praxisleitfaden konzipiert hat, wird ein erfahrener Lektor erst einmal skeptisch reagieren und wissen wollen, ob dieser Autor die nötige Leseransprache überhaupt beherrscht und nicht doch wieder in den Ton akademischer Erörterung verfällt.

In seltenen Fällen legt ein Verlag einfach keinen Wert auf einen Probetext, weil es ihm auch fast egal ist, ob der Autor schreiben kann. Das ist bei hochspezialisierten Fachbüchern manchmal so, beispielsweise bei Computerbüchern. Da kommt es dem Verlag wesentlich auf die Fachkenntnisse des Autors an, das Buch besteht ohnehin zu großen Teilen aus Programmcodes, und den Rest biegt der Lektor irgendwie hin. In diesem speziellen Teilmarkt zählt beim Publizieren vor allem Tempo, Tempo, Tempo. Ein anderer Fall sind Bücher von A-Prominenten. Hier würden einige Verlage wahrscheinlich auch Auszüge aus dem Münchner Telefonbuch drucken, weil nicht die Autorenleistung, sondern das Konterfei auf dem Cover das Buch verkauft. Für alle anderen Fälle gilt: An einem Probetext führt kein Weg vorbei.

Mit dem Probetext demonstrieren Sie dem Verlag erstens, dass Sie überhaupt schreiben können, zweitens, auf welchem handwerklichen Niveau Sie sich als Autor bewegen, drittens, dass Sie die Regeln der von Ihnen gewählten Buchgattung – Fachbuch, Ratgeber oder Sachbuch – kennen und viertens, wie Sie Ihr spezielles Konzept textlich umzusetzen gedenken. Das alles erreichen Sie nur, wenn Sie sich für Ihren Probetext mächtig ins Zeug legen und das Optimum präsentieren, das Sie schriftstellerisch zu bieten haben. Bevor Sie einem Verlag mit *Work in Progress* kommen, verzichten Sie besser auf einen Probetext. Druckreife Qualität ist gefragt! Der Königsweg für einen überzeugenden Probetext lautet deshalb: Wählen Sie einen größeren, charakteristischen und zusammenhängenden Ausschnitt aus Ihrer Gliederung und bringen Sie ihn zu jener Reife, die auch das spätere Buch haben soll.

In leider nicht ungetrübt positiver Erinnerung ist mir ein Autor geblieben, der zunächst mit einer netten Buchidee auf meine Agentur zugekommen war. Er wollte einen Ratgeber für Existenzgründer mit erzählerischen Elementen schreiben. Den roten Faden des Buches sollte die Story eines Marketingprofis bilden, der sich nach seinem Rauswurf bei einem ins Trudeln geratenen New-Economy-Unternehmen selbstständig macht. Das passte gut in die Zeit, als die deutsche Politik gerade die »Ich-AG« kreiert hatte und das Thema Existenzgründung bei den Verlagen hoch im Kurs stand. Und der Clou des erzählerischen Rahmens wäre gewesen, der persönlichen und familiären Seite des Wegs in die Selbstständigkeit besonderes Augenmerk zu schenken, da hier viel mehr Existenzgründer scheitern als beim Schreiben des Businessplans.

Eins, zwei, drei – mein Probetext!

Nun steht und fällt solch ein Buchprojekt aber damit, ob es dem Autor gelingt, die erzählerischen Elemente auch mit überzeugenden literarischen Mitteln umzusetzen, den richtigen Ton zu treffen und geschickt zwischen Erzählteil und Sachteil zu wechseln. Ich bat den Autor um einen Probetext.

Schon zwei, drei Tage später kam per E-Mail ein durchaus umfangreiches Probekapitel. Der Text enthielt ein paar nette Einfälle und die eine oder andere gelungene Formulierung. Aber er war auch übersät mit Tippfehlern, besaß keine hinreichend klare Gedankenführung, wiederholte sich an vielen Stellen und war im Erzählteil an einigen Stellen recht plump und dadurch unfreiwillig komisch. Es war ziemlich offensichtlich, dass der Autor eine

Nachtschicht eingelegt, den Text heruntergeschrieben und anschließend kein einziges Mal überarbeitet hatte.

Mein Team meldete dem Autor zurück, sein Text gehe zwar absolut in die richtige Richtung und enthalte bereits einige brauchbare Ansätze, bedürfe aber noch gründlicher Überarbeitung, wobei wir gerne behilflich seien. Auf die Kritik hin zeigte sich der Autor entrüstet. Er habe bereits bewiesen, dass er schreiben könne. Und er habe es nicht nötig, sich von Leuten belehren zu lassen, die immer nur andere kritisierten und selbst noch nie eine Zeile veröffentlicht hätten (wie er zu wissen glaubte). Alle Diplomatie half nicht weiter. Dieser Autor war so sehr von sich und seinen Fähigkeiten eingenommen, dass er es einfach nicht einsah, sich mit seinem Probetext mehr Mühe zu geben. So musste ich die Zusammenarbeit mit ihm vorzeitig beenden.

Kritikfähigkeit Das ist ein zugegebenermaßen extremes Beispiel für eine Situation, die ich im Kern oft erlebe. Wenig erfahrene Autoren sind meist erschrocken, wie viele Verbesserungsmöglichkeiten ein Profi beim ersten Entwurf ihres Probetextes erkennt. Gerade für beruflich erfolgreiche Menschen ist es oft ein schwerer Schlag, für ihre Texte offen kritisiert zu werden. Dafür habe ich immer viel Verständnis. Trotzdem ist keinem Autor damit gedient, wenn sein Probetext von anderen schöngeredet wird und er sich so mit falschen Hoffnungen auf Verlagssuche begibt. Wer sein Buch in der Buchhandlung sehen möchte, muss auch genauso gut sein wie die anderen Autoren.

Konzertpianisten üben mehrere Stunden am Tag, auch und gerade die Weltstars unter ihnen. Kein Orchester gibt ein Konzert ohne ausgiebige Proben, in denen manchmal eine einzige Stelle x-mal wiederholt wird. Die Fußballkünstler des FC Barcelona schuften unter der Woche täglich, um sich den Einsatz am Wochenende zu erarbeiten. Und auch das Schreiben ist eine Kunst, die auf Übung basiert. Dazu zählt die Bereitschaft, einen Text immer und immer wieder zu überarbeiten, bis er richtig gut ist. Sehen Sie also Kritik von Profis an Ihrem Probetext nicht als Kritik an Ihrer Person, sondern als Chance, besser zu werden. Es besteht kein Grund zu Selbstzweifeln. Auch professionelle Autoren mit viel Erfahrung brauchen den harten, aber fairen Kritiker, um ihr Niveau halten zu können.

Was gilt es zu beachten?

Manchmal werde ich gefragt, ob es nicht besser sei, dem Verlag eine Reihe kleinerer Textauszüge zu präsentieren. Gerade bei Büchern mit einem großen thematischen Spektrum sei es doch sinnvoll, einen Querschnitt auszuwählen. Ich kann hiervon nur abraten. Problematisch ist dieses Vorgehen deshalb, weil die Fähigkeit, einen längeren, zusammenhängenden Text zu schreiben, gerade zu den Qualifikationen eines Autors gehört, die Sie mit dem Probetext unter Beweis stellen können.

Als ich selbst Verlagslektor war, habe ich in der Praxis immer wieder erlebt, wie sogar professionelle Journalisten, die seit Jahren erfolgreich für Zeitungen und Magazine schreiben, mit der »großen Form« des Buches ihre Schwierigkeiten haben. Da beginnt dann ein Text typischerweise äußerst flott, aber nach fünf, sechs Seiten geht dem Autor spürbar die Puste aus. Oder der Autor hat zwar keine Mühe, Seite für Seite mit leichter Hand zu füllen, kommt aber vom Hundertsten aufs Tausendste, ohne dass der Text eine klare Struktur besitzt und einen sinnvollen Bogen spannt. Der Probetext soll aber nicht einfach nur zeigen, dass Sie schreiben können, sondern dass Sie *Bücher* schreiben können.

Wie lang genau sollte nun aber ein Probetext sein, der Sie als jemanden zeigt, der die große Form beherrscht? Ganz unabhängig von der Buchgattung und den Eigenheiten jedes einzelnen Projekts hat sich in meiner Praxis eine Textlänge zwischen ca. 25 000 und 35 000 Zeichen einschließlich Leerzeichen bewährt. Ein deutlich kürzerer Text erregt leicht Misstrauen, ob Sie tatsächlich in der Lage sein werden, ein ganzes Buch mit Inhalt zu füllen. Je weiter andererseits ein Text dieses Maß überschreitet, desto geringer sind die Chancen, dass der Lektor ihn komplett liest. Das wäre schade, wenn der Textausschnitt sorgfältig gewählt und in sich geschlossen ist.

Länge des Probetextes

Nicht zuletzt ist die angegebene Länge auch ein gutes Maß für ein Buchkapitel im nichtfiktionalen Bereich. Unabhängig vom Gegenstand lässt sich in diesem Rahmen eine Sinneinheit meist recht gut darstellen und vor allen Dingen vom Leser innerhalb seiner normalen Aufmerksamkeitsspanne verarbeiten. Deshalb wird ein Probetext zwar nicht immer, aber doch in aller Regel auf ein Probekapitel hinauslaufen. Planen Sie viele kurze Kapitel, beispielsweise im Umfang von jeweils etwa 10 000 Zeichen, dann wählen Sie am besten mehrere davon als Probetext aus.

Passen Sie gut auf, wie sich die Länge Ihres Probekapitels zur Kapitelzahl in Ihrer Gliederung und dem geplanten Gesamtumfang Ihres Buches verhält. Lektoren können nämlich rechnen oder besitzen zumindest einen Taschenrechner. Neulich erhielt ich für einen Businessratgeber mit sieben geplanten Kapiteln ein Probekapitel im Umfang von 11 500 Zeichen. Selbst mit Vorwort und Nachwort käme der Autor so auf bestenfalls 90 000 Zeichen Gesamtlänge. Auch bei einem luftigen Satz mit ca. 2000 Zeichen pro Seite hätte das fertige Buch also nur 45 Seiten, ein völlig indiskutabler Umfang. Derlei Arithmetik wird von wenig erfahrenen Autoren gerne vernachlässigt. Diese Kleinigkeiten zeigen dem Verlag aber, ob jemand sein Handwerk beherrscht und das Buchprojekt im Griff hat.

Textausschnitt sorgfältig wählen Wenn Sie nun eine ungefähre Vorstellung von der Länge des Probetextes haben, müssen Sie als Nächstes entscheiden, welcher Ausschnitt sich am besten eignet. Dieser Punkt kann die Meinungsbildung des Lektors über Ihr Projekt deutlich beeinflussen und sollte Ihnen deshalb eine gründliche Überlegung wert sein. Die meisten Autoren empfinden es als natürlich und angenehm, mit dem Schreiben eines Buches vorn zu beginnen. Da es ratsam ist, das Vorwort ganz zum Schluss zu schreiben, scheint sich das erste Kapitel als Probetext anzubieten. Ob das eine gute Wahl ist, hängt jedoch davon ab, inwiefern das erste Kapitel für den gesamten Text formal und inhaltlich repräsentativ ist und wie gut die Kompetenz des Autors sich hier zeigt.

Bei manchen Büchern ist ein längerer Anlauf nötig, um den Leser zum Kern der Sache zu führen. In einem solchen Fall wäre das erste Kapitel nicht aussagekräftig genug. Bei anderen Büchern steckt das erste Kapitel den Rahmen der gesamten Darstellung ab und enthält gewissermaßen in embryonaler Form alles, was die späteren Kapitel noch weiter ausführen werden. Dann ist es als Probetext bestens geeignet.

So oder so: Der Probetext sollte ein Filetstück Ihres späteren Bu- ches sein. Ein Kapitel, das genau das ausdrückt, was der Leser mit dem Buch anfangen soll, und einige der wesentlichen Thesen – oder bei Ratgebern Praxistipps – des Buches enthält. Manche Autoren stöhnen, wenn sie ein Stück aus der Mitte der Gliederung schreiben sollen, aber das zeigt oft nur, dass sie den großen Bogen ihres Buches noch nicht hinreichend durchdacht haben. Sicherlich müssen Sie ein Probekapitel aus der Mitte der Gliederung fast immer noch einmal überarbeiten, wenn es am Schluss Teil des fertigen Manuskriptes sein soll. Das ist ein kleiner Mehraufwand, der Sie nicht abschrecken sollte. Denken Sie nur daran, wie sehr sich fertige Gebäude meist von dem Siegerentwurf des Architekturwettbewerbs unterscheiden. Kein Architekt würde sich beklagen, für seinen Entwurf umsonst gearbeitet zu haben, denn er freut sich ja über den Bauauftrag, den er damit bekommen hat.

Der große Bogen

Wenn Ihnen die Auswahl eines Probekapitels schwerfällt, kann die Überlegung hilfreich sein, wo Sie sich thematisch ganz besonders zu Hause fühlen. Vielleicht behandelt das Buch irgendwo einen Aspekt, der Sie in Ihrem beruflichen Alltag immer wieder besonders fordert? Die meisten Autoren schreiben dort am besten, wo man ihre persönlichen Affinitäten spürt.

Mein Tipp

Einmal habe ich nicht aufgepasst und einen Autor, den ich beriet, ein Probekapitel schreiben lassen, das innerhalb des von ihm geplanten Ratgebers eine besondere Stellung hatte und nicht repräsentativ für das Ganze war. Der Autor hatte argumentiert, er sei sich beim Schreiben noch unsicher und wolle sich nicht gleich an die wichtigsten Themen heranwagen. Die Folgen waren verheerend. Denn selbstverständlich und völlig zu Recht sahen die Lektoren in den Verlagen den Text als repräsentativ für das Ganze an, schließlich war es der Probetext. Und so kamen sie zu dem Schluss, der Autor habe sein Thema verfehlt und an den Bedürfnissen der Leser vorbeigeschrieben. Der Autor fand keinen Verlag, obwohl sein Text frisch, glänzend formuliert und voller Pointen war. Diese Niederlage in der Vermittlung lastet immer noch schwer auf mir, denn natürlich war mein Klient maßlos enttäuscht. Ich erinnere mich trotzdem immer wieder an diesen Fall, damit mir ein solcher Leichtsinn nicht ein zweites Mal passiert und ich gegenüber jedem Klient klar sage, wie hoch die Anforderungen an einen Probetext sind. Das führt manchmal zu einem Konflikt zwischen dem Klienten und mir, den ich aber um der Sache willen gerne austrage.

Qualitätskriterien der Verlage

Auf welche Qualitätskriterien wird der Verlag bei Ihrem Probetext nun achten, um zu entscheiden, ob er Ihnen das geplante Buch zutraut oder nicht? Im Wesentlichen sind es drei Aspekte:

- *Struktur:* Der Aufbau Ihres Probetextes muss überzeugen, vor allem bei einem vollständigen Probekapitel. Die Inhalte sollten logisch und folgerichtig präsentiert werden. Die Binnendramaturgie muss den Leser bei der Stange halten.
- *Sprache:* Der Probetext sollte in Bezug auf Rechtschreibung weitgehend, in Bezug auf Grammatik und Ausdruck absolut fehlerfrei sein und sich stilistisch auf dem Niveau vergleichbarer Bücher bewegen. Er sollte unabhängig vom angestrebten Genre flüssig lesbar und eingängig sein.
- *Genrekompatibilität:* Besonders wichtig ist, der Zielgruppe und der gewählten Buchgattung gemäß zu schreiben. Jede Zielgruppe hat ihre spezifischen Bedürfnisse sowie ihre Vorlieben und Abneigungen – auch in sprachlicher Hinsicht. Zudem hat jedes Genre seine eigenen Regeln.

Um dem Probetext eine sinnvolle Struktur zu geben, empfiehlt es sich, vor dem Schreiben eine Binnengliederung zu entwickeln und diese schriftlich zu fixieren. Nur wenige Autoren schreiben ohne diese Vorarbeit gut, und solche Autoren entwickeln statt auf dem Papier zumindest in ihrem Kopf eine klare Vorstellung vom Ganzen, die sie beim Schreiben leitet. Bei der Entwicklung der Binnengliederung kann Ihnen der Gedanke helfen, dass sich die lineare Dramaturgie des gesamten Buches in den einzelnen Kapiteln wiederholt. Auch hier brauchen Sie einen Einstieg und einen Abschluss, und dazwischen muss ein Gedanke auf den anderen aufbauen. Gleichmaß und Rhythmus, wie in Kapitel 5 für die Gliederung des gesamten Buches beschrieben, spielen auch innerhalb der einzelnen Kapitel eine große Rolle für die Struktur.

Das Probekapitel wird zwar nicht direkt gedruckt, dennoch sind zahllose Rechtschreibfehler im Probetext wie ein fleckiger Anzug oder ein verknittertes Kostüm beim Vorstellungsgespräch. Es macht einfach einen schlechten Eindruck und lässt das, was Ihnen gelungen ist, gleich in einem unvorteilhafteren Licht erscheinen. Da es für jeden schwierig ist, eigene Texte Korrektur zu lesen – die Gedanken sind sofort wieder beim Inhalt –, bitten Sie beim Korrigieren am besten jemanden um Unterstützung.

Fehler und Patzer

Heikel sind Grammatik- und Ausdrucksfehler. Unterbewusst lassen diese den Leser nämlich an der Intelligenz des Autors zweifeln. Das Gesamtbild leidet erheblich. Insgesamt ist es ein verbreitetes Phänomen, dass Menschen, die sich mündlich ganz hervorragend artikulieren können, im schriftlichen Ausdruck Patzer unterlaufen, die niemand von ihnen erwartet hätte. Auch die Fallstricke, die auf der Ebene des Stils zu finden sind, werden oft unterschätzt. Abrupte Registerwechsel – z. B. Fachsprache mit Umgangssprache aberwitzig gemischt –, schiefe Bilder, Wiederholungen und abgenutzte Sprachklischees sind Erkennungsmerkmale wenig erfahrener Autoren. Gegen das alles hilft nur, ausreichend Feedback von qualifizierten Dritten einzuholen und dann unermüdlich zu überarbeiten.

In jedem Fall sollten Sie sich vor dem Schreiben des Probetexts mit den Regeln des jeweiligen Genres und den Erwartungen Ihrer Zielgruppe vertraut machen. Dazu gilt es zumindest, vergleichbare Bücher im Hinblick auf Aufbau und Stil genau zu analysieren. Bei einem Ratgeber für Normalverbraucher sind Bandwurmsätze im Stil eines *Heinrich von Kleist* ebenso unangebracht wie umgangssprachliche Flapsigkeiten in einem Fachbuch zur Geschichte des Ersten Weltkriegs. Im Folgenden geben wir Ihnen deshalb noch einige Tipps zu den einzelnen Gattungen.

Anforderungen der Buchgattungen an den Probetext

Probetexten für Fachbücher mangelt es seltener an inhaltlicher Tiefe als an einer leserfreundlichen Art und Weise, den Stoff zu vermitteln. Da viele Fachautoren vom Wissenschaftsbetrieb und seinen Qualifizierungsarbeiten geprägt sind, haben sie oft Schwierigkeiten, vom Leser her zu denken. Fachautoren können wir deshalb nur empfehlen, sich beim Probetext ausreichend Gedanken über eine schlüssige Binnengliederung zu machen. Wie erschließt sich jemandem, der nicht über Ihre Kenntnisse verfügt, das Thema am besten? Meistens profitieren Fachtexte, wenn Sie sich bemühen, den Stoff in kleinere Sinneinheiten aufzuteilen und einen Gedanken sorgsam Schritt für Schritt zu entwickeln. Um der Anschaulichkeit willen sollten Sie auch mit Beispielen niemals geizen.

Klare Sprache Zu Fachthemen passt eine nüchterne und klare Sprache. Aber auch beim Fachbuch will sich der Leser nicht mehr langweilen als unbedingt nötig. Lebendige und frische Formulierungen machen inzwischen auch hier einen guten Eindruck beim Leser. Und vor allen Dingen setzt es sich endlich auch im deutschsprachigen Raum durch, in Fachbüchern die Ich-Form zu verwenden. In den angelsächsischen Ländern war das schon immer so, während Autoren in unseren Regionen um eines ohnehin zweifelhaften Objektivitätsideals willen jede persönliche Färbung des Textes zu vermeiden versucht haben. Umständlich die Autorschaft verhüllende Formulierungen wie »Der Autor vertritt die Auffassung« wirken aber heute ebenso antiquiert wie das »pädagogische Wir« in einer Wendung wie »Betrachten wir nun im nächsten Schritt …«

Für Ratgeber gilt das erst recht. Es ist keine Frage, dass Sie einen Ratgeber immer nur auf der Grundlage Ihrer persönlichen Kompetenzen schreiben, deshalb können Sie auch jederzeit von der Ich-Form Gebrauch machen. (Ein Autorenkollektiv aus zwei oder mehr Autoren verwendet natürlich die Wir-Form, was nicht mit dem »pädagogischen Wir« zu verwechseln ist.) Und da Sie Ihren Lesern einen konkreten Nutzen bieten wollen, sprechen Sie diese am besten auch direkt mit »Sie« an. Dieser persönliche Touch macht Ratgeber glaubwürdig. Ein Effekt, der noch verstärkt wird, wenn Sie möglichst viele Beispiele aus Ihrem eigenen Erfahrungshintergrund beziehen und das auch deutlich machen.

Da Ratgeber immer für eine bestimmte Zielgruppe von Betroffenen geschrieben sind, ist es wichtig, für die jeweilige Zielgruppe den richtigen Ton zu treffen. Sprechen Sie die Sprache Ihrer Leser? Der Ratgeber, den Sie in Händen halten, richtet sich an Autoren und handelt vom Bücherschreiben. Deshalb erlaube ich mir die eine oder andere sprachliche Arabeske und hin und wieder eine ironische Spitze (wohl wissend, dass es auch Leser gibt, die das überhaupt nicht schätzen). In einem Gesundheitsratgeber, wo immer auch Beschwerden und Ängste von Patienten im Spiel sind, wäre solch ein Stil völlig inakzeptabel. Hier würde ich versuchen, gleichermaßen nüchtern wie sensibel zu schreiben.

Sachbücher schließlich stellen die höchsten Anforderungen an die schriftstellerischen Fähigkeiten des Autors. Wenn Sie sich nicht absolut sicher sind, sehr gut schreiben zu können, sollten Sie sich an dieses Genre gar nicht erst heranwagen. Um einem breiten Publikum ein Thema nahezubringen, brauchen Sie schon einiges Geschick. Dabei ist gerade das Leichte oft das Schwere. Gute Unterhaltung zu produzieren ist harte Arbeit.

Höchste Anforderungen

Entsprechend hat bei einem Sachbuchprojekt der Probetext das meiste Gewicht. Thema, Idee und Konzept mögen noch so gut sein – überzeugt der Probetext die Lektoren nicht, werden Sie kaum einen Verlag finden. Und falls doch, dann bekommt ein schlecht geschriebenes oder langweiliges Sachbuch nicht die nötigen positiven Rezensionen und Empfehlungen, die es braucht, um ein Verkaufserfolg zu werden. Beim Sachbuch kann ich Ihnen also nur dazu raten, sich für die Entwicklung des Probetextes ausreichend Zeit zu nehmen, kritische Rückmeldungen von anderen einzuholen und den Text in mehreren Arbeitsgängen sorgfältig zu überarbeiten. Manchmal ist es dabei auch hilfreich, den Text einfach eine Woche liegen zu lassen und nach diesem Abstand noch einmal kritisch zu begutachten. So manche Passage, die Sie zunächst genial fanden, erweist sich dann als der Überarbeitung bedürftig.

Vor längerer Zeit habe ich einmal einen Autor bei der Verlagssuche unterstützt, dessen Sachbuchprojekt aus verschiedenen Gründen schwer vermittelbar war. So hatte er bei seinem geistesgeschichtlichen Thema zwar eine Riesenkonkurrenz, aber kein einfach kommunizierbares Alleinstellungsmerkmal und war dazu noch als Autor ein unbeschriebenes Blatt. Andererseits waren seine ersten Texte, zwei von sieben geplanten Kapiteln, inhaltlich und sprachlich von überragender Qualität. Die Vermittlung war ein Risiko, aber einen Versuch wert.

Die meisten angesprochenen Verlage sagten bald ab. Als das Projekt bei einem interessierten Verlag am Veto des Verlegers gescheitert war, der sich offenbar mit dem Inhalt nicht genug identifizieren konnte, blieb schließlich nur noch ein Interessent übrig. Der in diesem Verlag für das Fachgebiet zuständige Lektor ließ dem Autor nun mitteilen, er könne sich das Buch in seinem Programm zwar gut vorstellen, ein abschließendes Urteil aber erst fällen, wenn ihm das komplette Manuskript vorliege. Der Autor begriff das als Chance und sagte zu, das Buch fertig zu schreiben. Ein halbes Jahr später brachte er dem Lektor das Manuskript sogar persönlich in dessen Büro, um ihn bei dieser Gelegenheit gleich kennen zu lernen. Der Lektor versprach zum Abschied, sich bald wieder zu melden.

Einige Wochen später erhielt der Autor eine lakonische Absage, und zwar mit einer Begründung, die sich ausschließlich auf das Konzept und die Themen der ersten beiden Kapitel bezog. Das alles hatte dem Lektor ja von Anfang an vorgelegen. Der Autor hatte sich vergeblich Hoffnungen gemacht und dafür eine Menge Arbeit investiert. Nach dieser Absage überarbeitete er sein Konzept im Sinn eines echten Alleinstellungsmerkmals und tat sich mit einem erfahreneren Autor zusammen. Dieser zweite Anlauf hätte auch schon ein halbes Jahr früher starten können, wenn der Autor nicht alles auf eine Karte gesetzt hätte.

Nicht zuletzt aus dieser Erfahrung würde ich heute in der gleichen Situation dem Autor dringend davon abraten, sein Manuskript ohne feste Zusage weiterzuschreiben. Sicherlich kann und darf ein Verlag einen Probetext für nicht genügend aussagekräftig halten. In diesem Fall sollten Sie aber genau nachfragen, was konkret aus dem Probetext noch nicht ersichtlich geworden ist. Wenn Sie dann die Bedenken des Lektorats für begründet halten, können Sie eventuell vorschlagen, noch ein weiteres Kapitel zu schreiben.

Sofern Sie aber guten Gewissens behaupten können, dass Ihr Exposé und Ihr Probetext das Buchkonzept und die schriftstellerische Umsetzung klar erkennen lassen, ist es ein hohes Risiko, ohne entsprechende Zusagen den Wunsch nach mehr Text zu erfüllen. Ein Lektor, den 30 Seiten eines Textes nicht recht überzeugen konnten, wird selten von 300 Seiten desselben Textes plötzlich begeistert sein. Gehen Sie als Autor also besser nicht unnötig weit in Vorleistung.

Abschließend ein Wort zur Form, wie Sie den Probetext dem Verlag präsentieren. Hier ist Zurückhaltung angebracht. Aufwändige Formatierungen, vor allem, wenn Sie den Text schon wie im fertigen Buch aussehen lassen, kommen bei Verlagen nicht gut an. Denken Sie daran, dass Layout und Satz Sache des Verlags sind. Mit einer schlichten Aufmachung des Probetexts signalisieren Sie, dass Sie Ihre Rolle als Inhaltelieferant begriffen haben und sich darauf beschränken.

Form des Probetextes

Also: So viel wie nötig und so wenig wie möglich formatieren. Verwenden Sie vorzugsweise die Schriftarten Times oder Arial, da diese auf jedem Computer installiert sind und außerdem schlicht und arbeitsmäßig wirken. Formatieren Sie den Text am besten anderthalbzeilig mit einem ausreichend breiten Rand auf der rechten Seite, damit das Lektorat auf einem Ausdruck Notizen machen kann. Besitzt Ihr Text Grafiken oder Tabellen, nummerieren Sie diese und versehen sie mit einer Bild- bzw. Tabellenunterschrift. Vergessen Sie auch die Seitennummerierung nicht! Und am besten fügen Sie auf jeder Seite eine Kopfzeile mit Ihrem Namen und dem Arbeitstitel des Buches ein. Denn Lektoren jonglieren manchmal mit mehr als zehn Manuskripten gleichzeitig. Da kommt leicht schon einmal etwas durcheinander.

KOMPAKT

- Verlage wollen nicht nur ein gutes Konzept sehen, sondern auch wissen, ob Sie das Autorenhandwerk und die Regeln des jeweiligen Genres beherrschen. Mit einem Probetext zeigen Sie es.

- Der Probetext sollte ein längerer, zusammenhängender Ausschnitt aus dem geplanten Buch sein, den Sie sorgfältig und in mehreren Überarbeitungsschritten bis zur Veröffentlichungsreife entwickeln.

- In der Praxis hat sich eine Textlänge zwischen ca. 25 000 und 35 000 Zeichen einschließlich Leerzeichen bewährt. Am besten ist ein Kapitel in diesem Umfang. Schreiben Sie viele sehr kurze Kapitel, wählen Sie zwei oder drei davon aus.

- Der Probetext sollte repräsentativ für das gesamte Buchprojekt sein, denn der Lektor wird es daran messen. Nicht immer eignet sich das erste Kapitel eines Buches als Probetext. Wählen Sie im Zweifel ein Stück aus der Mitte.

- Es empfiehlt sich, die Textdatei schlicht zu gestalten und so wenig wie möglich zu formatieren. Schreiben Sie anderthalbzeilig und mit breitem Rand. Auf jeder Seite empfiehlt sich eine Kopfzeile mit Ihrem Namen und dem Arbeitstitel des Buches.

Teil 2

**Unterschreiben –
Den richtigen Verlag finden**

7. Was Ihnen Agenten bringen – Jemanden fragen, der sich auskennt

Wenn Sie eine juristische Auseinandersetzung am Hals haben, schlagen Sie höchstpersönlich im Gesetzestext nach, um sich vor Gericht selbst zu verteidigen. Bei einem Rohrbruch eilen Sie nicht zum Telefon, sondern in den Keller, um die Rohrzange zu holen. Bei der Wohnungssuche kaufen Sie 25 Zeitungen, jedes Wochenende, und durchforsten den Anzeigenteil. Die Anforderungen des Finanzamts beim Jahresabschluss erfüllen Sie spielend ohne fremde Hilfe, die Buchhaltung machen Sie nebenher am Abend. Das haben Sie alles drauf. Den Hausbau planen Sie lässig selbst. Das schlecht sitzende Kostüm ändern, die Hecke pflanzen, das Auto warten, die Zahnfüllung erneuern, den Kater kastrieren – alles kein Problem für Sie. Und wenn Sie ein Buch veröffentlichen wollen, dann suchen Sie im Internet die Kontaktdaten der Verlage heraus, die Sie kennen, und dann legen Sie eben einfach mal los. Kein Problem.

In den Vereinigten Staaten haben bereits rund 90 Prozent aller Autoren, die auf dem Buchmarkt vertreten sind, einen Agenten. Es gibt sogar zahlreiche amerikanische Verlage, die Buchangebote von Privatleuten grundsätzlich ignorieren. Diese Verlage sind es einfach gewohnt, bei der Programmgestaltung mit professionellen Partnern zu tun zu haben. Die Autoren wiederum erwarten im Dienstleistungsparadies USA, dass jemand für sie einen möglichst guten Deal mit dem Verlag aushandelt und ihnen das viele organisatorische Kleinklein abnimmt, damit sie sich ganz auf das Schreiben konzentrieren können.

Von solchen Verhältnissen sind wir im deutschsprachigen Raum noch weit entfernt, wenn auch der Einfluss von Agenten auf den Literaturbetrieb in der Belletristik deutlich und bei nichtfiktionaler Literatur immerhin spürbar zunimmt. Das Vorbild USA ist allerdings für sich genommen noch kein Argument, warum sich Autoren auch in unseren Breiten eines Literaturagenten bedienen sollten. Schließlich gehört es jenseits des Großen Teichs auch zum guten Ton, regelmäßig einen Psychotherapeuten aufzusuchen, ohne dass sich Europäern deswegen der Eindruck aufdrängen würde, die amerikanische Gesellschaft sei weniger neurotisch als die eigene.

Für deutschsprachige Autoren ist es weder eine Selbstverständlichkeit noch eine Herzensangelegenheit, mit einem Literaturagenten zusammenzuarbeiten, sondern mehr oder weniger eine Frage der nüchternen Kosten-Nutzen-Kalkulation. Dabei kann das Pendel genauso berechtigt in die eine wie in die andere Richtung ausschlagen. Wie bei allen Konsumentenentscheidungen ist der Grad der Informiertheit ausschlaggebend für die richtige Wahl.

Allgemein ist das Wissen darüber, wie Literaturagenten arbeiten, vor allem bei wenig erfahrenen Autoren, gering. Das ist niemandem vorzuwerfen, führt in der Praxis aber leider zu manchmal falschen oder überzogenen Erwartungen von Autoren an Agenten. Wer in einer Großstadt wie Hamburg einen Makler beauftragt, für ihn eine Mietwohnung zu suchen, kann in angemessener Zeit mit einer Reihe passabler Angebote rechnen. Wer dagegen einen Rechtsanwalt ermächtigt, ihn in einem Zivilprozess zu vertreten, wird selten glauben, damit den Prozess schon so gut wie gewonnen zu haben. Wo der Literaturagent zwischen diesen beiden Extremen zu verorten ist, können die wenigsten korrekt einschätzen.

In diesem Kapitel will ich Ihnen deshalb helfen, den Nutzen von Literaturagenten realistisch zu taxieren, damit Sie zielgerichtete Gespräche führen können, wenn Sie einen Agenten beauftragen möchten. Ich will Ihnen dabei keine Scheinobjektivität vorspielen: Natürlich bin ich vom grundsätzlichen Sinn und Zweck der Tätigkeit eines Agenten voll überzeugt, ich führe schließlich selbst seit 2002 eine Literaturagentur. Trotzdem gehe ich nicht davon aus, dass diese Option für jeden Autor die einzig richtige ist. Damit Sie für sich selbst differenziert entscheiden können, schildere ich Ihnen detailliert den Prozess der Zusammenarbeit mit einem Agenten bei einem typischen Buchprojekt.

In den übrigen vier Kapiteln dieses Teils unterstelle ich dann den Fall, dass Sie auf eigene Faust nach einem passenden Verlag suchen. Schließlich ist es Zweck dieses Buches, mein Beratungs- bzw. Agentenwissen mit Ihnen zu teilen. Sollten Sie aber einen Literaturagenten mit der Vermittlung Ihres Projekts beauftragen, dann sind die Kapitel 8–11 über Exposéerstellung, Verlagsauswahl, Verlagsansprache und Vertragsverhandlungen für Sie auch insofern wichtig, als Sie dann einschätzen können, was der Agent für Sie erledigt und worauf es dabei ankommt.

Aber Achtung: Agenten betreuen in aller Regel nur Projekte, die noch keinem Verlag angeboten wurden. Exklusivität gehört zur Geschäftsgrundlage eines Agenten, der gegenüber den Verlagen nicht als Restpostenschleuder dastehen möchte, sondern im Gegenteil besonders marktgerechte Konzepte anbieten will, die sich vom Durchschnitt der Angebote deutlich abheben. Denn nur so macht eine bevorzugte Zusammenarbeit mit Agenten auch für die Verlage Sinn.

Treffen Sie gleich zu Beginn der Verlagssuche die Entscheidung, ob Sie einen Agenten beauftragen oder selbst tätig werden möchten. Schwierig bis unmöglich ist es nämlich, nach den ersten Absagen von Verlagen doch noch auf einen Agenten umzusatteln.

Mein Tipp

Einen Agenten finden ist nicht schwer …

Gut, Sie wollen einen Agenten beauftragen. Wie finden Sie solche Leute? Denkbar einfach ist es im Zeitalter des Internets, schnell an ein paar Adressen zu kommen. Sie brauchen zum Beispiel bloß in der Suchmaschine *Google* »Literaturagent« einzugeben, und schon auf der ersten Trefferseite finden Sie einige Vertreter der Zunft zur Auswahl. Anspruchsvoller ist es da schon, den für Ihr konkretes Vorhaben am besten geeigneten Agenten zu finden. Es empfiehlt sich deshalb, bereits bei der Internetrecherche die Ausrichtung und möglicherweise Spezialisierung der einzelnen Agenturen zu beachten.

Wenn Sie über *Google* suchen, klicken Sie also weiter zum Internetauftritt der jeweiligen Agentur und versuchen herauszufinden, welche Art von Literatur und gegebenenfalls welches Themenspektrum dieser Agent abdeckt. Branchenmedien leisten Ihnen da bereits bei der Vorauswahl gute Dienste. So haben Sie auf der Website *www.litscage.de* die Möglichkeit, nach Literaturagenten und Scouts zu suchen, und finden jeweils Angaben über die Spezialisierung der Agenturen. Oder Sie greifen zum alle paar Jahre neu aufgelegten *Handbuch für Autorinnen und Autoren* von *Sandra Uschtrin,* das eine Reihe seriöser Agenten auflistet und deren Spezialgebiete nennt. Unter *www.uschtrin.de* erhalten Sie die wichtigsten Informationen auch online und können das Buch gleich bestellen.

Spezialisierung der Agenten Literarische Agenturen können generell auf Gattungen – wie Belletristik oder Sachbuch – spezialisiert sein und innerhalb der Gattung wiederum bestimmte Schwerpunkte setzen. So konzentrieren sich die allermeisten Agenten im deutschsprachigen Raum auf Belletristik. Eine Reihe von Agenturen verdient ihr Geld zudem hauptsächlich im Lizenzgeschäft, sprich: dem internationalen Rechtehandel. Ob und inwieweit diese Agenturen auch für Autoren von Fachbüchern, Ratgebern und Sachbüchern geeignete Ansprechpartner sind, müssen Sie im Einzelfall herausfinden, am besten durch einen Anruf. Grundsätzlich gilt, dass es sich bei Belletristik einerseits und nichtfiktionaler Literatur andererseits um deutlich abgegrenzte Märkte mit unterschiedlichen Akteuren, Spielregeln und nicht zuletzt auch Mentalitäten handelt. Ein erfolgreicher Belletristikagent mag auch das eine oder andere Sachbuch vermitteln. Für einen Ratgeberautor sind dessen beste Verlagskontakte aber vielleicht gar nicht sonderlich hilfreich. Und wer ein Fachbuch plant, ist für den Krimi-Staragenten möglicherweise schon wegen der geringen zu erwartenden Auflagenhöhe uninteressant.

Viele Agenten sagen klar, was sie vermitteln und was nicht, und daran sollten Sie sich auch halten. Meine Agentur zum Beispiel schreibt auf der Website klar und deutlich, dass wir ausschließlich Fachbücher, Sachbücher und Ratgeber vermitteln – und bekommen dennoch jede Woche auch Romane angeboten. Solche Anfragen sind pure Zeitverschwendung für beide Seiten. Wenn Sie unsicher sind, ob Sie bei einem Agenten an der richtigen Adresse sind, dann fragen Sie ihn einfach telefonisch nach Themenschwerpunkten bzw. Erfahrungen in Ihrem Bereich. Aber klären Sie diesen Punkt, bevor Sie ihm Ihr Konzept oder Manuskript zuschicken.

Auch für Referenzen sollten Sie sich interessieren. Vermittelt der Agent regelmäßig Autoren und hat er schon ähnliche Projekte betreut wie Ihres? »Literaturagent« ist keine geschützte Berufsbezeichnung, und in der Buchbranche gibt es eine ganze Menge Leute – in der Regel freie Lektoren – die hin und wieder auch Autoren ihre Dienste als Agenten anbieten. Wir wollen hier nicht behaupten, dass diese Agenten keinerlei Erfolge hätten. Oft sind sie in der Branche sehr gut vernetzt, was ihnen diese Tätigkeit überhaupt erst ermöglicht. Trotzdem haben Sie ein Recht zu erfahren, wie professionell ein Agent sein Geschäft betreibt, ob er zu allen wichtigen Verlagen regelmäßige Kontakte unterhält und mit welchen Themen er besonders erfahren ist. Denn diese Dinge entscheiden nun einmal maßgeblich darüber, welche Leistung Sie von einem Agenten erwarten dürfen.

Vermittlungsprovision

Ein seriöser Literaturagent arbeitet nicht nur für bestimmte Verlage, sondern ist unabhängig und sucht für jedes Projekt eines Autors den jeweils besten Partner. Außerdem verlangt er keine Pauschalen oder Vorauszahlungen, bevor er die Vermittlung startet. Vielmehr lässt er sich für seine Vermittlungstätigkeit ausschließlich im Erfolgsfall mit einem Prozentanteil an den Honorareinnahmen des Autors – einschließlich des Vorschusses – vergüten. Die Höhe der Provision liegt meistens bei 10, 15 oder 20 Prozent. Der niedrigste Satz von 10 Prozent ist dabei eher in der Belletristik und in größeren Märkten, wie etwa dem englischsprachigen, üblich. Ziemlich eindeutig bei 15 Prozent vom Autorenhonorar hat sich der Satz für die Vermittlung von deutschsprachiger fiktionaler Literatur eingependelt. Bei nichtfiktionaler Literatur in deutscher Sprache sind 20 Prozent marktüblich geworden.

Wie hoch die Provision im Einzelnen ausfällt, ist, wie auch die Erfolgsquote, fast immer von der gebotenen Leistung abhängig. Es gibt Literaturagenten, die das Faxgerät anwerfen, um einen Buchvorschlag nach dem Gießkannenprinzip an die Lektorate zu verteilen, während andere sorgsam ausgearbeitete Projektvorschläge nur nach persönlichem Gespräch mit einem Programmleiter und eindeutiger Interessensbekundung von dessen Seite verschicken.

Was der Agent in absoluten Zahlen verdient, können Sie sich mithilfe meiner Beispielrechnung aus der Einleitung dieses Buches vor Augen führen. Für einen durchschnittlichen Ratgeber zum Ladenpreis von 20 Euro, der sich in 24 Monaten 5000 Mal verkauft, hatte ich ein Autorenhonorar von rund 6000 Euro errechnet. Bei einem Provisionssatz von 20 Prozent erhält der Literaturagent bei diesem Beispielprojekt also ca. 1200 Euro innerhalb von zwei Jahren für alle seine Leistungen gegenüber dem Autor. Vergleiche mit den oben erwähnten Berufsgruppen Immobilienmakler und Rechtsanwalt dürfen Sie an dieser Stelle gerne anstellen.

Von solchen Provisionen kann ein Literaturagent nur leben, wenn er sich auf die wirklich Erfolg versprechenden Projekte konzentriert und davon möglichst viele bei den besten Verlagen unterbringt. Und je mehr Projekte ein Agent unterbringt, desto besser wird er sein, oder?

Die Erfolgsquote Dies ist der richtige Moment für ein Wort zur Erfolgsquote, nach der immer wieder gerne gefragt wird. Erfolgsquoten von Agenten sind eine zwiespältige Angelegenheit, ganz davon abgesehen, dass sie sowieso nicht nachprüfbar sind. Eine Quote von 80 Prozent ist nämlich nicht unbedingt besser als eine Quote von 65 Prozent. – Ja, Sie haben ganz recht, diese Aussage braucht eine Begründung. Hier ist sie: Vermittelt ein Agent von den ihm angebotenen Projekten ausschließlich die todsicheren und sagt alle anderen ab, die ein wenig risikoreicher aussehen, dann ist es für ihn ein Leichtes, eine Erfolgsquote von mehr als 90 Prozent zu erzielen. Vermittelt ein Agent aber immer wieder auch Projekte, die ein wenig komplexer, erklärungsbedürftiger, origineller sind – eben einfach deshalb, weil ihm die Projekte gefallen und er ihnen eine Chance geben will –, dann geht er bewusst ein höheres Risiko ein und wird am Ende des Jahres eine niedrigere Abschlussquote haben, auch wenn er ein hervorragender Agent ist. Die Projektauswahl macht also die Quote, nicht die Qualität des Agenten.

Aber egal, auf welchem Risikopfad sich ein Agent bewegt: Auf betriebswirtschaftlich vernünftige Vermittlungsquoten kann er nur kommen, wenn er – genau wie Verlage auch – ca. 95 Prozent aller ihm angebotenen Konzepte und Manuskripte ablehnt.

Für Erstlingsautoren ist das oft eine unangenehme Überraschung. Sie haben einem Agenten ein Konzept oder einen Manuskriptauszug geschickt – möglicherweise auch noch, ohne vorher telefonisch das Terrain sondiert zu haben – und erhalten kurze Zeit später eine lakonische Absage. Das ist der nächste Unterschied zu Rechtsanwälten und Immobilienmaklern: Agenten übernehmen weder Pflichtmandate, noch haben sie jedem, der Autor werden will, etwas anzubieten. Sie konzentrieren sich auf die qualitativ besten Projekte und die vielversprechendsten Autoren und müssen das auch, um die Miete bezahlen zu können und für die Verlage ein interessanter Partner zu bleiben.

»Die Hauptsache beim Vermitteln sind persönliche Kontakte. Es hilft sehr zu wissen: Wie tickt mein Verhandlungspartner? Welche Geschichte hat er, welche Vorlieben, was mag er gar nicht, welche Bedürfnisse und Wünsche hat er?

Um Bücher, noch dazu Non-Fiction, an einen Verlag zu bringen, braucht es eine Menge Know-how und Erfahrungen. Die könnte ich mir in jahrelanger Kleinarbeit vielleicht auch zulegen, aber bis dahin bin ich alt und grau und kann vielleicht kein Buch mehr schreiben …

Schuster, bleib bei deinen Leisten, oder: Jeder ist am besten im Bereich seiner Kernkompetenz. Ich kann texten und habe Inhalte, die ich für veröffentlichungswürdig halte. Ein guter Agent tut den ganzen Tag nichts anderes, als Bücher zu vermarkten und den Markt zu beobachten. Er kann Buchtitel auf ihre Markttauglichkeit prüfen, sie durch seine Unterstützung bis zur Marktreife bringen, den ›richtigen‹ Verlagen anbieten und aufgrund seiner Erfahrung die für mich besten Konditionen aushandeln, weil er die Gesetzmäßigkeiten, Möglichkeiten und Grenzen der Branche kennt.

Ein Agent ist außerdem auch eine Kontrollinstanz: Er sorgt dafür, dass mein Buch korrekt und pünktlich abgerechnet wird. Ich kenne die unglaublich komplizierten und von Firma zu Firma unterschiedlichen Abrechnungsmodi der Tonträgerfirmen – ›meine‹ Künstler hätten diese alleine niemals durchschauen oder kontrollieren können.

Verlage reden auch entspannter mit Agenten als mit Autoren. Erstens müssen sie die Agenten bei Kritikpunkten am Konzept nicht mit Samthandschuhen anfassen wie die Autoren, deren Herzblut in den Titeln steckt. Zweitens sind Gespräche mit Agenten für Verlage viel effizienter: Man redet auf gleicher Ebene, sozusagen von Profi zu Profi, miteinander, muss nicht jedes Mal von vorne das Geschäft erklären, kommt viel schneller zum Punkt.

Und nicht zuletzt: Die Reputation eines Autors bei Verlagen – aber auch in der Öffentlichkeit – steigt allein schon dadurch, dass er von einem Agenten vertreten wird. Bedeutet das doch, dass der Titel einen ersten strengen Qualitätsfilter bereits passiert hat. Entsprechend steigen dann beispielsweise auch die Honorarprozente und die Vorschüsse.«

So schreibt *Elke Fleing (www.textfluss.de)*, Autorin, ehemalige Musikmanagerin und Teilnehmerin an einem meiner Workshops für Autoren.

Wie kommen Sie nun mit einem Agenten ins Geschäft?

Das Vorhaben schildern   Nachdem Sie sich per Recherche vergewissert haben, dass die Agentur für ein Projekt wie das von Ihnen geplante gut aufgestellt ist, sollten Sie den Agenten anrufen und ihm Ihr Vorhaben kurz schildern. Thema, Arbeitstitel und Zielgruppen interessieren den Agenten ebenso wie Angaben zu Ihrer Person, der Umfang Ihrer bisherigen Erfahrungen als Autor und die Absichten, die Sie mit der Buchveröffentlichung verfolgen. Der Agent kennt seinen Markt sehr genau und wird deshalb schnell erkennen lassen, ob das Projekt grundsätzlich für ihn interessant ist.

Bei Interesse wird er Sie fragen, ob Sie das Projekt schon einmal einem Verlag oder einem anderen Agenten angeboten haben. Antworten Sie hier bitte ehrlich, denn die Branche ist überschaubar und die Wahrheit kommt sowieso irgendwann ans Tageslicht. Ist der Agent grundsätzlich interessiert, sollten Sie sich nun nicht scheuen, alle Ihre Fragen nach Konditionen und Vorgehensweise des Agenten loszuwerden. Trauen Sie sich. Fragen Sie ruhig genau nach, wie der Agent vorgeht und welche Leistungen Sie erhalten. Schreibt der Agent ein vollständiges Exposé für Sie oder verwendet er einfach Ihr Material? Kontaktiert er die Programmleiter bzw. Lektoren der Verlage persönlich, bevor er ihnen Ihr Projekt anbietet?

Behandelt der Agent seine Vorgehensweise wie ein Betriebsgeheimnis, ist das bestimmt nicht das allerbeste Zeichen. Sollten Sie hingegen auf die Idee kommen, den Agenten zu fragen, welche Verlage für Ihr Projekt in Frage kommen, wäre eine ausweichende Antwort nur allzu verständlich. Denn das herauszufinden ist ja bereits Teil der Leistung, für die der Agent gerne entlohnt werden möchte.

Diese Fragen sollten Sie mit einem Agenten im Erstgespräch klären:

- Welche Erfahrungen haben Sie bei mit meinem Vorschlag vergleichbaren Projekten gemacht?
- Wie hoch ist Ihr Provisionssatz?
- Verlangen Sie irgendwelche Pauschalen oder Vorauszahlungen?
- Erhalten Ihre Autoren in der Regel einen Vorschuss von den Verlagen?
- Arbeiten Sie mit bestimmten Verlagen bevorzugt zusammen?
- Teilen Sie mir regelmäßig mit, welche Verlage Sie jeweils ansprechen bzw. angesprochen haben und wie die Reaktionen ausfallen?
- Beraten Sie mich beim Vorliegen mehrerer Angebote über deren Vor- und Nachteile?
- Übernehmen Sie die kompletten Vertragsverhandlungen für mich?
- Übernehmen Sie die Honorarverwaltung für mich, prüfen Sie die Abrechnungen der Verlage und haken Sie nach, wenn der Verlag nicht pünktlich zahlt?

Fragen an den Agenten

- Welche Angaben und welches Material benötigen Sie von mir, um meinen Projektvorschlag zu prüfen?
- Wann kann ich mit einer Entscheidung von Ihnen rechnen?

Und auf diese Fragen eines Agenten sollten Sie vorbereitet sein:

Fragen an den Autor

- Wie sind Sie auf uns aufmerksam geworden?
- Was versprechen Sie sich von der Buchveröffentlichung?
- Haben Sie Ihr Konzept schon selbst Verlagen angeboten?
- Haben Sie früher schon einmal etwas publiziert?
- In welchem Stadium befindet sich Ihr Projekt?
- Können Sie uns eine Projektbeschreibung und einen Probetext zukommen lassen?
- Bis wann können Sie das Manuskript fertiggestellt haben?
- Welche Erwartungen haben Sie an Ihren Agenten?

Aus den oben genannten Gründen ist bei Agenten – wie bei Verlagen – eine Absage statistisch viel wahrscheinlicher als eine Zusage. Allerdings haben Agenten deutlich mehr Zeit für die Prüfung von Buchvorschlägen als Lektoren. Trotzdem fällt die Entscheidung hier in wenigen Tagen oder Wochen. Bei Verlagen hingegen fällt sie manchmal erst nach mehreren Monaten, nicht weil man sich so lange mit Ihrem Vorschlag befassen würde, sondern weil Entscheidung und Mitteilung wegen chronischer Arbeitsüberlastung so lange aufgeschoben werden. Die in Teil 1 des Buches beschriebene Vorarbeit bis zum Punkt der Verlagsvermittlung ist außerdem für Autoren immer gleich, egal ob mit oder ohne Agent.

Sich an einen Agenten zu wenden hat aber einen weiteren Vorteil. Viele Agenten geben Autoren im Fall einer Absage Hinweise, was sie verbessern könnten, damit das Buchkonzept doch noch vermittelbar wird. Manchmal können Sie auch eine detaillierte Analyse Ihres Projektvorschlags hinsichtlich der Vermarktungsfähigkeit bekommen, allerdings – verständlicherweise – nicht kostenlos.

Häufig verfügen Agenten auch über ein Netzwerk von Dienstleistern, die Sie als Autor dabei unterstützen können, Ihr Buchvorhaben zur Reife zu bringen. Einige Agenturen, darunter meine, bieten solche zusätzlichen Leistungen für Autoren gleich unter dem eigenen Dach an. In jedem Fall hat ein Agent naturgemäß ein größeres Interesse, mit einem Autor doch noch ins Geschäft zu kommen, als ein Verlagslektor, der in erster Linie seine Programmplätze füllen und dafür die Auswahl aus einer oft kaum überschaubaren Fülle von Angeboten treffen muss.

> **Geben Sie nach einer Absage eines Agenten nicht gleich auf, sondern holen Sie sich Rat und Unterstützung, um Ihr Konzept noch einmal zu überarbeiten. Der Agent möchte mit Ihnen trotz eines missglückten ersten Projektentwurfs womöglich doch noch ins Geschäft kommen, wenn er an Ihre Substanz als Experte eines bestimmten Themas glaubt.**
>
> **Mein Tipp**

Stimmt der Agent schließlich zu, Ihr Buchprojekt zu betreuen, dann wird zunächst zwischen Ihnen und der Agentur ein Vertrag geschlossen, der dem Verlagsvertrag sehr ähnlich ist. Da im Verlagsrecht nur gilt, was ausdrücklich schriftlich fixiert wurde, kann der Agent sich nur so seinen Beteiligungsanspruch sichern. Seien Sie also nicht überrascht, wenn eine Agentur Sie nicht per Handschlag unter Vertrag nimmt, sondern Sie mit einem relativ umfangreichen Regelwerk konfrontiert. Solche genau ausgearbeiteten Verträge sind gerade ein Zeichen für die Seriosität einer Agentur.

Genau wie beim Umgang mit Verlagen sollten Sie auch hier der Versuchung widerstehen, den Vertrag einem Feld-Wald-und-Wiesen-Anwalt, der kein Experte für Medien- bzw. Verlagsrecht ist, zur Prüfung vorzulegen. Meistens macht der Advokat dann nämlich gut gemeinte Vorschläge, die nur leider Geist und Buchstaben des Verlagsrechts ad absurdum führen. Und statt sich darüber mit Ihnen zu streiten, werden die meisten Agenten es dann lieber gleich bleiben lassen, mit Ihnen ins Geschäft zu kommen. Lassen Sie den Vertrag ruhig prüfen, aber wenden Sie sich dafür an einen Spezialisten. Im Übrigen gelten für alle Vertragsfragen zwischen Autoren und Agenten die Hinweise analog, die ich Ihnen in Kapitel 11 zum Verlagsvertrag gebe.

Und was genau tut der Agent für Sie?

Exposé-Erstellung Nachdem Sie einen Vertrag mit einem Agenten unterschrieben haben, wird dieser sich nun als Erstes daran machen, ein verlagskonformes Exposé für Ihr Buchprojekt zu erstellen. Dieses Exposé ist in aller Regel so gestaltet, dass Lektoren darin alle notwendigen Angaben vorfinden, um das Buchprojekt bei der regelmäßig stattfindenden Programmkonferenz vorstellen zu können. Um das leisten zu können, ist der Agent auf Ihre Mithilfe angewiesen und wird offene Punkte, etwa bezüglich Ihres Lebenslaufs oder im Hinblick auf den möglichen Abgabetermin des Buches, mit Ihnen klären.

Eine weitere Aufgabe des Agenten ist es, eine Konkurrenzanalyse für Ihr geplantes Buch vorzunehmen, um dieses richtig anbieten zu können. Aufgrund ihrer spezifischen Branchenerfahrung können Agenten meist besser als Autoren einschätzen, welche Titel als direkte Konkurrenzwerke anzusehen und welche dem weiteren Marktumfeld zuzurechnen sind. Dabei berücksichtigen sie vor allem Positionierung und Erscheinungstermin eines Titels sowie die Vertriebsstärke des jeweiligen Verlages. Das fertige Exposé legt Ihnen der Agent zur Freigabe vor, damit die Darstellung Ihren Absichten entspricht und Sie eventuelle Fehler noch korrigieren können. Auch wenn Sie das Exposé selbst so nicht hätten schreiben können: Wiederfinden sollten Sie sich und Ihr Projekt darin jedenfalls.

Verlagsauswahl Nicht zuletzt auf der Basis der Konkurrenzanalyse wählt der Agent nun eine Reihe von Verlagen aus, in deren Programm Ihr Buchprojekt gut passen würde. Im Durchschnitt werden das auf Anhieb ungefähr sechs bis fünfzehn Verlage sein, je nach Thema und Konkurrenzlage. Da das Honorar des Agenten allein vom Verkaufserfolg eines Buches abhängt, hat er ein natürliches Interesse, das Projekt möglichst bei einem renommierten, vertriebs- und damit umsatzstarken Verlag unterzubringen. Den ausgewählten Verlagen bietet der Agent das Projekt nun parallel und gleichzeitig an und bittet um Angebote. Mit anderen Worten: Er eröffnet eine Art Bieterverfahren für das Buchprojekt. Ein sorgfältig arbeitender Agent wird dabei das Exposé Ihres Buchprojekts nur dann an einen Verlag schicken, wenn er vorher mit dessen Programmleiter telefoniert und dieser grundsätzlich Interesse signalisiert hat.

Anders als Branchenfremde lassen sich Agenten von den Verlagen nicht über Gebühr vertrösten, sondern setzen Bieterfristen für ihre Angebote. In der Regel können Sie so innerhalb von einigen Wochen mit Angeboten und innerhalb von wenigen Monaten mit einer Entscheidung rechnen. Manchmal geht es auch viel schneller, wenn der Schlüssel auf Anhieb reibungslos in ein Schloss passt. Allerdings haben auch Agenten keinerlei Einfluss auf Urlaubsplanungen, Personalfluktuationen, Messetermine oder Weihnachtspausen in den Verlagen. Trifft der Agent in den Verlagen kein menschliches Leben an, kann er die Vermittlung Ihres Projekts auch nicht vorantreiben. Wenn Sie einmal einige Wochen nichts von Ihrem Agenten hören, heißt das also nicht, dass er untätig ist. In vielen Verlagen mahlen die Mühlen im Vergleich zu anderen Branchen quälend langsam. Daran kann Ihr Agent nichts ändern und darauf sollten Sie gefasst sein.

Bevor Sie vor Ungeduld platzen, rufen Sie Ihren Agenten doch einfach selbst einmal an, statt auf dessen Rückmeldung zu warten. Er wird Ihnen gerne ein erstes Stimmungsbild geben, wie in seinen Telefonaten mit den Verlagen die Resonanz auf Ihren Buchvorschlag ausgefallen ist. Übrigens ist es gutes Timing, einen Agenten kurz vor der Frankfurter Buchmesse, die alljährlich im Oktober stattfindet und der weltweit bedeutendste Marktplatz der Branche ist, mit der Vermittlung Ihres Buchprojekts zu beauftragen. Denn auf der Buchmesse treffen sich Agenten und Programmleiter persönlich, und der Agent hat selbstverständlich auch die neuesten Projekte in seiner Mappe, um schon einmal die Resonanz zu testen. Der Vorteil: Kristallisieren sich bei der mündlichen Präsentation eines Projekts bestimmte Standardeinwände seitens der Verlage heraus, kann das Konzept noch einmal überarbeitet werden, bevor die Lektorate das schriftliche Exposé erhalten. Sie sollten aber nicht extra auf die Messe warten. Die

Gutes Timing

Vermittlung ist kein Saisongeschäft, Lektoren und Agenten stehen das ganze Jahr über miteinander in Kontakt.

Im Idealfall liegen Ihrem Agenten nach wenigen Wochen mindestens zwei Angebote geeigneter Verlage vor. Er wird dann den übrigen angesprochenen Verlagen noch einmal eine letzte Gelegenheit zu einem Gebot geben und sie alternativ um eine definitive Absage bitten. Mit den vorliegenden Angeboten kommt der Agent dann auf Sie zu, erläutert sie Ihnen und spricht Empfehlungen aus. In aller Regel liegt das Angebot nicht nur schneller vor, sondern fällt auch deutlich besser aus, als wenn Sie sich in Eigenregie auf Verlagssuche begeben hätten. Verlage kennen die Arbeitsweise von Agenten und berücksichtigen diese.

Vorschuss So bieten Verlage einem durch einen Agenten vertretenen Autor fast immer einen Vorschuss an, selbst wenn die Hauspolitik normalerweise lautet, keine Vorschüsse zu zahlen. Auch die absolute Höhe der Honorare bzw. Honorarstaffeln ist fast immer höher, wenn ein Agent im Spiel ist. Von Agenten angebotene Projekte sind für die Verlage also in der Regel ein wenig teurer, als wenn das Angebot direkt vom Autor käme. Dafür haben die Verlage aber die Garantie, von Agenten inhaltlich wesentlich höherwertige Projekte angeboten zu bekommen, und haben es zudem mit einem professionellen Ansprechpartner zu tun, der für eine reibungslose Zusammenarbeit sorgt und damit Kosten spart. So profitieren letztlich alle Seiten.

Aufgrund seiner Branchenerfahrung wird der Agent Ihnen nicht immer automatisch das Angebot mit dem höchsten Honorarsatz bzw. Vorschuss nahelegen, sondern noch weitere Faktoren einfließen lassen, die den wirtschaftlichen Erfolg einer Veröffentlichung ausmachen. Er weiß zum Beispiel, dass der Verlag mit dem höchsten Angebot nicht immer auch der am besten geeignete für Ihre Zwecke als Autor sein muss, etwa wenn ein anderer Verlag vertriebsstärker ist und mehr Verbreitung garantieren kann oder ein dritter Verlag mehr Ansehen bei der Zielgruppe genießt, wodurch das Buch häufiger weiterempfohlen wird. Letztlich haben Sie als Autor natürlich das letzte Wort und können bei Ihrer Entscheidung neben den harten Fakten auch persönliche Faktoren, wie etwa Sympathie für einen bestimmten Verlag und dessen Programm, ins Spiel bringen. Das ist legitim.

Jeder Literaturagent tut gut daran, die Erwartungen eines Autors von Anfang an auf ein realistisches Maß zu begrenzen. In dem folgenden Beispiel stehe ich nicht gerade als Superheld da. Ich berichte Ihnen trotzdem davon, weil ich aus dieser Geschichte viel gelernt habe und sie Ihnen einen authentischen Einblick in die Tücken der Verlagsvermittlung ermöglicht.

Alptraum für Agent und Autor: Vermittlung gescheitert

Durch Vermittlung einer Berliner Kommunikationsagentur beauftragte der ehemalige Vorstandsvorsitzende einer der größten deutschen Aktiengesellschaften meine Agentur, für sein Buch einen Verlag zu finden. Der Abtritt dieses Managers ungefähr ein Jahr zuvor war mehr oder weniger skandalumwittert gewesen, hatte Schockwellen in der Politik des betroffenen Bundeslandes ausgelöst und immerhin noch für ein Raunen bei Großbanken und Industrie, beim Bundestag und im Bundeswirtschaftsministerium gesorgt. Entsprechend breit war das Echo in der überregionalen Presse gewesen.

Für diesen Autor sollte ich ein populäres Sachbuch vermitteln, in dem er als – vorerst – gescheiterter Chef eines hochinnovativen Unternehmens einerseits seine Story und die Geschichte seines technologischen Lieblingskindes erzählt, daraus aber gleichzeitig Lehren über das gegenwärtige wirtschaftliche und soziale Klima in Deutschland zieht, von den Schwierigkeiten des Unternehmertums berichtet und jungen Existenzgründern Mut macht, trotz aller Steine, die ihnen in den Weg gelegt werden, nicht aufzugeben. Diese Idee hat mir spontan gefallen. Das Manuskript sollte außerdem noch einiges an brisantem Material enthalten, es sollte von Korruption in der Politik, Misswirtschaft von Banken, Dilettantismus der Justiz und Wahrheitsverdrehung der Medien die Rede sein. Dass der Autor auch noch spannend und unterhaltsam schreiben konnte und zudem eine ausgesprochen sympathische und glaubwürdige Erscheinung ist, gab für mich den letzten positiven Ausschlag für eine Zusammenarbeit.

Allerdings hatte der Autor auch seine ganz eigenen Vorstellungen von den Inhalten des Buches und zeigte sich für Beratung wenig aufgeschlossen. Im Mittelpunkt sollte seine Geschichte der letzten Jahre stehen, ein Fokus, zu dem ihm auch sein PR-Berater geraten hatte. Ich dagegen sah darin den für den Leser weniger interessanten Teil und habe dem Autor geraten, dies lediglich als Aufhänger für seine Thesen zum Thema Wirtschaftsstandort

Deutschland, Innovation und Unternehmertum in schwierigen Zeiten zu betrachten.

Trotz dieser grundsätzlichen Bedenken machte ich mich aber an die Verlagsvermittlung. Sachbücher sind immer schwieriger zu vermitteln als Fachbücher oder Ratgeber, und die Prominenz des Autors sowie die aktuelle Relevanz des Themas spielen eine Schlüsselrolle. Die Reaktion der wichtigsten deutschsprachigen Wirtschaftsverlage war äußerst gespalten. Ein Teil lehnte das Vorhaben rundweg ab, da der Autor bekannt, aber nicht prominent genug sei und es sich außerdem – Betrachtungen zum Standort Deutschland hin oder her – im Wesentlichen um die Geschichte eines Scheiterns handele.

Andere Verlage versprachen, das Konzept wohlwollend zu prüfen. Nach einigen Wochen des Wartens und unzähligen telefonischen Rückfragen hatte sich das Feld auf einen einzigen, allerdings im Wirtschaftssegment führenden Verlag reduziert. Alle anderen hielten das Projekt für zu rückwärtsgewandt in der Perspektive, hatten Angst, hier wolle jemand sich rechtfertigen und schmutzige Wäsche waschen, oder hielten schlicht jede Geschichte, die keine lupenreine Erfolgsstory ist, für unverkäuflich.

Wichtig war allerdings, mit den Lektoraten im Gespräch zu bleiben. In diesen Gesprächen wurde nämlich zweierlei klar: Erstens hielten die meisten den Autor für eine sehr interessante Persönlichkeit, von der sie sich gut ein Buch vorstellen konnten. Und zweitens hatten alle erkannt, dass der Autor hervorragend schreiben kann. Mittlerweile war aber der PR-Berater des Autors sehr ungeduldig geworden. Als Journalist verstand er überhaupt nicht, warum die Verlage diese »Story« nicht machen wollten. Aber auf dem Sachbuchmarkt geht es nun einmal nicht darum, die Spalten der Zeitung von morgen zu füllen, die ihre Abnehmer schon finden wird. Jedes Buch ist ein einzigartiges Produkt, mit dem der Verlag erhebliche wirtschaftliche Risiken eingeht. Das tut er nur dann, wenn er sich seiner Sache absolut sicher sein kann.

Und so schied denn auch noch der letzte Verlag aus dem Rennen aus. Der Programmleiter hätte das Buch zwar gerne gemacht, sogar als Top-Titel in sein nächstes Programm aufgenommen, aber in der Programmkonferenz kam er – die klassische Konstellation – am Vertrieb nicht vorbei. Dieser sah einfach keine ausreichenden Verkaufschancen.

Nun hätte es gegolten, für die Vermittlung einen zweiten Anlauf zu nehmen. Was konnte aus den Rückmeldungen der Verlage gelernt werden? Was stand auf der Habenseite und was stieß auf Kritik? Entsprechend wäre das Konzept neu zu positionieren gewesen. Mein Vorschlag war: Die Persönlichkeit des Autors als Unternehmer muss mehr in den Vordergrund gerückt werden. Und statt zurückzublicken und aufzuzählen, was in Deutschland alles schiefläuft – hierzu gibt es Bücher genug –, eröffnet der Autor neue Perspektiven für Innovation und Unternehmertum.

Doch der Autor war für einen weiteren Versuch nicht zu gewinnen. Er wollte das Buch so wie ursprünglich geplant oder gar nicht. Plötzlich sprach er auch ganz offen von »Rehabilitierung«, für die sich aber zu Recht kein Verlag hergegeben hätte. Ich hatte den Fehler gemacht, die tiefer liegenden Motive des Autors zu unterschätzen. Und ich hätte ihn von Anfang an auf ein klares, entschiedenes und hundertprozentig marktkonformes Konzept festlegen – oder den Auftrag ablehnen – müssen. So beendeten wir unsere Zusammenarbeit am Schluss zwar in freundlichem Einvernehmen, jedoch ohne Erfolg.

Im Rückblick zeigt dieses Beispiel vor allem zweierlei: erstens wie **Schwieriger** schwierig der Sachbuchmarkt ist. Selbst ein in der Öffentlichkeit **Sachbuchmarkt** einigermaßen bekannter Name, die Verbindung zu Industrie und Politik, ein charismatisches Auftreten, interessante Thesen, das Versprechen eines Blicks hinter die Kulissen und ein brillanter Schreibstil sind noch keine Garantie, für ein Buchkonzept auch einen Verlag zu finden. Zweitens wird aber auch deutlich, dass Hartnäckigkeit, intensive Kommunikation und dann auch Kompromissbereitschaft bei der Verlagssuche der Schlüssel zum Erfolg sind.

Ich reagiere inzwischen noch sensibler auf die Signale von Verlagen und versuche, Autoren von Anfang an klarzumachen, dass sie es mit potenziellen Partnern zu tun haben, die sich am Markt ausrichten müssen und nicht allein den Wünschen des Autors entsprechen können.

Zurück zur Verlagsvermittlung: Wie geht es weiter? Haben Sie sich für einen Verlag entschieden, macht der Agent Nägel mit Köpfen und sagt den übrigen Interessenten ab. Bevor es zur Unterschrift kommt, sind nun fast immer noch einige vertragliche

Details zu klären. Hier kann der Agent Sie beraten und Vorschläge machen, mit welcher Regelung Ihren Absichten am besten gedient ist, ohne dass die Interessen des Verlages dadurch beschädigt werden. So kann es beispielsweise unter bestimmten Umständen sinnvoll sein, die verlagsseitig ohnehin fast nie genutzten Rechte der Übersetzung ins Englische bei Ihnen als Autor zu belassen. Oder die Hörbuchrechte werden aus dem Vertrag ausgeklammert, weil Sie beispielsweise Berater oder Trainer sind und selbst entsprechende Tonträger für Ihre Kunden produzieren möchten. Oder die Honorarstaffel wird so angepasst, dass Sie im Erfolgsfall stärker beteiligt werden, ohne dass der Verlag eine Verzögerung des Break-even-Points hinnehmen muss.

Hin und wieder bauen die Juristen der Verlage auch Klauseln in Verträge ein, die Risiken einseitig zu Lasten von Autoren verteilen. Der Agent spürt solche Fallstricke auf und bemüht sich um eine für alle Seiten faire Lösung. Ist alles Nötige ausgehandelt, erhalten Sie über Ihren Agenten den Verlagsvertrag und senden ihn gegengezeichnet zurück.

Weitere Dienste Damit ist dann zwar die eigentliche Verlagsvermittlung beendet, aber die Dienstleistung eines Agenten geht oft noch darüber hinaus. So unterstützen die meisten Agenten ihre Autoren auch während der Schreibphase durch regelmäßiges Nachfragen und den einen oder anderen kleinen Tipp. Das liegt natürlich ganz im Eigeninteresse, denn der Agent verdient ja seine Provision nur, wenn das Buch des Autors auch tatsächlich erscheint. Weil das so ist, behalten sich viele Agenten übrigens ausdrücklich Schadenersatzansprüche für den Fall vor, dass der Autor trotz erfolgreicher Vermittlung das Buchprojekt in den Sand setzt, weil er irgendwann einfach keine Lust mehr hat oder ihm andere Dinge plötzlich wichtiger sind. In diesem Fall bekommt der Autor also doppelt Ärger – mit dem Verlag und mit seinem Agenten.

Viele Agenten sehen es zudem als selbstverständliche Zusatzleistung an, während des gesamten Buchprojekts die Kommunikation zwischen Autor und Verlag tatkräftig zu unterstützen. Lektoren wenden sich immer gerne an den Agenten eines Autors, weil er in der Regel besser erreichbar ist und man ihm nicht alles ausführlich erklären muss. Nun hat der Agent aber normalerweise kein Mandat, für den Autor irgendwelche Entscheidungen zu treffen. Er muss sich wiederum mit dem Autor besprechen, das Ergebnis dann dem Verlag nach dem Modell »stille Post« übermitteln, der wiederum Einwände formuliert und so weiter. Das kann mühsam und sogar missverständlich werden, wenn die Kommunikation von allen Seiten nicht glasklar abläuft.

> **Auch wenn ein Agent Sie vertritt, sollten Sie in der Schreibphase ein persönliches Verhältnis zum Lektor aufbauen. Fragen Sie Ihren Agenten nach dem zuständigen Ansprechpartner im Verlag und melden Sie sich dort, um das gemeinsame Vorgehen zu besprechen. Eine ganze Reihe von Entscheidungen, z. B. über die Druckfreigabe, können ohnehin nur Sie treffen. Keiner der Beteiligten hat etwas davon, wenn der Agent Verlag und Autor voneinander abschottet. Je besser sich die drei Parteien gegenseitig kennen, desto glatter läuft das Projekt.**

Mein Tipp

Zu guter Letzt kümmern sich viele Agenten darum, dass Sie als Autor pünktlich und korrekt Ihr Honorar überwiesen bekommen. Dazu müssen Sie den Agenten bei Vertragsschluss natürlich ausdrücklich bevollmächtigt haben. Ist das geschehen, überweist der Verlag Ihr Autorenhonorar zunächst an den Agenten, dieser zieht sein Honorar ab und leitet den Rest unverzüglich an Sie weiter. Da der Agent die üblichen Ausschüttungstermine der Verlage kennt, hakt er von sich aus nach, wenn es einmal zu Zahlungsverzögerungen kommen sollte, und prüft alle Abrechnungen sofort auf Plausibilität. Das alles geschieht nicht ganz uneigennützig, denn der Agent lebt ja von seinem Anteil an den Honorarzahlungen.

Insgesamt bietet ein Agent Ihnen also vor allem drei Vorteile: Dank seiner Branchenkenntnis kann er den am besten geeigneten Verlag für Ihr Buchprojekt finden. Durch seine privilegierte Position gegenüber den Verlagen erzielt er schneller bessere Ergebnisse bei den Vertragsverhandlungen als ein Autor auf eigene Faust. Im Idealfall haben sich dadurch die 15–20 Prozent Provision für Sie schon mehr als refinanziert. Das gilt vor allem im Hinblick auf den Vorschuss, den Sie als Branchenfremder seltener und in geringerer Höhe erwarten dürfen. Schließlich nimmt der Agent Ihnen viele Kleinigkeiten im Umgang mit den Verlagen ab und berät Sie bei den anstehenden Entscheidungen.

KOMPAKT

- Literaturagenten spielen auch auf dem deutschsprachigen Buchmarkt eine zunehmend größere Rolle. Sie finden für die Buchprojekte ihrer Autoren geeignete Verlage, handeln überdurchschnittlich gute Autorenverträge aus und unterstützen die Autoren auf vielfache Weise.

- Agenten prüfen Buchprojekte kritisch und lehnen ebenso wie Verlage das Gros der Vorschläge ab. Die Vorarbeit bei der Konzeption ist deshalb für den Autor immer dieselbe, ganz gleich, ob er sich nun an einen Verlag oder einen Agenten wendet.

- Für ihre Tätigkeit lassen sich seriöse Agenten nur im Erfolgsfall mit einem Anteil an den Honorareinnahmen des Autors (einschließlich des Vorschusses) vergüten. Die Provisionssätze bei deutschsprachigen Projekten liegen bei 15 bis 20 Prozent, bei Sachbuch, Ratgeber und Fachbuch eher bei 20 Prozent. Agenten übernehmen meist auch die Honorarverwaltung und -kontrolle für den Autor.

- Der Agent kann weder für den Erfolg einer Vermittlung garantieren noch zuverlässige Prognosen über die Dauer der Vermittlungsphase abgeben. Ein Autor, der sich von einem Agenten vertreten lässt, hat jedoch ungleich größere Chancen, innerhalb eines halben Jahres an einen guten Verlagsvertrag zu kommen, als wenn er auf eigene Faust auf Verlagssuche ginge.

8. Das professionelle Exposé –
   Auf den Punkt gebracht

Schlagende Verkaufsargumente … Konkurrenzanalyse … Titel … Vermarktung … hm, ist das nicht alles Sache des Verlags? Der Lektor soll doch auch noch was zu tun haben. Ich schreibe, er verkauft das Buch – so ist der Deal. Ich gebe mein Manuskript ab und fertig. Das Drumherum ist nicht mein Job als Autor. Ich kann dem Lektor doch nicht die ganze Arbeit abnehmen. Ich frage mich, was die überhaupt tun, den lieben langen Tag. Was ich besonders gemein finde: Zum Absagenschreiben sind die anscheinend nicht zu faul, jedenfalls bekomme ich eine nach der anderen …

Das französische Wort »exposé« kommt vom lateinischen Verb »exponere«, zu Deutsch: »herausstellen«. Ob ein Exposé gelungen ist oder nicht, zeigt sich tatsächlich darin, was Sie herausstellen: den Inhalt Ihres geplanten Buchs – oder das, was für das Buch als Produkt spricht. In einem professionellen Exposé präsentieren Sie Ihr Buchprojekt so, dass der Verlag strukturiert und prägnant alle Informationen erhält, die auf einen Verkaufserfolg des fertigen Buchs schließen lassen.

Viele Autoren begehen den Fehler, im Exposé zu viel über den Inhalt des Buchs zu schreiben und zu wenige Verkaufsargumente zu liefern. Mit anderen Worten: Das Exposé ist aus der Autorenperspektive geschrieben. Soll das Exposé jedoch eine Entscheidungsvorlage für den Verlag sein, dann kommen Sie nicht umhin, Ihr Konzept auch aus Verlagssicht zu präsentieren. Je besser Sie sich in die Lage derjenigen versetzen können, die über den Zu-

**Entscheidungs-
vorlage
für den Verlag**

schlag zu Ihrem Projekt entscheiden, und je mehr Aspekte Sie berücksichtigen, die bei dieser Entscheidung den Ausschlag geben, desto größer sind Ihre Chancen. Letztlich geht es im Exposé nicht darum, welchen inhaltlichen Beitrag Ihr Buch der Öffentlichkeit liefern würde, sondern darum, wieso es ein gutes Geschäft für den Verlag wäre. Denken Sie auch hier daran, dass der Verlag ein Wirtschaftsunternehmen ist. Wenn ein Lektor lauter Bücher machen würde, die dem Verlag am Ende des Jahres keinen Ertrag brächten, dann wäre sein Arbeitsplatz ernsthaft gefährdet. Und dieses persönliche Risiko wird er auch für ein noch so spannendes Thema kaum eingehen.

Daumen rauf oder Daumen runter: Die Programmkonferenz

Nun ist der Lektor zwar Ihr Ansprechpartner im Verlag und der Produktmanager für Ihr künftiges Buch, entscheidet aber keineswegs allein darüber, ob Ihnen ein Vertrag angeboten wird oder nicht. Das ist vielmehr Aufgabe der so genannten Programmkonferenz, die in allen Verlagen regelmäßig stattfindet. Dieses Entscheidungsgremium über das künftige Buchprogramm tritt normalerweise mindestens einmal im Monat, in einigen Verlagen wöchentlich zusammen und besteht in der Regel aus Vertretern des Lektorats, der Geschäftsleitung sowie von Vertrieb, Marketing, Presseabteilung und Herstellung. Jeder Teilnehmer hat eine ganz eigene Sicht auf Buchvorschläge, die eben seiner Rolle im Geschäftsprozess des Unternehmens entspricht, und möchte Argumente hören, die aus dieser Perspektive für das Buch sprechen.

Unterschiedliche Sichtweisen auf ein Buch Der *Hersteller* möchte wissen, welchen Umfang der Lektor mit dem Buch anstrebt, ob er Hardcover oder Softcover, Standardsatz oder Speziallayout kalkulieren soll und wie viele Abbildungen geplant sind. Der Lektor muss die Informationen parat haben. Der *Vertriebsleiter* fragt ihn, wo genau im Buchhandel das Buch zu platzieren wäre – davon hängt ab, welche Einkäufer der Buchhandlungen vom Vertriebsteam besucht werden müssen. Der *Pressefachmann* möchte vor allem eine Story und der *Marketingleiter* beißt sich an einer unscharfen Zielgruppendefinition fest. Und wenn der *Verlagsleiter* fragt, bei welcher Verkaufsauflage denn der Break-even zu erwarten wäre, könnte dem Lektor so langsam der Kopf schwirren – aber er ist ja gut vorbereitet, dank eines hervorragenden Exposés.

Der Lektor ist der natürliche Verbündete des Autors im Verlag. Je besser Ihr Exposé, desto besser unterstützen Sie ihn bei seinen Bemühungen, dem Verlag das Buchprojekt mundgerecht zu servieren. Haben Sie den Lektor für Ihr Vorhaben gewonnen, dann ist es dessen Aufgabe, das Projekt in der Programmkonferenz vorzustellen. Die Ja-Stimme Ihres Lektors steht in dem Gremium also bereits fest – jetzt muss er die Geschäftsleitung und seine Kollegen überzeugen, was angesichts der wohl in jedem Unternehmen üblichen großen und kleinen Grabenkämpfe zwischen den Abteilungen durchaus seine Tücken haben kann.

Bei manchen Verlagen bekommen Sie vom Lektorat zusätzlich einen Autorenfragebogen. Diesen sollten Sie ebenso sorgfältig und nach denselben Kriterien ausfüllen, wie Sie auch Ihr Exposé erstellt haben, selbst wenn sich die Antworten auf einige Fragen mit den Aussagen des Exposés überschneiden. Denn solche Fragebögen dienen dazu, die Entscheidung der Programmkonferenz wie gewohnt und einheitlich vorzubereiten, und sollen sicherstellen, dass kein entscheidungsrelevanter Aspekt vergessen wird.

Zu jedem Projektvorschlag gehört auch eine kaufmännische Kalkulation. Der Lektor (oder ein Mitarbeiter der Herstellungsabteilung im Auftrag des Lektors) rechnet verschiedene Varianten durch, wie viele Bücher verkauft werden müssen, um die Gewinnzone zu erreichen. Die wesentlichen Variablen dieser Kalkulation sind die Produktionskosten pro Stück, die umso niedriger sind, je höher die Druckauflage ist, sowie der Ladenpreis, für den ein erfahrener Lektor die marktkonformen Spielräume kennt.

Kaufmännische Kalkulation

Während die Kalkulation eine interne Angelegenheit des Verlags ist, zu deren Wirtschaftlichkeit Sie als Autor unter anderem dadurch beitragen können, dass Sie den Buchumfang genregerecht und nicht zu umfangreich anlegen, bezieht der Lektor die Informationen für den formalisierten Projektvorschlag weitgehend aus Ihrem Exposé. Sie können dem Lektor die Aufgabe, seine Kollegen mit Informationen zu versorgen, erheblich erleichtern, wenn Sie ihm das Exposé in elektronischer Form, als *Microsoft-Word*-Datei, schicken. So lassen sich ganze Passagen leicht mittels »kopieren und einfügen« in das Formular für die Programmkonferenz übernehmen.

Aber kann denn ein Lektor die vermarktungsrelevanten Aspekte des Buchprojekts nicht viel besser recherchieren und bewerten als Sie? Ja, das schon, in den meisten Fällen jedenfalls. Lektoren haben jedoch wegen der vielfältigen Anforderungen des Berufs nun einmal wenig Zeit, und genaue Recherchen zur Relevanz des Themas, zur Zielgruppe und zur Konkurrenz auf dem Buchmarkt kosten unter Umständen Stunden oder Tage. Hat er die Wahl zwischen verschiedenen Buchangeboten – und das hat er im Prinzip immer –, könnte es durchaus sein, dass er sich im Zweifelsfall für das besser vorbereitete Projekt entscheidet, weil ihn das weniger Zeit kostet. Daran sollte Ihr Buchprojekt nicht scheitern …

Ein gutes Exposé wird übernommen

Der Lektor wird also aus einem gelungenen Exposé vieles übernehmen, vielleicht nochmals leicht überarbeiten, aber nicht komplett neu formulieren. Und wenn Ihre Texte richtig gut sind, dann werden Sie nicht selten Teile davon noch als Klappentext des fertigen Buchs wiederfinden. Auch das Marketing erfindet das Rad nicht neu, wenn es den Schlüssel zu einem fahrbereiten Fahrzeug überreicht bekommt.

Umso erstaunlicher ist in diesem Zusammenhang, dass wir immer wieder Autoren erleben, die ihre Exposés als kopiergeschützte PDF-Dateien verschicken und mit Kennwörtern oder anderen Mitteln die elektronische Vervielfältigung unbedingt verhindern wollen. Ungewollt machen sich solche Autoren im Lektorat gleich doppelt unbeliebt: einmal, weil sie einen Text dem Verlag gewissermaßen nur halb überlassen wollen, obwohl sie ihn doch eigens für den verlagsinternen Gebrauch geschrieben haben, und dann, weil sie auf der psychologischen Ebene dem Verlag schon Misstrauen signalisieren, bevor es überhaupt zu Verhandlungen über das Projekt gekommen ist.

Mit einem aussagekräftigen Exposé wappnen Sie Ihren Lektor mit guten Argumenten gegen die Einwände aller Teilnehmer der Programmkonferenz. Und Einwände wird es immer geben – schon allein wegen der unvermeidlichen Gruppendynamik des Konferenzraums. Es ist eben auch typisch für solche Runden, dass jeder seine Wichtigkeit mit mehr oder weniger klugen Bemerkungen unter Beweis stellen will. Wobei der Lektor noch Glück hat, wenn alle Teilnehmer seinen Projektvorschlag auch gelesen haben, statt zwischen Büro und Konferenzraum nur einmal kurz draufzuschauen.

Bisweilen hoch her geht es in Programmkonferenzen zwischen Lektorat und Vertrieb, was daran liegt, dass hier sehr unterschiedliche Sichten aufeinandertreffen. Bei aller Orientierung am Markt sieht der Lektor das Projekt in der Regel noch eher vom Inhalt her und ist damit am nächsten an Ihrer Perspektive als Autor. Die Vertriebsmannschaft will dagegen nichts als schlagende Verkaufsargumente hören, denn beim Buchhändler haben die Vertreter nur wenige Sekunden Zeit, ein Buch vorzustellen. Dann entscheidet sich, ob ein Titel bestellt wird oder nicht, und wenn ja, in welcher Stückzahl. Die Vertriebsleute denken also sehr ähnlich wie die Buchhändler, denn das sind diejenigen, die sie täglich überzeugen müssen. Und Buchhändler haben weder das Fachwissen noch die Erwartungen der eigentlichen Zielgruppe Ihres Buchs, sollen das Buch aber trotzdem verkaufen.

Wichtig ist deshalb, dass Sie in Ihrem Exposé auch allgemein verständliche Verkaufsargumente liefern, die nicht nur einem Fachpublikum oder den an Ihrem Thema besonders Interessierten einleuchten, sondern auch den Buchhändlern. Diese haben von den allermeisten Themen naturgemäß nur ein bisschen Ahnung und wechseln in Großstadtbuchhandlungen auch häufiger mal die Abteilung – gestern noch Computer, heute Geschichte. Wenn Ihr Buch aber beispielsweise das erste Buch zu einem bestimmten Thema ist, dann versteht dieses Verkaufsargument jeder Buch-

Verständliche Verkaufsargumente

händler, auch wenn er vom Thema selbst vorher noch nie gehört hat.

Vertrieb Als eine Art Stimme des Buchhandels haben die Vertriebsleute in den meisten Programmkonferenzen großen Einfluss. Legt der Vertrieb sein Veto ein, weil er keine ausreichenden Absatzchancen sieht oder das Buch dem Handel gegenüber für schwer vermittelbar hält, dann ist das Projekt in der Regel gestorben. Und in den wenigen Fällen, wo die Geschäftsleitung den Einspruch des Vertriebs überstimmt, zeigt sich nicht selten, dass eine Vertriebsmannschaft, die an einen Titel nicht glaubt, diesen auch nicht verkaufen kann. Wir können hier also nur die Empfehlung wiederholen, die wir Ihnen schon für die Konzeptionsphase gegeben haben: Unterhalten Sie sich einmal mit Buchhändlern über Ihr Thema und Ihr Vorhaben. Finden Sie heraus, worauf Buchhändler achten, und berücksichtigen Sie diese Sichtweise, wenn Sie Ihr Exposé schreiben.

Marketing und PR Nicht ganz so einflussreich in der Runde der Programmmacher ist das Marketing, dessen Aufgabe es vor allem ist, Ihrem Buch eine ansprechende Verpackung zu verpassen, es in Katalogen und im Internet ins rechte Licht zu rücken und natürlich die Werbetrommel dafür zu rühren. Weil in der Buchbranche PR die beste Werbung ist – Anzeigen dienen vor allem der Kontaktpflege zu den entsprechenden Medien, sind also letztlich auch PR –, haben die meisten Verlage eine eigene Presseabteilung oder zumindest einen PR-Manager. Die Presseleute werden Ihren Buchvorschlag durch die Brille der Journalisten betrachten und sich fragen, ob sich aus dem Buch eine spannende Story destillieren lässt und wie gut sich der Autor vermarkten lässt. Wenn der Verlag eine Pressemitteilung an die Redaktionen verschickt, dann kann das keine Inhaltsangabe des Buchs sein, sondern muss eine eigenständige Geschichte abgeben.

Journalisten lassen sich nicht dazu herab, für ein Buch einfach Werbung zu machen, sind aber immer auf der Suche nach interessanten Storys und nehmen es dafür in Kauf, indirekt Buchwerbung zu betreiben. Auch für Rezensionen in Zeitungen und Zeitschriften, die die Presseabteilung für Ihr Buch anregen wird, gilt: Der Inhalt des Buchs allein füllt die Zeilen noch nicht. Schauen Sie sich Buchbesprechungen in Tageszeitungen einmal genauer an, und Sie werden feststellen, dass diese oft viel mehr vom »Drumherum« handeln als vom Buch selbst. Der Autor, das Thema, die gesellschaftlichen Bezüge – vor allem beim Sachbuch muss das alles eine gewisse Aufmerksamkeit erregen können, damit Journalisten darüber berichten. Beim Sachbuch kann es auch ein K.-o.-Kriterium für das Projekt sein, wenn der Autor der Öffentlichkeit nicht recht präsentabel ist, während beim Fachbuch die Talkshow-Kompatibilität des Verfassers naturgemäß eine untergeordnete Rolle spielt.

Denken Sie beim Exposé auch an Dinge, die Journalisten interessieren könnten. Welche Story rankt sich um Ihr Buch oder um Sie als Autor? Beim Fachbuch kann die Erfolgsgeschichte Ihres Unternehmens oder die Innovationskraft Ihres Beratungsansatzes eine solche Story sein. Beim Ratgeber ist es oft die Situation der Betroffenen. Am einfachsten ist es in der Regel beim Sachbuch, da Sachbuchthemen ohnehin die Interessen eines breiten Publikums ansprechen.

Mein Tipp

Herstellung

Die übrigen Teilnehmer der Programmkonferenz, die Vertreter der Herstellung und die Mitglieder der Geschäftsleitung, können Sie im Exposé kaum besonders berücksichtigen. Die Herstellung wird ohnehin selten Einspruch erheben. Das geplante Buch könnte zwar zu umfangreich sein, doch dann bekommt der Lektor schon vorher Schwierigkeiten bei der Kalkulation. Bedenken könnte die Herstellung haben, wenn Sie sehr viele Abbildungen planen, an denen Sie selbst nicht die Rechte besitzen. Geht beispielsweise aus Ihrem Exposé für ein historisches Sachbuch hervor, dass dieses 100 Illustrationen enthalten soll, und muss der Verlag die Rechte an allen diesen Abbildungen sowie die druckfähigen Dateien dazu bei Bildagenturen wie *akg-images* oder *ullstein bild* einkaufen, so kann das je nach Auflagenhöhe und Größe der Abbildungen Kosten im fünfstelligen Eurobereich bedeuten und die Wirtschaftlichkeit Ihres Projekts in Frage stellen.

Geschäftsleitung

Die kaufmännische Seite interessiert in der Programmkonferenz ganz besonders die Vertreter der Geschäftsleitung. Sie bilden sich anhand der vom Lektor gegebenen Informationen einen Gesamteindruck hinsichtlich der Erfolgsaussichten Ihres Projekts. Bei kleineren Verlagen hat meist der Verlagsleiter das letzte Wort, ob ein Projekt den Zuschlag bekommt. Ist der Verlag Teil eines Medienkonzerns, muss häufig auch dessen (mittleres) Management sein Plazet geben. In Zeiten schwacher Handelsumsätze und knapper Kapitalrenditen bei den Verlagen ist es eher die Regel als die Ausnahme, dass Buchprojekte, deren Wirtschaftlichkeit risikobehaftet scheint, eher ins Kröpfchen kommen als ins Töpfchen, egal wie interessant und wichtig das Thema doch wäre. Die Manager sind dabei in der Programmkonferenz oft die Statthalter der Bilanzen, nicht der Leser. Wie sagte doch *Franz Beckenbauer?* »*So läuft's Business!*«

Einsame Entscheidungen In Einzelfällen können Vertreter der Geschäftsleitung auch schon einmal zu einsamen Entscheidungen neigen. So haben wir erlebt, dass der Geschäftsführer eines nicht unbedeutenden Verlags ein Buchprojekt gekippt hat, weil ihm persönlich im Gegensatz zur Meinung aller anderen Beteiligten der Arbeitstitel zu reißerisch war, und ein anderes, weil der Arbeitstitel einen Begriff enthielt, den er als negativ besetzt empfand. Für einen Autor sind derartig willkürliche Entscheidungen zwar bitter, aber solche Phänomene gibt es nun einmal in jedem Unternehmen. Sie können sich in Ihrem Exposé unmöglich gegen alle möglichen Einwände absichern, schon weil Ihre Fantasie gar nicht ausreichen wird, um sich auszumalen, was die Mitglieder der Programmkonferenz alles an Haaren in der Suppe finden können. Wenn Brancheninsider, die die Vorlieben und Abneigungen der Verlagsleute kennen, an Ihrem Exposé mitgewirkt oder es zumindest gegengelesen haben, dann sind Sie schon sehr weit auf der sicheren Seite.

Die Zutaten, Teil 1: Projektdaten

Schauen wir genauer hin. Wie baut man ein Exposé auf, welche Bestandteile gehören dazu? Sie werden feststellen, dass Sie die Vorarbeit dazu im Wesentlichen bei der Konzeption geleistet haben, wie sie in Teil 1 dieses Buches beschrieben ist. Ihre Aufgabe ist nun, Ihr Konzept verlagskonform zu präsentieren und um einige für die Projektplanung wichtige Informationen zu ergänzen. Am Ende dieses Kapitels finden Sie dazu auch eine Checkliste.

Selbstverständlich enthält Ihr Exposé zunächst den Arbeitstitel Ihres Buchprojekts sowie in der Regel zusätzlich den Untertitel. Es ist ratsam, den Arbeitstitel und den Namen des Autors oder der Autoren deutlich hervorgehoben auf der ersten Seite des Exposés zu platzieren, da Lektoren mit Hunderten von Dateien und Ausdrucken hantieren und so immer auf den ersten Blick erkennen, worum es sich bei Ihrem Exposé handelt. Auch prägen sich allen, die im Verlag das Exposé in die Hand nehmen, Ihr Name und der Titel Ihres Projekts schon einmal ein.

Arbeitstitel

Der Verlag braucht für seine Entscheidung einige wichtige Daten zum Projekt, die Sie den Teilen des Exposés, in denen Sie das Konzept detailliert darlegen und abgrenzen, am besten voranstellen. So wird dem Lektor auf den ersten Blick der äußere Rahmen deutlich. Zunächst sollten Sie den Status Ihres Projekts benennen. Wie weit sind Sie mit der Arbeit? Geben Sie an, ob Ihr Manuskript bereits vollständig oder in Teilen erstellt ist oder ob Sie bisher (wie von mir empfohlen) nur ein Konzept gemacht und einen Probetext verfasst haben.

Projektstatus

In jedem Fall möchte der Verlag wissen, wann Sie das vollständige Manuskript abgeben können, denn daraus errechnet sich nach Addition des im jeweiligen Haus üblichen Vorlaufs für Vertrieb, Marketing und Produktion der frühestmögliche Erscheinungstermin. Sie können hier einen absoluten Zeitpunkt nennen, der nach Ihrer aktuellen Projektplanung realistisch ist, also etwa »Oktober 2007«. Da Sie aber in der Regel nicht wissen können, wie lange es dauern wird, bis ein Verlag Ihnen verbindlich zusagt, und da Sie mit der Manuskriptarbeit sinnvollerweise erst beginnen, wenn Sie einen Vertrag haben, geben Sie besser gleich einen relativen Zeitpunkt an, bezogen auf das Datum der Vertragsunterzeichnung. Sie schreiben also beispielsweise, dass Sie »ca. sechs Monate nach Vertragsunterzeichnung« das fertige Manuskript abgeben werden.

Abgabetermin

Der genaue Abgabetermin ist ohnehin Teil der späteren Vertragsverhandlungen und nicht nur von Ihren Wünschen, sondern auch von den Erwartungen und Gepflogenheiten des Verlags abhängig. Im Exposé genügt deshalb eine auf den Monat genaue Schätzung. Ihr endgültiger, vertraglich mit dem Verlag vereinbarter Abgabetermin wird dann ein Stichtag sein.

Umfang Der Verlag sollte ebenfalls bereits dem Exposé entnehmen können, welchen Umfang Sie für Ihr Buch anstreben. Dass dies für die Kalkulation des Titels notwendig ist, habe ich bereits erwähnt. Je mehr so genannte Druckbögen notwendig sind, um alles, was Sie geschrieben haben, zwischen zwei Buchdeckeln unterzubringen, desto höher sind die Produktionskosten pro Stück. Und ob ein Buch 200 oder 500 Seiten haben soll, hat durchaus Einfluss darauf, wie viele Bücher verkauft werden müssen, bis das erste Exemplar Gewinn abwirft. Ein zweiter Aspekt ist hier aber noch wichtiger: Der Lektor möchte sehen, ob Sie den Umfang genregerecht angelegt haben. Ein Lebenshilfe-Ratgeber mit 700 Seiten wäre nun einmal ebenso unverkäuflich wie ein »Handbuch Intensivmedizin« mit nur 130 Seiten.

Den Umfang geben Sie im Exposé am besten in Zeichen und nicht in Seiten an, auch wenn Letzteres für Sie persönlich die Maßeinheit ist, an der Sie sich am leichtesten orientieren können. Greifen Sie ein paar Mal in Ihr eigenes Bücherregal, und Sie werden schnell feststellen, wie unterschiedlich Bücher gesetzt sind. Ratgeber haben oft viel so genannten Weißraum, dank großzügigem Zeilenabstand, breitem Rand (der »Marginalspalte«) und zahlreichen Kästen und Aufzählungen. Beim Sachbuch eines Historikers können Sie dagegen manchmal erleben, wie sich der Text in kleiner Schriftgröße, ohne nennenswerten Zeilenabstand und zwischen minimalen Rändern auf der Buchseite breitmacht.

Wenn Sie den geplanten Umfang Ihres Manuskripts in Zeichen angeben, hat der Verlag eine eindeutige, vergleichbare Größe. Üblich ist die Angabe in Zeichen »brutto« – also inklusive Leerzeichen –, da es für den Satz keine Rolle spielt, ob der Platz auf der Seite von einem Buchstaben, einer Zahl oder einem Leerschritt eingenommen wird. Die Zeichenzahl Ihres Manuskripts ermittelt jede Textverarbeitung in einem Sekundenbruchteil. In *Microsoft Word* haben Sie dazu zwei Möglichkeiten: Entweder Sie gehen über »Extras / Wörter zählen« oder über »Datei / Eigenschaften« und klicken dort auf die Registerkarte »Statistik«.

Haben Sie bereits ein Probekapitel geschrieben, können Sie den Gesamtumfang Ihres geplanten Buchs recht einfach schätzen. Angenommen, Ihr Probekapitel hat 30 000 Zeichen brutto und Ihre Gliederung umfasst 14 Kapitel, die ungefähr gleich lang sein sollen, dann kommen Sie auf 420 000 Zeichen für alle Kapitel, zu denen Sie jetzt noch einen gewissen Aufschlag für Vorwort, Inhaltsverzeichnis, Anhang, Register usw. hinzurechnen sollten. Dem Verlag nennen Sie also einen geplanten Umfang von ca. 450 000 Zeichen inklusive Leerzeichen.

Wenn Sie sich noch unsicher über den Umfang sind, können Sie auch einfach einmal ein Buch zur Hand nehmen, das Ihrem geplanten vom Genre und vom Umfang her nahekommt und an dem Sie sich orientieren möchten. Dann suchen Sie nach einer durchschnittlich mit Text gefüllten Seite und ermitteln die ungefähre Zeichenzahl, indem Sie eine Zeile auszählen und diese Zahl dann mit der Anzahl der Zeilen auf der Seite multiplizieren. In aller Regel haben Ratgeber im Schnitt 1600 bis 2200 Zeichen pro Seite, Sachbücher und Fachbücher 2000 bis 2600. Dies sind zumindest Orientierungswerte für Sie.

Zur Angabe des Umfangs gehört schließlich auch eine Aussage zu möglicherweise geplanten Abbildungen. Falls Sie Abbildungen vorgesehen haben, dann schätzen Sie, wie viele es werden. Planen Sie, selbst Grafiken zu erstellen, dann geben Sie zusätzlich das Dateiformat an, damit die Herstellungsabteilung sich diesbezüglich mit Ihnen abstimmen kann.

Abbildungen

Die Zutaten, Teil 2: Rund um die Vermarktung

Nach diesen eher formalen und technischen Angaben sollte Ihr Exposé nun Aussagen zur Positionierung des Buchs enthalten. Der Buchhandel ist nach einer bestimmten Regalsystematik organisiert. In welche Abteilung und in welches Regal soll der Buchhändler Ihr Buch einsortieren? Diese Angabe ist insbesondere dann wichtig, wenn die Platzierung des Buchs im Buchhandel aus dem Arbeitstitel nicht eindeutig hervorgeht. Jeder Lektor wird sofort erkennen, dass das »Praxishandbuch Java-Programmierung« ein Fachbuch für die Computerabteilung sein soll. Aber verbirgt sich hinter »Bella Italia« ein Reiseführer oder ein Reisebericht, ein Bildband oder ein Kochbuch? Denken Sie an das, was Sie in Teil 1 über die genregerechte Konzeption gelesen haben, und gehen Sie in Zweifelsfällen noch einmal in eine große Buchhandlung, um sich zu vergewissern, wie genau die Abteilung und das Regal bezeichnet sind, wo man Ihr Buch demnächst finden soll.

Zielgruppe In der Konzeptionsphase haben Sie als Teil der Marktanalyse bestimmt, was die Zielgruppe Ihres Buchs sein soll. Machen Sie hierzu im Exposé möglichst genaue Angaben. Sie erinnern sich: Ein Buch für alle ist ein Buch für keinen. Verlage wollen wissen, wen das Buch ansprechen soll, damit das ganze Marketing darauf abgestimmt werden kann. So ist beispielsweise die Entscheidung, ob ein Buch gebunden oder broschiert produziert wird oder welche Farbgestaltung für das Cover in Frage kommt, nicht zuletzt eine Frage der Zielgruppe sowie ihrer Erwartungen und Gewohnheiten. Bei Fachbüchern lässt sich die Zielgruppe im Exposé meist nach der Berufsbezeichnung oder der Rolle in einem beruflichen Prozess eingrenzen. So hat dann z. B. das Buch »Effektives Projektmanagement« als Zielgruppe »Projektleiter, Projektmitarbeiter und verantwortliche Businessmanager«.

Beim Ratgeber besteht die Zielgruppe mehr oder weniger aus dem Kreis der Betroffenen. Das Buch »Diagnose HIV-positiv – was nun?« richtet sich dann beispielsweise an »Betroffene, ihre Angehörigen sowie Pflegepersonal«. Vermeiden Sie, Personenkreise anzugeben, für die das Buch sonst noch interessant sein könnte, obwohl es sich nicht direkt an diese richtet. Beim letztgenannten Beispiel also etwa »Ärzte«. Denn damit stiften Sie beim Verlag nur Verwirrung über die exakte Positionierung.

Die Zielgruppe eines Sachbuchs einzugrenzen ist am schwierigsten, weil sich das Sachbuch ja an einen breiten Kreis von Interessierten richtet. Wenn Ihnen die Abgrenzung schwerfällt, können Sie sich auch mit Formulierungen behelfen wie »alle am Thema

Technik und Technikgeschichte Interessierten«. Oder Sie benennen bestimmte Medien, die Ihre Zielgruppe außer Sachbüchern noch nutzt, etwa bei einem politischen Sachbuch »Leser von *Spiegel, Focus, Zeit, FAZ, Süddeutscher*«.

Wenn es an die Beschreibung des Buchthemas und seiner aktuellen Relevanz für die zuvor eingegrenzte Zielgruppe geht, sollten Sie sich als Autor in der Kunst der Beschränkung üben. Der Lektor will hier nicht viele Seiten lesen, sondern ein oder zwei prägnante Absätze. Dass Sie bei dem Thema, über das Sie ein Buch schreiben möchten, Expertenstatus besitzen, glaubt Ihnen der Verlag sowieso – das Exposé ist nicht der Ort, dafür den Beweis anzutreten. Viel wichtiger ist, den Verlag davon zu überzeugen, dass Ihr Thema aktuell und von großem Interesse für die potenziellen Buchkäufer ist. Das gilt übrigens für jedes Genre. Das beste Marketing-Fachbuch wird es schwer haben, wenn das Land mitten in einer Wirtschaftskrise steckt, die Unternehmen ihre Budgets zusammenstreichen und zahlreiche Konkurrenzwerke wie Blei im Handel liegen.

Thema

Überzeugen Sie den Verlag, dass Ihr Thema *jetzt* heiß ist und auf den Tisch muss. Schwierige Themen erklären Sie idealerweise in einem einfachen Satz, den jeder Verlagsmitarbeiter und jeder Buchhändler auf Anhieb versteht. Machen Sie im Zweifel vorher einen kleinen Test bei einem fachlichen Laien in Ihrem Unternehmen oder Bekanntenkreis. Je weniger komplex und erklärungsbedürftig Ihr Thema ist, desto weniger Zeilen sollten Sie inhaltlichen Aspekten widmen und sich lieber ganz auf die Frage nach Aktualität und Relevanz konzentrieren.

Behaupten Sie nicht nur, Ihr Thema sei relevant, sondern liefern Sie Beweise, mindestens Belege. Bei Fachbüchern können aktuelle Studien renommierter Institute oder Beratungshäuser die Relevanz des Themas eindrucksvoll untermauern. Bei Sachbüchern lassen sich Medienberichte anführen und bei Ratgebern beispielsweise statistische Daten über einen sprunghaften Anstieg der Zahl der Betroffenen.

Mein Tipp

Einen weiteren Absatz widmen Sie der Beschreibung, wie genau Ihr Buch das Thema umsetzen wird. Hier ist der Kern Ihres professionellen Buchkonzepts berührt. Zeigen Sie dem Lektor, dass Sie nicht nur Ihr Thema beherrschen, sondern es auch dem Medium Buch sowie dem anvisierten Genre entsprechend aufbereiten wollen und können. Dabei sollten Sie nicht zu viel von dem vorwegnehmen, was der Lektor auch problemlos aus der Gliederung ersehen kann. Beschreiben Sie lieber Merkmale, die die Darstellungsweise besonders interessant machen, etwa zahlreiche Beispiele aus realen Projekten oder einzigartiges Bildmaterial aus nicht öffentlich zugänglichen Archiven. Bei Fachbüchern könnten hier Stichworte wie »praxisorientiert« fallen, während bei Sachbüchern der Hinweis auf einen »flüssigen und unterhaltsamen Stil« angebracht sein kann. Wenn Sie Ihr Buch in der Konzeptionsphase gut durchdacht haben, wird es Ihnen nicht schwerfallen, hier die wichtigsten Merkmale zu nennen.

Konkurrenz-analyse Auch bei der Konkurrenzanalyse greifen Sie auf Ergebnisse Ihrer sorgfältigen Konzeption zurück. Direkte Konkurrenzwerke sollten Sie unbedingt mit vollständigen bibliografischen Angaben (Autor, Titel, Untertitel, Verlag, Erscheinungsjahr) in Ihrem Exposé auflisten. Es bringt nichts, dem Verlag einzelne Konkurrenztitel zu verschweigen, da der Lektor wie auch die Vertriebsleute den Markt sehr gut kennen. Sinnvoll ist es meistens, auch einige Titel aus dem näheren Marktumfeld vollständig zu benennen, selbst wenn es keine unmittelbaren Konkurrenten sind.

Bücher, deren Erscheinungstermin oder letzte Neuauflage länger als fünf Jahre zurückliegt, können Sie unberücksichtigt lassen, da diese Titel auf dem Markt keine Rolle mehr spielen. Ausnahmen bestätigen allerdings auch hier die Regel. Es gibt Bücher, z. B. Computerbücher, die schon nach einem Jahr vom Markt verschwunden sind, und »Longseller«, die über Jahrzehnte immer wieder nachgedruckt werden, etwa die *Geschichte der Philosophie* von *Johannes Hirschberger,* die seit 1960 auf dem Markt ist.

Wichtiger als die bloße Aufzählung von Konkurrenzwerken im Exposé ist die klare Abgrenzung Ihres Buchs von Konkurrenz und Marktumfeld. Auch hier präsentieren Sie ein Ergebnis Ihrer erfolgreichen Konzeptarbeit. Nennen Sie klare, nachvollziehbare und sachliche Unterscheidungsmerkmale. Auf keinen Fall sollten Sie sich dazu hinreißen lassen, Konkurrenzwerke zu werten, also etwa als »langweilig«, »oberflächlich« oder gar »misslungen« zu bezeichnen. Erstens wirkt das nicht souverän und wenig professionell, und zweitens können Sie vom Lektor kaum erwarten, dass er sich Ihren Wertungen anschließt. Es gehört übrigens auch zum guten Ton der Branche, sich über die Programme anderer Verlage eher zurückhaltend und wohlwollend zu äußern. Und außerdem: Die Verlage, bei denen es schon Konkurrenztitel gibt, kommen sehr häufig auch für Ihr Buch in Frage. Kritik an der Programmgestaltung ist da wahrlich kein guter Türöffner.

Der Verlag erwartet natürlich auch einige Angaben zu Ihrer Person. Fügen Sie hier nicht einfach einen tabellarischen Lebenslauf ein, sondern überlegen Sie sehr genau, welche Informationen der Verlag wirklich gebrauchen kann. Der Verlag will wissen, was Sie befähigt, genau dieses Buch zu schreiben, und inwiefern Sie das Thema auch verkörpern. Denken Sie an die Story, nach der vor allem die Presseleute suchen. Interessant sind Ihre Ausbildung, vor allem aber ihre Erfahrung und Ihre Referenzen. Nennen Sie ruhig, was Sie an akademischen Weihen, Ehrungen und Auszeichnungen besitzen, weil darauf im deutschsprachigen Raum immer noch viel Wert gelegt wird. **Person des Autors**

Wenn Sie selbstständig sind, ist es von Vorteil, die Namen einiger renommierter Kunden zu nennen, etwa DAX-Unternehmen, bei denen Sie einmal eine Schulung geleitet haben. Wenn Sie bereits etwas veröffentlicht haben oder in anderen Medien – beispielsweise Fachzeitschriften – regelmäßig publizieren oder wenn Sie Vorträge halten, sollten Sie das unbedingt angeben. Auch ist es geschickt, im Exposé schon einmal darauf hinzuweisen, was Sie selbst zur Vermarktung des Buchs beitragen wollen. Wenn Sie schreiben, dass Sie 2000 Exemplare des Werks selbst abnehmen und an Ihre Kunden verschenken wollen, geht Ihr Lektor natürlich ganz entspannt in die Programmkonferenz. Aber auch kleinere Zusagen helfen, etwa dass Sie regelmäßig Seminare anbieten und dort das Buch einsetzen oder zumindest bewerben können. Ihr Engagement im Internet wie eine Website zum Buch oder eine eigene Autoren-Website, die Leitung einer Gruppe im sozialen Netzwerk Xing, die Anzahl Ihrer Facebook-Freunde, Ihrer Twitter-Follower oder Ihrer Newsletter-Abonnenten sind beispielsweise wertvolle Angaben, mit denen das Marketing des Verlags Ihr potenzielles Engagement für die Vermarktung Ihres Buches einschätzen kann.

USPs Schließlich empfiehlt es sich, die wichtigsten schlagenden Verkaufsargumente und Alleinstellungsmerkmale Ihres Buchs noch einmal in Stichpunkten aufzuzählen. Solche so genannten USPs *(Unique Selling Propositions)* sind vor allem für den Vertrieb wichtig und tauchen als ebensolche stichpunktartige Aufzählung in den Handelsvorschauen fast aller Verlage auf. Bringen Sie hier auf den Punkt, was Ihr Buch einzigartig macht, was sein besonderer Nutzen ist und warum sich der Kauf für den Leser lohnt. Wie Sie die USPs formulieren, ist wieder ein wenig vom Genre abhängig. »Das Buch zeigt, wie …« ist zum Beispiel eine typische Formulierung für Ratgeber. Ein schlagendes Verkaufsargument für ein Fachbuch könnte sein, dass es »das einzige Controllingbuch speziell für den Mittelstand« ist, und ein Sachbuch über einen Lebensmitteldiscounter beschreibt vielleicht »das Unternehmen, wie es keiner kennt«, und stammt »von einem Insider, der hinter die Kulissen blickt«.

Auch wenn es Sie schockiert: Verlagsvertreter und Buchhändler diskutieren beim Einkaufstermin keineswegs über die Bedeutung Ihres Buchs für die postmoderne Gesellschaft im Allgemeinen und über die soziokulturellen Dimensionen der Rezeption Ihres Themas im historischen Kontext im Speziellen – viel mehr als zwei, drei Sätze zu Ihrem Buch kann der Verlagsvertreter selten äußern, bevor der Buchhändler sein Urteil in Form einer Zahl zwischen Null und Partie fällt. Übrigens, eine Partie – ein anderes Wort dafür lautet »Elf-zehn« – wäre gut für Sie, auch wenn dabei der Verlag zu den zehn verkauften Exemplaren noch ein unberechnetes Exemplar drauflegen muss.

Diese Angaben sollte Ihr Exposé enthalten:

Checkliste

- Arbeitstitel und (falls vorhanden) Untertitel
- Projektstatus (Konzept, Teilmanuskript oder vollständiges Manuskript)
- Frühestmöglicher Abgabetermin für das vollständige Manuskript

- Geplanter Buchumfang (Zeichenzahl und ggf. Anzahl der Abbildungen)
- Platzierung Ihres Buchs im Buchhandel
- Zielgruppe(n) des Buchs
- Thema des Buchs und dessen aktuelle Relevanz
- Konzeption und Anlage des Buchs
- Autorenporträt (Qualifikation für das Thema, bisherige Veröffentlichungen, Beitrag zur Vermarktung)
- Konkurrenzwerke auf dem aktuellen Buchmarkt, erweiterter Wettbewerb
- Alleinstellungsmerkmale und schlagende Verkaufsargumente
- Aussagekräftige, hinreichend detaillierte Gliederung

Sie ergänzen Ihr Exposé nun noch um die vorläufige Gliederung **Gliederung** des Buchs, die ja ebenfalls Ergebnis Ihrer Konzeptarbeit ist. Fügen Sie diese dem Exposé am besten als letzten Punkt bei, beginnend auf einer neuen Seite. Da die Gliederung sehr wichtig ist, um den Verlag von Ihrem Projekt zu überzeugen, sollte sie so formatiert sein, dass sie schnell erfasst werden kann. Bei einem sehr umfangreichen Fachbuch lassen Sie Gliederungsebenen unterhalb der dritten im Exposé besser weg, wenn es zum Verständnis des Konzepts nicht unabdingbar ist. So schaffen Sie Übersicht.

Wenn Sie bei einem Sachbuch oder Ratgeber die Überschriften sehr flott und pointiert formuliert haben, kann es sein, dass diese zu wenig aussagekräftig sind, um die dahinterstehenden Inhalte zu beurteilen. In diesem Fall ist es empfehlenswert, die Gliederungspunkte im Exposé um kurze erläuternde Zusätze zu ergänzen. Das gilt auch, wenn Ihre Gliederung gleichzeitig schmal und flach ist, also etwa nur aus acht Kapitelüberschriften besteht. Die erläuternden Zusätze können Sie in einer etwas kleineren Schrift und kursiv formatieren, damit die Gliederungspunkte sich deutlich davon abheben.

Schauen Sie einmal in den Anhang dieses Buches (S. 317ff.): Dort finden Sie ein Beispiel-Exposé. Aber nicht irgendeines, sondern das originale Exposé, mit dem ich seinerzeit das Buch *Erfolgreich als Sachbuchautor,* das Sie gerade lesen, dem GABAL Verlag angeboten habe. Dabei werden Sie erkennen, dass ich über die Inhalte, die das fertige Buch ausmachen, bei weitem nicht so viele Worte verloren habe wie über Nutzen, Positionierung, Abgrenzung vom Marktumfeld und Verkaufsargumente.

KOMPAKT

- Im Exposé beschreiben Sie, warum Ihr Buch als Produkt Erfolg verspricht. Das Thema ist dabei nur einer von mehreren Aspekten.

- Die regelmäßige Programmkonferenz aus Vertretern des Lektorats, der Geschäftsleitung sowie von Vertrieb, Marketing und Herstellung entscheidet im Verlag über Ihr Projekt.

- Liefern Sie in Ihrem Exposé allgemein verständliche Verkaufsargumente, die nicht nur einem Fachpublikum oder den an Ihrem Thema besonders Interessierten einleuchten, sondern auch den Buchhändlern.

- Denken Sie beim Exposé auch daran, welche Story sich um Ihr Buch oder um Sie als Autor rankt, denn das interessiert Journalisten.

- Das Exposé enthält technische und formale Hinweise, Angaben zu Positionierung und Konkurrenz, zu Inhalt und Gestaltung sowie zum Autor und bezieht auch die Gliederung ein.

9. Der richtige Verlag für Ihr Projekt – Töpfchen und Deckelchen

Wollen Sie Ihr Buch ohne Unterstützung eines Literaturagenten bei einem Verlag unterbringen und sind Sie nicht zufällig mit dem Programmchef Ihres Wunschverlags im selben Golfclub, dann müssen Sie zunächst einmal herausfinden, welche Verlage für Ihr Buch überhaupt in Frage kommen.

In Deutschland, Österreich und der deutschsprachigen Schweiz gibt es schätzungsweise über 20 000 Institutionen, die Bücher publizieren, wovon allerdings die meisten ihre Bücher nur sporadisch und am Buchhandel vorbei vermarkten. Das statistische Bundesamt zählt knapp 3000 echte Verlage in Deutschland, von denen beim *Börsenverein des Deutschen Buchhandels,* dem Branchenverband des herstellenden und verbreitenden Buchhandels, rund 1700 Verlage per Mitgliedschaft gelistet sind. Das sind die Verlage, die im Buchhandel tatsächlich und regelmäßig eine Rolle spielen. Angesichts dieser Zahl ist es klug, sich für die Auswahl der für Ihre Zwecke geeignetsten Verlage einige Tage Zeit zu nehmen, statt einfach dem erstbesten Lektorat eine E-Mail zu senden.

Wer dieses strukturierte Vorgehen scheut, dem gehen später oft doppelt und dreifach Zeit, Geld und Nerven verloren. Denn erstens ist es völlig sinnlos, einem Verlag ein Buchkonzept anzubieten, das schon aufgrund des Genres oder des Zuschnitts einfach nicht in dessen Programm passt. Und zweitens nützt Ihnen die Zusage eines unbekannten Kleinstverlags wenig, wenn Sie sich von Ihrem Buch öffentliche Resonanz versprechen.

Strukturierte Verlagssuche

Es gibt solche und solche – Verlagssorten

Das Feld der in Frage kommenden Verlage reduziert sich bereits erheblich, wenn Sie die Verlagsunternehmen zunächst einmal nur nach Geschäftsmodell, Marktdurchdringung und Vertriebskanal unterscheiden. Ganz unabhängig von Inhalten und Programmen ergeben sich so bereits größere Gruppen, die in ihrer Mehrzahl für Autoren, die sich von einer Publikation Publicity und Renommee erhoffen, mehr oder weniger ausscheiden.

Bezahlverlage Hier sind als Erstes die so genannten Zuschuss- oder Bezahlverlage zu nennen. Jeder kennt die Kleinanzeigen, mit denen diese Unternehmen seit Jahren in überregionalen Zeitungen und Zeitschriften werben. »Verlag sucht Autoren« oder »Schreiben Sie?« lauten die typischen Aufhänger dieser Anzeigen. Es folgt meist der Hinweis, dass der Verlag von Belletristik über Lyrik und Reisebericht bis hin zu Sachbuch und Fachbuch alles Mögliche ins Programm aufnimmt. Allerdings hat ein solcher Verlag überhaupt kein Programm im engeren Sinn, sondern produziert Bücher im Auftrag und nach den Vorstellungen des Autors. Die Produktionskosten werden dann *dem Autor* in Rechnung gestellt, das heißt: Der Bezahlverlag verdient sein Geld im Wesentlichen unabhängig vom Verkaufserfolg des Buches.

In Gesprächen unter Autoren oder in Autorenforen im Internet werden Bezahlverlage gerne als miese Abzocker hingestellt, vor denen eindringlich gewarnt werden müsse. Diese Betrachtungsweise ist alles andere als fair. Das Geschäftsmodell der Bezahlverlage bewährt sich seit Jahren am Markt, weil es ein bestimmtes Bedürfnis abdeckt. Warum soll ein Bäckermeister, der seine Lebenserinnerungen gedruckt sehen möchte, um sie an alle seine Bekannten zu verschenken, das nicht auf diese Weise tun? Und warum soll ein Unternehmen, das zum Firmenjubiläum einen Band mit seiner Historie an sämtliche Kunden verteilen will, dessen Produktion nicht einfach bei einem professionellen Partner in Auftrag geben?

Schlecht geeignet sind Bezahlverlage lediglich für Autoren, die mit ihrer Veröffentlichung eines oder mehrere der in der Einleitung genannten strategischen Ziele verfolgen, also vor allem: Publicity,

Vorbereitung von Live-Auftritten, persönlicher Prestigegewinn, Kompetenznachweis. Denn Bezahlverlage kümmern sich kaum um die Verbreitung des Buches, machen keine Pressearbeit und werden von Journalisten und Öffentlichkeit einfach nicht als vollwertige Verlage wahrgenommen.

Übrigens ist es ein offenes Geheimnis der Buchbranche, dass sich selbst die besten Adressen der Verlagsszene zuweilen als Bezahlverlage betätigen. Wenn Sie nur genug Geld auf den Tisch des Hauses legen, nach Möglichkeit den klangvollen Namen einer Beratungsgesellschaft, eines Forschungsinstituts oder einer Stiftung mitbringen und das Buch inhaltlich halbwegs ins Programm passt, dann sind viele Verlage käuflich. Die Lektoren stöhnen in solchen Fällen gerne über unausgegorene Manuskripte und beratungsresistente Autoren. Doch wie heißt es so schön: Wes Brot ich ess, des Lied ich sing.

Zu einer differenzierten Sicht gehört aber auch ein Blick auf die Schattenseiten: Unseriös wird es in der Tat dann, wenn Bezahlverlage die Autoren zur Kasse bitten, ohne jemals die vertraglich vereinbarte Stückzahl an Büchern zu drucken. Und das passiert. Unseriös ist es auch, wenn solche Verlage Autoren hohe Abverkaufszahlen versprechen, die realistischerweise niemals erreicht werden können. Auch das kommt leider vor. Und diese Fälle sorgen dann für das recht düstere Image dieses Geschäftsmodells. Drum prüfe, wer sich bindet!

Books on Demand

Dieses Motto gilt ebenfalls – und zwar ganz offiziell – für Unternehmen, die nach dem so genannten »Print-on-demand«-Verfahren arbeiten und *Books on Demand* (BoD) produzieren. Auch bei diesem besonders preiswerten Verfahren zahlt der Autor zunächst eine Pauschale für die Herstellung des Buches. Allerdings wird ein einzelnes Buch immer erst dann produziert, wenn die Bestellung eines Käufers eingegangen ist. Dank modernster digitaler Drucktechnik kann das nur auf Wunsch – englisch: *on demand* – produzierte Buch trotzdem innerhalb von zwei bis fünf Werktagen geliefert werden.

Versehen mit einer normalen internationalen Standard-Buchnummer (ISBN) ist das BoD in jeder Buchhandlung, im Online-

Buchhandel und natürlich direkt beim Anbieter bestellbar. Was wegfällt, sind Lagerkosten und Kapitalbindung für eine komplett vorproduzierte Druckauflage. Natürlich kann der Autor selbst jederzeit Bücher in beliebiger Menge ordern und bei sich vorrätig halten. Kosten werden außerdem dadurch gespart, dass der Autor das Buch in Eigenregie setzt – wozu *Microsoft Word* als Programm ausreicht – und dem BoD-Anbieter eine Postscript-Datei oder eine PDF-Datei für die Druckvorstufe zur Verfügung stellt.

Am Markt erscheint das Buch entweder unter der Flagge des BoD-Verlags oder im Eigenverlag des Autors. Einen Verlag zu gründen ist weder aufwendig noch teuer, deshalb kann, sagen wir, ein Erfolgstrainer namens Markus Stierkopf seine Trainingsbücher problemlos im »Stierkopf Verlag« anbieten und über einen BoD-Anbieter produzieren und verbreiten.

Beachten sollten Sie in jedem Fall, dass Sie trotz aller Kosteneffizienz ein BoD niemals so kalkulieren können wie ein Großverlag ein Buch in hoher Auflage. Mit mindestens fünf bis zehn Euro Endpreis für ein gedrucktes und gebundenes Buch müssen Sie meist rechnen. Planen Sie aber einen Ratgeber, der sich aufgrund der Konkurrenzlage nur für maximal zehn Euro verkaufen lässt, so würden Sie rein gar nichts an Ihrem Buch verdienen.

Mein Tipp

Wenn Sie sich für ein BoD interessieren, dann sehen Sie sich die Internetseiten der Anbieter einmal genauer an. Sie finden dort ausführliche technische Informationen sowie Online-Kalkulatoren, um anhand verschiedener Parameter Einrichtungskosten und Endpreise pro Buch zu berechnen.

Technisch ist das BOD-Verfahren zweifellos schon ziemlich ausgereift. Ob Sie mit einem BoD aber Ihre strategischen Ziele als Autor erreichen, hängt stark vom Thema, der Zielgruppe und Ihren Möglichkeiten ab, selbst für den Erfolg des Buches zu sorgen. Und Letzteres müssen Sie, denn das BoD ist ohne Ihr Zutun nirgendwo im Buchhandel präsent, wird kaum beworben, nicht durch Pressearbeit unterstützt und so weiter. Kurzum: Sie sind für das komplette Marketing selbst verantwortlich.

Daneben sind Sie aber auch – das wird in der Diskussion für und wider BoD gerne vergessen – für den Inhalt und die Gestaltung des Buches ausschließlich allein verantwortlich. Kein Lektorat prüft Ihr Konzept auf Stimmigkeit, beseitigt Ihre Fehler oder gibt Ihnen Hinweise für eine markt- und lesergerechte Gestaltung. Niemand findet für Sie einen genregerechten, verkaufsfördernden Buchtitel. Kein Setzer sorgt für ein modernes, ansprechendes Layout und kein Grafiker überrascht Sie mit einem sensationellen Coverentwurf. So gesehen ist ein BoD-Anbieter ähnlich wie ein Bezahlverlag eher ein »Buchdruckdienstleister« als ein richtiger Verlag, denn die meisten verlegerischen Prozesse verbleiben beim Autor.

Keine Dienstleistungen, keine Qualitätskontrolle

Sich über das Geschäftsmodell von Bezahlverlagen und BoD-Anbietern aufzuregen ist deshalb in etwa so sinnvoll, wie sich bei *McDonalds* an einen Tisch zu setzen und nach zehn Minuten Wartezeit wutentbrannt aus dem Restaurant zu stürmen, weil Sie nicht bedient worden sind.

Uneingeschränkt empfehlen kann ich Ihnen ein BoD deshalb nur unter zwei Voraussetzungen: Erstens kann es sein, dass Ihr Thema zu speziell und Ihre Zielgruppe zu klein ist, um als Autor für einen vermarktungsorientierten Verlag interessant zu sein. Haben Sie zum Beispiel als Berater ein neues Verfahren für das Risikomanagement in Krankenhäusern entwickelt – dafür dürfte sich kaum ein großer Verlag interessieren – und sind Sie in der Gesundheitsbranche gut vernetzt, dann machen Sie ruhig ein BoD.

Zweitens sollten Sie sich für alle Prozesse, die Sie selbst verantworten müssen, professionelle Unterstützung holen. Lassen Sie sich bei der Konzeption von Bücherprofis beraten, suchen Sie sich einen freien Lektor, einen Textcoach oder einen Ghostwriter für das Manuskript, engagieren Sie erfahrene Setzer und Grafiker für die Gestaltung und lassen Sie sich bei Marketing und PR von einer Agentur unterstützen, die sich in der Buchbranche auskennt. Denn für ein BoD gelten dieselben Erfolgsfaktoren wie für alle anderen Bücher. Ist es inhaltlich enttäuschend und schlecht aufgemacht, dann werden es die Leser nicht einmal geschenkt haben wollen.

Kleinverlage Es bleiben also die Verlage übrig, die auf eigenes wirtschaftliches Risiko ein Buchprogramm gestalten und die verlegerischen Prozesse selbst steuern und kontrollieren. Umgangssprachlich könnten wir sie auch die »richtigen Verlage« nennen. Darunter sind nun wiederum in der großen Mehrzahl kleine Verlage und Kleinstverlage, die teilweise nur aus dem Verleger selbst bestehen, der gemeinsam mit einem Netzwerk aus Dienstleistern ungefähr ein Dutzend Titel pro Jahr herausbringt.

Fast immer handelt es sich hier um Idealisten, deren kulturelles Engagement aller Ehren wert ist. Aber wenn Sie als Autor nicht selbst reiner Idealist sind und mit der Publikation strategische Ziele verfolgen, dann scheidet auch der Kleinverlag als Partner schnell aus. Denn bei der Flut der jährlichen Neuerscheinungen brauchen Sie schon einen Verlag mit effektivem Marketing und mit Vertriebspower, um überhaupt einen gewissen Aufmerksamkeitseffekt zu erzielen.

Direktvertrieb Unter den größeren und wirtschaftlich erfolgreichen Verlagen gibt es nun wiederum solche, die ihre Bücher ausschließlich oder überwiegend im Direktvertrieb an die Leser bringen, und andere, die überwiegend auf den Buchhandel als Vertriebskanal setzen. Zu den direkt vertreibenden Verlagen zählen durchaus Schwergewichte der Branche. So hat der Bonner Unternehmer *Norman Rentrop* seit den 1970er-Jahren aus einer Existenzgründerzeitschrift ein wahres Imperium für Fachinformationen im Bereich Wirtschaft geschmiedet. Oder es gibt Verlage, deren Namen in der Öffentlichkeit niemand kennt, die Bücher zum Thema Freizeit und Tourismus in hohen Auflagen ausschließlich in Kooperation mit Mineralölkonzernen oder Automobilclubs vertreiben. Auch diese Bücher finden Sie in keiner Buchhandlung. Dafür winken den Autoren oft attraktive Honorare.

Inwiefern Verlage, die ihre Bücher nicht über den Buchhandel vertreiben, für Sie als Autor ein geeigneter Partner sein können, hängt wiederum von Ihren Zielen ab. Wenn es Ihr Ziel ist, Steuerberater mit Fachinformationen zu versorgen und Sie dabei um Ihre Person nicht viel Wirbel machen wollen, dann ist ein Verlag, der Bücher und Loseblattsammlungen direkt an Wirtschaftsprüfer und Steuerberater verkauft, für Sie sicher eine gute Wahl. Aber wenn Sie Ihren Namen in der *Süddeutschen Zeitung* lesen möchten, werden Sie mit einem solchen Verlag nicht glücklich. Für Verlage, die im Direktvertrieb ihre Geschäfte machen, sind Autoren Inhaltslieferanten, die sicherlich geschätzt und meistens fair bezahlt, aber niemals in der Öffentlichkeit zu Autorenpersönlichkeiten aufgebaut werden.

Eine Karriere als Autor, sei es in der Fachöffentlichkeit oder in der breiten Öffentlichkeit, machen Sie nur, wenn Ihr Buch auch in den Buchhandlungen liegt. Hier finden sich die traditionsreichen Namen des deutschsprachigen Verlagswesens – *Fischer* und *Rowohlt, Ullstein* und *Piper, Hanser* und *Reclam, Springer* und *DuMont* und wie sie alle heißen. Die Autoren dieser in den Buchhandlungen vertretenen Verlage sind es, von denen Sie im Sachbuchteil der Literaturbeilagen von *FAZ* und *Zeit* erfahren, die auf den Sachbuch-Bestsellerlisten von *Spiegel* und *Focus* erscheinen, auf den Buchmessen in Frankfurt und Leipzig lesen und bei Businessveranstaltungen die Säle von Kongresshotels füllen. Steht Ihr Buch in allen Großstadtbuchhandlungen wie *Hugendubel, Thalia* oder *Dussmann* im Regal, dann sind Sie bei einem Verlag der Bundesliga untergekommen und haben gute Chancen, die eingangs beschriebenen sekundären Effekte des Publizierens für sich nutzen zu können.

Wenn Sie Publicity und Bekanntheit als Autor anstreben, dann nehmen Sie Verlage ins Visier, deren Vertrieb für Präsenz im Buchhandel sorgt. Denn diese Verlage machen in der Regel auch aktive Pressearbeit und bauen Autorenpersönlichkeiten auf.

Mein Tipp

Welche Verlage kommen auf Ihre Liste?

Sobald Sie einmal eine große Buchhandlung durchstreifen und bei den Büchern Ihres Interessengebiets auf die jeweiligen Verlage achten, werden Sie schnell feststellen, dass Ihnen auch in dieser Liga noch eine schwer zu überblickende Fülle von Marktteilnehmern begegnet. Für Branchenfremde ist es oft nicht leicht einzuschätzen, nach welchen Kriterien ein Verlag sein Programm zusammenstellt – in einigen Fällen scheinen das die Verleger selbst nicht so genau zu wissen – und ob ein geplantes Buch für diesen Verlag interessant sein könnte. Deshalb habe ich einige Hinweise zum geschickten Vorgehen für Sie.

Buchhändler fragen

Im Grunde funktioniert die Verlagssuche ganz ähnlich wie die Konkurrenzanalyse, die ich in Kapitel 3 beschrieben habe. Nach ersten Feldforschungen im eigenen Bücherschrank und in der für Sie interessanten Abteilung einer Großstadtbuchhandlung lohnt es sich wiederum, einen Buchhändler zu befragen. Am besten sprechen Sie nicht unbedingt mit den Auszubildenden – auch wenn diese nett und hübsch sind –, sondern fragen gezielt danach, wer in der jeweiligen Abteilung für den Einkauf zuständig ist. Diese Buchhändler kennen die Programme der Verlage sehr genau, denn sie studieren die Handelsvorschauen und haben regelmäßig Termine mit Verlagsvertretern, die ihnen sämtliche Neuheiten noch vor dem Erscheinungstermin präsentieren. Und wie alle Buchhändler freuen sie sich in der Regel, wenn jemand ihr Fachwissen einmal so richtig fordert. Scheuen Sie sich also nicht, genau nachzufragen, welche Verlage dem Händler zu Ihrem Genre und Thema einfallen.

Die größten deutschsprachigen Verlage

Alljährlich veröffentlicht das Branchenmagazin *Buchreport* eine Rangliste der 100 größten Verlage im deutschsprachigen Raum. Sie richtet sich nach Verlagsunternehmen, nicht nach einzelnen Verlagsmarken, so genannten Imprints. So ist zum Beispiel der Siedler Verlag ein Imprint der Verlagsgruppe Random House, einer Tochter des Medienriesen Bertelsmann. Die aktuelle vollständige Liste können Sie unter *www.buchreport.de* bestellen. Diese Liste ist hilfreich bei der Verlagssuche, denn die Verlage, die in dieser Liga spielen, können Ihnen als Autor auch eine gewisse Verbreitung garantieren.

Die zehn größten deutschsprachigen Verlage, basierend auf den 2010 verfügbaren Daten, sind folgende:

	Verlag bzw. Verlagsgruppe	Hinweise und Tipps
1	Springer	Fachverlagsgruppe mit einem der weltweit breitesten Wissenschaftsprogramme. Auch Praxisbücher im Businessbereich.
2	Klett	Spezialisiert auf Schulbuch, Lernmittel, Bildung, auch ein wenig Belletristik
3	Cornelsen	Noch ein Schulbuch- und Lernmittel-Spezialist.
4	Random House	Die größte Publikumsverlagsgruppe der Welt. Bündelt alle Bertelsmann-Verlage, u. a. die deutschsprachigen Belletristik- und Sachbuch-Imprints Ariston, Blessing, DVA, Goldmann, Gütersloher, Heyne, Kösel, Riemann, Siedler, Südwest.
5	Westermann	Schulbuchverlag, bekannt durch den Diercke Weltatlas.
6	Haufe	Sehr breites Fachbuch- und Ratgeberprogramm zu Wirtschaft und verwandten Themen.
7	Weka	Internationale Verlagsgruppe mit zahlreichen Imprints im Bereich Fachinformation.
8	MairDuMont	Spezialisiert auf Karten, Reiseführer, Tourismus.
9	Wolters Kluwer (Deutschland)	Internationale Fachverlagsgruppe. Bekanntestes Imprint in Deutschland ist der Fachverlag Luchterhand.
10	Weltbild	Verschachtelter Konzern im Besitz der katholischen Bischofskonferenz. Diverse Sachbuch-Imprints und Beteiligungen.

Die Verlagsbranche ist bis auf diese wenigen Schwergewichte insgesamt weitgehend mittelständisch geprägt, die Eintrittsschwelle in den Club der Top-100 liegt bei einem Umsatz von ca. 7,5 Millionen Euro. Nur die 15 größten Verlage kommen auf einen dreistelligen Millionenumsatz. Der Umsatzdurchschnitt bei den 100 größten Verlagen liegt bei gut 60 Millionen Euro. Dementsprechend sind die meisten Verlage, mit denen Sie es als Autor zu tun haben, vergleichsweise kleine Unternehmen, das gilt auch für die namhaften. Meistens liegen Sie richtig, wenn Sie sich am anderen Ende der Telefonleitung ein Lektorat von weniger als zehn Personen vorstellen.

Verlagssuche online Ebenfalls ähnlich wie bei der Konkurrenzanalyse leistet Ihnen die Website von *Amazon.de* oder eines anderen führenden Online-Buchhändlers gute Dienste, um eine Liste der für Sie in Frage kommenden Verlage zusammenzustellen. Nutzen Sie die Eingabemasken unter »Erweiterte Suche« oder »Profisuche« (wie in Kapitel 3 beschrieben), um gezielt nach Büchern zu Ihrem Thema und der vor Ihnen angestrebten Gattung zu suchen. Übrigens können Sie mit dem *Karlsruher Virtuellen Katalog* der Uni Karlsruhe unter *www.ubka.uni-karlsruhe.de/kvk* in einer Metasuche gleich mehrere Online-Kataloge des Handels, das *Verzeichnis Lieferbarer Bücher* sowie Datenbanken großer Bibliotheken wie der *Deutschen Bibliothek* oder *Staatsbibliothek zu Berlin* abfragen.

Parallel sollten Sie auf den Seiten der Online-Händler auch die Kategorien durchstöbern. Wenn Sie also einen Gesundheitsratgeber planen, dann klicken Sie auf die Rubrik »Gesundheit« und schauen sich dort zunächst einmal an, von welchen Verlagen die Bestseller stammen, die Ihnen auf der Themenseite präsentiert werden. Bei *Amazon* beispielsweise können Sie die Bücher anschließend auch nach Verkaufsrang sortieren lassen. Je spezieller Ihr Themengebiet ist, desto eher werden Sie feststellen, dass auf den oberen 30 oder 40 Verkaufsrängen immer wieder dieselben Verlagsnamen auftauchen. Achten Sie dabei aber immer ganz genau auf die Gattung, bei Thema Gesundheit also etwa darauf, ob es sich bei einem Titel um ein Fachbuch oder einen Ratgeber handelt. Denn ein Verlag, der ausschließlich Fachliteratur für Ärzte im Programm hat, kommt für einen populären Gesundheitsratgeber nicht in Frage.

In Frage kommende Verlage auswählen Durch Recherche in Ihrem Themengebiet werden Sie innerhalb von zwei, drei Tagen mühelos eine Liste mit 30 oder sogar noch mehr Verlagsnamen zusammenhaben. Aus diesen möglichen Verlagen gilt es nun, ungefähr zehn Verlage auszuwählen, in deren Programm Sie sich Ihr Buch am besten vorstellen können. Dieses Ziel erreichen Sie, indem Sie sich mit den Programmen der einzelnen Verlage näher befassen. Die meisten Verlage präsentieren ihr Buchprogramm umfassend im Internet. Zu den Webseiten der

Verlage gelangen Sie fast immer problemlos über eine Suchmaschine. Dabei werden Sie feststellen, dass viele Verlage Teil größerer Verlagsgruppen sind, denn in den 1990er-Jahren hat in der Buchbranche ein gewaltiger Konzentrationsprozess eingesetzt.

Es kann allerdings sein, dass ein Verlag seine weniger aktuellen, aber noch lieferbaren Titel – die so genannte Backlist – nicht oder nicht komplett im Internet präsentiert. Um sich ein vollständiges Bild von einem Verlag zu machen, ist die Backlist aber durchaus interessant. Haben Sie es nicht ganz so eilig mit der Verlagssuche, lohnt es sich deshalb, beim Verlag anzurufen und um Zusendung des aktuellen Programms in gedruckter Form zu bitten. Diesem Wunsch kommen die Verlage fast immer gerne nach. Am besten fragen Sie auch gezielt nach der aktuellen Handelsvorschau, denn diese präsentiert in vielen Fällen auf den letzten Seiten die vollständige Backlist. Die gedruckten Unterlagen haben auch den Vorteil, dass Sie sich anhand der Außendarstellung ein noch besseres Bild davon machen können, wie ein Verlag sich gegenüber Handel und Lesern positioniert und welche Unternehmenskultur dahintersteckt.

Nach folgenden Kriterien können Sie Schritt für Schritt überprüfen, ob ein Verlag zu Ihnen passt:

- *Das Genre ist im Programm vertreten.*
  Thematische Überschneidungen können Sie leicht eine **Welcher Verlag** heiße Spur vermuten lassen, wo Sie in Wirklichkeit **passt zu Ihrem** keine Chance haben werden. Ein Wirtschaftsverlag **Projekt?** mag noch so viele Bücher zum Thema Unternehmensführung im Programm haben, wird sich aber niemals für ein Sachbuch nach dem Muster *Das Daimler-Desaster* interessieren, wenn sein Selbstverständnis das eines Fachverlags ist. Hingegen hätten Sie damit gute Chancen bei einem populären Sachbuchverlag, selbst wenn dieser sich bisher kaum mit Wirtschaftsthemen befasst hat. Das Genre ist also das wichtigste Prüfkriterium.

- *Es gibt thematische Anknüpfungspunkte im Programm.*
  Fast jeder Verlag versucht, bestimmte Themencluster zu bilden, weil dies das Handelsmarketing erleichtert.

So prägt sich dem Buchhändler ein, dass ein Verlag bestimmte Schwerpunkte hat, und er bestückt seine Regale gern mit verwandten Titeln aus demselben Hause. Planen Sie zum Beispiel ein Buch über Präsentationstechniken für Projektmanager, dann ist ein Verlag für Sie interessant, der bereits Bücher über Projektmanagement im Programm hat.

- *Der Verlag richtet sich an ähnliche Zielgruppen.*
  Fragen Sie sich: Wer kauft die Bücher dieses Verlags? Und: Sind das die Zielgruppen, die ich mit meinem Buch erreichen möchte? Hinweise dazu geben Ihnen neben den Büchern selbst und deren Aufmachung auch der Internetauftritt und das Prospektmaterial des Verlags. So kommt bei dem einen Verlag alles schrillbunt daher, während ein anderer auf Grautöne und Dunkelblau setzt. Auch die Kundenansprache ist mal reißerisch werbend, mal nüchtern beschreibend und mal vielleicht sogar von politischer Polemik durchsetzt. Jeder Verlag ist ein wenig so wie seine Leser.

- *Das Profil der Autoren des Verlags kommt ihrem eigenen nahe.* Interessieren sollten Sie sich auf jeden Fall auch für die Biografien und Persönlichkeiten der Autoren, die ein Verlag bereits in sein Programm aufgenommen hat. Wenn Sie sich gut vorstellen können, mit einer Reihe der Autoren gemeinsam auf einem Kongress, einem fachlichen Symposium oder bei einer kulturellen Veranstaltung aufzutreten, ist das ein positives Signal. Haben die meisten Autoren dagegen einen ganz anderen Werdegang als Sie oder sind einige Ihnen sogar aus irgendwelchen Gründen unsympathisch, dann passt der Verlag vielleicht auch nicht besonders gut zu Ihnen.

- *Es gibt keinen unmittelbaren Konkurrenztitel im Programm.* Das ist ein strenges Ausschlusskriterium. Schon aus rechtlichen Gründen wird kein Verlag ein zweites Buch desselben Themas, Genres und Zuschnitts in sein Programm aufnehmen und damit dem ersten Autor Schaden zufügen. Planen Sie also ein Buch zum Thema Dienstleistungsmarketing und hat ein Verlag gerade »Marketing für Dienstleister« herausgebracht, dann brauchen Sie diesen Verlag gar nicht erst in Ihre Liste aufzunehmen. Das gilt natürlich nur für unmittelbare Konkurrenztitel (wie in Kapitel 3 beschrieben), nicht für ähnliche, aber völlig anders zugeschnittene Bücher. Diese haben sogar gute Chancen, bei einem Verlag unterzukommen, der bereits Komplementäres im Programm hat.

Neben allen objektiven Kriterien spielt schließlich auch persönliche Sympathie eine Rolle. Was sagt Ihnen Ihr Gefühl? Vielleicht haben Sie einen oder zwei Favoriten auf Ihrer Liste, ohne dass Sie so genau sagen könnten, warum. Ich kann Ihnen nur empfehlen, bei der Verlagssuche auch Ihrer Intuition zu vertrauen. Denn als Autor möchten Sie sich bei Ihrem Verlag am Ende auch wohlfühlen.

KOMPAKT

- Bei der Verlagssuche hilft ein strukturiertes Vorgehen ähnlich der Konkurrenzanalyse, um den für das eigene Projekt am besten geeigneten Verlag zu finden. So kristallisieren sich am Ende meist ca. fünf bis zehn Favoriten heraus.

- Bezahlverlage, Anbieter von *Books on Demand (BoD),* auf das Direktgeschäft spezialisierte Verlage und Kleinverlage decken verschiedene Bedürfnisse des Marktes ab, eignen sich aber wenig für Autoren, die mit ihrer Veröffentlichung Ziele wie Publicity, Vorbereitung von Live-Auftritten, persönlichen Prestigegewinn oder Kompetenznachweis erreichen wollen.

- Bei der Verlagssuche empfiehlt sich, möglichst viel über einen in Frage kommenden Verlag herauszufinden. Ist das gewünschte Genre im Programm vertreten, gibt es thematische Anknüpfungspunkte, richtet sich der Verlag an Ihre Zielgruppe, sind ähnliche Autoren wie Sie vertreten und gibt es keinen unmittelbaren Konkurrenztitel zu Ihrem Projekt im Programm, könnte der Verlag zu Ihnen passen.

10. Verlage professionell ansprechen – Bloß nicht auf den großen Stapel!

In den Lektoraten geht es zu wie bei »Deutschland sucht den Super-star!« Tausende unbekannter Aspiranten bewerben sich, fast alle er-halten Absagen, einige dürfen vorsingen und vortanzen, die wenigsten kommen in die engere Auswahl und nur der eine oder die andere erhält am Ende einen Vertrag. Trotzdem: Solange es Hoffnung gibt, funktioniert das jedes Jahr aufs Neue …

Zwar gibt es verlässliche Statistiken über die Anzahl der jährlichen Neuerscheinungen, doch weiß kein Mensch, wie viele Buchange-bote deutschsprachige Verlage im selben Zeitraum ablehnen. Da derzeit ca. 95 000 Bücher jedes Jahr neu auf den Markt kommen und die meisten Verlage 95 bis 99 Prozent aller Buchangebote ablehnen, dürften es zurückhaltend geschätzt um die zwei Mil-lionen Absagen sein.

Zwei Millionen Absagen an Autoren Nun ist es keineswegs so, dass die Verlage jährlich zwei Millionen Absagen verschickten, am Ende noch auf Papier und unterschrie-ben vom jeweiligen Programmchef. Ein typischer Fall ist vielmehr, dass ein angehender Autor einem Verlag, dessen E-Mail-Adresse oder Postanschrift er im Internet gefunden oder telefonisch er-fragt hat, sein Manuskript oder einen Probetext und sein Exposé zukommen lässt – und dann nie, wirklich nie, etwas von diesem Verlag hört.

Manch angehendem Autor wird das gar nicht auffallen, weil er seine Unterlagen an knapp unter 100 Verlage gleichzeitig verschickt und dann den Überblick verloren hat. Andere werden die Erfahrung machen, dass sich Wochen nach der Versandaktion der Verbleib des Manuskripts beim Verlag auch auf telefonische Nachfrage nicht mehr aufklären lässt. Von einigen Verlagen bekommt der Autor schließlich eine höfliche Absage. Sei es aus Etikette, sei es, weil der Verlag in jedem Autor auch einen Buchkäufer sieht und die Sache unter Marketing verbucht, oder sei es, weil das Angebot so schlecht nicht war und man bei dem Autor in Erinnerung bleiben möchte. Und ja: in einem von ungefähr 100 Fällen wird sich ein Verlag auch interessiert zeigen.

Ein Kampf um Aufmerksamkeit

Bevor Sie nun die Verlage schelten, bedenken Sie bitte zweierlei. Erstens werden die meisten Lektorate dermaßen mit Angeboten zugeschüttet, dass die Lektoren mehr als ihre gesamte Arbeitszeit damit verbringen könnten, jede Offerte zu begutachten und sich mit dem Autor in Verbindung zu setzen. Lektoren haben aber auch noch anderes zu tun. Zweitens ist das Gros der Buchangebote von – höflich ausgedrückt – indiskutabler Qualität. Wer nicht an seinem Beruf verzweifeln möchte, wird es irgendwann aufgeben, einem 28-jährigen kaufmännischen Angestellten in aller Ausführlichkeit zu erklären, warum zu wenige Menschen ein Buch über seine 100 persönlichen Lieblingssongs aller Zeiten lesen möchten. (Ein reales Beispiel übrigens.)

Kurzum: Die Verlage geben sich redlich Mühe, des Chaos Herr zu werden, und müssen vor der Flut der Angebote dennoch oft kapitulieren. Große Verlage beschäftigen mitunter Assistenten, die den ganzen Tag nichts anderes tun, als den großen Stapel der Buchangebote – auf Papier und in elektronischer Form – sukzessive zu durchforsten, die wenigen passablen Angebote für ihre Chefs herauszufischen und den übrigen Autoren entweder abzusagen oder deren Unterlagen sang- und klanglos verschwinden zu lassen. Und wenn Sie einmal auf diesem Stapel gelandet sind, kann es Monate dauern, bis Ihr Angebot überhaupt an der Reihe ist.

Die Flut der Angebote sichten

Die Frage ist also: Wie schaffen Sie es, in die Hände eines Lektors und gar nicht erst auf den großen Stapel zu kommen? Wie vermeiden Sie es, dass Ihr Angebot nach Monaten des Wartens von der Fachkraft für Absagen bearbeitet wird? Da Sie gegenüber dem Verlag in einer Art Bewerbungssituation sind, hilft Ihnen ziemlich exakt dasselbe wie in allen solchen Situationen: einen persönlichen Kontakt herstellen und aktiv kommunizieren.

Der richtige Ansprechpartner Im ersten Schritt muss also ein Ansprechpartner in Ihrem Wunschverlag her. Auf dessen Schreibtisch gehören Ihr Exposé und Ihr Probetext – und nicht auf den Stapel im Büro nebenan. Dieser Ansprechpartner ist in der Regel der Programmleiter des Verlags, bei größeren Verlagen auch der Programmbereichsleiter der Sparte, in die Ihr Projekt passen würde. Da sich Chefs gerne rar machen, ist es aber auch schon ein Erfolg, wenn Sie mit einem Lektor des von Ihnen anvisierten Programmbereichs Kontakt aufnehmen können.

Manche Autoren, insbesondere solche aus dem Businessbereich mit einem gesunden Selbstbewusstsein, wollen unbedingt mit dem Verlagsleiter oder Geschäftsführer in Kontakt treten und sozusagen von Chef zu Chef verhandeln. Das ist jedoch nur dann sinnvoll, wenn der Verlagsleiter gleichzeitig als Lektoratsleiter und Programmchef fungiert. Ist er dagegen nur der kaufmännische Geschäftsführer, wird er die Anfrage einfach an das Lektorat weiterleiten. Und dort kann es dann sogar ein Nachteil sein, wenn der Lektor das Gefühl hat, dass der Autor sich mit ihm eigentlich nicht abgeben wollte.

Wie finden Sie nun aber Ihren Ansprechpartner im Lektorat? Wenn Sie so etwas schon einmal versucht haben, dann haben Sie vielleicht erlebt, dass dies oft gar nicht so einfach ist. Deshalb spielen wir hier einmal drei typische Szenarien durch und geben Ihnen dabei jeweils Tipps.

Drei typische Szenarien

- **Szenario eins:** Sie geben im Internet bei einer Suchmaschine den Namen des Verlags ein und erhalten den Link zu dessen Website als ersten Treffer. Auf der Homepage des Verlags finden Sie in der Navigationsleiste schnell einen Link mit der Bezeichnung »Kontakt«, »Der Verlag« oder Ähnliches. Nach einem weiteren Klick sehen Sie alle Mitarbeiter des Lektorats, unter Angabe des Zuständigkeitsbereichs, mit Telefondurchwahl und persönlicher E-Mail-Adresse. Und ein geschmackvolles Porträtfoto gibt Ihnen dazu noch einen optischen Eindruck, mit wem Sie es zu tun bekommen. Sie greifen zum Telefon und es meldet sich der für Sie zuständige Lektor oder zumindest dessen Assistent.

Solch ein Verlag darf als vorbildlich gelten. Hier hat man sich Gedanken gemacht und zeigt, dass man ernsthaft interessiert ist, mit neuen Autoren in Kontakt zu treten. Gleichzeitig können Sie aber auch davon ausgehen, dass dies kein besonders bekannter oder bei Autoren begehrter Verlag ist. Denn deren Lektoren könnten sich solche Offenheit nicht leisten, außer sie wollten von morgens bis abends an allen Arbeitstagen im Jahr höchstpersönlich Anfragen beantworten, während die Assistenten in der Zwischenzeit die Bücher machen.

- **Szenario zwei:** Sie sind auf der Homepage eines weiteren Verlags. Dort wird Ihnen das aktuelle Buchprogramm schmackhaft gemacht. Unter »Kontakt« finden Sie aber nur den Vertriebsinnendienst als Ansprechpartner für die Buchhändler sowie einen Rechtemanager, den Sie gerne kontaktieren dürfen, wenn Sie für ein Buch Übersetzungsrechte kaufen möchten. Erst nach intensiver Suche finden Sie irgendwo einen Hinweis für Autoren, die dem Verlag »ein Manuskript anbieten« möchten. Dort werden Sie gebeten, Ihr Material an die E-Mail-Adresse »lektorat@unserschoener-verlag.net« zu senden. Außerdem bittet man Sie um Geduld, man werde sich melden.

  Vorsicht: Wenn Sie von dieser E-Mail-Adresse Gebrauch machen, dann landen Sie zielsicher auf jenem großen Stapel (bzw. in dem großen Dateiordner), wo Sie gerade nicht hinwollen. Hier haben Sie noch eine Rechercheaufgabe zu bewältigen: Finden Sie heraus, wer im Lektorat für Sie zuständig ist, und lassen Sie nicht locker, bis Sie diese Person am Telefon haben.

- **Szenario drei:** Auf der Homepage des dritten Verlags werden Ihnen »Unsere Bestseller« präsentiert, die Sie direkt in den »Einkaufswagen« legen und beim Verlag bestellen können. Eine Kontaktmöglichkeit zum Verlag suchen Sie aber vergeblich. Immerhin finden Sie unten auf der Seite, winzig klein, den Link zum »Impressum«. Dieser führt Sie zur Anschrift des Verlags samt Telefonnummer der Zentrale. Unter dieser Nummer erreichen Sie eine resolute Dame, die Ihnen, kaum dass Sie Ihren Namen genannt haben, ins Wort fällt und Sie fragt, ob es um ein Buchangebot gehe. Als Sie bejahen, erhalten Sie genaue Instruktionen, Ihr Exposé bitte ausschließlich per Briefpost – »wegen der Viren, Sie wissen schon« – zu Händen des Lektorats einzusenden. Nein, Sie erst mit einem Lektor zu verbinden sei nicht möglich, man sei dort im Moment zu beschäftigt.

Das Einzige, was stört ...

Zugegeben, Letzteres ist ein Worst-Case-Szenario. Doch es gibt tatsächlich Verlage, die sich ähnlich zugeknöpft geben. Motto: Das Einzige, was stört, ist der Autor. Abgesehen davon, dass Sie sich fragen können, ob Sie mit einem solchen Verlag überhaupt zusammenarbeiten möchten, kommen Sie hier nicht weiter. Sie müssen erst einen Weg finden, doch noch einen persönlichen Kontakt herzustellen, beispielsweise auf einer Messe oder Veranstaltung.

Was haben Sie anzubieten?

Sie haben es geschafft. Ihr Ansprechpartner im Lektorat meldet sich am Telefon. Seine Aufmerksamkeit haben Sie für den Moment. Jetzt wollen Sie auch sein Interesse: Stellen Sie dem Lektor Ihr Vorhaben kurz und prägnant vor und fragen ihn, ob er interessiert ist. Wichtig ist, dass Sie Ihr Buchprojekt aus Verlagssicht und nicht aus Autorensicht darstellen. Wenn Sie sich jetzt nämlich in langatmigen Inhaltsangaben ergehen, wird Ihr Gesprächspartner schnell ungeduldig werden und bald nur noch auf einen günstigen Moment warten, das Gespräch zu beenden. Versuchen Sie stattdessen in aller Kürze darzustellen, warum Ihr Buch für den Verlag ein gutes Geschäft wäre.

Was könnten Sie sagen? Zunächst einmal wer Sie sind. Dann den Status des Projekts, die Buchgattung, das Thema und seine Relevanz, die Zielgruppe und möglichst mindestens ein Alleinstellungsmerkmal Ihres geplanten Buches. Das Ganze so kurz und präzise wie möglich. Eine entsprechende Formulierung könnte beispielsweise lauten: *»Mein Name ist Andrea Autorin und ich bin Diplom-Psychologin. Ich habe ein Konzept und ein erstes Kapitel für ei-*

nen Karriereratgeber erstellt, der Frauen zeigt, wie sie sich in den heute typischen Teamsituationen gegen aggressiv auftretende männliche Kollegen behaupten können. Es gibt bisher keinen vergleichbaren Ratgeber, der speziell auf die Situation von Frauen in Teams eingeht. Können Sie sich ein solches Buch in Ihrem Programm vorstellen?« Anschließend machen Sie eine Pause und geben dem Lektor Zeit zu reagieren.

> **Formulieren Sie vor Ihrem Telefonat mit einem Lektor schriftlich ein »Zehn-Sekunden-Statement«, das auf den Punkt bringt, was das geplante Buch für den Verlag interessant macht. Wenn Sie am Telefon unsicher sind, lesen Sie das Statement dann einfach vom Blatt ab.**

Mein Tipp

Nach Ihrer Kurzbeschreibung des Projekts ist es durchaus möglich, dass der Lektor Ihnen sofort absagt. Die Begründung mag sein, dass bereits alle Programmplätze für Bücher dieses Typs vergeben seien, man keine Bücher für diese Zielgruppe mache, das Programm gerade neu ausgerichtet werde oder was auch immer. Auch wenn Ihnen die Begründung fadenscheinig vorkommt, sollten Sie die Absage akzeptieren und den Lektor keinesfalls in eine Diskussion verwickeln. An einen Autorenvertrag kommen Sie niemals allein durch Insistieren. Fragen Sie lieber, ob Sie irgendwann noch einmal mit einem anderen Vorschlag auf den Lektor zukommen dürfen. Wenn Sie Glück haben, verrät Ihnen der Lektor sogar, welche Vorschläge ihm gefallen würden.

Zeigt sich der Lektor dagegen interessiert, wird er Ihnen wahrscheinlich noch ein paar Fragen stellen. Etwa, ob Sie schon einmal etwas veröffentlicht haben, oder auch, wie Sie auf den Verlag aufmerksam geworden sind. Beantworten Sie solche Fragen möglichst ehrlich und ohne ausschweifend zu werden.

Wenn das Lektorat interessiert ist …

Falls der Lektor nicht schon selbst darum bittet, bieten Sie ihm zum Schluss an, ihm Ihr Exposé und Ihren Probetext zukommen zu lassen. Fragen Sie ihn einfach, wie es ihm am liebsten wäre: per Post oder per E-Mail. Da hat nämlich jeder Lektor seine Vorlieben. Erfragen Sie auf jeden Fall seine persönliche E-Mail-Adresse, seine genaue persönliche Postadresse innerhalb des Verlags und seine Telefondurchwahl, sofern Sie eine dieser Angaben noch nicht kennen. Denn unter »lektorat@xyz-verlag.de« landet Ihr Exposé ja doch wieder auf dem großen Stapel – und bleibt dort so lange, bis der Lektor das nette Telefonat mit Ihnen längst vergessen hat.

Verbindliche Fristvereinbarung Ganz wichtig im Umgang mit Lektoren ist es, das weitere Vorgehen jeweils verbindlich zu vereinbaren. Denn angesichts der Flut der Buchangebote und der hohen Arbeitsbelastung in den Lektoraten kann es Ihnen sonst passieren, dass man sich zunächst interessiert zeigt und Sie dann irgendwann doch wieder vergisst. Fragen Sie also den Lektor, wie lange die Prüfung Ihres Buchangebots dauern wird und wann Sie sich wieder melden dürfen. Vereinbaren Sie dazu auf jeden Fall einen verbindlichen Zeitraum, beispielsweise vier Wochen.

Ihr Exposé und Ihren Probetext schicken Sie am besten unmittelbar nach dem Telefongespräch ab. So ist der Gesprächseindruck beim Lektor noch frisch. Und vielleicht haben Sie ihn ja tatsächlich neugierig gemacht. Im E-Mail-Text können Sie sich nun noch einmal für das freundliche Gespräch bedanken und bestätigen, dass Sie sich nach der vereinbarten Frist wieder melden werden. Längere Ausführungen zum Projekt sollten Sie dagegen meiden, da sprechen Exposé und Probetext im Dateianhang hoffentlich für sich. Dafür sollte die E-Mail aber eine Signatur mit Ihrer Anschrift und Ihrer Telefonnummer enthalten, damit der Verlag Sie bei Bedarf erreichen kann. Empfehlenswert ist es, auch in der Kopf- oder Fußzeile des Exposés und eventuell des Probetextes Ihre Kontaktdaten einzufügen.

Bücher-menschen kennen lernen Nach der Qualität Ihres Buchkonzepts ist der persönliche Kontakt zu einem Ansprechpartner im Verlag der zweitwichtigste Erfolgsfaktor, um an einen Verlagsvertrag zu kommen. Nicht umsonst sind persönliche Kontakte ja auch das größte Kapital eines Literaturagenten. Wenn Sie mit Internetrecherche und telefonischem Durchfragen allein nicht den gewünschten Erfolg haben, gibt es noch weitere Möglichkeiten, Büchermenschen kennen zu lernen.

1. Frankfurter Buchmesse
Auf dem weltweit wichtigsten Marktplatz der Branche haben die Lektoren zwar Termine im Halbstundentakt und kaum Zeit für

spontane Gespräche, trotzdem stehen die Chancen gar nicht so schlecht, einen Lektor für eine halbe Minute abzufangen und anschließend Visitenkarten zu tauschen. Fragen Sie einfach, wer für Ihr Thema zuständig und wann am Stand ist. An vielen Ständen tragen die Mitarbeiter Namensschilder. Gute Messetage, um Lektoren zu treffen, sind Mittwoch und Donnerstag. An den Publikumstagen am Wochenende ist es praktisch sinnlos. Eine Fachbesucherkarte erhalten Sie in der Regel problemlos, wenn Sie angeben, dass Sie Autor sind. Melden Sie sich dann in der Woche nach der Messe telefonisch bei Ihrem Kontakt. Stellen Sie ihm jetzt – und nicht schon auf der Buchmesse! – Ihr Projekt näher vor.

2. Leipziger Buchmesse

Die Leipziger Buchmesse spielt im Gegensatz zu Frankfurt als Marktplatz kaum eine Rolle. Sie ist eine Publikumsmesse und ein Schaufenster der Branche für Medien und Öffentlichkeit. Der Schwerpunkt liegt bei der Belletristik, jedoch sind die wichtigsten Sachbuch-, Fachbuch- und Ratgeberverlage mit ihren Frühjahrsprogrammen vertreten. Die Programmleiter und Lektoren machen sich allerdings rar. Freitag ist noch der beste Messetag, um am Stand einen Ansprechpartner zu finden. Denn dann kommen viele wegen der abendlichen Branchenparty in der Moritzbastei und schauen tagsüber am Stand vorbei. Der Vorteil in Leipzig: Wenn Sie einmal einen Ansprechpartner gefunden haben, hat dieser meist auch ein wenig Zeit für Sie.

3. Veranstaltungen mit Autoren

Alle großen Sachbuchverlage machen immer wieder Veranstaltungen mit ihren Top-Autoren: Buchvorstellungen, Podiumsgespräche und so weiter. Ankündigungen dazu finden Sie etwa auf den Webseiten der Verlage. Je prominenter der Autor ist, desto größer ist die Wahrscheinlichkeit, dass sich auch jemand aus dem Lektorat oder sogar der Programmleiter bei diesen Veranstaltungen blicken lässt. Im Anschluss können Sie gut Kontakte knüpfen. Manchmal gibt es einen kleinen Empfang. Die Veranstaltung ist nur für geladene Gäste? In solchen Fällen genügt meist eine kurze E-Mail mit der Signatur Ihrer Firma und der Bitte, auf die Gästeliste gesetzt zu werden.

4. Xing

Die Internetgemeinschaft *Xing* hat mittlerweile knapp vier Millionen Mitglieder aus Deutschland, Schweiz und Österreich. Diese können unter anderem auf Vorstellungsseiten nach gemeinsamen Geschäftsinteressen suchen und dann Kontakt aufnehmen. Eine Reihe von Lektoren und Programmleitern ist hier vertreten und über die Detailsuche gut auffindbar. Einige, vor allem im Fachbuchbereich, nutzen die Plattform sogar zur Autorenakquisition.

5. Einfach mal klingeln …

In Bewerbungsratgebern lesen Sie immer wieder die erstaunlichsten Geschichten von Menschen, die bei ihrer Traumfirma einfach mal angeklingelt haben, dann tatsächlich zum Chef vorgelassen wurden und kurz darauf einen Job hatten. Warum also als Autor nicht einfach bei einem Verlag vorbeischauen? Sicherlich ist das auch eine Frage des Temperaments und persönlichen Stils. Wenn Ihnen eine solche Aktion peinlich ist, lassen Sie es lieber. Mit Freundlichkeit, Charme und Taktgefühl können Sie aber so auch den richtigen Ansprechpartner finden. Psychologisch sind Sie auf jeden Fall im Vorteil, denn den netten Menschen im Büroflur wimmelt man nicht so einfach ab wie einen Anrufer. Bedenken Sie aber wiederum, dass die Leute in den Verlagen viel zu tun haben. Also: Kurz ein paar Worte wechseln, Visitenkarten tauschen und den Rest dann später per Telefon und E-Mail regeln.

Nun ist also der Lektor am Zug. Und für Sie heißt es erst einmal warten. Damit Sie die nötige Geduld etwas leichter aufbringen können, hier ein paar Stichworte zu dem, was in der Zwischenzeit im Verlag geschieht. Von der Programmkonferenz, dem Entscheidungsgremium für neue Projekte, war in Kapitel 8 schon einmal die Rede. Sie findet bei den einzelnen Verlagen in unterschiedlichem Turnus statt.

Programm-konferenzen Ich habe einmal in einem ganz jungen Verlag gearbeitet, in dem Programmkonferenzen immer spontan auf dem Flur einberufen wurden, sobald jemand einen interessanten Autor an der Angel hatte. Okay, die *New Economy* ist vorbei. Auch in diesem Verlag etablierte sich irgendwann ein fester, wöchentlicher Termin. Und das ist im Vergleich immer noch eine hohe Frequenz.

Bei einigen Verlagen können schon mehrere Wochen ins Land gehen, bis die Programmkonferenz sich mit Ihrem Projekt befasst. Und es kann auch sein, dass ein Frühjahrs- oder Herbstprogramm gerade komplett verabschiedet worden ist und es deshalb länger als sonst dauert, bis sich das Entscheidungsgremium das nächste Mal mit Projektvorschlägen befasst. Außerdem braucht der Lektor immer auch Zeit, Ihren Vorschlag für die Konferenz aufzubereiten, wozu es in vielen Verlagen standardisierte Formulare gibt.

Können Sie den Entscheidungsprozess im Verlag als Autor irgendwie beschleunigen? Eindeutige Antwort: Nein, das können Sie nicht. Was Sie tun können und tun sollten ist allerdings, zum vereinbarten Zeitpunkt nachzufragen, wie es mit der Entscheidung steht. Es kommt immer wieder vor, dass die Programmkonferenz sich längst gegen ein Projekt entschieden hat, der Lektor aber einfach noch keine Zeit gefunden hat, dem Autor abzusagen, weil schon wieder so viel Neues auf seinem Schreibtisch liegt. Aus demselben Grund können sich sogar Zusagen länger hinziehen, vor allem bei Verlagen, die ein großes Programm haben und dieses lange im Voraus planen.

> **Haken Sie immer von sich aus telefonisch nach, statt eine Reaktion des Verlages abzuwarten. Halten Sie sich dabei aber an die getroffenen Terminabsprachen und setzen Sie den Lektor nicht unter Druck. Ist noch keine Entscheidung gefallen, vereinbaren Sie wieder ausdrücklich einen Termin, wann Sie sich das nächste Mal melden können.**

Mein Tipp

An dieser Stelle kann ich nicht deutlich genug betonen, dass die Mühlen in den Verlagen langsam mahlen. Das hat viele Gründe und ist keinem einzelnen Lektor vorzuwerfen. Viele Autoren resignieren, wenn sie nach einem halben Jahr noch keine positive Resonanz bei einem Verlag gefunden haben. Dabei kann es sich in Einzelfällen schon einmal ein Jahr und länger hinziehen, bis sich ein Verlag endgültig entschieden hat. Professionelle Autoren richten sich darauf ein, indem sie Verlagen heute schon die Bücher anbieten, die sie im nächsten Jahr schreiben wollen.

Ja, aber … Nun kann es natürlich sein, dass ein Verlag weder Ja noch Nein sagt, sondern »Im Prinzip ja, aber …« Thema und Grundidee sind durchaus attraktiv, aber das Konzept müsste noch einmal deutlich anders aussehen, um ins Profil des Verlags zu passen. Wenn Sie so klug waren, das Manuskript noch nicht komplett fertigzustellen, sondern nur einen Probetext zu schreiben, können Sie sich jetzt auf der Basis der Rückmeldung des Verlags noch einmal Gedanken über die endgültige Gestalt des Buchs machen. Zeigen Sie sich gesprächsbereit und versuchen Sie herauszufinden, wie genau der Verlag sich das Buch vorstellen könnte.

Letztlich müssen Sie dann abwägen, wie sehr Sie an Ihrem ursprünglichen Konzept hängen und worauf Sie sich einzulassen bereit sind. Dabei spielt dann sicher auch eine Rolle, ob sich mehrere Verlage für Ihr Buch interessieren oder nur ein einziger. In der Regel würde ich einem Autor aber raten, sein Buch lieber nach den Wünschen eines Top-Verlags umzugestalten, wenn er damit die Chance hat, dort ins Programm zu kommen, als sich für einen unbedeutenden Kleinverlag zu entscheiden, nur weil dieser dem Autor seinen Willen lässt.

Zusage Haben Sie dann endlich eine Zusage bekommen, dürfen Sie sich mit Recht freuen, sollten aber trotzdem bedenken, dass diese völlig unverbindlich ist. Noch haben Sie keinen Vertrag, nicht einmal ein Angebot. Um diese Dinge geht es im nächsten Kapitel. Und wenn Sie eine Absage bekommen, dann versuchen Sie, daraus zu lernen. Finden Sie heraus, woran es gescheitert ist, um Ihr Konzept entsprechend überarbeiten und dann noch einmal neu anbieten zu können.

- Verlage werden mit Buchangeboten überhäuft und lehnen zwangsläufig fast alle unverlangt eingesandten Manuskripte ab. Wenn Sie überhaupt wahrgenommen werden und nicht auf dem großen Stapel landen wollen, sollten Sie einen persönlichen Kontakt knüpfen und aktiv kommunizieren.

- Recherchieren Sie vor der Kontaktaufnahme genau, wer für Sie als Ansprechpartner in Frage kommt. Nutzen Sie dazu auch Messen, Veranstaltungen und Business-Netzwerke.

- Klären Sie immer zunächst telefonisch, ob ein Verlag an Ihrem Vorhaben überhaupt interessiert ist, bevor Sie Ihr Exposé und Ihren Probetext verschicken.

- Der Verlag interessiert sich nicht für den Inhalt eines Buches, sondern dafür, was es zu einem guten Geschäft machen könnte.

- Die Mühlen in den Verlagen mahlen langsam. Bis zu einer Entscheidung brauchen Sie oft viel Geduld. Es lohnt sich aber, zu vereinbarten Zeiten regelmäßig nachzuhaken.

11. Verlagsvertrag und Verhandlungen – Kein Buch mit sieben Siegeln

Immer wieder kursieren Legenden, wonach bekannte Autoren ihr nächstes Buch gemeinsam mit ihrem Verleger auf einer Serviette neben den Rotweinflecken mit Kugelschreiber fixiert und unterschrieben haben – noch im Restaurant, nach üppigem Schlemmen auf Verlagskosten. Das können Sie glauben oder nicht. Für Sie wird das Vertragliche auf jeden Fall ein wenig aufwändiger.

Wenn sich nach oft monatelangen Bemühungen endlich ein Verlag für das geplante Buch gefunden hat, unterschreiben vor allem Erstlingsautoren gerne alles, was ihnen der Lektor zuschickt. Dabei ist gerade im Verlagsrecht vieles Verhandlungssache. Als Literaturagent winke ich fast nie einen Vertrag einfach durch, sondern schaue immer sehr genau, wo ein guter Autor dem Verlag noch etwas bessere Konditionen wert sein sollte.

Vertrag prüfen Haben Sie sich auf eigene Faust auf Verlagssuche begeben, dann nehmen Sie sich an Branchenprofis ein Beispiel und stellen Sie jeden Vertrag auf den Prüfstand. Um sich bei Vertragsverhandlungen nicht zu blamieren, sind Grundkenntnisse des Urheber- und Verlagsrechts von Vorteil. Das Allerwichtigste zu diesem Thema erfahren Sie auf den folgenden Seiten. Eine verbindliche Beratung bekommen Sie jedoch nicht hier, sondern beim Rechtsanwalt Ihres Vertrauens.

Auf diese Steine können Sie bauen

Die Grundlage des Verlagsrechts bildet das Urheberrecht. Dieses schützt »kulturelle Geistesschöpfungen« (»Werke« genannt) einer Person (»Urheber« genannt) – grob gesagt – vor Schindluder und Ausbeutung. Im Jahr 1886 trafen zehn Staaten, darunter Deutschland, die *Berner Übereinkunft zum Schutz von Werken der Literatur und Kunst.* Als Verwaltungsorgan fungiert seitdem ein internationales Büro in Genf, das zugleich das Sekretariat der Weltorganisation für geistiges Eigentum (WIPO) ist. Durch die *Berner Übereinkunft* sichern sich inzwischen fast alle Staaten der Welt gegenseitig einen Urheberrechtsschutz wie im Inland sowie bestimmte Mindeststandards zu. Auf Revisionskonferenzen ist das Abkommen regelmäßig erweitert worden, zuletzt in Paris 1971. Und 1989 sind ihm endlich auch die USA beigetreten.

Urheberrecht

Der langen Rede kurzer Sinn: Wenn ich im Folgenden die rechtliche Situation in Deutschland darstelle, so können Leser in Österreich und der Schweiz davon ausgehen, dass in den beiden Alpenländern viele Regelungen ganz ähnlich sind, weil sie auf internationaler Übereinkunft basieren. Zudem gilt das bereits in Kapitel 4 beim Thema Titelschutz Gesagte: In Deutschland und Österreich fußen immer mehr Gesetze auf EU-Verordnungen und sind deshalb praktisch gleich. Und Schweizer Verlage, die deutsche oder österreichische Autoren im Programm haben und ihre Bücher in den Nachbarländern verkaufen, orientieren sich vielfach an der Rechtslage in Deutschland. In Zweifelsfällen können Sie nähere Informationen außer beim Rechtsanwalt zum Beispiel auch bei den Buchhandelsvereinigungen oder den Schriftstellerverbänden in Österreich und der Schweiz erhalten.

Was beinhaltet das Urheberrecht nun genau? Zunächst einmal steht es ausschließlich »natürlichen« Personen zu, also niemals einem Unternehmen oder dem Staat. Es entsteht automatisch im Augenblick der Schöpfung eines Werks und gewährt dem Urheber zwei unterschiedliche Arten von Rechten: Persönlichkeitsrechte und Verwertungsrechte.

Persönlichkeits- und Verwertungsrechte

Zu den *Persönlichkeitsrechten* zählen das Recht zu bestimmen, ob und in welcher Form das Werk veröffentlicht werden darf, das

Recht auf Namensnennung des Urhebers – aber genauso das Recht auf Anonymität oder die Verwendung eines Pseudonyms – und schließlich der Schutz des Werkes vor Veränderungen seitens Dritter.

Die *Verwertungsrechte* an einem Werk beinhalten in erster Linie das Recht, dieses zu vervielfältigen und verbreiten. Dabei gilt übrigens auch die Digitalisierung als Vervielfältigung. Daneben gibt es weitere, so genannte »unkörperliche« Verwertungsrechte, etwa das des Vortrags, der Aufführung oder der Sendung. Aus den Verwertungsrechten ergibt sich außerdem der Anspruch auf eine Vergütung für den Fall, dass das Werk vermietet oder verliehen wird, beispielsweise durch eine öffentliche Bücherei.

Nutzungsrecht Es ist ein hartnäckiger populärer Irrtum, ein Autor übertrage dem Verlag das Urheberrecht an seinem Buch. Das ist absolut unmöglich. Das Urheberrecht, und zwar sowohl in Form der Persönlichkeits- als auch der Verwertungsrechte, ist *nicht übertragbar,* sondern lediglich vererbbar. Er verbleibt zu Lebzeiten beim Autor, geht im Todesfall auf dessen Erben über und erlischt 70 Jahre danach. Der Autor als Urheber kann jedoch die Ausübung seiner Verwertungsrechte einem Dritten übertragen. Man bezeichnet dieses Ausübungsrecht auch als das *Nutzungsrecht.*

Diese Konstruktion ist mit einer Hypothek auf ein Grundstück vergleichbar. Dem Eigentümer gehört weiterhin das Grundstück, doch ist er durch die Hypothek in der Ausübung seiner Eigentumsrechte eingeschränkt. Insofern geht es zwischen Autor und Verlag immer um das Nutzungsrecht an einem Werk. Dieses zu regeln ist Gegenstand des *Verlagsvertrags.*

Der Verlagsvertrag wiederum ist im *Verlagsgesetz* geregelt. Die meisten Vorschriften des Verlagsgesetzes spielen jedoch in der Praxis gar keine Rolle, weil sie abdingbar sind. Das heißt, sie gelten nur, sofern zwischen Autor und Verlag nichts anderes vereinbart wurde. So bestimmt das Verlagsgesetz zum Beispiel, dass der Verlag *eine* Auflage des Buches drucken muss oder dass der Autor einen Anspruch auf wenigstens fünf Freiexemplare hat. Kein größerer Verlag wird jedoch darauf verzichten, solche Dinge einzeln vertraglich zu regeln.

Am Ende des vorherigen Kapitels haben Sie gelesen, die Zusage eines Lektors sei immer unverbindlich, solange Sie keinen Vertrag unterschrieben hätten. Das ist in der Praxis tatsächlich so, rechtlich gesehen aber um einiges vertrackter. Denn grundsätzlich unterliegt der Verlagsvertrag keinem Formzwang, sondern kann auch mündlich oder sogar stillschweigend geschlossen werden.

Entwurfscharakter

Ein professioneller Lektor wird seine Zusage deshalb immer mit der Ankündigung verbinden, er werde Ihnen bald einen Vertragsentwurf schicken. Äußert sich der Lektor so, dann gilt der Verlagsvertrag wirklich erst nach der Unterschrift. Und auch der Hinweis auf den Entwurfscharakter des Vertragsdokuments – also auf die Möglichkeit der Verhandlung – ist bedeutsam. Unterbleibt dieser und unterschreiben Sie den Vertrag unbesehen, gilt der Inhalt nämlich als Teil der »Allgemeinen Geschäftsbedingungen« des Verlags und die Vereinbarung fällt unter das »AGB-Gesetz«. Damit wären beispielsweise »überraschende Klauseln« grundsätzlich unwirksam und könnten von Ihnen im Nachhinein angefochten werden.

Doch gemach. Es besteht für Sie kein Grund, vorschnell in die Schützengräben zu steigen. Denn alles in allem geht es in unseren Breiten zwischen Autoren und Verlagen sehr fair zu. Der Grund dafür ist nicht zuletzt der so genannte *Normvertrag* für den Abschluss von Verlagsverträgen, an dem sich alle großen Verlage freiwillig orientieren. Dieser wurde in den 1970er-Jahren zwischen den gewerkschaftlich organisierten Schriftstellern und dem Börsenverein des Deutschen Buchhandels mit dem Ziel eines gerechten Interessenausgleichs ausgehandelt und ist seitdem mehrmals überarbeitet worden. Sie finden den Normvertrag im Internet beispielsweise unter *http://www.verband-deutscher-schriftsteller. de* zum Herunterladen.

Der Verlagsvertrag – nicht jedes Anwalts Liebling

Fast immer werden sich Autoren und Verlage schon irgendwie einig. Vor einigen Jahren habe ich aber einmal erlebt, wie ein Buchprojekt an den Vertragsverhandlungen gescheitert ist. Der Autor war Unternehmer und wollte ein Wirtschaftsfachbuch veröffentlichen. An Kompetenz mangelte es ihm ebenso wenig wie an Selbstbewusstsein. Es fiel ihm nicht schwer, einen Verlag von seinem Vorhaben zu überzeugen. Dieser übersandte ihm daraufhin seinen bewährten Standardvertrag zur Prüfung. Der Vertrag entsprach im Großen und Ganzen dem in diesem Kapitel beschriebenen Normvertrag.

Nun hielt sich der Autor an das beliebte Motto viel beschäftigter Manager: »Das übergebe ich meinem Anwalt.« Besagter Advokat war leider einer jener Generalisten des bürgerlichen Rechts, die der gehobene Volksmund als Feld-Wald-und-Wiesen-Anwalt bezeichnet. Von Medienrecht im Allgemeinen und Verlagsrecht im Besonderen hatte er nicht den Schimmer einer Ahnung, machte sich dafür aber umso beflissener an die Überarbeitung des Vertrags. Als der Autor dem Verlag das Dokument zurückschickte, entsprach kaum noch ein Buchstabe dem Original.

Der Anwalt war also ausgesprochen kreativ gewesen, hatte dabei aber die einfachsten Grundlagen des Verlagsrechts missachtet und schlug teilweise geradezu absurde Regelungen vor. Außerdem fehlte ihm jedes Gespür für Dinge, die ein Verlag dem Autor einfach nicht zugestehen kann. So ist – um nur ein Beispiel zu nennen – der Titel für den Markterfolg des Buches ein so eminent wichtiger Faktor, dass kein Verlag, der bei Verstand ist, sich darauf einlassen wird, diesen einzig und allein vom Autor bestimmen zu lassen.

Als der Verlag den Autor auf alle diese Schwierigkeiten hinwies, zuckte der die Schultern und reichte das Problem wiederum an seinen Anwalt weiter. Dieser fühlte sich an seiner Berufsehre gepackt und beharrte stur auf seinen Vorschlägen. Nach einigem Hin und Her und einem letzten Versuch guten Zuredens gab der Verlag schließlich entnervt auf. Das konnte er sich leisten, denn der Autor suchte zwar dringend einen Verlag, der Verlag aber nicht dringend genau diesen Autor.

Dieses Beispiel mag extrem sein, zeigt aber, dass sich Autoren beim Thema Verlagsvertrag nur von echten Profis beraten lassen sollten. Wenn Sie einen Anwalt einschalten, dann sollte er nach Möglichkeit auf Medien- und Verlagsrecht spezialisiert sein oder zumindest langjährige Erfahrung mit der Buchbranche haben.

Alles geregelt? Das Wichtigste in Kürze

Im Folgenden stelle ich Ihnen die wichtigsten Regelungen des Normvertrags, deren Konsequenzen und gegebenenfalls gängige alternative Vereinbarungen zwischen Autor und Verlag vor.

In Paragraf 1 wird zunächst der Gegenstand des Vertrages bestimmt. Zu diesem Zweck wird das Werk bei seinem Arbeitstitel benannt. Das hat jedoch keine Konsequenzen für den endgültigen Titel, unter dem das Buch im Handel erscheinen wird. Dieser wird vielmehr zu einem späteren Zeitpunkt festgelegt. Dabei hat der Verlag immer das letzte Wort. Der Autor hat aber ein Mitspracherecht und braucht aus Gründen des Persönlichkeitsschutzes beispielsweise keinen Titel zu akzeptieren, der ihn in der Öffentlichkeit lächerlich machen würde.

Der Vertragsgegenstand

Fast immer werden auch der Umfang des Buches, der Zuschnitt des Themas und die Zielgruppen festgelegt. Beim Fachbuch wird manchmal auf die Gliederung des Autors verwiesen, die damit Teil des Vertrags wird. Achtung: Als Autor gehen Sie hier weit reichende Verpflichtungen ein. Schreiben Sie am Thema vorbei, treffen Sie das Genre nicht oder liefern Sie viel zu wenig Text ab, kann der Verlag vom Vertrag zurücktreten und braucht das Buch nicht zu veröffentlichen.

Auch die Absätze 3 und 4 können für den Autor folgenreich sein. Denn hier übernimmt er die volle Verantwortung sowohl dafür, dass ihm sämtliche Rechte an dem Werk tatsächlich zustehen, als auch dafür, dass sein Werk keine Rechte Dritter verletzt. Der Verlag schützt sich damit vor Schadenersatzansprüchen. Ein gewissenhafter Autor muss sich hier keine Sorgen machen. Ich habe aber schon krasse Plagiatsfälle erleben müssen, in denen Autoren weite Teile ihres Manuskripts buchstabengetreu von fremden Internetseiten oder in einem anderen Fall aus dem eigenen, bereits bei einem anderen Verlag veröffentlichten Manuskript kopiert haben. Es ist verständlich, dass ein Verlag dafür nicht haften will.

Rechte Dritter

Mit Paragraf 2 Absatz 1 folgt nun gewissermaßen das Herzstück des Vertrags. Der Autor räumt dem Verlag das »Recht zur Vervielfältigung und Verbreitung des Werks« ein. Das ist das so genannte

Hauptrecht

Verlagsrecht und innerhalb der Systematik des Vertrags das *Hauptrecht*. Der Normvertrag sieht vor, dass dem Verlag das Verlagsrecht vollumfänglich eingeräumt wird. Aus der Formulierung ergeben sich jedoch fünf Möglichkeiten der Einschränkung oder Abwandlung des Rechts:

- Einfach statt ausschließlich. Dem Verlag wird die Exklusivität verweigert und der Autor kann das Buch auch noch anderweitig vermarkten. In der Praxis wird dem kaum ein Verlag zustimmen.
- Räumlich beschränkt, etwa nur für Deutschland. Das kann z. B. vorkommen, wenn ein Fachbuchautor wegen komplett anderer fachlicher Grundlagen in der Schweiz für den dortigen Markt eine eigene Ausgabe plant.
- Zeitlich beschränkt, also nicht bis 70 Jahre über den Tod des Autors hinaus. Dabei ist zu beachten, dass der Autor – sofern nichts anderes vereinbart ist – ohnehin einen gesetzlichen Anspruch auf Vertragsauflösung hat, sobald der Verlag das Buch nicht mehr vertreibt und auch nach Setzung einer angemessenen Frist keine Neuauflage mehr herausbringt.
- Nur für eine begrenzte Anzahl an Auflagen oder Exemplaren. Der Regelfall ist, dass der Autor vom Verlag den Verkauf so vieler Exemplare wie möglich erwartet.
- Für eine andere als die deutsche Sprache. Das kommt vor allem bei Fachbüchern vor, die bei einem deutschen Verlag, aber in englischer Sprache erscheinen.

Nebenrechte In den Absätzen 2 und 3 geht es nun um Nutzungsformen des Werkes, die der Autor dem Verlag außer Buchdruck und Buchvertrieb noch einräumen kann. Weil sie neben dem eigentlichen Verlagsrecht gewährt werden, bezeichnet man sie als *Nebenrechte*.

Alle Nebenrechte müssen einzeln und ausdrücklich im Vertrag genannt werden, wenn sie übertragen werden sollen. Pauschale Formulierungen wie »Verwertung in jeglicher digitalen Form« sind nach wie vor ungültig. In der Regel wollen die Verlage alle möglichen Nebenrechte haben. Das kann zu der absurd erscheinenden Situation führen, dass sich ein Verlag das Recht zur Vertonung eines Lehrbuchs der anorganischen Chemie einräumen lässt.

In der Praxis entscheiden meist die Interessen und Möglichkeiten des Autors darüber, ob er bestimmte Nebenrechte für sich behalten will und kann. So kann er beispielsweise das Recht zur Übersetzung ins Englische behalten wollen, weil er weiß, dass die Quote der von deutschen Verlagen initiierten Übersetzungen in diese Sprache im Promillebereich liegt, er aber selbst die Möglichkeit sieht, das Buch auf Englisch in den USA als E-Book oder BOD zu vermarkten. Oder der Autor hat für die Hörbuchausgabe schon einen anderen Partner gefunden.

Manche Verlage wollen auf bestimmte Nebenrechte nur gegen Honorarabzug verzichten. Hier wird also mitunter hart verhandelt. Im Übrigen gilt: Das Verlagsrecht *muss* der Verlag ausüben – das heißt, der Autor hat das Recht auf Veröffentlichung des Buches in angemessener Frist –, die Nebenrechte *kann* er ausüben. Hat der Verlag zwei Jahre nach Ausübung des Hauptrechts von einem Nebenrecht keinen Gebrauch gemacht, so hat der Autor – sofern nichts anderes vereinbart ist – einen gesetzlichen Anspruch auf dessen Rückübertragung.

Laut Absatz 4 des Normvertrags räumt der Autor auch alle von der *Verwertungsgesellschaft Wort (VG Wort)* wahrgenommenen Rechte dem Verlag zur Einbringung ein. Es geht dabei um Nutzungsgebühren, die etwa für den Verleih von Büchern oder für Fotokopien von den entsprechenden Anbietern an die Verwertungsgesellschaft abgeführt werden. Der Vertragsabsatz garantiert dem Verlag, dass dieser den ihm zustehenden Teil der jährlichen Ausschüttungen beziehen darf.

VG Wort

Es kommt allerdings auch vor, dass Verlage dem Autor allein überlassen, sich um dieses Zubrot zu kümmern. In diesem Fall müssen Sie als Autor einmalig einen Vertrag mit der *VG Wort* schließen, in dem Sie die Verwertungsgesellschaft mit der Wahrnehmung Ihrer Rechte beauftragen. Dann melden Sie jedes Ihrer Bücher bis spätestens Januar des auf den Erscheinungstermin folgenden Jahres an. Antragsformulare zum Herunterladen und weitere Informationen finden Sie unter *www.vgwort.de*. Sind Sie schon bei der *VG Wort* unter Vertrag, bevor Sie mit dem Verlag ins Geschäft kommen, ändert sich an der Konstellation ohnehin nichts, wie auch der Normvertrag ausdrücklich feststellt.

Verlagspflichten Paragraf 3 des Normvertrags beschreibt die wesentlichen Pflichten des Verlags gegenüber dem Autor. Dessen Hauptpflicht besteht darin, das Buch »zu vervielfältigen, zu verbreiten und dafür angemessen zu werben«. Da sich weitere Verpflichtungen des Verlags teilweise aus dem Verlagsgesetz ergeben und gelten, sofern nichts anderes vereinbart ist, hier einmal alle wichtigen Verlagspflichten im Überblick:

- *Vervielfältigung, Verbreitung und angemessene Werbung:* Sofern nichts anderes vereinbart ist, verlangt der Gesetzgeber hier nicht allzu viel. Der Verlag muss mindestens 1000 Exemplare drucken und diese für den Handel bestellbar machen. Und als »angemessene Werbung« genügt bereits, den Titel einmal in einer Vorschau vorzustellen.
- *Zeitnahe Publikation:* Der Verlag muss das Buch in einer angemessenen Zeit auf den Markt bringen. Was angemessen ist, hängt von der Buchgattung ab. Normalerweise erscheint ein Buch binnen Jahresfrist nach Manuskriptabgabe.
- *Honorarzahlung:* Der Verlag hat das vereinbarte Honorar laut Verlagsgesetz mindestens einmal jährlich auszuzahlen. Marktüblich sind die jährliche, die halbjährliche (wie sie der Normvertrag vorschlägt) und die vierteljährliche Zahlungsweise. Allerdings ist es für die Verlage aus Effizienzgründen schlicht nicht machbar, beim einen Autor jährlich und beim anderen vierteljährlich abzurechnen. Insofern gibt es hier keinen Verhandlungsspielraum für Sie.
- *Lagerhaltung:* Der Verlag muss das Buch vorrätig halten, bis die Auflage abverkauft ist. Er darf es aber – sofern nichts anderes vereinbart ist – verramschen oder makulieren, wenn weniger als 100 Exemplare pro Jahr verkauft worden sind.
- *Freiexemplare:* Der Verlag muss dem Autor einige Exemplare des Buches kostenlos zur Verfügung stellen. Diese dürfen nicht weiterverkauft werden. Paragraf 7 des Normvertrags ermöglicht eine Regelung über deren Anzahl. Üblich sind, je nach Auflagenhöhe, 5 bis 15 Stück.

- *Korrektorat:* Sofern der Verlagsvertrag dies nicht ausdrücklich dem Autor aufbürdet, muss der Verlag das Manuskript Korrektur lesen und Fehler beseitigen. Vor dem Druck muss er die Satzfahne dem Autor zur Freigabe vorlegen.
- *Werkgetreue Publikation:* Viele Autoren wissen nicht, dass ein Verlag ihr Manuskript bis auf die Beseitigung offensichtlicher Fehler nicht verändern darf. Die werkgetreue Publikation ist Teil des Urheberpersönlichkeitsrechts, und dieses ist unabdingbar. Tobt sich der Lektor also mit dem Rotstift aus, verändert er Formulierungen, streicht er ganze Passagen oder fügt er gar Dinge hinzu (was nicht selten vorkommt), so muss der Autor dem nicht zustimmen. Er kann die eine Änderung wieder rückgängig machen, die andere Änderung annehmen und für die nächste Änderung eine dritte Lösung formulieren. Nur wenn der Autor letztlich in jedem einzelnen Punkt zustimmt, darf der Verlag drucken.

Honorar

Paragraf 4 des Normvertrags regelt die Honorarfrage, über die sich die Gemüter von Autoren auch dann immer wieder gern erhitzen, wenn es nicht wirklich um nennenswerte Beträge geht. Ich beschränke mich hier auf einige wenige Hinweise.

Berechnungsgrundlage für das Honorar sind entweder der Nettoladenpreis oder die Nettoverlagseinnahmen. (Siehe hierzu auch nochmals die Beispielrechnung im Einleitungskapitel.) Entsprechend bewegen sich die üblichen Beteiligungssätze beim Sach- und Fachbuch bei 5 bis 8 bzw. 10 bis 15 Prozent. Eine Prozentangabe hat also nur dann Aussagewert, wenn die Bezugsgröße klar ist.

Üblich und verbreitet sind so genannte Staffelhonorare, bei denen der Beteiligungssatz steigt, wenn jeweils eine bestimmte Absatzmenge überschritten ist. Für die Nebenrechte wird meist noch eine separate Honorarregelung getroffen. Der Normvertrag sieht dies in Paragraf 5 vor.

Viele – jedoch nicht alle – Verlage zahlen ihren Autoren einen Vorschuss. Paragraf 4 Absatz 3 benennt die drei üblichen Zahlungstermine: Vertragsunterzeichnung, Manuskriptabgabe und Erscheinen des Buches. Der Vorschuss kann an einem dieser Termine gezahlt oder beliebig auf diese Termine verteilt werden.

Garantiertes Mindesthonorar Wichtig für den Autor ist, dass es sich bei dem Vorschuss um ein *garantiertes Mindesthonorar* handelt, das nicht rückzahlbar, jedoch verrechenbar ist. So sieht es auch der Normvertrag in Absatz 4 vor. Die für den Autor schlechtere Alternative wäre ein rückzahlbarer Vorschuss. Bleibt das Buch dann hinter den Verkaufserwartungen zurück, muss der Autor dem Verlag die Differenz zwischen Erlös und Vorschuss erstatten. Ansonsten erhält der Autor zum ersten Mal eine Zahlung aus den Verkaufserlösen, wenn zum turnusmäßigen Abrechnungstermin der dem Autor zustehende prozentuale Anteil die Summe des Vorschusses übersteigt.

Erwähnenswert ist noch die Regelung in Paragraf 4 Absatz 8 des Normvertrages, die dem Autor das Recht gibt, einen Wirtschaftsprüfer, Steuerberater oder Anwalt mit der Prüfung der Abrechnungen in den Büchern des Verlags zu beauftragen. Ein solches Prüfungsrecht ist allgemein üblich, da der Autor sonst blind auf die Auskunft des Verlags vertrauen müsste. Allerdings trägt der Autor die Kosten der Prüfung, wenn der Prüfer keine Fehler findet. Viele Verträge sehen dabei ausdrücklich eine Fehlertoleranz von 1 bis 2 Prozent vor, innerhalb der die Abrechnung noch als korrekt gilt.

Manuskriptabgabetermin Paragraf 6 des Normvertrags legt den Manuskriptabgabetermin verbindlich fest und macht gleichzeitig Angaben dazu, in welcher Form der Autor das Manuskript abzugeben hat. Kein Autor wird sich ohne Not durch verspätete Manuskriptabgabe in eine ungünstige Rechtsposition bringen wollen. Allerdings hat er in einem solchen Fall laut Verlagsgesetz Anspruch auf eine angemessene Nachfrist. Lässt er diese Frist ebenfalls verstreichen, kann der Verlag vom Vertrag zurücktreten. Er muss das Buch dann nicht mehr publizieren und kann vom Autor Schadenersatz – zum Beispiel für bereits betriebenen Marketingaufwand – verlangen.

Im digitalen Zeitalter besteht die Manuskriptabgabe üblicherweise in der Ablieferung einer Datei. Die meisten Lektorate wollen heute die Manuskriptdatei ganz unkompliziert per E-Mail zugeschickt bekommen. Bei größeren Datenmengen, wie sie etwa durch Abbildungen zustande kommen, empfiehlt sich der Versand einer CD oder DVD oder die Bereitstellung zum Download auf einem Dateiserver im Internet. Die Angaben im Normvertrag sind insofern veraltet und entsprechen nicht mehr gängiger Praxis.

Was ist eine »angemessene« Vergütung?

An dieser Stelle noch ein Wort zu den im Jahr 2002 in Kraft getretenen Änderungen des Urhebervertragsrechts, die damals für ein großes Medienecho sorgten, dessen Schallwellen heute noch ab und zu in den Feuilletons vernehmbar sind.

Der wesentliche Streitpunkt war, dass Autoren und Übersetzer fortan einen unabdingbaren Rechtsanspruch auf eine »angemessene Vergütung« für ihre Werke haben sollten. Und im Fall eines besonderen Verkaufserfolgs sollten sie das Recht haben, nachträglich eine Zusatzvergütung zu verlangen. Eine telegene, jedoch nicht immer glücklich agierende Bundesjustizministerin stritt damals leidenschaftlich für den angeblich dringend verbesserungsbedürftigen Schutz der Autoren und Übersetzer vor Ausbeutung durch die Verlage.

Inzwischen haben sich die Wogen wieder geglättet. Als »angemessene« Vergütung kristallisierte sich letztlich doch nichts anderes heraus als ein »branchenübliches« Honorar. In der chronisch ertragsschwachen Verlagsbranche sind nun einmal keine Reichtümer zu holen, was allen Beteiligten eigentlich von Anfang an hätte klar sein müssen. Umverteilung setzt immer voraus, dass es etwas umzuverteilen gibt. Und einen »Bestsellerparagrafen«, aus dem sich Nachforderungen ableiten ließen, hatte es bereits im alten Recht gegeben.

In der nach der Reform erschienenen juristischen Fachliteratur kursiert nun immer wieder die Angabe, ein durchschnittlich übliches und angemessenes Honorar seien 10 Prozent vom Brutto(!)-Ladenpreis. Für den Bereich Sachbuch und Fachbuch können wir aus langer Erfahrung mit den verschiedensten Verlagen mit

Ein »übliches« Honorar

Bestimmtheit sagen, dass dies als Richtwert deutlich zu hoch gegriffen ist.

Wenn wir noch einmal von dem im Einleitungskapitel beschriebenen Beispiel eines der deutschen Mehrwertsteuer unterliegenden Sachbuchs und einem zu veranschlagenden durchschnittlichen Handelsrabatt von 45 Prozent ausgehen, so entsprächen 10 Prozent vom Bruttoladenpreis knapp 20 Prozent der Nettoverlagseinnahmen. Ein solcher Vertrag wäre eine absolute Seltenheit. Wir gratulieren jedem Sachbuchautor, der 15 Prozent der Nettoverlagseinnahmen erhält, zu diesen wirklich guten Konditionen.

Zum guten Schluss noch ein paar Hinweise für das Vorgehen bei den Vertragsverhandlungen. Einige wenige Großverlage haben eine eigene Vertragsabteilung, doch in der Regel schließt der Programmleiter oder der das Projekt betreuende Lektor den Vertrag mit dem Autor. Von deren üblicher Arbeitsbelastung war schon mehrfach die Rede, weshalb es auch nicht überraschen dürfte, dass der Autor nicht eigens an den Verhandlungstisch gebeten wird. Aber auch längere Telefonate über die Vertragsbedingungen sind allenfalls angebracht, wenn es wirklich schwierige Streitpunkte auszuräumen gibt.

Verhandeln: Ja – aber bitte mit Fingerspitzengefühl!

»Sie sollten einen Verlagsvertrag niemals ›totverhandeln‹, also auch noch das letzte Detail zu Ihren Gunsten abändern wollen. Konzentrieren Sie sich lieber auf die wesentlichen Kernpunkte. Manchmal sollte man an der einen Stelle großzügig sein, um an der anderen Stelle im Gegenzug einen besonders wichtigen Punkt geregelt zu bekommen.

Bleiben Sie gelassen. Ein Verhandlungsergebnis wird immer irgendwo zwischen Minimum und Maximum liegen. Meiner Erfahrung nach kann wohldosiertes Verhandeln Anwaltskosten und eine Menge Nerven auf beiden Seiten sparen. Bedenken Sie, dass Sie mit der Gegenseite noch produktiv zusammenarbeiten wollen.«

So schreibt *Jörg Bange*, Fachbuchautor und Medienanwalt aus Köln *(www.bangewasert.de)*.

Im Regelfall schickt der Lektor dem Autor seinen Vorschlag für die Honorarkonditionen und den Abgabetermin per E-Mail und den Vertrag danach dann per Post zur Unterschrift. Nur wird es dann ein wenig kompliziert mit Änderungen am Vertragstext. Lassen Sie sich deshalb besser den Vertragsvorschlag als Word-Dokument per E-Mail zusenden. Haben Sie Änderungsvorschläge, so speichern Sie am besten eine Kopie des Vertrags, setzen dort die veränderten Zahlen bzw. Formulierungen ein und machen dies mit der »Änderungen verfolgen«-Funktion oder einer anderen Schriftfarbe kenntlich. In der E-Mail begründen Sie dann Ihre Vorschläge. Auf diese Weise wandert der Vertragsentwurf so lange hin und her, bis Einigkeit erzielt ist. – Allerdings: Nicht alle Verlage werden das so handhaben wollen, vor allem dann nicht, wenn sie befürchten, die Hemmschwelle für Änderungen am Vertragstext wäre am Bildschirm so gering, dass am Ende kein Vertragsbaustein auf dem anderen bliebe. Sie werden sich aber sicher mit ihrem Lektor auf ein praktikables Verfahren für Änderungswünsche einigen können.

Generell kann ich Ihnen zweierlei empfehlen. Erstens: Pokern Sie beim Honorar vor allem als Erstlingsautor nicht zu hoch. Es stimmt zwar, dass die Verlage letztlich von den Autoren und deren Werken leben. Aber Manuskripte sind nun einmal kein knappes und somit teures Gut, sondern es herrscht im Gegenteil ein Überangebot an Büchern und potenziellen Buchinhalten. Und während die Produktionskosten immer weiter steigen, dümpeln viele Verlage mit Umsatzrenditen unterhalb von drei Prozent vor sich hin oder machen gar seit Jahren operative Verluste und leben von der Substanz. Wo nicht viel zu holen ist, sollte man andere Prioritäten setzen.

Zweitens sollten Sie sich beim Vertrag jeden Änderungswunsch gut überlegen und diesen schlüssig begründen können. Es gibt Autoren, vor allem aus dem Businessbereich, denen geht es bei den Vertragsverhandlungen nur ums Prinzip. »Ich bin es gewohnt zu verhandeln«, sagen diese Leute gern. Das ebenso komplexe wie konsensorientierte Verlagsrecht ist jedoch der falsche Ort für solche Profilierungsbedürfnisse. Behalten Sie also beim Verhandeln Ihre Interessen im Blick, aber versuchen Sie nicht, das Rad neu zu erfinden.

KOMPAKT

- Der Autor überträgt dem Verlag nicht das Urheberrecht, sondern lediglich das Nutzungsrecht bzw. Ausübungsrecht seiner Verwertungsrechte. Dessen Art und Umfang regelt der Verlagsvertrag.

- Die meisten Verlagsverträge basieren auf dem so genannten Normvertrag, der zwischen den gewerkschaftlich organisierten Schriftstellern und dem *Börsenverein des Deutschen Buchhandels* ausgehandelt wurde.

- Kern des Verlagsvertrags ist das Verlagsrecht, das heißt das Recht der Vervielfältigung und Verbreitung des Werkes als gedrucktes Buch. Es lässt sich räumlich, zeitlich, mengenbezogen, sprachbezogen und die Ausschließlichkeit betreffend einschränken.

- Neben dem Verlagsrecht als Hauptrecht lässt sich der Verlag fast immer verschiedene Nebenrechte einräumen. Diese müssen ausdrücklich und einzeln genannt werden.

- Der Verlagsvertrag regelt außerdem unter anderem das Honorar inklusive Vorschuss und die Zahlungshäufigkeit, die von der *VG Wort* wahrgenommenen Rechte, die Vervielfältigung, Verbreitung und angemessene Werbung, den Zeitpunkt der Publikation, die Lagerhaltung, die Zahl der Freiexemplare, die Werktreue der Veröffentlichung, den Manuskriptabgabetermin, die Art und Weise der Manuskriptabgabe sowie das Prüfungsrecht des Autors.

Teil 3

Schreiben –
Die Manuskriptphase

12. Das Buch als Projekt – Effizientes Projektmanagement für Autoren

Nach einem gemütlichen Frühstück mit Milchkaffee und Croissant fragt sich der Filmregisseur gegen zehn Uhr, was er denn heute so drehen könnte. Als erste Sonnenstrahlen auf den Frühstückstisch treffen, wird ihm klar, dass dies der perfekte Tag für einen Außendreh am Wasser ist. Also telefoniert er mit seinen Teammitgliedern und seinen Schauspielern und dirigiert sie zu einem idyllischen See draußen vor der Stadt. Als er selbst endlich am Drehort eintrifft, ist es bereits früher Nachmittag. Nun bespricht er erst einmal mit den Schauspielern, welche Änderungen am Drehbuch ihm in der letzten Nacht eingefallen sind. Da taucht auch schon ein Streifenwagen der Polizei auf, um nach der Drehgenehmigung zu fragen. An die hat natürlich niemand gedacht …

Man muss kein Filmexperte sein, um zu wissen, dass solch ein Szenario völlig unrealistisch ist. Dreharbeiten werden minutiös vorbereitet. Der Regisseur und das ganze Team müssen jederzeit wissen, was sie zu tun haben, sonst wird es am Ende nichts mit dem Film. Schaut man sich hingegen manche Sachbuchautoren an, dann scheinen sie ihre Buchprojekte ganz ähnlich zu organisieren wie der oben beschriebene Regisseur.

Da werden Manuskripte bereits komplett fertig geschrieben, ohne dass sich ein einziger Verlag wenigstens interessiert gezeigt hätte. Oder es wird in dem Glauben, es sei doch noch viel Zeit, mit dem Manuskriptschreiben bis wenige Wochen vor dem Abgabetermin gewartet. Oder man überarbeitet stets aufs Neue sein Lieblings-

Unzureichende Arbeitsorganisation

kapitel und schiebt die weniger lustvollen Teile vor sich her. Bei alledem wird die Zeit zum Schreiben von Fall zu Fall in den Lücken des Terminkalenders ausfindig gemacht.

Kein Wunder, dass auch Buchautoren scheitern. Kaum ein größerer Verlag, der gegenüber seiner ursprünglichen Programmplanung nicht mindestens ein- oder zweimal im Jahr Totalausfälle zu beklagen hätte. Und das wohlgemerkt bei Autoren, die ja schon auf Herz und Nieren geprüft wurden, bevor sie überhaupt einen Verlagsvertrag erhielten.

Aufwändige Nachbesserungen Fast nie ist es mangelndes Talent, sondern in aller Regel schlechte Organisation, die zu solchen Ausfällen führt. Aber selbst wer den Abgabetermin mit Ach und Krach schafft, bleibt infolge schlechter Planung häufig hinter seinen schriftstellerischen Möglichkeiten zurück. So manches Manuskript wird zwar pünktlich abgegeben, ist aber schlichtweg nicht veröffentlichungsreif und muss aufwändig nachgebessert werden. Und jeder Lektor kennt die Manuskripte, in denen die vorderen Kapitel top sind, die hinteren dagegen nur noch wenige Seiten umfassen und voller Fehler stecken. Sofern der Autor nicht gleich das letzte Drittel seiner Gliederungspunkte weggelassen hat …

Alle diese Debakel sind vermeidbar. Eine Voraussetzung dafür ist allerdings die richtige Arbeitseinstellung des Autors. Ein Buch zu schreiben und zu veröffentlichen ist ein im Wesentlichen einmaliges Vorhaben, bei dem innerhalb einer definierten Zeitspanne ein klar umrissenes Ziel erreicht werden soll. Damit ist die ganze Sache sogar nach der Definition des Deutschen Instituts für Normung (DIN) ein »Projekt«. Und was benötigt ein Projekt? Genau: Es benötigt effizientes Projektmanagement.

Planung in der richtigen Dosis

Das bedeutet nun nicht, dass Sie erst einmal Ihren Computer mit in der Industrie üblichen Projektmanagement-Werkzeugen wie *MS Project* aufrüsten müssten, um ein Buch schreiben zu können. Wichtig ist aber, dass Sie überhaupt planen, also das Vorhaben als Ganzes in den Blick nehmen und in eine Relation zu der zur Verfügung stehenden Zeit setzen. Wie viel Planung und Kontrolle letztlich angemessen sind und was vielleicht schon des Guten zu viel ist, hängt immer auch davon ab, welcher Typ Autor Sie sind. Hier einmal – etwas augenzwinkernd aufgespießt – drei gängige Autorentypen:

- *Der Kontrollfreak* **Autorentypen**
  Seine Tabellenkalkulation zeigt ihm jederzeit an, zu wie viel Prozent das aktuelle Kapitel und das gesamte Buch abgeschlossen sind. Er hat feste Schreibzeiten, beispielsweise dienstags, donnerstags und freitags 17 bis 21 Uhr und samstags 14 bis 20 Uhr. Mit diesem Wochenstundenkontingent wird er genau zum Abgabetermin fertig sein, weiß er doch, wie viele Zeichen pro Stunde er schafft. Seinen jeweiligen Fortschritt stellt er immer auch grafisch dar, um sich zu motivieren.

- *Der Künstler*
  Falls er den Verlagsvertrag vor der Unterschrift überhaupt liest, vergisst er den Abgabetermin sofort wieder. Er wartet auf Inspiration, ohne die bei ihm sowieso nichts läuft. Und er meint zu wissen, dass man Inspiration unter keinen Umständen »erzwingen« kann. Am liebsten schreibt er nachts und braucht dazu mindestens eine Flasche Bordeaux von guter Qualität. Zeitmanagement? Ein Meisterkoch braucht auch keine Eieruhr, um zu wissen, wann der Seewolf gar ist …

- *Der Souveräne*
  Er hat sich vergewissert, dass seine berufliche Situation ihm überhaupt genügend Zeit lässt, binnen Jahresfrist ein Buch zu schreiben. Verlagssuche und Vertragsverhandlungen überlässt er komplett seinem Agenten. Mit dem Verlag stimmt er sich dann über den Buchumfang genau ab. Nach der Unterschrift unter den Vertrag setzt er sich sofort hin und macht einen groben Zeitplan. Er schreibt dann jede Woche, aber nicht unbedingt zu festen Zeiten. Er prüft regelmäßig, wie er im Plan liegt. Er denkt an ausreichend Puffer, weil das Leben voller

Überraschungen ist. Und er bleibt unter allen Umständen gelassen.

Finden Sie bei einem oder zwei dieser Autorentypen eigene Eigenschaften wieder? Dann kann ich Ihnen versichern: Ich beabsichtige mit diesem Kapitel nicht, aus Ihnen einen anderen Menschen zu machen. Wenn Sie mit impulsivem Schreiben bisher immer Erfolg hatten, werden Sie so schnell keine Tabellenblätter anlegen, um Ihren Schreibfortschritt zu messen. Das müssen Sie auch nicht.

Trotzdem möchte ich Ihnen ein paar Hinweise geben, wie ein »souveräner« Autor – an dem ich mich einmal orientieren will – ein Buchprojekt auf eine Weise plant und umsetzt, dass er damit möglichst wenig Stress hat. Dazu gehe ich einmal den Publikationsprozess durch. Wobei Sie sich die meisten Gedanken naturgemäß über die Manuskriptarbeit machen werden. Denn das ist der zeitaufwändigste und anspruchsvollste Teil des Prozesses.

Mein Tipp

Beobachten Sie sich selbst und Ihre Arbeitsgewohnheiten. Das ist ein erster Schritt zu klugem Projektmanagement. Und dann meiden Sie nach Möglichkeit die Extreme. Wenn Sie immer genau zu planen gewohnt sind, sorgen Sie auch für Freiräume. Und wenn Ihre Kreativität großen Schwankungen unterliegt, schaffen Sie sich auch klare Strukturen.

Vernünftige Ressourcenplanung

Eine der ersten Aufgaben beim Projektmanagement ist stets die Ressourcenplanung. Das gilt auch für jeden Autor. Stehen Ihnen überhaupt die Zeit und die Mittel zur Verfügung, um ein so aufwändiges Vorhaben wie ein Buch zu bewältigen?

Niemand muss in Rohstoffe und Anlagevermögen investieren, um ein Buch zu schreiben. Man braucht im Wesentlichen einen Computer sowie zu Recherchezwecken eventuell das Internet und im Idealfall eine große Bibliothek. Aber gerade Selbstständige und Freiberufler müssen sich die Frage nach den so genannten Opportunitätskosten stellen, also danach, ob sie es sich überhaupt leisten können, zehn oder gar zwanzig Stunden pro Woche mit Recherche und Manuskriptarbeit zu verbringen. Wer auf diese

Arbeitszeit eigentlich angewiesen ist, um unmittelbar Geld zu verdienen, wird schnell in Schwierigkeiten geraten.

Und alle, auch Angestellte, müssen sich überlegen, wie viele Verpflichtungen eine typische Arbeitswoche für sie mit sich bringt und ob das Schreiben hier noch Platz hat. Die Antwort auf diese Frage sollte dabei möglichst konkret ausfallen. Das heißt, wenn positiv, dann nicht nur mit Ja, sondern am besten in Form eines Modells, wie eine typische Woche während der Manuskriptphase aussehen wird. Schließlich muss sich alles so organisieren lassen, dass es menschenmöglich bleibt, das beabsichtigte Pensum zu schaffen. Erst wer sich mit diesen Alltagsfragen ausreichend beschäftigt hat, sollte ein Buchprojekt auf den Weg bringen.

Ist die Entscheidung für ein Buchprojekt gefallen, so gilt es als Nächstes, die vier Phasen des Publikationsprozesses flexibel vorzuplanen. Flexibel deshalb, weil Konzeptions-, Vermittlungs-, Manuskript- und Vermarktungsphase zwar immer aufeinander folgen, in ihrer zeitlichen Ausdehnung aber nicht nur in der Hand des Autors liegen, sondern auch von den Partnern, vor allem dem Verlag, abhängig sind.

Vier Phasen des Publikationsprozesses

Bei allen Unwägbarkeiten, die bei Buchprojekten immer wieder auftauchen, können für ein typisches Sachbuchprojekt die folgenden groben Richtwerte gelten:

1. *Konzeptionsphase*
   Idee und Konzept reifen oft lange im Kopf eines Autors, deshalb ist der Beginn der Konzeptionsphase selten exakt zu benennen. In jedem Fall ist jeweils ein ganzer Arbeitstag für die schriftliche Fixierung von Thema und Lesernutzen, die aussagekräftige Gliederung sowie die Findung eines treffenden Arbeitstitels zu veranschlagen. Für die Marktanalyse einschließlich Internetrecherche und Besuch einer Buchhandlung sollten zwei bis drei Tage zur Verfügung stehen. Ein komplettes Exposé mit allen notwendigen Angaben zusammenzustellen und ansprechend aufzubereiten dauert für Ungeübte noch einmal zwei bis drei Tage. Um einen überzeugenden Probetext zu schreiben, sollten 14 Tage bis drei Wochen

zur Verfügung stehen, wobei Sie zwischendurch auch Feedback von anderen einholen oder den Text auch einfach einmal ein, zwei Tage liegen lassen, um ihn anschließend mit einem frischen Blick zu beurteilen.

2. *Vermittlungsphase*
Die Zeitspanne zwischen dem Beginn der Verlagssuche und der Unterschrift unter einen Verlagsvertrag ist am schwierigsten einzuschätzen, so dass Sie hier möglichst flexibel planen. Auch wenn Sie einen Agenten beauftragen, sollten Sie mit mindestens drei Monaten rechnen. Letztlich entscheidet vor allem der Marktwert Ihrer Person und Ihres Konzepts darüber, wie schnell es geht. Der eine hat nach drei Wochen die feste Zusage eines Top-Verlages, der andere ist nach einem Jahr noch auf der Suche.

3. *Manuskriptphase*
Ein durchschnittliches Sachbuch ist in aller Regel in ungefähr sechs bis acht Monaten zu Papier zu bringen, selbst wenn der Autor hauptberuflich noch etwas anderes macht. Ein eher schmaler Ratgeber zu einem Thema, mit dem man sich beruflich ohnehin befasst, ist oft schneller fertig. Bedarf das Thema hingegen umfangreicher Recherchen, so ist der entsprechende Aufwand zu addieren. Als Faustregel kann aber gelten, dass jedes Buch, gleich welchen Anspruchs und egal ob Fachbuch, Ratgeber oder Sachbuch, spätestens nach einem Jahr fertig geschrieben sein sollte. Die Erfahrung lehrt, dass Autoren, die noch mehr Zeit veranschlagen, ihr Projekt gern verschleppen und am Ende ganz aufgeben.

4. *Vermarktungsphase*
Die Phase der Vermarktung überschneidet sich eventuell schon mit der Manuskriptphase, folgt aber in jedem Fall unmittelbar darauf. Während der durchschnittlich zwei bis sechs Monate, die zwischen Manuskriptabgabe und Erscheinen liegen, sollten alle Maßnahmen mit dem Verlag abgestimmt und vorbereitet werden. Ab dem Erscheinungstermin ist etwa ein halbes Jahr für intensive

Werbemaßnahmen zu veranschlagen, denn ungefähr so lange gilt das Buch als Novität. Danach, wenn der Verlag es zur »Backlist« zählt, sind immer noch einzelne Aktionen möglich. Ein Fall für rechtzeitige Planung sind übrigens auch begleitende Aktivitäten des Autors zum Erscheinen des Buches, also etwa die Einführung neuer Produkte oder Vorträge und Seminare zum Thema.

Konzeptionsphase: Elfenbeinturm kontra Teamwork

Nach dieser groben Planung geht es an die Arbeit. In der Konzeptionsphase steht alles auf dem Programm, was ich in den ersten sechs Kapiteln dieses Buches beschrieben habe. Ein ganz schönes Pensum! Deshalb beschränken Sie sich in Ihrer Arbeit auch am besten auf die Konzeption. Immer wieder erlebe ich, wie Autoren vorschnell weitere »Baustellen« eröffnen, wenn sie dort, wo sie eigentlich Nägel mit Köpfen machen müssten, eine Blockade haben. Da wird dann schon über das Geleitwort des Vorstandschefs eines DAX-Unternehmens räsoniert, obwohl der Autor selbst erst einmal einen Probetext schreiben sollte. Das ist zwar verständlich, weil Menschen dazu neigen, auf eine solche Weise Druck abzuleiten, aber es ist gleichwohl wenig effizient.

Zuerst das Konzept, dann der Vertrag, dann erst das Manuskript. Ich kann Ihnen nur empfehlen, sich streng an diese Reihenfolge zu halten. Nur mit der Vermarktung ist es etwas anders. Über die sollten Sie sich von Anfang an und immer wieder Gedanken machen.

Mein Tipp

In allen Projektphasen können Sie sowohl freundschaftliche als auch professionelle Hilfe in Anspruch nehmen. Weil der Publikationsprozess komplex ist, vieler unterschiedlicher Begabungen und Fähigkeiten bedarf und nicht zuletzt enorm zeitaufwändig ist, betrifft dieses Thema alle Autoren. Im Laufe der Zeit bemerkt erfahrungsgemäß auch der Letzte, dass er als Einzelkämpfer die schlechteren Karten hat.

Wer seinen Probetext wie ein Staatsgeheimnis hütet, verschenkt eine große Chance, von konstruktiver Kritik und wertvollen Anregungen zu profitieren. Sicherlich ist es verständlich, wenn jemand zögert, einen Berufskollegen, der gerade ebenfalls mit dem Gedanken des Bücherschreibens spielt, in das eigene Projekt einzuweihen. Doch von diesem Ausnahmefall abgesehen, ist Misstrauen ein schlechter Ratgeber.

Nehmen Sie sich hier auf jeden Fall ausreichend Zeit, lassen Sie kompetente Menschen Ihren Probetext lesen und fragen Sie diese nach ihren Eindrücken. Vielleicht nehmen Sie aber auch einmal solche, die von Ihrem Thema keine Ahnung haben. Sagen diese dann, sie hätten trotzdem alles verstanden, ist das eines der größten Komplimente, die Sie als Autor bekommen können. Lassen Sie sich auch Zeit, Ihren Arbeitstitel zu testen, und zwar am besten im persönlichen Gespräch, nicht am Telefon, damit Sie die unmittelbare Reaktion mitbekommen: Springt der Funke über oder nicht?

Professionelle Unterstützung Wenn Sie in der Konzeptionsphase alles richtig machen wollen, dann kommen Sie an professioneller Unterstützung kaum vorbei. Ein freier Lektor mit ausreichend Berufserfahrung kann Ihren Probetext nicht nur beurteilen, sondern auch gründlich überarbeiten. Achten Sie darauf, dass der Lektor einmal in einem Verlag oder für Verlage gearbeitet hat und das Büchergeschäft wirklich kennt. Dann kann er Ihnen auch Hinweise geben, ob Ihre Gliederung und Ihr Arbeitstitel stimmig sind.

Auch viele Literaturagenten bieten Ihren Kunden an, sie – oft durch freie Mitarbeiter – bei der Optimierung von Konzept und Probetext zu unterstützen. Eine umfassende »Konzeptionsberatung« durch Profis kann den Unterschied zwischen einem vermittelbaren und einem nicht vermittelbaren Buchprojekt ausmachen. Außerdem spart der Autor so natürlich viel Zeit.

Meine Agentur wird immer wieder von Klienten gebeten, zu einem bestimmten Thema gleich das komplette Konzept zu entwickeln und nach den Vorgaben des Autors den zugehörigen Probetext zu schreiben. Stichwort: Ghostwriting. Auch so etwas ist also möglich und in der Buchbranche gar keine Seltenheit.

»Aller Anfang ist schwer« oder »Beim ersten Mal ist es am schlimmsten« sind populäre Weisheiten, die auf das Bücherschreiben nur eingeschränkt zutreffen. Sicherlich kostet es Mühe, bis ein unerfahrener Autor ein stimmiges Konzept zustande bringt. Auch ist es schwierig, zum ersten Mal einen Verlag zu finden – während ein Autor, der bereits ein Buch veröffentlicht hat, viel leichter einen Lektor überzeugen kann. Dennoch habe ich die – anfangs für mich selbst überraschende – Erfahrung gemacht, dass nicht das erste, sondern das zweite Buchprojekt einen Autor typischerweise ins Trudeln bringt. Und das scheint umso mehr zu gelten, je erfolgreicher das erste Buch gewesen ist.

Ihren Erstling schreiben viele Autoren geradezu traumwandlerisch. Sie denken nicht viel über Projektmanagement nach und machen trotzdem fast alles richtig. Manchmal haben sie ein Thema oder eine Buchidee jahrelang mit sich herumgetragen – und in einem regelrechten Schaffensrausch bricht sich nun alles Bahn. Selbst nüchterne Typen sind meist mit Begeisterung bei der Sache und können beim Anblick der sich stapelnden Manuskriptseiten kaum fassen, dass sie das alles selbst geschrieben haben. Kommt das fertige Buch dann auch noch beim Leser gut an, gibt es kaum einen Autor, der nicht sogleich das nächste Werk ankündigt.

Und dann wird es heikel. So mancher lässt Monate ins Land gehen, bis er sich an ein weiteres Konzept macht. Währenddessen genießt er das neu gewonnene Sozialprestige als Autor, signiert Autorenexemplare und hält selbstbewusst Vorträge zum Thema des Buches. Dabei könnte er wissen, dass Konzeptions-, Vermittlungs- und Manuskriptphase beim zweiten Projekt kaum kürzer ausfallen werden als beim ersten. Er muss sich beeilen, wenn sich bei Erscheinen des zweiten Buches noch jemand an das erste erinnern soll, was unter Marketingaspekten mehr als ratsam ist.

Andere Autoren haben zwar schnell ein zweites Konzept, lassen ihren Verlag oder Agenten aber eine halbe Ewigkeit auf ein Stück Text warten. Sie denken vielfach nicht darüber nach, dass sie ihr Leben umorganisieren müssen, damit das Bücherschreiben darin ein fester Bestandteil wird. Ist der Reiz des Neuen verflogen, nimmt sie ihr Hauptberuf – als Berater, Geschäftsführer, Heilpraktiker oder was auch immer – wieder voll in Beschlag, und das zweite Buch wird einfach vertrödelt.

Ich habe den Fall erlebt, dass ein Autor aus dem Stand einen Fachbuchbestseller hinbekommen hat und dadurch die Chance erhielt, sein zweites Buch bei dem für diese Fachrichtung vielleicht angesehensten deutschen Verlag zu veröffentlichen – in einer Reihe mit den Übersetzungen der amerikanischen Koryphäen. Glücklich über den Autorenvertrag ging er mit seiner Frau erst einmal groß essen. Doch dann kehrte Schweigen ein. Nach fast einem Jahr, wenige Wochen vor dem Abgabetermin, hatte er immer noch keine Zeile geschrieben.

Drei Wochen vor dem Abgabetermin versprach er, sich nun endlich konzentriert an die Arbeit zu machen, und präsentierte seinem Agenten kurz darauf tatsächlich etliche Seiten Rohmanuskript. Doch glauben Sie mir: Auch der begnadetste Autor kann in nur drei Wochen bestenfalls ein passables, aber kein exzellentes Fachbuch schreiben. Mehrere Überarbeitungsschritte, regelmäßiges Feedback von kompetenter Seite und eine möglichst enge Abstimmung mit dem Verlag sind nun einmal die Voraussetzung für Spitzenleistungen. Und so etwas will gut organisiert sein.

In allen diesen Fällen ist sicherlich viel Psychologie im Spiel. Entweder einem Autor steigt der Erfolg zu Kopf – oder der Erwartungsdruck aller Beteiligten, einschließlich seiner eigenen Qualitätsansprüche an sich selbst, lähmt ihn. Die Latte liegt beim zweiten Buch eben höher als beim ersten. Professionelles Projektmanagement, und zwar von Anfang an, kann hier mancher Krise vorbeugen. Wer zu jeder Zeit weiß, was der gerade notwendige Schritt ist, und sich auf diesen voll konzentriert, der bleibt gelassen auf der richtigen Spur.

Trotzdem: Viele Experten, die Bücher schreiben, werden erst beim dritten Buch wirklich zum Autor …

Vermittlungsphase: Die Kunst des Nachhakens

Das Projektmanagement in der Vermittlungsphase ist sehr unterschiedlich, je nachdem, ob Sie einen Agenten beauftragt haben oder nicht. Doch auch einen Agenten müssen Sie ja erst einmal finden und überzeugen, was wiederum Teil des Projekts ist. Gehen Sie am besten möglichst strukturiert vor. Machen Sie sich einen Plan, welche Verlage bzw. Agenten Sie in welcher Reihenfolge ansprechen wollen. Legen Sie eine Tabelle an, in der Sie für jeden Ansprechpartner alle Kontaktpunkte, vergeblichen Kon-

taktversuche, Gesprächsergebnisse und eventuell Wiedervorlage-
termine festhalten.

In der Vermittlungsphase ist es wichtig, den Überblick zu behal- **Terminabsprachen**
ten, um zu den richtigen Zeiten nachhaken zu können und immer
auf dem aktuellen Stand zu sein. Haben Sie einen Agenten enga-
giert, so erledigt er für Sie diese ganze Arbeit und kümmert sich
anschließend um die Vertragsverhandlungen. Stimmen Sie sich
mit Ihrem Agenten aber regelmäßig über Termine ab. Haben Sie
einen Verlag gefunden, dann sind Abgabe- und Erscheinungstermin Teil der Vertragsverhandlungen. In der Regel wird der Verlag
dazu einen Vorschlag machen.

Denken Sie nun wieder an Ihre grobe Vorplanung, bei der Sie ja
besonders Ihre berufliche Situation berücksichtigt haben. Schaffen Sie das? Ihr Ehrgeiz in allen Ehren – aber schlagen Sie dem
Verlag im Zweifel lieber vor, das Buch ein halbes Jahr später he-
rauszubringen. Denn wenn Sie in der Schreibphase in Zeitnot geraten, leidet immer die Qualität des Manuskripts, und damit ist
keiner Seite gedient.

Manuskriptphase: Punktlandung bei Umfang und Termin

Die Unterschrift unter den Verlagsvertrag ist der beste Startschuss
für die Manuskriptarbeit. Gerade beim ersten Buch hat diese Unterschrift eine besondere Aura und beschert Ihnen einen Motiva-
tionsschub, den es möglichst direkt umzumünzen gilt. Planen Sie
die Manuskriptphase am besten, indem Sie zunächst einmal die
Gesamtzeichenzahl für das Buch und dann die Zeichenzahl der
einzelnen Teile oder Kapitel errechnen.

**Stimmen Sie sich immer vor Beginn der Manuskriptarbeit mit
dem Verlag über den genauen Buchumfang ab. Ich habe es
schon erlebt, dass ein Autor ein durchaus gelungenes Manuskript am Ende um mehr als ein Drittel kürzen musste. So
etwas ist für den Betroffenen schmerzhaft und ärgerlich.**

Mein Tipp

Bei dem Buch, das Sie gerade in Händen halten, war die Vorgabe des Verlages 280 Seiten à 2200 Zeichen (immer einschließlich Leerzeichen). Das macht also insgesamt 616 000 Zeichen. Bei 18 Kapiteln (einschließlich des Einleitungskapitels) musste jedes Kapitel also im Durchschnitt etwas über 30 000 Zeichen haben. Auch wenn Ihr Buch vielleicht eine gänzlich andere Kapitelstruktur hat, ist es dennoch empfehlenswert, das Manuskript in Arbeitsblöcke jeweils in der Länge eines idealen Probetextes – also etwa 25 000 bis 35 000 Zeichen – aufzuteilen. Diese Textlänge hat sich als überschaubare Einheit bewährt.

Nun ist natürlich nicht jedes Kapitel gleich lang, weil es inhaltliche Schwerpunkte gibt. Andererseits wäre Ihre Gliederung – wie in Kapitel 5 beschrieben – unausgewogen, wenn es extreme Schwankungen bei den Kapitellängen gäbe. In diesem Buch schwanken die Kapitellängen zwischen etwa 24 000 und 40 000 Zeichen, wobei die meisten Kapitel um die 30 000 Zeichen lang sind. Die Gretchenfrage für Ihr Projektmanagement ist nun: Wie viel Zeit benötigen Sie für 30 000 Zeichen? Echte Profischreiber würden etwa zwei Personentage veranschlagen, doch das soll nicht Ihr Maßstab sein. Wenn Ihnen noch etwas die Übung fehlt, dann werden Sie nach zwei oder drei Kapiteln bzw. Arbeitsblöcken wissen, wie schnell Sie vorankommen.

Arbeitsfortschritte hochrechnen

Spätestens nach einer solchen Testphase können Sie dann Ihren Arbeitsfortschritt hochrechnen. Gesetzt den Fall, für dieses Buch wäre – bei unterschiedlichen Arbeitszeiten – eine Woche pro Kapitel zu veranschlagen gewesen, dann hätte die Gesamtprojektdauer mit 20 Wochen beziffert werden müssen. Mindestens. Denn erstens brauchen Sie noch Zeit für einen letzten Korrekturdurchlauf durch das gesamte Manuskript und zweitens sind häufig noch gewisse Extras einzuplanen, etwa ein Stichwort- oder Personenregister, für das Sie das Manuskript mit der entsprechenden Funktion Ihrer Textverarbeitung indexieren müssen. Und nicht zu vergessen: Planen Sie ausreichend Puffer und Reserven ein! Denn das Leben ... aber das wissen Sie ja.

Die Funktion »Wörter zählen« bzw. »Zeichen zählen« Ihrer Textverarbeitung sollte also bei der Manuskriptarbeit Ihr regelmäßiger Begleiter sein. Haben Sie den Gesamtfortschritt und die durchschnittliche Zeichenzahl pro Kapitel bzw. Arbeitsblock im Blick und beziehen Sie diese Werte jeweils auf die noch zur Verfügung stehende Zeit, so besitzen Sie ein handhabbares Steuerungsinstrument. Und mehr brauchen Sie eigentlich nicht.

Empfehlenswert sind darüber hinaus mehr oder weniger geregelte Arbeitszeiten für die Manuskriptarbeit. Sicherlich werden sich diese je nach Belastung im Hauptberuf nicht immer genau einhalten lassen. Trotzdem ist es hilfreich, zumindest ein bestimmtes Kontingent an Wochenstunden ebenso einzuplanen wie die dafür jeweils am besten geeigneten Zeiten. Wenn Sie dieses Kontingent dann mit dem Gesamtfortschritt in Beziehung setzen, wissen Sie immer, ob Sie Vorsprung haben oder im Rückstand sind.

Geregelte Arbeitszeiten

Das alles ist möglich, ohne gleich zum Pedanten zu werden. Es geht um den groben Überblick, der Ihnen Sicherheit gibt, Sie bei der Arbeit gelassen macht und Schreibblockaden oder gar Panikanfällen vorbeugt. Gegen mehr oder weniger geregelte Arbeitszeiten könnten Sie einwenden, dass Sie sich nicht immer inspiriert fühlen. Aber probieren Sie einfach einmal aus, sich trotzdem an die Arbeit zu machen. Oft werden Sie feststellen, dass Sie dann plötzlich doch die richtigen Ideen haben, selbst wenn Sie sich das eine Viertelstunde zuvor noch nicht vorstellen konnten. Freilich gibt es – leider – auch echte Schreibblockaden. Auf dieses Thema komme ich in Kapitel 14 noch einmal zu sprechen.

Auch und gerade in der Manuskriptphase können Sie sich bei der Arbeit professionell unterstützen lassen. In jenen alten Tagen, als in einem Verlag meist noch ein Verleger gleichen Namens seinen Schreibtisch hatte und die wichtigsten Arbeitsmittel des Lektors nicht E-Mail und Telefon, sondern Papier und Stift waren, entstanden Manuskripte oft in enger Zusammenarbeit zwischen Autor und Lektor. Heute wird ein guter Lektor immer noch gerne ein Stück Text von Ihnen lesen und Ihnen sagen, ob aus seiner Sicht die Richtung stimmt. Aber eine intensive Betreuung mit Kritik und Vorschlägen zu jedem Absatz können Sie seitens der Verlage heute nicht mehr allgemein erwarten.

Sie können sich diese Unterstützung aber selbst organisieren, und das ist fast immer eine lohnende Investition. Freie Lektoren und

Text- und Schreibcoaching

seit einiger Zeit sogar Coaches, die sich auf »Textcoaching« bzw. »Schreibcoaching« spezialisiert haben, lesen Ihre Textteile regelmäßig und unterstützen Sie ganz nach Wunsch mit Tipps und Anregungen oder durch eine redaktionelle Überarbeitung. So sparen Sie Zeit und Kraft und haben die Garantie eines professionellen Ergebnisses.

Nicht zu unterschätzen ist auch der positive Effekt für Ihre Motivation. Stets wartet jemand darauf, mit neuen Texten von Ihnen gefüttert zu werden, und wenn Sie gute Ideen hatten, wird der Lektor oder Coach auch mit Lob und Anerkennung nicht geizen. Andererseits ist es Teil der Abmachung, dass Sie nicht gleich stilistisch perfekt schreiben müssen, was den Leistungsdruck reduziert und Schreibblockaden vorbeugt.

Nach meiner Erfahrung entstehen die qualitativ besten Manuskripte, wenn der Autor sich auf die Inhalte konzentrieren kann und bei der sprachlichen Umsetzung intensiv gecoacht wird. Das hat dann weniger mit sprachlichem Unvermögen eines Autors zu tun als mit dem Prinzip, dass Arbeitsteilung die Produktivität steigert. Insofern sollte Sie nicht überraschen, dass selbst Top-Journalisten, wie etwa Chefredakteure führender Zeitungen, sich beim Schreiben coachen lassen. Das tun sie nicht obwohl, sondern weil sie Textprofis sind.

Ghostwriting Vom Textcoaching ist es ein fließender Übergang zum Ghostwriting, der intensivsten Form der Unterstützung für den Autor während der Manuskriptphase. Hin und wieder begegnen wir noch gewissen Vorbehalten gegenüber dem Thema Ghostwriting. Vielleicht liegt das ja an der Prägung durch Schule und Hochschule, wo jeder für sich um die beste Note kämpft und sofort disqualifiziert wird, wenn sich herausstellt, dass er eine Arbeit nicht allein geschrieben hat. Denkt man aber vom Markt her und ist es das Ziel, einem Leser den bestmöglichen Text zu präsentieren, dann gibt es überhaupt keinen Grund, dieses Ziel nicht mit vereinten Kräften anzustreben.

Ghostwriting bedeutet ja auch nicht, dass der eine nur seinen Namen hergibt und der andere dann irgendetwas Beliebiges schreibt. In aller Regel ist es ein intensiver Prozess zwischen Autor und

Ghostwriter, der hier stattfindet. Der eine kümmert sich um den Inhalt, der andere um die Verpackung – und selten lässt sich beides exakt trennen. Die Basis für ein Ghostwriting sind meist ausführliche Gesprächsprotokolle oder Rohtexte des Autors, aus denen der Ghostwriter dann einen genregerechten Buchtext macht.

Einen Rohtext umzuarbeiten ist übrigens für einen Profischreiber oft aufwändiger, als auf der Basis von Gesprächsnotizen einfach flüssig Text zu produzieren. Deshalb ist die Arbeitsweise für die Preisgestaltung nebensächlich. Ein Ghostwriter wird Ihnen ein dem Umfang des Buchprojekts entsprechendes Angebot machen. Der Preis kann einigen dann auf den ersten Blick hoch erscheinen. Doch wenn Sie mit einem vernünftigen Stundensatz gegenrechnen, wie viel Ihre gesparte Zeit wert ist und um wie viel besser das Ergebnis und die angestrebten sekundären Effekte des Buches sein werden, dann ist das Ghostwriting auch unter rein wirtschaftlichen Gesichtspunkten oft der preiswerteste Weg zum Buch. Was Sie ebenfalls bedenken sollten: Es bedeutet einen enormen Zeitaufwand, das Autorenhandwerk selbst mühsam zu erlernen. Wenn das nicht in Ihre Lebensplanung passt, aber die Vorteile einer Buchveröffentlichung Sie überzeugen, sollten Sie sich näher mit dem Thema Ghostwriting befassen.

Vermarktungsphase: An den Markt denken, von Anfang an

Für die Vermarktungsphase kann ich Ihnen schließlich nur empfehlen, sich so früh wie möglich Gedanken darüber zu machen, wie der Leser von Ihrem Buch erfahren und was ihm den Kauf schmackhaft machen soll. In Kapitel 16 gebe ich Ihnen einen Überblick, welche Maßnahmen Sie von Ihrem Verlag erwarten und was Sie selbst beisteuern können. Nach einer groben Vorplanung ist die Zeit unmittelbar nach Fertigstellung des Manuskripts ideal, um genau festzulegen, was bei Erscheinen des Buches geschehen soll. Aber auch schon davor können Sie sich auf die Suche nach professionellen Partnern begeben, die Sie etwa bei der Buch-PR oder der Konzeption und Realisierung einer Website zum Buch unterstützen sollen.

Hier wie beim gesamten Projektmanagement ab dem Zeitpunkt der Unterschrift unter den Verlagsvertrag gilt, dass es Ihnen viele Vorteile bringt, sich immer wieder einmal kurz bei Ihrem Verlag zu melden und das Vorgehen abzustimmen. Fragen Sie Ihren Lektor, ob er erste fertige Kapitel lesen möchte, warnen Sie ihn rechtzeitig, wenn es zeitlich knapp wird, und bitten Sie am Ende der Manuskriptphase um ein ausführliches Gespräch zum Thema Vermarktung. Denn ein Verlag, der immer weiß, *was* Sie tun, wird umso lieber etwas *für* Sie tun.

KOMPAKT

- Projektmanagement beginnt mit der Ressourcenplanung: Nur wer sich sicher ist, den Schreibprozess auch in seinen Berufsalltag integrieren zu können, sollte sich als Autor betätigen.

- Anhand von Erfahrungswerten lässt sich der gesamte Publikationsprozess grob vorplanen. Ungeachtet einer möglicherweise längeren Vermittlungsphase ist es ratsam, für ein Buchprojekt nicht länger als ein Jahr zu veranschlagen.

- Während der Manuskriptphase ist es hilfreich, Arbeitszeit und Arbeitsfortschritt regelmäßig zu kontrollieren. Nach einiger Zeit wissen Sie, wie viele Zeichen Sie ungefähr pro Woche schreiben, und können entsprechend planen.

- Es ist eine lohnende Investition, sich während des Schreibprozesses von einem freien Lektor oder professionellen Coach unterstützen zu lassen. Coaching setzt allerdings sehr aktive Mitarbeit voraus. Für wen sich dieser Zeitaufwand nicht rechnet, der sollte über die Zusammenarbeit mit einem Ghostwriter nachdenken.

- Während der gesamten Manuskriptphase und darüber hinaus empfiehlt es sich, regelmäßig Kontakt zum Verlag zu halten, diesen über den Arbeitsfortschritt zu informieren und Vermarktungsaspekte gemeinsam zu planen.

13. Die innere Haltung beim Schreiben – Schreiben ist nicht schwer, Autor sein dagegen sehr

»Das Ziel des Schreibens ist es, andere sehen zu machen.«
Joseph Conrad

Es gibt Fachexperten, die Bücher veröffentlichen. Und es gibt Autoren. Was macht den Unterschied aus? Nach meiner Definition zweierlei: erstens die Art der Resonanz in der Öffentlichkeit und damit die Marktposition. Bei einem Experten, der publiziert, ist das Produkt Buch entscheidend für die Reaktion des Marktes. Der Leser erwirbt das Buch, weil es ihm die gewünschten Informationen bietet oder er es anderweitig interessant, anregend oder unterhaltsam findet.

Fachexperten

Bei einem Autor ist die Persönlichkeit entscheidend für die Marktstellung – und je erfolgreicher der Autor ist, desto mehr gilt das. Der Leser erwirbt das Buch, weil ihn der Autor interessiert. Er möchte teilhaben an dessen Gedankenwelt, sich mit ihm identifizieren, ja gewissermaßen ein Stück von dem abbekommen, was den Autor erfolgreich macht. Die fachliche Kompetenz des Autors, die inhaltliche Qualität und der Nutzen seiner Bücher – das alles ist weiterhin Voraussetzung, aber nicht mehr der springende Punkt. Was den Leser an dem Autor und seinen Büchern interessiert, spielt sich zum überwiegenden Teil auf der emotionalen Ebene ab.

Autoren

Beobachten Sie nur einmal, wie Top-Autoren ihre Auftritte als Referenten gestalten und sich dabei selbst inszenieren: Sie verdichten ihre Thesen zu amüsanten Aphorismen, sie erzählen Anekdoten, sie plaudern aus ihrem Leben, sie nehmen sich Dinge heraus, die sich nicht jeder aus dem Publikum trauen würde. Erfolgreiche Sachbuchautoren setzen auf Personality, und zwar auch und gerade, wenn sie aus dem Management oder der Wissenschaft kommen und ihren Ruf ursprünglich einmal auf fachliche Kompetenz gegründet haben.

Die innere Einstellung zum Schreiben Zum Autor im eigentlichen Sinn wird jemand zweitens durch die innere Haltung, die er beim Schreiben einnimmt. Er geht nicht einfach irgendeiner Tätigkeit nach, sondern macht sich bewusst eine Rolle zu eigen und reflektiert sie: Die Rolle des Autors als einer Persönlichkeit, die in der Öffentlichkeit steht. Und diese innere Haltung prägt das gesamte Tun. Während die Personality des Autors im Publikationsprozess vor allem während der Vermarktungsphase zum Tragen kommt, ist dessen innere Haltung während der Manuskriptphase am stärksten wirksam. Das beste Projektmanagement nützt wenig, wenn die innere Einstellung zum Schreiben nicht stimmig ist. Und diese lässt sich unmittelbar beeinflussen.

Anders als bei der Resonanz des Autors in der Öffentlichkeit, die einfach das Ergebnis aller Maßnahmen gekonnten Publizierens ist, können Sie an Ihrer inneren Haltung direkt arbeiten. Sie können sogar innerlich zum Autor werden, noch bevor die Öffentlichkeit Sie als solchen wahrnimmt. Damit schaffen Sie eine wichtige Voraussetzung für die spätere Resonanz. In diesem Kapitel will ich Ihnen zeigen, welche innere Haltung nach meiner Erfahrung einen Autor – und seinen Erfolg – ausmacht.

»Immer an die Leser denken!«

Für wen schreiben Sie? Wichtig ist hier zunächst einmal Ihre Antwort auf die schlichte Frage: Für wen schreiben Sie? *Reinhard K. Sprenger* sagt: »*Arbeit ist immer Arbeit für andere, sonst ist es Beschäftigung.*« (Noch ein nachträgliches Beispiel übrigens für die Aphorismen von Top-Autoren.) Wer sind diese *anderen*, für die Sie als Autor arbeiten wollen? Und: Gibt es sie überhaupt?

Als Agent bin ich immer wieder überrascht über die zahlreichen Buchangebote von Menschen, die ganz offensichtlich für niemand anderen schreiben als für sich selbst, aber meinen, das müsse die Öffentlichkeit brennend interessieren. Da drängt sich dann etwa der Eindruck auf, dass die nie geglückte Doktorarbeit im fortgeschrittenen Alter durch ein *Opus Magnum* kompensiert werden muss, in dem das in einem ganzen Berufsleben angehäufte Fachwissen zur Schau gestellt werden soll. Jemand will sich selbst etwas beweisen. Aber warum soll ein anderer Mensch das lesen?

Oder: Ein mehrere hundert Seiten starkes Manuskript schneit herein, und der Verfasser gerät im Vorwort geradezu ins Schwärmen über sich und sein Werk: wie es jahrelang in ihm gereift sei; wie sich dieses Stück Geist einfach Bahn habe brechen müssen; wie er bald gar nicht mehr gewusst habe, ob er es sei, der das Buch schreibe, oder dieses Buch ihn nur benutze, um sich selbst zu schreiben. (Was auch *Graham Greene* einmal ganz ähnlich bemerkt hat, aber der war Autor.)

Nun ist gegen all das ja prinzipiell gar nichts einzuwenden. Es gibt Menschen, für die ist das Schreiben eine erbauliche »Beschäftigung« – im Sinn der Definition von *Sprenger*. Sie können durch das Schreiben oft enorm profitieren. Der Schreibprozess trägt zu ihrer Selbstfindung bei. Bloß auf dem Buchmarkt haben solche Schreiber nichts verloren. Sie sind nicht wirklich Autoren. Denn Autor sein bedeutet immer, für Leser zu schreiben. So wie ein Sternekoch für seine Gäste kocht. Und das ist etwas anderes, als sich ein Brot zu schmieren und den anderen zu fragen, ob er einmal beißen möchte.

Stellen Sie sich in einer ruhigen Minute oder auf einem Spaziergang einmal die Frage: *Für wen schreibe ich?* Es lohnt sich, darüber ein wenig nachzudenken. Wen möchten Sie mit Ihren Themen erreichen? Was wollen Sie auslösen? Darüber Klarheit zu besitzen prägt Ihre Haltung als Autor.

Mein Tipp

Wer beim Schreiben nicht nur an sich, sondern auch an den Leser denkt, ist leider immer noch nicht zuverlässig vor Fehlhaltungen als Autor geschützt. Viele Menschen, die publizieren wollen, sind von den Qualifizierungsarbeiten an Schule und Hochschule stärker geprägt, als es ihnen bewusst ist. Sie haben über viele Jahre ihres Lebens Arbeiten geschrieben, die bei anderen einen guten Eindruck machen sollten. Und auch wenn heute für ihre Texte keine Noten mehr vergeben werden, so wollen sie doch vor ihren Lesern glänzen. Seitenlange Literaturverzeichnisse sollen von ihrer Belesenheit Zeugnis geben. Fußnotenfriedhöfe sollen belegen, dass dem Verfasser kein Detail entgangen ist. Dabei verkommt das Zitieren anderer Autoren schnell zum bloßen *Namedropping*. Und das Ergebnis ist dann oft blanker Unsinn. »Seit Luther den Menschen unmittelbar vor seinen Schöpfer gestellt hat, können wir mit Kant sagen …« Oder so ähnlich.

Wer genau hier eigentlich beeindruckt werden soll, bleibt manchmal eher schleierhaft. Die Fachkollegen? Die Unterprivilegierten, die es nicht geschafft haben, so viel Bildung abzubekommen? Schließlich quälen sich manche Leser durch solche Texte, ohne zu protestieren. Weil sie genauso geprägt sind wie der Verfasser! Dabei sollten sie ihm sein Pamphlet um die Ohren hauen. Sie sollten ihm zurufen: »Schreibe gefälligst so, dass ich etwas davon habe! Ich bin dein Leser, ohne mich bist du nichts!« Zumal es sich herumgesprochen haben sollte, dass es wesentlich leichter ist, komplexe Sachverhalte komplex zu beschreiben, als komplexe Sachverhalte einfach und klar darzustellen.

Der Leser in Gedanken

Wer ist Ihr Leser? Auf diese Frage würden sicher die meisten Autoren antworten, indem sie sich mehr oder weniger abstrakter Kategorien bedienen. Der Leser ist dann beispielsweise Angehöriger einer bestimmten Berufsgruppe. Er zählt zu einer gewissen, durch die Kriterien Alter und Bildung definierten sozialen Schicht. Oder er lässt sich gar – vor allem, wenn der Autor Marketingexperte ist – einem »Sinus-Milieu« zuordnen, einer jener gesellschaftlichen Großgruppen also, die ein bekanntes Marktforschungsinstitut nach Maßgabe von Bildung, Lebensstil und Grundhaltungen definiert hat.

Der Haken an der Sache ist nur: Soll ein Autor beim Schreiben an seinen Leser denken und sich dabei auch emotional in diesen hineinversetzen, so helfen ihm abstrakte Kategorien nicht weiter. Es gibt nun einmal nicht *den* Manager, *die* Karrierefrau oder *den* Hobbykoch. Sobald ein Gegenüber erlebbar werden soll – und sei es nur in der eigenen Vorstellung –, muss es konkret werden, braucht es individuelle Züge.

Ich empfehle deshalb meinen Klienten in der Manuskriptphase gern folgende Übung: Stellen Sie sich beim Schreiben einen Menschen aus der Mitte Ihrer Leserschaft konkret vor! Wie sieht Ihr idealtypischer Leser aus? Was zeichnet ihn aus? Wie reagiert er auf Ihren Text?

Wenn Sie diese Übung einmal ausprobieren möchten, dann nehmen Sie sich etwas Zeit und lassen Sie Ihre Fantasie spielen. Ist Ihr Leser männlich oder weiblich? Wie alt ungefähr? Welche Kleidung trägt er, während er Ihr Buch liest? An welchem Ort liest er Ihr Buch? Liest er es schnell oder langsam, beiläufig oder hochkonzentriert? Warum liest er es? Was verspricht er sich davon? Will er ein Problem lösen, und wenn ja, welches? Warum interessiert er sich für Ihr Buch? Und was geht in Ihrem Leser vor, wenn er genau diesen Satz liest, den Sie jetzt gerade schreiben? Was verrät seine Mimik? Blickt er ernst oder schmunzelt er? Wird er noch lange weiterlesen oder legt er das Buch gleich weg?

Es ist nicht wichtig, ob der Leser, den Sie sich beim Schreiben vorstellen, eine reale Person oder Ihr Fantasieprodukt oder eine Mischung aus beidem ist. Und es ist weder wichtig noch möglich, dass Ihr idealtypischer Leser alle Eigenschaften Ihrer Zielgruppen in sich vereinigt. Wichtig ist nur, dass Sie sich Ihren Leser ganz konkret vorstellen, Sie ihn beim Schreiben immer wieder plastisch vor Augen haben. Denn das wirkt unterbewusst auf Ihre Haltung als Autor zurück – deutlich mehr als der bloße Vorsatz, immer an *den* Leser zu denken.

Gewinn für den Leser

Also: Für wen schreibt ein Autor? Für seine Leser. Was schreibt ein Autor? Das, was seine Leser gerne und mit Gewinn lesen. Wie schreibt ein Autor? So, dass er die Sprache seiner Leser spricht und von ihnen verstanden wird. *»Immer an die Leser denken!«* – dieser via TV-Werbung bekannt gewordene Ausspruch von *Helmut Markwort* ist ebenso schlicht wie wahr. Es macht den echten Autor aus, dass er sich beim Konzipieren, beim Schreiben und bei der Vermarktung seiner Bücher stets davon leiten lässt, was seine Leser davon haben werden.

Über den eigenen Schatten springen Im Einleitungskapitel dieses Buches habe ich beschrieben, welchen Nutzen Ihnen das Publizieren bringt. Von kostengünstiger Selbst-PR und vielen anderen Vorteilen war die Rede. An dieser Stelle geht es darum, womit Sie sich diese Vorteile verdienen. Geschenkt bekommen Sie nichts. Es ist ein fairer Tausch. Die Öffentlichkeit will gute Autoren. Menschen wollen Persönlichkeiten, die ihnen Zugang zu Wissen verschaffen und neue Horizonte eröffnen. Menschen wollen auch Vorbilder. Es liegt an Ihnen, ob Sie diese Autorenrolle einnehmen wollen oder nicht. Falls ja, dann gehört immer dazu, ein Stück über den eigenen Schatten zu springen. Wer anderen etwas geben will, muss bereit und in der Lage sein, sich auf deren Bedürfnisse einzulassen.

Mein Tipp Machen Sie sich beim Schreiben eines Buches bewusst, was Sie Ihren Lesern damit geben wollen. Es ist ein Unterschied, den Lesernutzen abstrakt zu definieren oder sich ihn zur Maxime des Schreibens zu machen.

Das lesergerechte Schreiben ist schließlich kaum zu trennen vom genregerechten Schreiben. Der Fachbuchautor, der Ratgeberautor und der Sachbuchautor – sie denken nicht unbedingt dasselbe, wenn sie an ihre Leser denken. Die jeweilige Buchgattung trifft auf ein spezifisches Leserbedürfnis, das wiederum die Haltung des Autors prägt.

Der wohl größte Unterschied besteht darin, wie sehr sich der Autor mit seiner ganzen Persönlichkeit in den Schreibprozess einbringen muss. Von einem Fachautor erwartet der Leser den geringsten, von einem Sachbuchautor den größten emotionalen Nutzen. Der Ratgeberautor nimmt eine Mittelposition ein und kann stärker in die eine oder die andere Richtung tendieren. Und wie überall gilt auch hier, dass Ausnahmen die Regel bestätigen.

Die Haltung des Fachbuchautors

Der Fachbuchautor bewegt sich in der Welt des Wissens. Die Art und Weise des Umgangs mit Wissen prägt seine Haltung. Unter allen Gattungen nichtfiktionaler Literatur hat das Fachbuch die größte Nähe zum akademischen Betrieb und seinen Disziplinen, was im positiven Sinn bedeutet, dass der Autor getreu dem wissenschaftlichen Ideal »forscht und lehrt«. Er ist immer bemüht, seine eigenen Kenntnisse zu erweitern, er möchte auf dem neuesten Wissensstand sein, um seine Kenntnisse dann für den Leser aufzubereiten und an diesen zu vermitteln. Im Idealfall entwickelt der Fachbuchautor echte Leidenschaft für Wissen und seine Vermittlung. Neugier und Offenheit zeichnen ihn aus. Es geht ihm weniger darum, mit seinem Wissen zu glänzen, sondern er ist von dem Drang getrieben, sein eigenes Wissen zu erweitern und mit anderen zu teilen.

Sich in der Welt des Wissens bewegen

Nach meiner Erfahrung sind es vor allem diese Tugenden, die Fachbuchautoren nachhaltigen Erfolg und Ansehen bei ihren Lesern bescheren:

- *Wahrhaftigkeit*
  Auch wenn die Versuchung oft groß ist, Dinge ein wenig zu übertreiben und um der Zuspitzung willen zurechtzubiegen – die Wahrheit kommt meist doch irgendwann zu Tage. Und die berechtigte Kritik an der Darstellung schadet dem Ansehen des Fachbuchautors. Wer sich langfristig als Fachbuchautor positionieren möchte, für den lohnt es sich, von Anfang an bei der Wahrheit zu bleiben und Sachverhalte sowie die Meinungen anderer Autoren objektiv und fair darzustellen. Schließlich: Wir leben in einer unübersichtlichen Zeit, und die Öffentlichkeit will Leute, auf deren Wort man sich verlassen kann.

Tugenden des Fachbuchautors

- *Klarheit*
  Alle Fachbuchautoren tun gut daran, sich beim Schreiben am Ideal der Klarheit, Einfachheit und Übersichtlichkeit zu orientieren. Das beginnt schon bei der Gliederung. Es gibt kein Thema, das neun Gliederungsebenen zwingend notwendig machte. Es ist im Gegenteil die

große Kunst des Fachbuchautors, eine riesige Stoffmenge zu überblicken, dann aber das für den Leser Wesentliche auszuwählen und für den Leser nachvollziehbar aufzubereiten. Dahinter steckt die Haltung, möglichst vielen Lesern wirklich etwas vermitteln zu wollen, statt autistisch um sein Thema zu kreisen.

- *Understatement*
  Wer mit seinem Wissen arrogant auftrumpfen oder andere mit dem erhobenen Zeigefinger belehren will, kommt bei heutigen Lesern immer weniger an. Wissen und der Zugang dazu haben einen Demokratisierungsprozess durchgemacht. Experten und so genannte Laien begegnen sich auf Augenhöhe, denn die Wege zum Expertentum stehen heute jedem offen, wenn er nur will. Ein wirklicher Experte besitzt schon deshalb eine gewisse Demut, weil er weiß, aus wie vielen Quellen sich sein Wissen speist, wie viele andere immer wieder zu seinen Erkenntnissen beitragen. Und die Öffentlichkeit liebt es, wenn Experten einfach locker aus dem Nähkästchen plaudern und sich nicht anmerken lassen, welche Mühe es gekostet hat, sich all das Wissen anzueignen. Richtig dosiert passt dazu auch ein Schuss Ironie.

Die Haltung des Ratgeberautors

Helfen und beraten
Der Ratgeberautor ist ein Helfer. Was auch immer sein Thema sein mag – er möchte seinen Lesern dabei helfen, eine Situation zu bewältigen, sich neue Fähigkeiten anzueignen und Fehler zu vermeiden. Ratgeber haben immer etwas Pädagogisches, und wem es so gar nicht liegt, andere Menschen anzuleiten und zu unterstützen, ist hier im falschen Genre. Tatsächlich scheitern unerfahrene Ratgeberautoren häufig daran, dass sie lediglich ihr Wissen ausbreiten, aber es nicht verstehen, dem Leser ganz konkret und in einzelnen Schritten aufzuzeigen, wie etwas nun wirklich geht. Der Ratgeberautor muss beim Schreiben am nächsten bei seinem Leser sein, immer auf Augenhöhe. Und er sollte sich in seiner Rolle als Helfer und Berater wohlfühlen und nicht befangen sein.

Diese Tugenden machen einen guten Ratgeberautor aus:

- *Glaubwürdigkeit*
  »Kennen Sie einen Wegweiser, der selber in die Richtung geht, die er anzeigt?« Diese ironische Bemerkung des Philosophen *Max Scheler* spießt eine leider verbreitete Schwäche von Beratern und Ratgebern auf. Wer ist mir nicht schon alles begegnet! Der Projektmanagement-Experte, der seine Termine verschwitzt und sich verzettelt. Die Etikette-Trainerin, die sich wie die Axt im Walde benimmt. Der umwelt- und klimapolitische Vordenker, der täglich 40 Kilometer mit dem Auto zwischen Eigenheim und Büro zurücklegt. Papier ist geduldig – aber als Autor sind Sie Teil Ihres Buches. Authentische Ratgeberautoren empfehlen anderen nur das, was sie selbst tun oder zu tun bereit sind. Sie sind kein bloßer Wegweiser, sondern gehen in die richtige Richtung selber voran.

- *Einfühlungsvermögen*
  Ratgeberautoren haben es stets mit »Betroffenen« als Lesern zu tun. Das heißt, der Leser möchte in einer ganz bestimmten Situation wissen, wie man etwas macht – sei es Rückenschmerzen bekämpfen, Geld Gewinn bringend anlegen oder indonesisch kochen. Je besser sich der Ratgeberautor – auch emotional – in die Situation seines Lesers hineinversetzen kann, desto mehr wird er bei ihm positiv bewirken. Erfolgreiche Ratgeberautoren überlegen beim Schreiben ganz genau, was der Leser im nächsten Schritt braucht und wie er am besten erreichbar ist.

- *Humor*
  Es ist nicht immer einfach, etwas besser zu wissen und anderen den Weg zu weisen. Das hat mit Beeinflussung zu tun – wo wir doch alle freie und verantwortliche Individuen sind, die souverän entscheiden möchten. Gegen die Skrupel, anderen immer sagen zu müssen, wo es langgeht, hilft eine gute Portion Humor. Beliebt sind Ratgeberautoren, die sich selbst nicht ganz so ernst nehmen, zu ihren eigenen Schwächen und Niederlagen

stehen und all die Probleme, zu deren Lösung sie beitragen wollen, auch einmal augenzwinkernd betrachten können. Alles halb so wild, denken sie oft beim Schreiben, und ihre Gelassenheit überträgt sich dann wie von selbst auf die Leser, die bei ihnen Rat suchen.

Die Haltung des Sachbuchautors

Unterhalten und Impulse geben

Der Sachbuchautor ist intelligenter Unterhalter, Spiegel des Zeitgeistes, gesellschaftlicher Impulsgeber. Worüber auch immer er schreibt – es soll viele Menschen interessieren, neugierig machen, anregen oder auch aufregen. Sachbuchautoren haben eine gesunde Portion Geltungsdrang. Wer mit seinen Büchern nicht groß herauskommen möchte, wer nicht interviewt werden und sich in öffentliche Debatten einmischen will, sollte lieber Fachbücher oder Ratgeber schreiben. In der Haltung der Stars unter den Sachbuchautoren findet sich auch immer ein Schuss Künstlertum – von Habitus und Auftreten her haben sie gewisse Ähnlichkeiten mit Belletristikautoren, Schauspielern oder Regisseuren. Und beim Schreiben kommen bei ihnen tatsächlich die entsprechenden Talente zum Einsatz: literarisches Gespür, die Fähigkeit zur Selbstdarstellung und die Kunst, ein Thema effektvoll zu inszenieren.

Das sind die wichtigsten Tugenden eines Sachbuchautors:

Tugenden des Sachbuchautors

- *Begeisterung*
  Wer von einem Thema nicht wirklich fasziniert ist, sollte darüber auch kein Sachbuch schreiben. Hingegen spürt jeder Leser, ob der Autor beim Schreiben begeistert bei der Sache war – und diese Begeisterung überträgt sich dann oft ganz automatisch. Mit seiner Leidenschaft für ein Thema ist der Sachbuchautor für viele Leser ein bewundertes Vorbild. Denn ganz in einer Sache aufgehen, die man sich selbst ausgesucht hat – das möchten fast alle Menschen gern. Den Sachbuchautor begeistert aber nicht nur sein Thema, sondern auch der Umgang mit Sprache, ja das Bücherschreiben an sich. Und das ist eine der Voraussetzungen für seinen Erfolg.

- *Authentizität*

  Der Sachbuchautor gibt beim Schreiben relativ viel von seiner Persönlichkeit preis. Ist die persönliche Färbung beim Ratgeber gefährlich (die Verlage sind bei Erfahrungsberichten sofort skeptisch), so ist sie beim Sachbuch erlaubt und erwünscht. Dazu muss der Sachbuchautor eine bejahende Haltung einnehmen. Er kann sich nicht wie ein altmodischer Wissenschaftler hinter seinem Thema verstecken. Er sollte vielmehr jederzeit bereit sein, etwas Persönliches von sich durchscheinen zu lassen und Farbe zu bekennen – was mit dem Risiko verbunden ist, von einigen abgelehnt zu werden. Je authentischer ein Sachbuchautor sich gibt, je einmaliger seine Persönlichkeit ist und je charakteristischer der Ton, den er in seinen Büchern anschlägt, desto größer sind seine Marktchancen.

- *Trendbewusstsein*

  Sachbücher sind zum großen Teil aktuelle und schnelllebige Bücher. Ein Sachbuchautor muss spüren, was viele Menschen bewegt, was die Gesellschaft umtreibt. Idealerweise erkennt er sogar, was die Menschen nicht jetzt, sondern in einem oder zwei Jahren (also nach Erscheinen seines Buches) am meisten beschäftigen wird. Wer im Elfenbeinturm um seine Spezialthemen kreisen möchte, sollte sich nicht als Sachbuchautor versuchen. Zum Trendbewusstsein gehört auch ein Gespür für Stilfragen. Auf welche Art und Weise tauschen sich Menschen heute aus, welche Reizwörter kursieren, mit welcher Mode wird gerade geliebäugelt? (Selbst wer sich bewusst dagegenstellen will, muss darüber Bescheid wissen.) Sachbuchautoren sind nah am Zeitgeist. Über ein und dasselbe Thema hätten sie vor zehn Jahren anders geschrieben und würden es zehn Jahre weiter wieder anders anpacken.

Im Dialog mit dem Leser

Egal, ob Sachbuch, Fachbuch oder Ratgeber: Stets prägt es die Haltung des wahren Autors, in einen Dialog mit seinem Leser treten zu wollen. An seinem Schreibtisch und vor seinem Computer mag der Autor allein sein – aber er weiß, für wen er schreibt, und ihm ist beim Schreiben bewusst, dass er bei einem Gegen-über etwas auslösen wird. Es ist ein zeitverzögerter Dialog, aber nichtsdestotrotz findet er statt. Der Autor kann ihn in Gedanken vorwegnehmen und die möglichen Reaktionen seines Lesers durchspielen. Je nach Genre mag er sich den Dialog mit dem Leser wie ein Kolloquium, wie ein Beratungsgespräch oder wie eine hitzige Talkshow vorstellen – doch in jedem Fall ist dem Autor klar, dass er mit seinen Gedanken und Worten nicht allein ist. Kein Wunder, dass inzwischen in allen drei Gattungen die direkte Leseransprache zum zeitgemäßen und guten Ton gehört. Der Leser, das ist heute ein Gegenüber – auf Augenhöhe mit dem Autor.

KOMPAKT

- Die Bedeutung der Persönlichkeit für den Markterfolg und die innere Haltung beim Schreiben unterscheiden den eigentlichen »Autor« vom Experten, der publiziert.

- Autoren schreiben nicht für sich selbst, sondern für den Leser. Sie wollen nicht in erster Linie glänzen oder Fachkollegen beeindrucken, sondern dem Leser ein nützliches Produkt bieten. Dazu müssen sie immer auch genregerecht schreiben.

- Die Haltung des Fachbuchautors prägt der verantwortungsvolle und gekonnte Umgang mit Wissen. Seine Tugenden sind Wahrhaftigkeit, Klarheit und Understatement.

- Der Ratgeberautor nimmt die Haltung des Helfers ein, und er tut das gern und ohne Hemmungen. Seine Tugenden sind Glaubwürdigkeit, Einfühlungsvermögen und Humor.

- Der Sachbuchautor ist gerne Unterhalter und Impulsgeber. Er möchte gesellschaftlich mitreden, weil er weiß, dass er auch etwas zu sagen hat. Seine Tugenden sind Begeisterung, Authentizität und Trendbewusstsein.

14. Schreiben wie ein Profi – Seitenweise wie geschmiert statt Sand im Getriebe

»Sie dürfen sich nicht unkonzentriert an ein leeres Blatt setzen!«
STEPHEN KING, IN: »ON WRITING«

In den Vereinigten Staaten können auch wenig erfolgreiche Autoren an ein regelmäßiges und durchaus gehobenes Einkommen kommen: als *Professor for Creative Writing* an einer Provinzuniversität. Sie sollen dort Studenten beibringen, wie man Bücher schreibt. Im *Creative Writing Workshop* sitzen dann der Autor und seine Eleven zusammen, lesen einander ihre Texte vor und diskutieren und diskutieren und diskutieren …

Bücherschreiben als ordentliches Lehrfach – kann das überhaupt funktionieren? Ich kann und will diese Frage hier weder für die *»Creative Writing Industry«* in den USA noch für deren Nachahmer in unseren Breiten abschließend beantworten. Unbestreitbar macht Übung den Meister. Doch auffällig ist ebenso, dass Meisterautoren selten aus den Workshops für kreatives Schreiben hervorgehen.

Kann man schreiben lernen?

Nach meiner Erfahrung ist Schreiben jedenfalls nichts, was so gut wie jeder problemlos lernen könnte, ähnlich wie man Auto fahren in der Fahrschule lernt. Ich habe eine lange Reihe von Sachbuchautoren beim Schreiben gecoacht und kann mit einigem Recht behaupten, dass dadurch erstens ihre Texte besser geworden sind und zweitens generell ihre Fähigkeit, professionell zu schreiben, zugenommen hat. Doch das dazu nötige Talent war immer schon vorher da. Übung und intensive Unterstützung durch einen erfahrenen Coach können viel bewirken, aber die Basis für das Schreiben muss jeder selbst mitbringen. Schließlich kann auch eine Schauspielschule nicht aus Hinz und Kunz einen Leinwandstar machen. Wer kein Talent hat, wird gar nicht erst aufgenommen.

Dementsprechend ist der Anspruch dieses Kapitels bescheiden. Ich kann Ihnen nicht auf wenigen Seiten nahebringen, wie man schreibt. Aber selbst wenn ich diesem Thema ein ganzes Buch widmete, käme für Sie wohl auch nicht viel mehr dabei heraus. Empfehlen möchte ich Ihnen vor allem dies: Stellen Sie fest, wie es um Ihr Talent bestellt ist, indem Sie ehrliches Feedback von einem Profi einholen. Und wenn dieser Sie ermutigt weiterzumachen, dann bleiben Sie am Ball. Schreiben Sie so viel und so oft wie möglich, am besten täglich. Und sorgen Sie dafür, dass Sie immer wieder konstruktive Kritik bekommen. Dazu ist ein Freund oder Bekannter, zu dem Sie eine emotionale Bindung haben, in aller Regel weniger gut in der Lage als jemand, der Sie und Ihre Texte mit professioneller Distanz betrachtet.

Über diesen Hinweis hinaus möchte ich Ihnen ein paar Tipps geben, die sich in meiner Schreib- und Coachingpraxis bewährt haben. Einiges, was ich mit den folgenden zehn Tipps anspreche, mag für Sie selbstverständlich sein, anderes haben Sie vielleicht schon einmal anderswo gelesen oder gehört und wieder anderes kommt Ihnen möglicherweise im ersten Moment etwas unkonventionell vor. Doch nach meiner Erfahrung sind es vor allem diese Dinge, die darüber entscheiden, ob ein Autor wie geschmiert schreibt oder Sand im Getriebe hat.

Erster Tipp: Reduzieren Sie den psychischen Druck

Aufschieberitis Immer wieder erlebe ich, dass Autoren nach der Unterschrift unter den Verlagsvertrag eine ganze Weile brauchen, bis sie mit der Manuskriptarbeit anfangen. Sie schieben den Arbeitsbeginn wiederholt auf, gehen nur halbherzig ans Werk oder kommen nicht recht in Fahrt. Autoren, die bei diesem Verhalten ertappt werden, führen gern praktische Gründe ins Feld. Da gibt es dann plötzlich dringende berufliche Verpflichtungen, ja ein ganzes Bündel von Aufgaben, die unbedingt noch erledigt werden müssen, damit endlich mal Luft zum Schreiben ist. Doch das ist nur die äußere Seite. Wer beim Schreiben nicht richtig in Schwung kommt, hat sich oft selbst unter zu großen Erfolgsdruck gesetzt und ist deshalb psychisch blockiert.

Dieser Druck kommt selten von ungefähr. Was muss ein Autor nicht alles versprechen, um einen Verlag zu überzeugen! Die Konkurrenzsituation lässt ihm kaum eine andere Wahl, als unbescheiden aufzutreten. Und plötzlich kommt die Stunde der Wahrheit. Nun soll der Autor alles, was sein Exposé verspricht, auch einlösen. Hinzu kommt noch der eigene Ehrgeiz. Vor dem geistigen Auge des Autors liegt das Buch schon im Bestsellerregal, aber in der Realität existiert, abgesehen vom Probetext, noch keine einzige Zeile.

In dieser Situation gibt es nur eines: Entspannen Sie sich! Klappern gehört zum Handwerk, aber es ist nicht das Handwerk selbst. Was auch immer Sie Ihrem Lektor oder Ihrem Agenten versprochen haben – kein Buch gerät am Ende exakt wie geplant. In kreativen Prozessen kommt es immer zu unvorhergesehenen Wendungen. Und Ihre Ansprechpartner wissen das auch. Wichtig ist nur, einfach einmal anzufangen. Je länger Sie zögern, desto mehr klaffen Anspruch und Wirklichkeit auseinander und desto höher wird der Druck.

Entspannung

Wenn Sie psychischen Druck abbauen wollen, um möglichst unverkrampft an den Schreibprozess heranzugehen, kann Ihnen auch die Vorstellung helfen, dass Sie nicht allein sind. Nichts, was auf Ihrem Computerbildschirm erscheint, wird unbesehen gedruckt. Ein Lektor schaut sich das alles noch einmal an, und wenn Ihnen einmal eine Formulierung misslingt, wird ihm das schon auffallen, und er wird einen Verbesserungsvorschlag machen. Wenn Sie unsicher sind, dann schicken Sie Ihrem Lektor ein erstes Stück Text und bitten ihn um seine Meinung. So erhalten Sie wertvolle Anregungen, aber werden auch ermutigt.

Im Idealfall lassen Sie sich beim Schreiben von einem Profi coachen. Durch das richtige Maß an Kritik, Ansporn und Bestätigung kann dieser Ihnen helfen, die eigene Arbeit realistisch zu betrachten und damit psychischen Druck gar nicht erst aufkommen zu lassen.

Allerdings ist dieser psychische Druck nicht mit Termindruck zu verwechseln. Termindruck lässt sich kaum vermeiden und ist in gesundem Maß für die meisten Autoren sogar hilfreich, weil er zum effizienten Arbeiten anspornt. Ein Coach kann Ihnen auch hier helfen, indem er Sie wenn nötig an den einzuhaltenden Zeitplan erinnert und Ihnen gleichzeitig die Sicherheit gibt, dass Sie alles gut bewältigen können.

Zweiter Tipp: Finden Sie Ihre optimale Schreibumgebung

Von dem Komponisten *Giacomo Puccini* heißt es, er habe alle seine Opern in der Kneipe geschrieben. Und wenn ein Gast um Ruhe gebeten habe, weil der Meister komponiere, soll sich *Puccini* beschwert und die Leute gebeten haben, so viel Krach wie möglich zu machen, weil ihn das inspiriere. Heute sieht man in den großstädtischen Kaffeebars oft Menschen, die stundenlang konzentriert Zeichen in ihren Laptop tippen. Es ist wenig wahrscheinlich, dass es sich dabei um Opern handelt, doch offenbar können diese Zeitgenossen in einer nicht gerade geräuscharmen Umgebung sehr produktiv arbeiten.

Viele Autoren schreiben ihre Bücher aber an jenem Schreibtisch, an dem sie auch alle übrigen Arbeiten erledigen. Sie tun das entweder, weil sie wissen, dass dieser Schreibtisch für sie der geeignetste Arbeitsplatz ist. Oder sie tun das, weil sie noch nie darüber nachgedacht haben, welche Auswirkungen die Arbeitsumgebung auf das Arbeitsergebnis hat, geschweige denn, dass sie einmal Alternativen zu ihrem Büro getestet hätten. Falls Sie zur zweiten Gruppe gehören, möchte ich Ihnen hier ein paar Anregungen geben.

**Der Einfluss
des Ortes** Der Ort, an dem Sie sich befinden, hat großen Einfluss auf Ihr Denken und Erleben. Jeder Ort ist mit – individuellen und kol-

lektiven – Erinnerungen und Assoziationen verbunden und wirkt unmittelbar auf Ihr Bewusstsein zurück. Fast jeder Mensch kennt das Gefühl, am Urlaubsort wie ausgetauscht zu sein, vor allem im Vergleich mit dem Büro in seiner Firma, Institution oder Praxis.

Was ist nun der ideale Ort zum Schreiben? Das kann jeder nur für sich und am besten durch eigenes Ausprobieren entscheiden. Fest steht nur, dass weder der gewohnte Arbeitsplatz noch der angenehmste Erholungsort notwendigerweise die Spitzenkandidaten sind. Wenn Sie in Ihrem Büro oft Stress haben, schwierige Verhandlungen führen, Mahnungen schreiben, ja vielleicht sogar schon einmal einen Mitarbeiter entlassen mussten, dann sind Sie beim Betreten des Raumes unbewusst darauf konditioniert, Probleme zu lösen. Sie rechnen mit Ärger – und das kann Ihrer Kreativität schon einmal den Riegel vorschieben.

Umgekehrt kann es sein, dass Sie an einem Ort, an dem Sie sich ganz entspannt fühlen, nicht effizient arbeiten können, weil Sie unbewusst auf Muße und Erholung konditioniert sind. In dem Roman *Endmoränen* von *Monika Maron* verlässt die Protagonistin ihren Wohnort Berlin und fährt in ihr Wochenendhaus auf dem Land, um an einem Sachbuch über *Wilhelmine Enke*, die berühmte Mätresse des Preußenkönigs *Friedrich Wilhelm II.,* zu arbeiten. Doch einmal in der reizvollen Endmoränenlandschaft angekommen, bewegt sich ihre Produktivität auf mehr als bescheidenem Niveau. Sie beschäftigt sich mehr mit sich selbst, ihrer Ehe und der »öden Restzeit« ihres Lebens als mit *Wilhelmine Enke.*

Auch das bereits erwähnte Arbeiten in Café oder Kneipe ist sicherlich nicht jedermanns Sache. Den einen inspiriert gerade die Lebendigkeit dieses Umfelds, der andere könnte sich bei dem Krach keine Minute konzentrieren. Der eine liebt sein *Home Office,* dem anderen fällt zu Hause die Decke auf den Kopf – oder der Kühlschrank lenkt ihn ständig von der Arbeit ab. Der eine schreibt gern auf einer sonnigen Wiese im Park, der andere ist dort nach fünf Minuten eingeschlafen.

Ich kann Sie hier nur ermutigen, überhaupt einmal unterschiedliche Schreiborte auszuprobieren. Sie trennen damit das Schreiben auch emotional von Ihrer übrigen Arbeit, was bei vielen

Unterschiedliche Orte ausprobieren

Menschen der Kreativität zugute kommt und im Zeitalter des Laptops ja auch technisch kein Problem darstellt. *Puccini* könnte heute seine Partituren per Wireless LAN direkt aus der Kneipe an seinen Verleger schicken.

Bei der Suche nach dem geeigneten Ort zum Schreiben kann Ihnen eine Kreativitätstechnik behilflich sein, die *Nadja Schnetzler* in ihrem Buch *Die Ideenmaschine* beschreibt: Fragen Sie sich doch einmal, ob es Umgebungen gibt, die mit den Themen, über die Sie schreiben, zu tun haben. Vielleicht können Sie Ihr Buch zumindest teilweise an einem Ort schreiben, an dem Sie sich gut in jene Welt hineinfühlen können, von der auch Ihr Buch handelt? Natürlich müssen Sie, wenn Sie über Fußball schreiben, nicht so weit gehen, sich mit Ihrem Laptop in die Südkurve zu setzen. Aber ist nicht ein Museumscafé ein schöner Ort, um über Kunst zu schreiben? Hat eine Klosterbibliothek nicht etwas sehr Spirituelles? Es kann ja durchaus sein, dass Sie nach ein paar Ausflügen doch wieder am Schreibtisch in Ihrem Büro landen. Aber dann wissen Sie wenigstens, dass das für Sie am besten ist.

Dritter Tipp: Schnüren Sie sinnvolle Arbeitspakete

Den Stoff bewältigen
Zu Beginn der Manuskriptarbeit steht ein Autor wie vor einem gewaltigen Berg, den es zu erklimmen gilt. Da kann es hilfreich sein, statt des Gipfels zunächst die erste Hütte in den Blick zu nehmen. Wie schon im Kapitel über Projektmanagement erwähnt, ist es sinnvoll, ein Buchprojekt in überschaubare Einheiten einzuteilen. Im Idealfall haben Sie schon bei der Entwicklung der Gliederung die Schreibphase im Hinterkopf und denken neben der Dramaturgie, die der Leser braucht, um seinen Weg durch das Buch zu finden, auch daran, wie Sie Ihren Stoff am besten bewältigen können.

Ein Manuskript mit vielen relativ kurzen Kapiteln zu unterschiedlichen Teilaspekten eines Themas schreibt sich in der Regel einfacher und schneller, als wenn eine schmale und komplexe Struktur mit Leben zu füllen ist. Bei einer sehr schmalen Gliederung empfiehlt es sich, das Manuskript zumindest für Arbeitszwecke noch einmal in kleinere Sinneinheiten zu etwa 20 000 bis 30 000 geplanten Zeichen einzuteilen. Das verbessert nicht zuletzt auch die Möglichkeit des Austauschs mit Ihrem Lektor oder Coach, dem Sie immer wieder ein Kapitel oder einen Abschnitt dieser Länge zuschicken und ihn dazu um kritisches Feedback bitten.

Während Sie bei der Bergbesteigung immer im Tal beginnen und auf dem Gipfel enden, haben Sie beim Manuskriptschreiben mehr Möglichkeiten, Ihr Voranschreiten zu gestalten. In welcher Reihenfolge Sie Ihre Kapitel beziehungsweise Arbeitspakete bewältigen, hängt ganz vom konkreten Projekt ab, ist aber immer eine Überlegung wert, bevor Sie mit der Arbeit beginnen. Ein Buch linear, also vom ersten bis zum letzten Kapitel fortschreitend, zu schreiben, kann etwa bei einem prozessorientiert aufgebauten Ratgeber durchaus sinnvoll sein. So orientiert sich das Buch, das Sie gerade lesen, am Publikationsprozess. Jedes Kapitel baut mehr oder weniger auf dem bisher Gesagten auf. Und so ist es auch für mich als Autor das Einfachste, mir den Prozess zu vergegenwärtigen und gewissermaßen an diesem entlangzuschreiben.

Welches Kapitel zuerst schreiben?

Ein anderes Beispiel ist ein Sachbuch, das aus 30 oder 40 gleichwertigen, episodischen Kapiteln besteht. Hier kann es für den Autor sinnvoll sein, zunächst die Kapitel zu schreiben, über deren Themen er bereits das meiste weiß und die ihm am leichtesten von der Hand gehen. So verschafft er sich schnell Erfolgserlebnisse und kann dann die Teile, die noch etwas mehr Recherche und Nachdenken erfordern, entspannter und mit weniger psychischem Druck angehen.

Bei wieder einem anderen Projekt kann es im Gegenteil richtig sein, mit den rechercheintensiveren Teilen zu beginnen, weil sich die so gewonnenen Erkenntnisse auch positiv auf die übrigen Kapitel auswirken. Egal, wie Sie es drehen und wenden – wichtig ist nur, sich über die Reihenfolge Gedanken zu machen und nicht bloß deshalb vorne zu beginnen, weil ein Buch im Normalfall auch von vorne nach hinten gelesen wird.

Eine Regel gilt in diesem Zusammenhang jedoch fast immer: Das Vorwort kommt zum Schluss! Denn das Vorwort hat in erster Linie die Aufgabe, dem Leser Lust auf die Lektüre des Buches zu machen. Es gibt ihm einen Vorgeschmack auf das, was ihn erwartet. Das bekommt der Autor naturgemäß dann am besten hin, wenn er sein fertiges Manuskript überblickt.

Vierter Tipp: Entwickeln Sie eine Binnengliederung

Zwischenüberschriften formulieren

Was ich Ihnen für das Schreiben des Probetextes empfohlen habe, gilt erst recht für das gesamte Manuskript: Schreiben Sie nach Möglichkeit nicht einfach drauflos, sondern entwickeln Sie für jedes Kapitel oder jeden Arbeitsblock zunächst eine Binnengliederung. Gehen Sie vor wie beim Bau eines Hauses, wo die Maurer auch nicht ohne eine Architekturskizze loslegen können. Je nach Genre oder Art des Projekts kann das beispielsweise bedeuten, dass Sie zunächst sämtliche Zwischenüberschriften eines Kapitels formulieren und anschließend zu jeder Überschrift den entsprechenden Text schreiben. Das funktioniert vor allem dann gut, wenn die Zwischenüberschriften den Text logisch strukturieren und den Leser gedanklich leiten sollen.

Wenn Sie dagegen eher originell formulierte, das Lesevergnügen steigernde oder überhaupt keine Zwischenüberschriften planen, können Sie Ihre Binnengliederung auch unabhängig von der Überschriftenebene entwickeln. Skizzieren Sie dann einfach kurz die Dramaturgie, die Gedankenschritte, die Entfaltung des Themas in dem jeweiligen Text. Achten Sie darauf, einen Bogen zu spannen und eine stimmige Gewichtung herzustellen. Denken Sie auch daran, welche Beispiele, Tipps, Kästen mit Hintergrundinformationen oder Abbildungen Sie einsetzen möchten und überlegen Sie vor dem Schreiben, ob die Mischung stimmig sein wird.

Es gibt keine allgemeinen Regeln dafür, wie detailliert eine Binnengliederung sein sollte und in welcher Form sie ein Autor am besten festhält. Beides hängt vom Genre und den Eigenarten des konkreten Vorhabens ebenso ab wie davon, wie der Autor zu arbeiten gewohnt ist. Manchmal genügt es, sich den roten Faden für die nächsten 20 000 Zeichen einfach einmal durch den Kopf gehen zu lassen, und dann kann es schon losgehen. Und manchmal ist es sinnvoll, nicht nur die Überschriften, sondern bereits sämtliche Inhalte vor dem Schreiben stichwortartig zu fixieren, um in einer komplexen Materie den Überblick wahren zu können.

Fünfter Tipp: Schreiben Sie erst einmal Rohtext

Autoren geraten schnell aus dem Takt, wenn sie sich zu sehr unter Druck setzen, sich verkrampfen oder sich verzetteln und mit Kleinigkeiten aufhalten. Gegen diese Formen der Selbstblockade gibt es eine Technik, die vielleicht am Anfang ein wenig Überwindung kostet, aber vielen Autoren dazu verhilft, Seite für Seite wie geölt zu schreiben. Bei dieser Methode nehmen Sie sich vor, immer erst eine Rohfassung des Textes zu erstellen. Und diese schreiben Sie so zügig wie möglich herunter.

Zügig herunterschreiben

Was Ihnen gerade einfällt, das tippen Sie in Ihr Dokument – streichen können Sie hinterher immer noch, wenn der Einfall doch nicht so gut war. Beim Schreiben legen Sie nicht jede Formulierung auf die Goldwaage. Hauptsache, Sie verstehen beim nächsten Durchgang noch, was gemeint ist. Um Wiederholungen kümmern Sie sich erst recht nicht. Und Tippfehler sind in der Rohfassung vollkommen gleichgültig. Wenn die roten Unterstreichungen Ihrer Textverarbeitung Sie irritieren, dann schalten Sie diese Funktion bis zur Überarbeitung einfach aus.

Zum Herunterschreiben gehört auch, dass Sie nicht ständig nach vorn und nach hinten schielen. Ihre Binnengliederung gibt vor, was gerade auf dem Programm steht, und darauf konzentrieren Sie sich jetzt. Wenn Sie Rohtext schreiben, dann möglichst viel an einem Stück. Schreiben Sie ein ganzes Kapitel oder einen ganzen Arbeitsblock ins Unreine. Wichtig: Wenn Sie eine Pause machen oder unterbrechen, dann steigen Sie anschließend wieder dort ein, wo Sie aufgehört haben, ohne vorher den ersten Teil Ihres Rohtextes zu lesen. Denn das würde Sie nur zu Überarbeitungen verleiten und den zügigen Fortschritt bremsen.

Haben Sie ein Kapitel oder einen größeren Abschnitt zügig heruntergeschrieben, dann lassen Sie ihn liegen und machen etwas anderes. Lassen Sie mindestens eine Nacht verstreichen. Dann

Dann überarbeiten

beginnen Sie mit der Überarbeitung des Rohtextes. Was überflüssig oder langweilig ist oder sich wiederholt, streichen Sie jetzt. Den Rest bearbeiten Sie wie Ihr eigener Lektor, indem Sie Fehler und Wortwiederholungen ausmerzen, Argumente verdeutlichen und den Stil zurechtrücken. Allerdings sparen Sie sich die letzten Feinheiten noch für einen weiteren Durchgang. Wenn Sie das diszipliniert durchziehen, wenden Sie für die Überarbeitung im Normalfall mindestens genauso viel Zeit auf wie für die Rohtextproduktion. Unterm Strich sind Sie aber mit großer Wahrscheinlichkeit schneller am Ziel – und mit einem besseren Ergebnis.

Zugegeben: Es ist nicht jedermanns Sache, so zu arbeiten. Vor allem sehr kreativen und eher gefühlsbetonten Menschen, denen immer sehr viel im Kopf herumspukt, hilft diese Arbeitsmethode aber, weil sie so erst einmal alles herauslassen und dann später aufräumen können.

Die erste Textfassung ist selten die letzte Die Voraussetzung für diesen Arbeitsstil ist, sich nicht selbstverliebt an jeden einmal formulierten Gedanken zu klammern, sondern bereit zu sein, ganze Passagen auch wieder zu streichen oder wesentlich zu verändern. Autoren, die eher rational und methodisch an das Schreiben herangehen und manchmal gar nicht anders können, als über jeden Satz gründlich nachzudenken, bevor sie ihn niederschreiben, liegt diese Vorgehensweise naturgemäß weniger. Aber für alle Autoren gilt, dass die erste Textfassung nie die letzte ist. Sich das bewusst zu machen hilft dabei, unverkrampft und zügig zu schreiben.

Sechster Tipp: Planen Sie genügend Überarbeitungsschritte ein

Dieser Tipp schließt sich nahtlos an den vorherigen an. Egal, ob Sie Ihren Text zunächst ins Unreine schreiben oder schon beim ersten Mal mit einer gewissen Sorgfalt ans Werk gehen – ein Manuskript wird immer erst nach mindestens zwei, drei Überarbeitungsdurchgängen richtig gut. Denken Sie also beim Schreiben – und vor allem bei Ihrer Zeitplanung – daran, dass es mit dem Herunterschreiben des Textes nicht getan ist. Wenn ein Möbelstück eine satte, hochglänzende Oberfläche haben soll, müssen Sie sich schon die Mühe machen, in mehreren Schichten zu lackieren. Und genauso ist es auch mit Texten.

Die Überarbeitung der Entwürfe *»ist die weniger glamouröse Seite des Schreibens – wenn sie auch nicht weniger kreativ oder aufregend ist«*, wie *David Michael Kaplan* sagt, der über das Überarbeiten literarischer Texte gleich ein ganzes Lehrbuch für Autoren geschrieben hat.

Bei den einzelnen Überarbeitungsschritten ist es hilfreich, Prioritäten zu setzen, also nicht auf alles gleichzeitig zu achten – und dabei möglicherweise einiges zu übersehen –, sondern sich jeweils auf einen Aspekt zu konzentrieren. So empfiehlt es sich etwa, bei der ersten Überarbeitung vor allem auf die Logik des Textes und die Leserführung zu achten. Ist alles, was Sie schreiben, verständlich und gut begründet? Baut ein Absatz auf den vorherigen auf? Findet der Leser genügend Beispiele?

Prioritäten setzen

Im nächsten Durchgang können Sie sich dann etwa auf den Stil konzentrieren. Haben Sie den richtigen – das heißt: genregerechten – Ton getroffen und halten Sie diesen auch konsequent durch? Schreiben Sie abwechslungsreich und haben Sie sprachliche Wiederholungen vermieden? Verwenden Sie genügend Verben oder haben Sie einen Hang zum »Nominalstil«? Nachdem Sie den Text stilistisch geglättet haben, schauen Sie als Letztes auf Grammatik, Zeichensetzung und Rechtschreibung. Im Normalfall wird zwar auch der Verlag das Manuskript getreu den Dudenregeln Korrektur lesen lassen, doch erwischt auch ein professioneller Lektor oder Korrektor beileibe nicht jeden Fehler, so dass es von Vorteil ist, wenn Ihr Manuskript möglichst fehlerfrei ausfällt.

Übrigens funktioniert die Manuskriptarbeit in mehreren Überarbeitungsschritten dann besonders gut, wenn Sie sich dabei von einem Profi coachen lassen. So erhalten Sie zu jedem einzelnen Schritt – Aufbau und Struktur, Logik, Stil – Anregungen und kritische Kommentare, die Sie dann jeweils umsetzen können.

Sie müssen Ihr Manuskript vor der Abgabe nicht achtmal komplett umschreiben, so wie das *Tolstoi* mit seinem Weltbestseller *Krieg und Frieden* gemacht hat, obwohl er keine Textverarbeitung und keinen Laserdrucker hatte. Aber wenn das Überarbeiten für Sie bislang nur Nebensache ist, dann haben Sie am Handwerk des Schreibens erst geschnuppert.

Siebter Tipp: Halten Sie Ihren Arbeitsfortschritt fest

Von der Kontrolle des Arbeitsfortschritts war in diesem Buch schon einmal die Rede, nämlich in Kapitel 12, als es um effizientes Projektmanagement ging. Sie erinnern sich vielleicht an den Kontrollfreak, der mittels *Excel*-Tabellen genaueste Soll-Ist-Vergleiche anstellt, den Künstlertypen, den das alles nicht die Bohne interessiert, und meine Empfehlung, die geschriebenen und noch zu schreibenden Zeichen in Relation zu der zur Verfügung stehenden Zeit zumindest grob im Auge zu behalten. So weit, so gut.

Sich über die Fortschritte freuen Wenn Sie regelmäßig die Statistikfunktion Ihrer Textverarbeitung nutzen, dann hat das aber nicht nur mit Zeiteinteilung zu tun, sondern wirkt sich auch positiv auf Ihre Motivation aus. Genau wie Sie bei einer Bergbesteigung zwar den Gipfel fest im Visier haben, aber dennoch zwischendurch einmal Pause machen und die Aussicht genießen. Gönnen Sie sich also regelmäßig einen Blick auf das, was Sie schon geschafft haben. Zählen Sie die Zeichen, die Sie an einem Tag geschrieben haben. Liegt das im fünfstelligen Bereich, dann sind Sie schon ganz schön professionell. Aber auch jeder kleinere Fortschritt ist ein Grund, sich zu freuen, wieder ein Stück auf dem Weg zurückgelegt zu haben. Noch ein Vorschlag: Speichern Sie eine Kopie Ihrer Gliederung und versehen Sie jedes Kapitel bzw. jeden Gliederungspunkt mit der Zeichenzahl, sobald Sie ihn bewältigt haben. So sehen Sie Ihr Projekt langsam wachsen. Ein schöner Anblick.

Achter Tipp: Teilen Sie Ihre Kräfte richtig ein

Schreiben kostet Kraft. Wer so tut, als sei das Bücherschreiben nur ein angenehmer Zeitvertreib, macht sich entweder selbst etwas vor oder bleibt als Autor hinter seinen Möglichkeiten zurück.

Wie bei allen kräftezehrenden Herausforderungen ist die richtige Energieeinteilung eine wesentliche Voraussetzung für den Erfolg. Wer mit Kindern zum ersten Mal eine Bergtour macht, der wird ihnen beibringen, nicht einfach loszurennen, um sich auf den ersten Metern nicht schon zu verausgaben. Aus demselben Grund wird sich ein Marathonläufer gut überlegen, ob er sich auf halber Strecke einen Sprint erlauben kann oder er seine ganze Energie noch für den Rest der Strecke braucht. In beiden Fällen kommt es darauf an, nicht impulsiv zu handeln, sondern mit seinen Kräften zu haushalten. Und auch darauf, seine Möglichkeiten realistisch einzuschätzen.

An diesen Tugenden scheint es bei Autoren manchmal zu hapern, und das trägt dann dazu bei, dass ein Buchprojekt ins Stocken gerät. In Kapitel 12 habe ich Ihnen von dem – leider nicht seltenen – Fall berichtet, dass ein Autor aufgrund schlechten Zeitmanagements die letzten Seiten seines Manuskripts nicht mehr in der angestrebten Qualität realisieren kann. Ganz ähnliche Probleme, nur aus anderen Gründen, tauchen auf, wenn ein Autor mit seinen Kräften nicht richtig umgegangen ist. Er wird das bloß fast nie zugeben – vielleicht nicht einmal sich selbst gegenüber. Er wird behaupten, den Abgabetermin wegen anderer dringender Termine nicht mehr zu schaffen. Oder er wird die schlechte Qualität seines Manuskripts leugnen.

Qualitätsverlust durch falschen Kräfteeinsatz

In Wahrheit ist der Autor ausgepowert und hat einfach keine Kraft mehr, sein Buchprojekt wie geplant zu Ende zu bringen. Das ist die schwerwiegendste Form der Schreibblockade, denn es gibt keine Psychotricks, mit denen man sich selbst überlisten kann, wenn die Kräfte schwinden.

Die Begrenztheit der eigenen Kräfte scheint für viele Autoren geradezu ein Tabuthema zu sein. Jeder Autor hat einen gesunden Ehrgeiz und eine gewisse Portion Geltungsdrang. Und er hat bei seinem Verlag, seinem Agenten oder seinen Lesern vielleicht hohe Erwartungen geweckt, die er nun unbedingt einlösen möchte. Wer gibt da gerne zu, dass ihm das manchmal schwerfällt? Es ist aber gerade der erste Schritt, um eine Schreibblockade oder gar den Burnout zu verhindern, ehrlich zu sich selbst zu sein und seine Kräfte realistisch einzuschätzen.

Burnout und Schreibblockaden

Hauruck-Aktionen Vor einigen Jahren kündigte mir einmal ein Autor zu Beginn der Manuskriptphase an: »Ab sofort schicke ich Ihnen jeden Freitag ein Kapitel.« Auf das erste Kapitel warte ich bis heute und habe die Zusammenarbeit inzwischen beendet. Andere Sätze von Autoren, die nichts Gutes ahnen lassen, sind: »Dann lege ich eben ein paar Nachtschichten ein.« Oder: »Am Wochenende schaffe ich ganz viel!« In aller Regel bringen Hauruck-Aktionen aus Selbstüberschätzung wenig. Entweder der Autor hat die Erwartung an sich selbst in solche Höhen geschraubt, dass er psychisch blockiert ist, gar nicht erst anfängt und sich dann irgendwie herausredet. Oder er lässt sein Manuskript nach drei tatsächlich absolvierten »Nachtschichten« eine Woche lang liegen – und hätte sich die Arbeit auch gleich besser einteilen können.

Kontinuität Wer dagegen kontinuierlich an seinem Manuskript arbeitet, ohne allzu lange Pausen einzulegen, aber auch, ohne Raubbau an seinen Kräften zu betreiben, hat wohl immer noch die größten Chancen, sein Manuskript innerhalb des vorgesehenen Zeitrahmens in bestmöglicher Qualität fertigzustellen. Dabei hilft die Einsicht, dass jeder Mensch nur eine bestimmte Zeitspanne pro Tag hochkonzentriert arbeiten kann. Das jeweilige Potenzial ist individuell verschieden und dann noch einmal von der Tagesform abhängig, die von vielen Faktoren beeinflusst wird.

Spielen Sie also nicht den Helden der Arbeit. Machen Sie Schluss, wenn Sie spüren, dass Sie an die Grenze Ihrer Leistungsfähigkeit kommen. Morgen ist auch noch ein Tag. Lieber am nächsten Tag frisch an die Arbeit gehen als sich bis tief in die Nacht quälen – oft mit Einbußen bei der Qualität. Denken Sie auch an genügend Pausen. Die maximale Aufmerksamkeitsspanne beträgt anderthalb Stunden. Verlassen Sie spätestens dann Ihren Arbeitsplatz, gehen Sie an die frische Luft und bewegen Sie sich. Machen Sie sich klar, dass Sie die Energie, die in Ihr Buch fließen soll, irgendwo herholen müssen. So gesehen kann es beispielsweise sinnvoller sein, vier Wochen vor dem Abgabetermin noch einmal eine Woche Urlaub zu machen und dann wieder voller Energie ans Werk zu gehen, als sich die ganzen vier Wochen lang lust- und kraftlos zum Ziel zu schleppen.

Neunter Tipp: Behalten Sie immer das ganze Buch im Blick

Immer wieder habe ich erlebt, dass ein Autor bei der Manu-skriptabgabe erheblich mehr geschrieben hatte, als ursprünglich vereinbart war. Gab es zu seinem Thema wirklich so viel zu sagen? Jagte ein origineller Einfall den nächsten? Ein genauerer Blick auf das Manuskript führt sehr häufig zur Ernüchterung. Einzelne Passagen mögen zwar glänzend geschrieben sein, doch neigt der Autor dazu, sich zu wiederholen, bestimmte Argumente immer wieder ins Feld zu führen und auf seinen Lieblingsthesen herumzureiten. Oft wird dann jedes Kapitel umständlich eingeleitet, ja der Autor scheint jedes Mal von vorn anzufangen, als hätte er bisher noch keine Zeile geschrieben. Manchmal geht das so weit, dass bestimmte Passagen an verschiedenen Stellen im Manuskript fast buchstäblich wiederkehren.

Textwieder-holungen

Dem Autor eines solchen Manuskripts ist es offenbar nicht gelungen, beim Schreiben das große Ganze im Blick zu behalten. Wahrscheinlich hat er zwischendurch immer mal wieder ein wenig Zeit zum Schreiben gehabt und ist dann sozusagen in sein Manuskript eingetaucht, ohne sich zu vergewissern, an welcher Stelle der Dramaturgie er gerade steht.

Die Fähigkeit, das gesamte Buch zu überblicken, die Beherrschung der »großen Form«, ist gerade das, was den Buchautor von einem Artikelschreiber unterscheidet. Natürlich hat auch ein Buchautor während des Schreibens nicht jeden Satz und jede einzelne Formulierung des restlichen Manuskripts im Kopf. Aber seine Gliederung und die Binnengliederung der einzelnen Kapitel sollten ihm jederzeit vor Augen stehen. Und er muss wissen, wo ein Gedanke jeweils am besten aufgehoben ist, und ihn gegebenenfalls zurückstellen oder an einer anderen Stelle im Manuskript nachträglich einfügen.

Wenn Sie den Überblick wahren wollen, ist es hilfreich, sich zur Angewohnheit zu machen, beim Schreiben neben der eigentlichen Manuskriptdatei immer auch die Datei mit der ausführlichen Gliederung geöffnet zu haben und von Zeit zu Zeit einen Blick darauf zu werfen. Ebenso empfehlenswert ist es, während der Manuskriptphase hin und wieder Ihr Exposé hervorzuholen –

und zu vergleichen, ob das, was Sie schreiben, auch dem entspricht, was Sie angekündigt haben. Kreative Prozesse entwickeln schnell eine eigene Dynamik, deshalb lohnt es sich, noch einmal den Routenplan zur Hand zu nehmen.

Google Desktop Schließlich ist es äußerst praktisch für die Arbeit mit längeren Texten, eine Suchfunktion des Computers zu verwenden, die es ermöglicht, sämtliche gespeicherten Dateien nach bestimmten Stichwörtern zu durchforsten. Bei Autoren schon ausgesprochen beliebt ist etwa die Software *Google Desktop,* die Sie bei dem Hersteller der beliebtesten Internetsuchmaschine kostenlos herunterladen können. *Google Desktop* durchsucht und gewichtet Ihre eigenen Dateien mit derselben ausgeklügelten Technologie, die die Internetsuchmaschine so erfolgreich gemacht hat, und stellt die Ergebnisse auf vergleichbare Weise grafisch dar. Wenn Sie möchten, wird Ihnen bei *Windows* das Eingabefeld für *Google Desktop* ständig unten in der Startleiste angezeigt.

Von der Ergebnisseite einer Suche können Sie nicht nur zu der jeweils gefundenen Datei wechseln, sondern sich den Text – über den Link »im Cache gespeichert« – auch als HTML-Seite anzeigen lassen, wobei Ihre Suchwörter farbig hervorgehoben werden. Das ermöglicht nicht nur blitzschnellen Zugriff, sondern auch besseren Überblick. Denn unformatiert und in kleiner Schrift schrumpft ein Kapitel schnell auf wenige Bildschirmfüllungen zusammen.

Immer, wenn Sie sich nicht ganz sicher sind, was Sie zu einem bestimmten Themenstichwort eventuell schon an anderen Stellen des Manuskripts geschrieben haben, können Sie sich mit *Google Desktop* schnell Klarheit verschaffen. Es ist ratsam, von dieser Möglichkeit häufiger Gebrauch zu machen, um Wiederholungen und Redundanzen zu vermeiden.

Zehnter Tipp: Gewinnen Sie zwischendurch Abstand

Abschalten Es gibt Autoren, die während der Manuskriptphase derart eingenommen von ihrem Buchprojekt sind, dass sie kaum noch an etwas anderes denken. Auch wenn sie gerade nicht schreiben, schießen ihnen ständig Ideen durch den Kopf. Sie wachen mitten in der Nacht auf, und es liegt ihnen eine Formulierung auf der Zunge, die sie dann am besten gleich auf einem Schmierzettel notieren. Diese Autoren können einfach nicht abschalten.

Wenn Sie derart begeistert bei der Sache sind, dann ist dagegen natürlich im Prinzip nichts einzuwenden, ja ich bin weit davon entfernt, Sie in Ihrer Leidenschaft für das Schreiben ausbremsen zu wollen. Dennoch lohnt es sich für Autoren, die so gar nicht abschalten können, ab und zu einmal ganz bewusst einen Schritt zurückzutreten und inneren Abstand zu gewinnen.

Wer vollkommen von einer Sache eingenommen ist und nicht mehr zur Ruhe kommt, läuft nämlich Gefahr, im unpassendsten Moment in ein tiefes Loch aus depressiver Verstimmung und Lustlosigkeit zu fallen. Die Begeisterung schlägt ins Gegenteil um – weil Körper und Seele sich das ihnen verweigerte Recht auf ein wenig Ruhe jetzt einfach nehmen. Zugegeben: Derlei Stimmungsschwankungen gehören zum Künstlerimage des hochbegabten Kreativen. Doch vielleicht ist es Ihnen ja wichtiger, zuverlässig und effizient arbeiten zu können, als diesem Image zu entsprechen.

Probieren Sie doch einmal aus, wie gut es Ihrem inneren Gleichgewicht tut, während der Manuskriptphase nicht nur ausreichend Pausen zu machen, sondern in dieser Zeit auch Abstand zu gewinnen. Klappen Sie Ihren Laptop demonstrativ zu. Bringen Sie sich in einer Pause auf andere Gedanken – ohne dass Sie sich dafür schon wieder konzentrieren müssen. Einkaufen gehen, etwas Sport treiben oder ein wenig Gartenarbeit erledigen ist sicher besser geeignet, Abstand von Ihrem Manuskript zu gewinnen, als in den Büchern anderer Autoren zu lesen.

Und ein letzter Tipp: Versuchen Sie einmal, Arbeitsbeginn und -ende möglichst streng einzuhalten. Wenn Sie beim Frühstück schon die erste Idee für Ihr aktuelles Kapitel haben, dann sagen Sie: Stopp! Jetzt wird erst gefrühstückt. Und wenn Ihnen abends, nachdem Sie Ihren Computer heruntergefahren haben, noch etwas einfällt, das Sie im Manuskript unbedingt korrigieren sollten, sagen Sie: Halt! Dafür ist morgen auch noch Zeit. Solche kleinen,

Stopp!

aber konsequent angewandten Maßnahmen wirken oft Wunder für den Energiehaushalt und das innere Gleichgewicht.

KOMPAKT

- Schreiben kann nicht jeder so einfach lernen wie Auto fahren oder schwimmen. Ein gewisses Talent ist Voraussetzung – und dann macht die Übung den Meister.

- Wenn Sie professionell schreiben möchten, dann schreiben Sie so viel und so oft wie möglich, am besten täglich. Holen Sie sich von einem Profi Feedback zu Ihren Texten und lassen Sie sich am besten coachen.

- Meine besten Tipps für die Manuskriptphase sind: den psychischen Druck reduzieren, die optimale Scheibumgebung finden, sinnvolle Arbeitspakete schnüren, eine Binnengliederung entwickeln, im ersten Durchgang Rohtext schreiben, genügend Überarbeitungsschritte einplanen, den Arbeitsfortschritt festhalten, die Kräfte richtig einteilen, immer das ganze Buch im Blick behalten und zwischendurch Abstand gewinnen.

Teil 4

Darüber schreiben lassen – Buch-PR und Vermarktung

15. Die Buch-PR – Ihr Buch als Story

»Meine Mängel gehören mir. Das macht mir Mut, auch meine Vorzüge anzusprechen.« Karl Kraus

Kaum eine Wochenendausgabe der großen überregionalen Zeitungen kommt ohne Buchanzeigen aus. Und doch sind diese Anzeigen, die den jeweiligen Verlag immerhin etliche tausend Euro kosten, oft erstaunlich schlicht, ja mitunter geradezu lieblos gestaltet. Man erfährt wenig mehr über ein Buch, als wie das Cover aussieht, wie hoch der Ladenpreis ist und wie die Bestellnummer lautet. Der Blickfang der Anzeige ist bestenfalls ein lobendes Zitat, das meist aus einer Rezension des Buches stammt. Haben es die Verlage nicht nötig, originelle Werbung zu machen?

Tatsächlich gilt es in Branchenkreisen als ausgemacht, dass klassische Werbung für Bücher nichts bringt. Wenn es all die langweiligen Buchanzeigen trotzdem gibt, dann hat das einen anderen Grund: Sie dienen der Kontaktpflege zur Presse. So schaltet dann etwa ein Großverlag jedes Jahr Anzeigen im Volumen von mehreren hunderttausend Euro bei einer führenden Tageszeitung und erwartet dafür, dass die Redakteure dieser Zeitung die ihnen vom Verlag kostenlos überlassenen Rezensionsexemplare wenigstens nicht gänzlich unbeachtet im Internet weiterverkaufen.

Am liebsten ist den Verlagen freilich eine ausführliche Besprechung ihrer Neuerscheinungen. Und am allerliebsten eine positive Kritik durch einen bei der Zielgruppe in hohem Maße glaubwürdigen Rezensenten. Und als Sahnehäubchen noch eine

Goldstandard des Buchmarketings

Personality-Story über den Autor und sein Thema. Denn das ist der Goldstandard des Buchmarketings: die Medienresonanz auf das Buch und den Autor.

Wie kommt Ihr Buch ins Gespräch?

Betrachten Sie nur einmal Ihr eigenes Konsumverhalten: Kaufen Sie Bücher eher aufgrund von Anzeigen – oder weil Sie eine Rezension gelesen, den Autor in einem Magazin gesehen oder gemerkt haben, dass Thema, Buch und Autor offenbar gerade breit diskutiert werden? Ob es uns gefällt oder nicht, wir leben in einer Mediengesellschaft, deren Mechanismen wir uns kaum entziehen können.

In der Vermarktungsphase werden Sie sich deshalb vor allem mit der Frage beschäftigen, wie Sie diese Mechanismen von Medien und Öffentlichkeit so in Ihren Dienst stellen können, dass Ihr Thema, Ihr Buch und Ihre Person möglichst große Resonanz finden. Wenn Sie für eine spezielle, kleinere Zielgruppe schreiben, gilt im Grunde dasselbe, bloß mit der Einschränkung, dass Sie sich auf jene Medien konzentrieren werden, die als Leitmedien dieser Zielgruppe fungieren.

Presseleute im Verlag Aber wer nimmt denn nun die Öffentlichkeitsarbeit in die Hand? Der Verlag oder Sie als Autor oder beide? Die Antwort lautet: Kommt ganz darauf an. Alle großen Verlage beschäftigen eigene Mitarbeiter für die Pressearbeit, die intensiven Kontakt zu den Medien pflegen. Sie versorgen Journalisten mit Prospekten und Rezensionsexemplaren, beantworten Anfragen und besuchen Redaktionen, um neue Bücher vorzustellen. Beim Sachbuch, wo die Verlage bei potenziellen Lesern hohe Aufmerksamkeit erzeugen müssen, ist die Pressearbeit naturgemäß wichtiger als beim Fachbuch. Doch auch die führenden Fachverlage beschäftigen Presseleute, weil PR für jedes Buch die beste Werbung ist.

Mittelgroße Verlage beauftragen vielfach externe PR-Profis für die Pressearbeit, auf die auch Großverlage manchmal projekt- oder reihenbezogen zurückgreifen. Es gibt im deutschsprachigen Raum nur eine Handvoll echter Buchspezialisten unter den PR-Agenturen. Diese arbeiten im Grunde genauso wie die Presseabteilungen der Großverlage, nur für verschiedene Auftraggeber.

Und schließlich gibt es die vielen Kleinverlage, bei denen die Pressearbeit – so sie denn stattfindet – häufig nicht besonders effektiv organisiert ist. Da ist dann mitunter der Geschäftsführer gleichzeitig der Pressesprecher, die Praktikantin verschickt Rezensionsexemplare an eine eher zufällig gewachsene Verteilerliste und alle miteinander drehen jeden Euro oder Franken zweimal um, bevor sie ihn für Marketingzwecke ausgeben.

Doch nicht allein die Größe Ihres Verlags bestimmt darüber, was Sie an Pressearbeit für Ihr Buch erwarten dürfen. Fast alle nennenswerten Verlage unterziehen ihr jeweils aktuelles Programm der im Marketing so beliebten A-B-C-Analyse und weisen dann den einzelnen Büchern unterschiedliche Ressourcen der Presseabteilung zu. Dabei gibt es immer nur ganz wenige »A-Titel«. Das sind die Top-Titel der Saison, für die – im Rahmen der finanziellen Möglichkeiten des jeweiligen Verlags – bei Handelsmarketing und PR ein echtes Feuerwerk abgebrannt wird.

A-B-C-Titel

Bei den »B-Titeln« schätzt der Verlag, dass sie Potenzial haben, fährt aber erst mal sein Standardprogramm und wartet die Medienresonanz und die ersten Verkaufszahlen ab. Er ist aber meist offen für Vorschläge des Autors, was man außerdem noch machen könnte. Solange die Kosten im Rahmen bleiben, versteht sich. In diesem – recht häufigen – Fall können Sie die Situation auch so interpretieren, dass es Ihre eigene Aufgabe ist, im Rahmen Ihrer Möglichkeiten Ihr Buch bei der Zielgruppe ins Gespräch zu bringen. Sobald die Resonanz in der Öffentlichkeit anspringt, beispielsweise durch Ihre Vorträge und Ihre direkte Ansprache von Multiplikatoren und Redaktionen, und der Verlag dann vielleicht überraschend früh nachdrucken muss, ändert sich die Haltung der Marketingleute zu Ihrem Buch. Ich erlebe es immer wieder, dass Verlage Bücher, die vor Erscheinen als B-Titel eingestuft waren, nach einem halben Jahr wie A-Titel behandeln. Es ist eben energiesparender, auf einen fahrenden Zug aufzuspringen als einen Zug anzuschieben. Und wenn Sie sich klar machen, dass der Verlag jederzeit unter vielen Möglichkeiten wählen kann, in welches Produkt er seine Marketingbudget lenkt, ist diese Taktik auch nachvollziehbar.

Und dann gibt es immer noch ein paar Titel, die ein Verlag eher lustlos mitschleift. Vielleicht hat sich die Manuskriptphase zu lange hingezogen und deshalb schon ein Konkurrenztitel den Markt erobert. Oder der Verlag hat den Titel überhaupt nur wegen eines Direktgeschäfts mit dem Autor ins Programm genommen und sein Geld damit längst verdient. Oder es stellt sich nach Manuskriptabgabe heraus, dass es weltanschauliche Differenzen zwischen dem Autor und dem Lektor gibt. Oder was auch immer.

Wenn es an die Öffentlichkeitsarbeit geht, sind Sie gut beraten, sich mit Ihrem Verlag genau abzustimmen. Klären Sie vorab, welche Maßnahmen der Verlag plant und wie der Zeitplan dafür aussieht. Kommt Ihnen das zu wenig vor, dann machen Sie weitere Vorschläge. (Einige Anregungen dazu bekommen Sie in diesem und den folgenden beiden Kapiteln.) Ein Minimum an Verhandlungsgeschick respektive Begeisterungsfähigkeit vorausgesetzt, wird der Verlag noch die eine oder andere Sache übernehmen, die nicht zu seinem Standardprogramm gehört.

Vielleicht stellt sich aber auch heraus, dass Sie wesentliche Teile der PR selbst organisieren und finanzieren müssen. Wenn Sie auf mich hören wollen: Rechnen Sie besser von Anfang an damit. Falls ja, dann sollten Sie auch dies nicht im Alleingang, sondern in enger Abstimmung mit dem Verlag tun. Ebenso müssen sich externe Agenturen, die Sie eventuell mit Ihrer Buch-PR beauftragen, mit dem Verlag regelmäßig über den Stand der Dinge austauschen.

Mein Tipp
Schlagen Sie Ihrem Verlag am besten unmittelbar nach der Manuskriptabgabe ein Treffen vor, um die Marketingmaßnahmen für das Buch zu besprechen. Positiver Nebeneffekt: Sie lernen die Presseleute kennen und können diese noch einmal persönlich mit der Message des Buches impfen.

Idealerweise in einem persönlichen Gespräch werden die Mitarbeiter des Verlags Ihnen erklären, welche PR-Maßnahmen geplant sind. Manchmal bekommen Sie auch einen Marketingplan zugeschickt. Einiges darin mag für Außenstehende beeindruckend klingen, ist aber Standardprogramm. Wenn beispielsweise Hunderte oder gar Tausende Journalisten vor dem Erscheinungstermin über Ihr Buch informiert werden sollen, so verbirgt sich dahinter nichts anderes als der Massenversand der Handelsvorschau, ein datenbankgestützter und vollständig automatisierter Prozess, der von der Verlagsauslieferung abgewickelt wird.

Der Marketingplan

Interessanter wird es, wenn die Mitarbeiter der Presseabteilung Redaktionsbesuche planen. Es spricht für einen Verlag, wenn die Presseabteilung regelmäßige, persönliche Kontakte zu den wichtigsten Redaktionen pflegt. Außerdem bedeutet es, dass die Journalisten die Autoren des Verlags als aktuelle Informationsquelle wertschätzen und sich deshalb gern ein wenig Zeit für das aktuelle Programm nehmen. Die Presseleute setzen sich mit den Journalisten in deren Redaktion zusammen, stellen die aktuellen Bücher, Themen und Autoren vor und liefern auch Hintergrundinformationen. Dann sollten am besten noch ein paar exklusive Informationen dabei sein, die nicht im Buch zu lesen sind.

Nutzen Sie diese Chance für erhöhte Aufmerksamkeit, indem Sie den Kontakt zu den Presseleuten des Verlags pflegen und diese vor allem vor Redaktionsbesuchen mit ebenso interessanten wie exklusiven Zusatzinformationen füttern. Das kann beispielsweise eine ganz aktuelle Entwicklung sein, die Sie im Buch nicht mehr unterbringen konnten. Oder auch eine polemische Behauptung, die Ihnen für das Buch zu heikel gewesen wäre, die Sie aber auf diese Weise elegant lancieren können.

Das vorrangige Ziel aller dieser Anstrengungen sind Rezensionen Ihres Buches. Durch positive Besprechungen ist der Buchkäufer nun einmal weit mehr zu beeinflussen als durch alle Buchanzeigen in Zeitungen und Poster in Buchhandlungen. Je öfter das Buch besprochen wird und je größer die Reichweite der jeweiligen Medien, desto besser. Bei Fachbüchern und Ratgebern ist es dann noch einmal besonders wichtig, die zielgruppenspezifischen Leitmedien einzubinden.

Rezensionen

Mann beißt Hund – Wie wird Ihr Buch zur Story?

Aus der Sicht der Journalisten ist die Rezension ein etabliertes und bei den Lesern beliebtes Format, deshalb spielen sie das Spiel mit. Journalisten werden sich für neue Bücher interessieren, solange es ihre Leser auch tun.

Allerdings muss auch deutlich gesagt werden, dass angesichts der Flut von Neuerscheinungen, die jedes Frühjahr und jeden Herbst auf den Markt kommen, und der begrenzten Aufmerksamkeit des Publikums eine einzelne positive Besprechung ein Buch noch nicht zum Bestseller macht. Selbst eine Erwähnung in *Zeit, FAZ, Süddeutscher* oder *NZZ* befeuert heutzutage nicht automatisch die Verkaufszahlen eines Buches. Außerdem sind auch die Journalisten von der Titelschwemme überfordert, und in ihren Büros stapeln sich die Bücher, die sie besprechen sollen.

So richtig interessant wird die Öffentlichkeitsarbeit deshalb erst, wenn Ihr Buch zur »Story« wird. Und noch besser ist es, wenn Sie als Autor selbst wesentlicher Bestandteil dieser Story sind. Was damit gemeint ist, wird nachvollziehbar, wenn Sie einmal die Perspektive der Journalisten einnehmen. Rezensionen gehören zwar zum journalistischen Geschäft, machen aber nur einen kleinen Teil davon aus. Zeitungen und Zeitschriften sind nun einmal keine Verkaufsprospekte für Bücher. Was Journalisten aber immer brauchen, sind gute Storys. Davon leben die Printmedien und daran hängt deren ganzes lukratives Anzeigengeschäft.

Eine Geschichte erzählen Die Frage ist also: Wie wird Ihr Buch zur Story? Welchen Nachrichtenwert hat Ihr Thema, haben die Thesen Ihres Buches, haben Ihre Aktivitäten als Autor? Dabei muss Story nicht unbedingt Titelseite und große Buchstaben bedeuten. Entscheidend ist nur, dass es eine Geschichte zu erzählen gibt, die über den Inhalt des Buches hinausgeht.

Deshalb ist es auch schon vielen Fachbuchautoren gelungen, sich über eine Story ins Gespräch zu bringen. Hat jemand zum Beispiel eine besondere Managementmethode entwickelt oder ist er der Erste, der diese Methode erfolgreich im deutschsprachigen Raum anwendet, so kann das für ein Wirtschaftsmagazin durchaus eine

Story sein. Das Buch handelt lediglich von der Methode und ist für sich genommen keine Story. Aber die Erfolgsgeschichten, die aus der Anwendung der Methode resultieren, die erstaunlichen Veränderungen in Unternehmen – darüber lohnt es sich für Wirtschaftsjournalisten zu berichten. Der Artikel erwähnt dann nur ganz am Rande, dass der Macher dieser Erfolge auch ein Buch geschrieben hat. Aber das ist als Werbung für den Autor und das Buch umso wirkungsvoller.

Bei Ratgebern und Sachbüchern lässt sich meist wesentlich einfacher aus dem Buchthema eine Story ableiten als beim Fachbuch. So kann etwa ein neuer Gesundheitsratgeber ein Anlass sein, auf die Situation der Betroffenen aufmerksam zu machen. Zeitschriften, die in Arztpraxen ausliegen, sind voll von solchen Geschichten. Bei aktuellen Sachbüchern lassen sich Buch und Story manchmal kaum trennen. Schreibt etwa ein Journalist das erste Buch über eine neue Krisenregion, so ist ihm das Interesse seiner Kollegen ziemlich sicher. Doch auch hier ist es von Vorteil, wenn es noch Storys über den Buchinhalt hinaus gibt. Hat der Autor unter Einsatz seines Lebens recherchiert? War er im Visier der Geheimdienste? Alles das ist Stoff für weitere Geschichten über den Autor und sein Thema.

Für eine Story ist es auch gar nicht immer nötig, dass sie mit dem Thema des Buches zu tun hat. Manchmal genügt es auch, wenn der Autor etwas Interessantes tut und darüber redet. Hätte z. B. besagter Managementautor mit Unterstützung prominenter Schirmherren eine Lehrstelleninitiative für Jugendliche aus schwierigen sozialen Verhältnissen ins Leben gerufen, dann wäre das eine Story, über die er die Medien unbedingt informieren sollte. Zwar hat eine solche Initiative mit dem Inhalt seines Buches nichts zu tun, doch rückt ihn die Publicity in ein positives Licht, das auch der Wahrnehmung seines Buches zugute kommt. Umgekehrt macht ihn sein Status als Buchautor automatisch zu einer Person des öffentlichen Lebens, über die eher berichtet wird als über ein unbeschriebenes Blatt. »Managementautor Müller gründet Initiative« klingt für Medienmenschen – und für Leser – allemal interessanter als »Herr Müller aus Iserlohn gründet Initiative«.

Input für Redaktionen: Die Pressemitteilung

Voraussetzungen einer Pressemitteilung Wie aber erfahren nun Journalisten überhaupt von Ihrer Story? Das klassische Instrument hierzu ist die Pressemitteilung. Wenn Sie mit Ihrem Verlag über die Vermarktung des Buches sprechen, sollten Sie immer zur Sprache bringen, ob eine Pressemitteilung bei Erscheinen geplant ist. Es ist für Sie in jedem Fall von Vorteil, wenn der Verlag eine Pressemitteilung schreibt und diese professionell verteilt. Ob der Verlag dazu auch bereit sein wird, hängt im Wesentlichen von drei Voraussetzungen ab:

- In der Marketingabteilung sind die notwendigen Ressourcen bzw. das Budget für einen Auftrag an eine externe Agentur vorhanden.
- Ihr Buch wird innerhalb des aktuellen Programms als wichtig genug eingeschätzt. Sollen andere Titel im Fokus der Journalisten stehen, wird der Verlag die Pressearbeit auf diese konzentrieren.
- Zum Buch, zum Thema oder zum Autor lässt sich eine Story erzählen, die eine realistische Chance hat, in den Redaktionen auf Interesse zu stoßen.

An den ersten beiden Voraussetzungen können Sie wenig bis nichts, an der dritten dagegen einiges ändern. Überlegen Sie sich am besten gleich zwei oder drei Ansatzpunkte für eine Story, die für Journalisten interessant sein könnte. Oder starten Sie parallel zum Erscheinen des Buches eine Initiative, die für Resonanz in den Medien gut ist. Machen Sie dann den Presseleuten des Verlags einige konkrete Vorschläge, wie diese Autor und Buch »verkaufen« können. Wenn der erste Versuch nicht recht zündet, legen Sie ruhig mit einer weiteren Idee nach.

Mein Tipp Denken Sie bereits in der Konzeptionsphase darüber nach, was die Story zu Ihrem Buch sein könnte. Sammeln Sie dann während der Schreibphase immer auch Geschichten, die Journalisten interessieren könnten. Und sorgen Sie in der Vermarktungsphase dafür, dass der Verlag oder eine PR-Agentur die Story verbreitet.

Nun kann es natürlich sein, dass Ihr Verlag die Voraussetzungen für eine Pressemitteilung nicht erfüllt sieht und sich daher nicht dazu bereit erklärt. In diesem Fall ist es für Autoren eine Überlegung wert, selbst die Initiative zu ergreifen. Wobei Sie zumindest für die Verteilung immer einen professionellen Partner brauchen. Nur spezialisierte Agenturen verfügen über gefestigte Pressekontakte, die garantieren, dass eine Pressemitteilung auch wahrgenommen wird. Sollten Sie auf die Idee kommen, selbst das Faxgerät anzuwerfen, so füttern Sie damit lediglich die Papierkörbe der Redaktionen. Wenn Sie keine auf Buch-PR spezialisierte Agentur kennen, kann Ihnen Ihr Verlag oder Ihr Agent sicher einen Tipp geben.

Eigeninitiative für Pressearbeit ergreifen

Die eigentliche Pressemitteilung verfassen geübte Autoren schon einmal selbst. Besser ist aber, Sie machen nur einen Entwurf und lassen diesen dann von einem Profi überarbeiten. Meine Erfahrung zeigt, dass selbst Autoren, die Marketingexperten sind, plötzlich Anfängerfehler machen, wenn sie sich selbst anpreisen sollen. Das liegt einfach an der Befangenheit und der mangelnden Distanz gegenüber der eigenen Person.

Die formalen Anforderungen an eine Pressemitteilung stellen demgegenüber das geringere Problem dar. Die Pressemitteilung sollte kurz und bündig sein und in jedem Fall auf eine Faxseite passen. Als Limit gelten 2000 Zeichen. Eine weitere Grundregel ist, dass die wichtigsten Informationen am Anfang stehen. Der Journalist liest die ersten Sätze, um zu entscheiden, ob eine Meldung für ihn relevant ist. Und er verwendet nur die ersten Sätze, wenn er aus der Pressemitteilung nicht mehr als eine kleine Meldung machen will.

Grundregeln für eine Pressemitteilung

Außerdem sollte die Pressemitteilung bereits wie ein fertiger Artikel formuliert sein. Mit anderen Worten: Wenn der Journalist will, soll er sie als eigenen Artikel übernehmen können. Nach Ihrer ersten Pressemitteilung zum Buch werden Sie feststellen, dass viele kleine Redaktionen das tatsächlich so handhaben.

Schließlich gehören einige Daten dazu. Bezieht sich die Pressemitteilung direkt auf Ihr Buch, dann dürfen die vollständigen bibliografischen Angaben sowie der jeweilige Ladenpreis in

Deutschland, Österreich und der Schweiz nicht fehlen. In jedem Fall sollten die Koordinaten für Rückfragen und eventuell für den direkten Kontakt zum Autor angegeben sein. Sinnvoll ist auch zu erwähnen, wie ein Rezensionsexemplar des Buches bezogen werden kann, oder gleich ein eigenes Bestellformular – etwa in Form einer Faxantwort – für Rezensionsexemplare mitzuschicken.

Zwischen Wunsch und Wirklichkeit: das Autoreninterview

Von verschiedenen Verlagen werden Sie hören, dass man zu einer Pressemitteilung, die lediglich über den Inhalt Ihres neu erschienenen Buchs informiere, nicht bereit sei. Denn so etwas sei wirkungslos. Diese Linie entspricht gewissermaßen der Lehrbuchmeinung der PR und basiert sicherlich auch auf Erfahrung seitens der Verlage. Ich habe trotzdem schon überraschende Erfolge mit eigentlich eher langweiligen Pressemitteilungen erlebt.

So informierte die Pressemitteilung eines süddeutschen Wirtschaftsverlags über das neue Buch eines meiner Klienten mehr oder weniger im Stil des Klappentextes. Eine vom Buch unabhängige »Story« war das jedenfalls nicht. Dennoch meldete sich spontan eine Journalistin, die in der Redaktion einer der angesehensten überregionalen Tageszeitungen im deutschsprachigen Raum angestellt war, und bat den Verlag, einen Interviewtermin mit dem Autor zu arrangieren.

Nun weiß ich ja nicht, wie Sie sich solch ein Autoreninterview vorstellen. Vielleicht denken Sie an ein Treffen in der Lobby eines gediegenen Hotels, der Autor im Anzug mit offenem Hemd, die Redakteurin im Kostüm, Tee und Gebäck werden gereicht, die Journalistin fragt, der Autor spricht kluge Sätze, welche die nette Dame von der Presse sich notiert oder mit einem Diktiergerät aufzeichnet, damit sie am übernächsten Tag in der Zeitung zu lesen sind. Nun, für die Top-Stars unter den Autoren mag das ungefähr hinhauen. Aber mein Wirtschaftsautor war eben (noch) kein Top-Star. Und wie läuft das bei Nicht-Top-Stars? Vielleicht interessiert Sie das.

Der Verlag war also dabei behilflich, einen Termin zwischen der Journalistin und dem Autor abzusprechen – und zwar einen Telefontermin. Etwa 20 Minuten Zeit möge der Autor für das Gespräch einplanen, hatte es aus der Redaktion geheißen. Erstaunlich pünktlich läutete einige Tage später das Telefon des Autors, und eine etwas rauchige Frauenstimme kündigte in nüchternem Tonfall an, ihm ein paar Fragen stellen zu wollen, es dauere nicht lange. (Ganz so, als ob dem Autor dieser PR-Volltreffer lästig sein könnte …)

Die Fragen fielen dann teilweise ganz schön frech aus. Doch dem Autor mangelte es nicht an Gespür für Journalisten, er verkniff sich deshalb umständliche Rechtfertigungen seines Buches und nahm stattdessen die Stichworte seiner Gesprächspartnerin auf, um zwei oder drei passende Geschichten zum Thema zu erzählen und diese mit ein paar zitierfähigen Pointen zu würzen. Schließlich war es ja nicht die Absicht der Journalistin, den Autor zu ärgern, sondern sie wollte brauchbare Informationen aus ihm herauskitzeln. Nach einer halben Stunde verabschiedete sie sich und dankte für das nette und aufschlussreiche Gespräch.

In den nächsten Tagen machte die Journalistin ihren eigentlichen Job und schrieb das Interview. Wohlgemerkt: Sie verfasste kein Protokoll des Telefongesprächs, sondern dachte sich einen netten Dialog mit dem Autor aus und verwendete dazu die eine oder andere Information aus der Pressemitteilung und aus dem Telefonat. Nach etwa einer Woche erhielt der Autor das Ergebnis per E-Mail zur Freigabe.

Was der Autor da sah, fand er zum größeren Teil ganz ordentlich gelungen, zum kleineren Teil ärgerlich und für den Leser irreführend und in einem Punkt geradezu verheerend für seine beabsichtigte Positionierung in der Öffentlichkeit. Nun wusste er aber, wie schnell man es sich mit den meisten Journalisten verdirbt, wenn man zu bestimmen versucht, was sie schreiben sollen. So lobte er denn die Redakteurin in den höchsten Tönen für dieses wirklich tolle Interview und fragte sie dann, ob sie ihm vielleicht in einem Punkt einen kleinen Gefallen tun und etwas ändern könnte. Der Autor wollte das Schlimmste verhindern und dafür den Rest in Kauf nehmen. Die Redakteurin antwortete, sie habe »kein Problem damit«, und bedankte sich im Übrigen für die Freigabe. Der Erscheinungstermin stehe noch nicht fest, in jedem Fall Samstagsausgabe, vielleicht in drei Wochen, nachzufragen ab nächsten Montag bei einer Kollegin.

Der Autor fragte per E-Mail bei der Kollegin nach dem Erscheinungstermin, erhielt keine Antwort und kaufte deshalb einfach an den kommenden Wochenenden ein Exemplar der Zeitung. Als er das Interview nach vier Wochen schließlich entdeckte, war es gegenüber der von ihm freigegebenen Fassung noch einmal erheblich umgemodelt, gekürzt und verhackstückt worden. Leider waren gerade die interessantesten Passagen am Schluss weggefallen, während das Vorgeplänkel noch in voller Länge zu lesen war. Aber immerhin: Das, was er von Anfang an mit seinem Buch beabsichtigt hatte, war eingetreten: Er stand in der Öffentlichkeit, er bekam Resonanz.

Was können Sie sonst noch tun?

Persönliche Kontakte aktivieren
Bitte überschätzen Sie die Pressemitteilung aber auch nicht. Ihre Bedeutung nimmt meinem Eindruck nach tendenziell eher ab. Neben diesem klassischen Instrument gibt es noch weitere Möglichkeiten, die Aufmerksamkeit von Journalisten auf Ihr Buch und Ihre Story zu lenken. So liegt es nahe, bestehende persönliche Kontakte zur Presse rechtzeitig aufzubauen und zu aktivieren, wenn Ihr Buch erschienen ist, und sich mit einer passenden Geschichte in Erinnerung zu bringen. Ich rate vielen meiner Klienten genau zu dieser Strategie: Setzen Sie auf Ihre eigenen Kontakte zu Redaktionen und bereiten Sie das planvoll vor. Manche Autoren schaffen es auch, die passenden Kontakte bei Bedarf einfach mal eben sofort zu knüpfen.

So hatte ich vor Jahren einmal mit einem Autor zu tun, der nach Erscheinen seines Buches bei der *Frankfurter Allgemeinen* anrief, es schaffte, mit der für Rezensionen von Wirtschaftsbüchern zuständigen Redakteurin verbunden zu werden, auf diese einige Minuten einredete und auf diese Weise zu einer äußerst wohlwollenden Kurzbesprechung in der *FAZ* kam. Zur Nachahmung empfehlen möchte ich das jedoch nicht unbedingt. Zumal diese Einzelaktion an den enttäuschenden Verkaufszahlen des Buches nichts geändert hat. Eine Schwalbe macht eben noch keinen Sommer.

Stattdessen sollten Sie, wenn Sie diesen Weg einschlagen wollen, schon mindestens ein halbes Jahr vor Erscheinen damit beginnen, die für Ihr Thema wichtigsten Redaktionen regelmäßig zu kontaktieren. Natürlich werden Sie dabei auf keinen einzigen Menschen treffen, der einfach nur auf einen netten Plausch mit Ihnen aus ist. Aber Sie haben ja etwas anzubieten: Als (künftiger) Autor und Experte sind Sie zunächst einmal für einen Journalisten von Haus aus interessanter als jeder Mitarbeiter eines Verlages oder eine Presseagentur, die ja aus Sicht des Redakteurs doch nichts anderes vorhaben, als irgendwie kostenlose Werbung für ihre Bücher unterzubringen. Sie dagegen haben Insiderkenntnisse, exklusives Expertenwissen, überraschende Einblicke und Thesen und spannende Geschichten zu erzählen. Und Sie sind im Gegensatz zu Agenturen möglicherweise eine exklusive Quelle.

Dementsprechend sollten Sie sich auf solche Redaktionskontakte auch vorbereiten: Notieren Sie sich vorher immer zwei, drei interessante und zur Redaktion passende Themen, zu denen Sie der Redaktion exklusive Inhalte bieten könnten. Beispielsweise einen Gastartikel, ein Interview oder einfach nur ein Hintergrundgespräch, verbunden mit der Gegenleistung, im Artikel des Redakteurs erwähnt zu werden. Sechs Wochen später melden Sie sich erneut. So bauen Sie nach und nach Ihren Kontakt zu den Medien auf. Wenn dann Ihr Buch erscheint, haben Sie beide Zutaten, die Sie brauchen, selbst in der Hand: Sie haben einen konkreten Anlass und Sie haben Ansprechpartner, die Sie wiedererkennen, wenn Sie Ihren Namen nennen. Meiner Erfahrung nach ist ein Autor, wenn er persönlich zum Hörer greift, mehr als zehnmal so effektiv wie ein PR-Profi – alleine schon deshalb, weil er als Partner des Journalisten wahrgenommen wird, nicht als Verkäufer.

Die geschicktesten meiner Klienten spielen Doppelpass mit ihrer PR-Agentur: Die wichtigsten Kontakte zu Schlüsselredaktionen bauen sie selbst auf, das Klein-Klein der Abwicklung und die vielen hundert weiteren Kontakte übernimmt die Agentur. Und das alles immer in Absprache mit dem Verlag, der sich vor allem auf seine bewährten Wege konzentriert, um Rezensionen zu forcieren.

Veranstaltungen zum Buch, von denen das nächste Kapitel handeln wird, sind häufig auch eine Möglichkeit, Journalisten für Thema und Autor zu interessieren. Übrigens: Ein Honorar für einen Artikel, den Sie exklusiv für eine Zeitung erstellen, dürfen Sie dafür nicht einkalkulieren, wenn Sie nicht enttäuscht werden möchten. Oft werden Sie während der Manuskriptphase ohnehin noch zusätzliches Material produzieren, weil Sie nicht alles im Buch verwenden konnten. Mit einem Artikel machen Sie schon dadurch Werbung für Ihr Buch, dass Sie das Thema ins Gespräch bringen. Im Idealfall enthält der Artikel einen ausdrücklichen Hinweis auf das gerade erschienene oder demnächst erscheinende Buch.

Keine Frage, es ist noch schwieriger, in der *Neuen Zürcher Zeitung* einen Artikel zu veröffentlichen, als dort an eine Buchbesprechung zu kommen. Aber denken Sie an die vielen kleinen Redaktionen, die immer auf der Suche nach Inhalten sind. Und

Online-Redaktionen

vergessen Sie das Internet nicht! Auf welchen Webseiten bewegt sich Ihre Zielgruppe? Viele Online-Redaktionen suchen ständig nach kostenlosen Inhalten, um ihre Seiten aktuell und damit für Leser und Anzeigenkunden attraktiv zu halten.

Mein Tipp

Denken Sie bei der Pressearbeit auch an das Radio. Während Fernsehauftritte für Autoren schwierig zu ergattern (aber nicht unmöglich) sind, suchen viele Radiosender immer Ideen für informative Kurzbeiträge. Auch zweiminütige Telefoninterviews mit Experten sind beliebt. Gerade Ratgeberautoren sind dafür prädestiniert. Generell gilt: Zuerst Print und Online, dann erst Radio und TV angehen. Denn jede gedruckte oder im Internet nachlesebare Resonanz ist eine Eintrittskarte für Sie in populäre Redaktionen.

Wenn Ihre Öffentlichkeitsarbeit in Schwung gekommen ist, dann vergessen Sie nicht, das Presseecho auch auszuwerten. Sammeln Sie sämtliche Rezensionen und Erwähnungen Ihres Buches in den Medien. Die Presseabteilungen vieler Verlage werden Ihnen nach einiger Zeit unaufgefordert einen Pressespiegel zusenden. Aber auch PR-Profis sehen nicht alles, deshalb lohnt auch die eigene Recherche.

So ist es nach Erscheinen des Buches etwa ratsam, alle paar Wochen mit einer Suchmaschine im Internet nach dem Titel des Buches und eventuell zusätzlich dem Autorennamen zu suchen. Viele Zeitungen und Zeitschriften stellen nach wie vor ihre Inhalte frei zugänglich ins Netz, so dass Sie auf diese Weise auch Printrezensionen entdecken.

Jede positive Erwähnung Ihres Buches ist über den unmittelbaren Effekt hinaus eine Referenz, die Sie bei der Vermarktung des Buches auch in anderen Zusammenhängen verwenden können. Dabei bemisst sich der Wert einer Pressestimme nach dem Ausmaß der Zustimmung des Rezensenten und – mehr noch – der Reichweite und dem Ansehen des jeweiligen Mediums. Eine kurze, positive Erwähnung in der *FAZ* macht insofern mehr her als eine überschwängliche Eloge im Konstanzer *Südkurier*.

Die besten Zitate aus der Presse können Sie auf Ihrer Website und überall dort präsentieren, wo Sie Ihr Buch werbend erwähnen. Achten Sie darauf, dass wichtige Pressestimmen auch auf der Bestellseite des Internetbuchhändlers *Amazon* erscheinen. Zwar ist Ihr Verlag dafür zuständig, *Amazon* mit den entsprechenden Informationen zu versorgen, doch wird dies von den Marketingabteilungen der Verlage nicht immer zeitnah umgesetzt und manchmal ganz übersehen. Hat Ihr Buch also eine positive Besprechung in einer bekannten Zeitung oder Zeitschrift bekommen, so bitten Sie Ihren Verlag am besten mit einer kurzen E-Mail, das beste Zitat oder die besten Passagen daraus an *Amazon* zu schicken.

Zitate der Presse erwähnen

Es soll Autoren geben, welche die Leserrezensionen bei *Amazon* als Möglichkeit entdeckt haben, unter falschem Namen kostenlose PR für ihr eigenes Buch zu machen. Und es soll sogar Verlage geben, die das diesen Autoren nachmachen. Hierbei möchte ich Ihnen lieber zur Vorsicht raten.

Schummeln

Manche Verlage sagen ihren Autoren ganz offen, dass diese von der Presseabteilung keine solche Aktion bei *Amazon* erwarten sollten. Und das mit gutem Grund. Jeder Verlag ist an einem positiven Verhältnis zum Marktführer im Online-Buchhandel interessiert, das schnell lädiert wäre, wenn ein solcher Schwindel auflöge. Auch ich schreibe keine Leserstimmen über die Bücher meiner Klienten bei *Amazon*, weder inkognito noch unter meinem Namen. Aus Prinzip. Ich bin nun mal befangen und ohnehin begeistert von den Büchern meiner Klienten. Außerdem: Wenn ich diesen Gefallen dem einen tue, fragen mich zurecht auch die anderen danach – und das kann ich zeitlich beim besten Willen nicht stemmen. Viel eleganter ist es doch für Sie, Ihren guten Bekannten ein Buch zu schenken und sie zu fragen, ob sie sich nicht bei Gefallen auf der Website von *Amazon* entsprechend äußern könnten.

In jedem Fall können Leserrezensionen bei *Amazon*, die von den Autoren selbst geschrieben wurden, auch das Gegenteil eines Werbeeffekts bewirken. Denn die Leser sind nicht dumm. Oft merkt man einfach, dass hier der Autor sein eigenes Buch preist. Bisweilen nimmt der Autor aus Mangel an Ideen sogar den Klappentext als Basis. Und so manche gut gemeinte Rezension eines

Freundes kann in ihrer überbordenden Lobhudelei schnell ins Peinliche abgleiten.

Alles das schätzen die Leser überhaupt nicht, ja sie können es einem Autor richtig übel nehmen. Und dann hat die »Fünf-Sterne-Rezension« dem Buch am Ende mehr geschadet als genützt. Wenn Sie es aber partout nicht lassen können, dann achten Sie wenigstens darauf, dass das Buch bereits lieferbar ist, wenn Sie Ihre Rezension online stellen.

Abschließend noch ein allgemeiner Rat zum Thema Öffentlichkeitsarbeit: Machen Sie sich keine Illusionen! PR ist besser als klassische Werbung und beides ist besser, als überhaupt nichts für die Vermarktung eines Buches zu tun. Aber die Konkurrenz auf dem Buchmarkt ist hart, und das Buhlen um Aufmerksamkeit in der Mediengesellschaft ist gnadenlos. Die beste PR kann da keine Wunder vollbringen. Und auch echte Profis können einen Autor nicht so einfach über Nacht berühmt machen. Die beste Maßnahme für einen guten Vermarktungserfolg ist und bleibt eine gelungene Buchkonzeption. Ich werde nicht müde, das zu betonen. Die Vermarktungsarbeit beginnt also nicht mit der Öffentlichkeitsarbeit, sondern sie findet darin ihren krönenden Abschluss.

Dennoch lohnt es sich, in Öffentlichkeitsarbeit zu investieren, sich mit dem Verlag zusammenzusetzen, selbst Kontakte aufzubauen und gar noch zusätzlich eine Agentur zu beauftragen. Ich selbst mache es genauso.

Und steter Tropfen höhlt den Stein. Ist das Medienecho beim ersten Buch noch verhalten, so wird man sich beim zweiten Buch vielleicht schon an Sie erinnern. Und beim dritten Buch bieten Sie dann eventuell Stoff für eine größere Story. Wie das Bücherschreiben selbst, so hat auch die Vermarktung von Büchern mit Beharrlichkeit zu tun. Wer zu früh aufgibt, ist aus dem Rennen.

- Pressearbeit ist der Goldstandard des Buchmarketings. Positive Rezensionen sind wirkungsvoller als jede Werbung.

- Über Art und Umfang der PR sollten sich Autor und Verlag genau abstimmen. Für den Autor lohnt es sich meist, eine Agentur mit zusätzlicher PR zu beauftragen und so die Lücken im Verlagsmarketing zu schließen.

- Eigene Kontakte zu Schlüsselredaktionen sind um ein Vielfaches wertvoller und effektiver als Kontakte über professionelle Mittler. Sie können aber nur eine Ergänzung sein, kein Ersatz.

- Für Journalisten wird der Autor dann besonders interessant, wenn es über das Buch hinaus eine Story mit Nachrichtenwert gibt. Als Autor sollten Sie sich möglichst früh Gedanken über eine solche Geschichte machen.

- Eine immer noch geeignete Form der Verbreitung einer Story zum Buch ist die Pressemitteilung. Diese sollte unbedingt vom Verlag oder einer professionellen Agentur an die Redaktionen versandt werden.

- Werten Sie das Presseecho sorgfältig aus. Jede positive Erwähnung Ihres Buches ist eine Referenz, die Sie bei der Vermarktung auch in anderen Zusammenhängen verwenden können.

16. Veranstaltungen –
Der perfekte Auftritt Ihres Buches

Gedämpftes Licht im Schauspielhaus. Auf der schwarzen Bühne nur Tisch und Stuhl, Mikrofon, Wasserglas, Buch. – Spot auf den Autor, der am Tisch Platz nimmt. Der Applaus verebbt. Der Autor blättert im Buch bis zum ersten Lesezeichen und beginnt dann mit ruhiger, warmer Stimme zu lesen.

Wenn Ihnen dieses oder ein ähnliches Bild durch den Kopf gegangen ist, als Sie die Kapitelüberschrift gelesen haben, muss ich vielleicht Ihre Erwartung ein wenig dämpfen. Denn nur für die wirklichen Stars unter den Sachbuchautoren spielen Lesungen eine größere Rolle.

Lesungen Diese Autoren füllen dann durchaus mal ein Theater oder das Audimax einer Universität. Diejenigen, die keinen Sachbuchbestseller geschrieben haben, außerdem fast alle Ratgeberautoren, können bei Lesungen allenfalls auf einen kleinen Zuhörerkreis hoffen, der sich dann beispielsweise nach Geschäftsschluss in einer Buchhandlung einfindet. Und jeder Autor muss überlegen, ob sich der Aufwand, einer so kleinen Gruppe persönlich zu begegnen, wirklich lohnt.

Inwiefern Lesungen dem Autor etwas bringen, hängt immer auch von Thema und Zielgruppe ab. Angenommen, Sie haben ein populäres Buch über tibetische Mönche geschrieben, sind aber als Sachbuchautor noch nicht sehr bekannt. Da kann eine Lesereise durch 20 Buchhandlungen im deutschsprachigen Raum durchaus dazu beitragen, dass Sie bekannter werden. Vor allem auch dadurch, dass Sie auf Plakaten der veranstaltenden Buchhandlungen erscheinen, Flyer verteilt werden oder die lokale Presse über Sie berichtet. Vielleicht bekommen Sie sogar einen Artikel in einem Stadtmagazin. Wie viele Leute zur Lesung erscheinen, ist dann fast nebensächlich. Haben Sie andererseits einen Businessratgeber geschrieben, der sich an das gehobene Management richtet, dann wird sich eine Lesereise für Sie kaum lohnen. Denn Ihre Zielgruppe treffen Sie nicht mittwochs um acht in der *Osianderschen Buchhandlung*.

Sollten Sie mit dem Gedanken an Lesungen spielen, dann sprechen Sie am besten mit Ihrem Verlag darüber. Dort kann man Sie beraten, ob die Sache für Sie Erfolg verspricht und wie beispielsweise eine Lesereise organisiert werden könnte. Auch ist es ratsam, eine auf Buch-PR spezialisierte Agentur einzuschalten, die im Bedarfsfall nicht nur bei der Organisation von Lesungen behilflich sein kann, sondern auch im Vorfeld für das Presseecho sorgt, das eine Lesung erst richtig lohnend macht.

Wenn ich in diesem Buch ein ganzes Kapitel dem Thema Veranstaltungen widme, dann denke ich dabei am allerwenigsten an Lesungen. Insbesondere Erstlingsautoren brauchen oft eine Weile, um zu erkennen, auf welch vielfache Weise sich das Buch mit Live-Auftritten kombinieren lässt und wie sehr sich die Resonanz der beiden Kommunikationskanäle wechselseitig verstärkt.

»Wir erheben unser Glas ...« – Buchtaufe

Ein Veranstaltungsformat, zu dem das Buch selbst den Anlass bietet, ist die Buchpräsentation, auch »Buchtaufe« genannt, unmittelbar nach Erscheinen. Ich hätte dieses Thema auch unter Buch-PR behandeln können, geht es hier doch hauptsächlich darum, Resonanz in den Medien zu erzeugen. Aber auch ausgewähltes Fachpublikum und verschiedene Multiplikatoren können mit einer solchen Buchpräsentation angesprochen werden.

Buchpräsentation

Pflichtprogramm ist die Buchpräsentation beispielsweise bei aktuellen Sachbüchern von Politikern. Schauplatz ist meist die Hauptstadt des jeweiligen (Bundes-)Landes. Alle bedeutenden Zeitungen haben Redakteure geschickt, die Block und Bleistift bereithalten. Der Autor muss sich nicht selbst ins rechte Licht rücken, sondern zu diesem Zweck tritt ein Laudator auf, der entweder Journalist oder Politiker einer anderen Partei als der des Autors ist. Nach der wohlwollenden, vielleicht mit ein paar harmlosen Seitenhieben gewürzten Laudatio plaudert der Autor noch ein wenig zum Buchthema, liest vielleicht die eine oder andere Stelle vor und beantwortet dann die Fragen der Journalisten.

Diese fragen dann außer nach dem Buch auch nach der Meinung des Autors zu dem tagespolitischen Streit, der gerade die Titelseiten füllt. Anschließend gibt es für alle etwas zu essen und zu trinken – reichlich, von guter Qualität und vor allem kostenlos, denn sonst wären erheblich weniger Leute gekommen. Am nächsten Tag ist der Autor in allen Zeitungen. Berichtet wird über ihn, seine Meinung zur aktuellen tagespolitischen Debatte (»… sagte er während der Vorstellung seines neuen Buches …«), das Buchthema, den Laudator (was dessen Lohn fürs Mitmachen ist) und die Veranstaltung als solche. Alles in allem vielleicht keine originelle, aber sehr gute PR.

Politiker und Sachbuchautoren Neben Politikern kommen regelmäßig bekannte Sachbuchautoren zur Ehre einer Buchtaufe. Veranstalter ist fast immer der Verlag, der auf diese Weise seine Top-Titel promotet. Große Publikumsverlage haben in ihrer Presseabteilung einen Spezialisten, der solche Veranstaltungen organisiert. Neben der eigentlichen Organisation hat dieser oft die undankbare Aufgabe, einen Sponsor zu finden, der die ganze Sause bezahlt. Denn Verlage sind nun einmal keine Automobilkonzerne und müssen mit vielleicht einem Euro pro verkauftem Buch auch sämtliche PR-Aktivitäten finanzieren.

Das klingt nun alles so, als sei eine Buchtaufe für Sie kein Thema, so lange Sie es als Autor noch nicht zum Star gebracht haben. Ich glaube aber, dass die Buchtaufe nicht nur für fast jeden Autor ein prinzipiell lohnendes Forum, sondern mit ein wenig Kreativi-

tät und Networking sowie eigener finanzieller Investitionsbereit-
schaft auch durchführbar ist.

Mein Tipp

Orientieren Sie sich ruhig auch als weniger bekannter Autor an den Buchpräsentationen von Politikern und anderen Top-Autoren und versuchen Sie möglichst viel davon im für Sie realistischen Rahmen umzusetzen.

Das eigene Netzwerk aktivieren

Erster Ansprechpartner für eine Buchtaufe ist wiederum Ihr Verlag. Am besten sprechen Sie das Thema schon ein halbes Jahr vor Erscheinen des Buches an. Natürlich wird Ihr Verlag in den seltensten Fällen eine Buchpräsentation einfach so für Sie organisieren. Aber jeder Verlag wird Sie unterstützen, wenn Sie eigene Ideen einbringen und die Organisation zumindest zum Teil selbst übernehmen. Hier gilt es nun, Ihr eigenes Netzwerk zu aktivieren. Welche Kontakte zu Verbänden, Vereinen, Organisationen oder auch politischen Stiftungen haben Sie? Oder für welche Unternehmen ist Ihr Thema interessant?

Überall schmückt man sich ganz gern mit Autoren, die Anlass bieten, öffentliche Aufmerksamkeit zu bekommen. So wäscht eine Hand die andere. Manchmal bietet es sich da förmlich an, einen Gesundheitsratgeber in der Zentrale einer großen Krankenversicherung zu präsentieren. Oder ein Buch, das auf soziale Missstände hinweist, unter dem Dach einer Hilfsorganisation. Wer ein wenig nachdenkt, findet schnell Ansätze für sinnvolle Kooperationen, bei denen beide Seiten von der Veranstaltung profitieren werden. Mit etwas Glück können Sie so auch gleich einen Sponsor für Ihre Veranstaltung finden.

In jedem Fall ist es ratsam, sich von PR-Profis unterstützen zu lassen. Denn eine Buchpräsentation ohne Presseecho wird sich kaum lohnen. Profis verfügen hier über die nötigen Kontakte, um Medienvertreter anzulocken. Aber auch bei der Organisation brauchen Sie Unterstützung. Vor allem dann, wenn weder Verlag noch Partner oder Sponsor für den Rahmen sorgen. Denn auch diese Variante, bei der Sie selbst oder Ihr Unternehmen als Veranstalter auftritt, ist eine Überlegung wert.

Wie viel Resonanz Sie gewissermaßen mit Bordmitteln erzeugen können, ohne sich an Organisationen oder bekannte Sponsoren anzuhängen, ist natürlich auch von der aktuellen Relevanz Ihres Themas abhängig. Schreiben Sie über ein Thema, das Ihre Zielgruppe gerade brennend interessiert, dann haben Sie immer eine gute Chance, mit einer Buchtaufe wahrgenommen zu werden.

Unter Büchermenschen – Auftritt auf der Buchmesse

Glanz und Elend Ein mit der Buchtaufe verwandtes Veranstaltungsformat ist Ihr Auftritt als Autor auf der Frankfurter oder Leipziger Buchmesse. Dies ist zwar eher eine Domäne der Belletristikautoren, doch auch Autoren von Sachbüchern oder Ratgebern zu aktuellen Themen kommen zum Zuge. Teilweise werden ihnen dazu eigene Foren geboten. Auf den Buchmessen liegen Glanz und Elend allerdings nah beieinander.

Ich habe schon erlebt, wie eine Autorin in einer spärlich beheizten Leipziger Messehalle vor leeren Reihen – abgesehen von zwei Personen, die vermutlich ihre Begleiter waren – anfing, aus ihrem Buch vorzulesen. Nicht einmal ein Moderator, der einführende Worte gesprochen oder ein wenig Publikum angelockt hätte, stand der bedauernswerten Dame zur Seite. Sie fand Tisch und Stuhl sowie ein offenes Mikrofon vor und hatte von 11 bis 11.30 Uhr Zeit, ihren Auftritt zu gestalten. Eine solche Situation wünsche ich keinem meiner Autoren.

Andererseits kommt es auf der Frankfurter Buchmesse immer wieder vor, dass in einem der ohnehin schmalen Gänge kein Durchkommen mehr ist, weil gerade ein Autor sein Buch präsentiert. Promis bringen schon mal in halben Messehallen die Geschäfte zum Erliegen. Aber auch weniger bekannte Autoren finden auf der Buchmesse oft gute Resonanz, wenn es der Verlag versteht, den Auftritt gut zu organisieren.

Und das ist genau der Punkt: Vor einem Auftritt auf einer der Buchmessen sollten Sie sich genau ansehen, was der Rahmen sein wird und welche Öffentlichkeitsarbeit für den Auftritt stattfindet.

Eine professionelle Moderation ist dabei das Mindeste, was Sie erwarten können. Aber es muss auch schon der eine oder andere Medienvertreter präsent sein, wenn sich die Sache lohnen soll.

> **Vergessen Sie bei der Pressearbeit die Branchenpresse nicht, die auf den Buchmessen ohnehin präsent ist.** Eine Erwähnung in *Börsenblatt* oder *Buchreport* lohnt sich, weil diese Medien auf die Buchhändler zielen, die Ihr Buch dem Kunden schmackhaft machen sollen.

Mein Tipp

Veranstaltung selbst organisieren

Falls sich Ihr Verlag nicht dafür gewinnen lässt, dass Sie Ihr Buch am Messestand persönlich vorstellen, ist es eine Überlegung wert, die hohe Präsenz von Branchen- und Medienvertretern zu nutzen und eine Buchtaufe am Rande der Messe selbst zu organisieren.

Das Frankfurter Messegelände ist zentral gelegen, so dass sich in unmittelbarer Nähe verschiedene größere Hotels finden, die über geeignete Räumlichkeiten für eine solche Veranstaltung verfügen. Allerdings sind diese zu Messezeiten sehr gefragt, weshalb es sich empfiehlt, mindestens ein Jahr im Voraus zu buchen. In Leipzig befinden sich die Messehallen zwar außerhalb der Stadt, jedoch sorgt das Rahmenprogramm *Leipzig liest* dafür, dass auch in der Innenstadt zahlreiche Veranstaltungen stattfinden, die durchweg gut besucht werden und an die Sie sich problemlos anhängen können.

Für eine selbst organisierte Veranstaltung am Rande einer der Buchmessen gilt in jedem Fall, dass sie nur dann sinnvoll ist, wenn sie von professioneller Pressearbeit begleitet wird. Dabei sollten Sie sich wiederum von einer erfahrenen Agentur unterstützen lassen. Wenn Sie gut verhandeln, beteiligt sich vielleicht auch Ihr Verlag an den Kosten. Am besten, Sie legen dem Verlag bei der Anfrage schon ein überzeugendes Veranstaltungskonzept vor.

Schließlich sollten Sie nicht versäumen, die Veranstaltung selbst in Wort und Bild zu dokumentieren, um beispielsweise auf Ihrer

Website darüber zu berichten. »Buchpremiere auf der Frankfurter Buchmesse« – ein solcher Link wird Ihre Kunden oder Partner sicher neugierig machen. Und ein gelungenes Foto von Ihnen im Gespräch mit dem Moderator wird seine Wirkung nicht verfehlen.

Autoren im Rampenlicht – Vorträge zum Buchthema

Wenn Sie sich einmal die Keynote-Speaker auf bedeutenden Kongressen oder die Referenten bei Veranstaltungsreihen für Führungskräfte ansehen, dann werden Sie feststellen, dass es sich dabei fast ausnahmslos um Buchautoren handelt. Mehr noch, die Titel der Impulsvorträge, Keynotes oder Referate stimmen häufig mit den Buchtiteln dieser Autoren überein – und sicher nicht durch Zufall.

Buchtitel als Marken So sprach etwa Zeitmanagement-Papst *Lothar Seiwert* im Jahr 2010 in mehreren deutschen Städten zum Thema *»Simplify your Time«*, während der Zuhörer das gleichnamige Buch im Handel fand. Genauso *Klaus Kobjoll* mit *»Wa(h)re Herzlichkeit«* oder *Jens Weidner* mit *»Die Peperoni-Strategie«* und viele andere mehr. Auffällig ist, dass Buchtitel oft weit über die Aktualität des Buches hinaus als Titel für Veranstaltungen verwendet werden. Beispielsweise referierte Erfolgsautor *Reinhard K. Sprenger* in den letzten Jahren zu den Themen *»Mythos Motivation«* und *»Vertrauen führt«*, obwohl die gleichnamigen Bücher schon Anfang der 1990er Jahre bzw. kurz nach der Jahrhundertwende erschienen sind, also beileibe keine Neuerscheinungen mehr sind. Der Buchtitel funktioniert hier wie eine Marke, die sich auf andere Formen der Kommunikation mit der Zielgruppe eins zu eins übertragen lässt.

Diese Vorträge zum Thema des Buches, am besten unter Verwendung des Buchtitels, jedoch durchaus ohne unmittelbare Orientierung am Buchinhalt, gehören zum Besten, was Autoren für ihre Publicity tun können. Denn wohlgemerkt: Es handelt sich hier weder um eine Lesung noch werden die Gliederungspunkte des Buches abgearbeitet. Naturgemäß kommen Thesen und Beispiele aus dem Buch vor, aber der Autor verweist allenfalls in Form einer abschließenden Power-Point-Folie auf das Buch. Wobei Top-Referenten – wie *Späth, Sprenger, Höhler, Messner, Kobjoll oder Seiwert* – gern Understatement betreiben und sich den ausdrücklichen Hinweis auf das Buch sparen. Es versteht sich ja von selbst, dass es von ihnen Bücher gibt.

Vor allem für Sachbuchautoren ist es also eine Überlegung wert, zum Erscheinen des Buches gleich die passende Vortragsveranstaltung anzubieten. Der Vorbereitungsaufwand ist gering, da Sie Ihr Thema bei der Manuskriptarbeit intensiv durchdrungen haben. Das Publikum erwartet auch nicht unbedingt einen streng strukturierten Fachvortrag. Im Gegenteil, die emotionale Qualität steht bei Live-Auftritten von Autoren stark im Vordergrund. Insofern ähneln sich die Auftritte von Top-Autoren in folgenden Punkten:

Die passende Vortrags- veranstaltung zum Buch

- Die Wirkung des Autors spielt eine große Rolle. Als Referent pflegt er einen individuellen Stil in puncto Kleidung und Habitus. Viel mehr als im Buch wird er als Persönlichkeit erlebbar.
- Der Autor demonstriert, dass er sein Thema souverän beherrscht. Er spricht meist frei und lässt Raum für Spontaneität. Nicht alles ist geplant – jedenfalls soll es nicht so erscheinen.
- Der Vortrag enthält einige zugespitzte Thesen, Aphorismen und Merksätze, die die Zuhörer mit nach Hause nehmen. Oft finden sich diese in ähnlicher Form auch im Buch, wirken aber im Vortrag prägnanter.
- Der Autor hat eine Reihe von Anekdoten und Geschichten parat, mit denen er die Zuhörer zu unterhalten versteht. Mitunter greift er am selben Tag Erlebtes auf und demonstriert damit wachen Geist und schnelles Urteilsvermögen.

Wie bereits im Einleitungskapitel erwähnt, haben Vortragsveranstaltungen für den Autor nicht zuletzt die angenehme Seite, dass sie im Gegensatz zum Bücherschreiben ausgesprochen lukrativ sein können. Vorträge und Bücher stehen dabei in einem Verhältnis wechselseitiger Verstärkung: Das Buch ist so etwas wie die Eintrittskarte für den Live-Auftritt, erfolgreiche Referenten verkaufen wiederum mehr Bücher, was dazu führt, dass sie als Referenten gefragter sind und so weiter.

Referenten-agenturen

Einige Verlage arbeiten mit spezialisierten Referentenagenturen eng zusammen. Es liegt im beiderseitigen Interesse, wenn Ihr Verlag nicht nur Ihr Buch, sondern auch gleich Sie als Referenten vermarktet. Ob diese Möglichkeit besteht, können Sie am besten während des Gesprächs über die Vermarktung nach Manuskriptabgabe klären.

Bedenken Sie aber bitte: Zwischen Ihrem Vermarktungsinteresse und dem des Verlags besteht ein prinzipieller Unterschied: Sie wollen Ihre eigene Person vermarkten, der Verlag will letztendlich ein Buch verkaufen. Sie können nicht von Ihrem Verlag erwarten, dass er Sie als Persönlichkeit in der Öffentlichkeit groß aufbaut. Das ist nicht die Aufgabe des Verlags, sondern liegt, sofern Sie das wollen, in Ihrer eigenen Verantwortung. Wo sich Ihr Interesse und das des Verlages überschneiden, ist allerdings in vielen Fällen eine fruchtbare Zusammenarbeit möglich, deren Erfolg sich immer in verkauften Stückzahlen messen lässt.

Falls der Verlag hier nicht aktiv werden will, kann es sich lohnen, sich als Autor selbst bei einer Referentenvermittlung um Aufnahme in die Kartei zu bewerben. Wunder sollten Sie hier allerdings nicht erwarten, denn die Referentenvermittlung ist ein eher zähes Geschäft. Doch je bekannter Sie werden, desto mehr Chancen für Auftritte dürften sich bieten.

Seminare und Ratgeber – Zwei Pferde aus demselben Stall

Vor allem für Ratgeberautoren sind Seminare zum Thema des Buchs ein interessantes Marketinginstrument. Als Faustregel darf gelten, dass sich der Inhalt eines Ratgebers auch in Form eines Seminars vermitteln lässt. Zwar ist der Markt vor allem für offene Seminare in den letzten Jahren schwieriger geworden, doch gilt auch hier, dass sich die beiden Kommunikationskanäle Buch und Live-Auftritt wunderbar ergänzen und in ihrer Resonanz gegenseitig verstärken. Oft ist es auch so, dass ein Autor bereits Seminare zu einem bestimmten Thema anbietet und daraus dann das Konzept für einen Ratgeber entwickelt. Vom Buch erwartet er sich dann als Seminaranbieter nicht zuletzt mehr Bekanntheit und Auslastung.

In beiden Fällen ist zu überlegen, wie Sie Ihr Buch am besten in Ihre Seminarveranstaltungen einbinden können. Zunächst einmal können Sie auch hier für einen schönen Wiedererkennungs-effekt sorgen, wenn Seminar und Buch unter dem gleichen Titel vermarktet werden. Bei den meisten Ratgebertiteln funktioniert das auch. Im Zweifel wählen Sie einen ähnlichen Titel, der unterstreicht, was die Ziele Ihres Seminars sind.

Für Ihre Seminarteilnehmer ist es am besten, wenn sie beim Besuch des Seminars auch gleich Ihr Buch erhalten können. Denn Ihr Ratgeber wird in den meisten Fällen vertiefende Informationen enthalten, die Sie im Seminar nicht anbringen können, während dort die Gelegenheit zu Übungen und Diskussionen besteht, die wiederum das Buch nicht bieten kann. So bilden Seminar und Buch für Ihre Zielgruppe die ideale Ergänzung.

Bücher während des Seminars verkaufen

Wenn Sie während des Seminars Ihr Buch – und eventuell noch weitere Ihrer Bücher – an die Teilnehmer verkaufen wollen, können Sie hierzu Exemplare direkt vom Verlag mit Rabatt beziehen, machen also damit über das Autorenhonorar hinaus noch einen kleinen Gewinn. Hier sollten Sie sich in jedem Fall mit Ihrem Verlag genau absprechen. Die Verlage gewähren in der Regel 40 bis 50 Prozent Autorenrabatt. Manche tun das aber nur unter der Bedingung, dass Sie die Bücher nicht weiterverkaufen. Der Rabatt für Wiederverkäufer ist dann etwas niedriger. Und bei einigen Verlagen steht zwar eine Regelung im Vertrag, während es dem Verlag unter der Hand aber egal ist, was Sie mit Ihren Autorenexemplaren anstellen. Lieber nicht spaßen sollten Sie bei der Buchpreisbindung, die in Deutschland und Österreich ehernes Gesetz ist. Demnach dürfen Sie Ihr Buch an Ihre Seminarteilnehmer – wie auch an alle anderen Kunden, Partner oder Bekannten – nicht zum Sonderpreis, sondern nur zum gebundenen Ladenpreis verkaufen. Oder Sie verschenken das Buch. Nur diese beiden Möglichkeiten haben Sie.

Mengenrabatte Eine Ausnahme bildet lediglich der Mengenrabatt, dessen Stufen ebenfalls festgelegt sind. Veranstalten Sie beispielsweise ein Inhouse-Seminar für ein deutsches Unternehmen, an dem 60 Personen teilnehmen sollen, und entscheidet sich das Unternehmen, für die Teilnehmer gleich auch 60 Bücher bei Ihnen zu kaufen, so dürfen Sie genau 10 Prozent Rabatt gewähren. Aber Achtung: Die 60 Exemplare müssen auf *einer* Rechnung erscheinen. Zahlen die 60 Teilnehmer selbst und einzeln, dann gilt wieder der gebundene Ladenpreis. In Tabelle 6 sehen Sie die in Deutschland erlaubten Mengenrabatte im Überblick. Um es noch mal deutlich zu sagen: Der gebundene Ladenpreis, vermindert um den jeweiligen Rabattsatz aus der Staffel, ist der Preis, den das Unternehmen oder die Einzelperson bezahlen muss, das oder die größere Mengen ab 20 Exemplaren kauft, egal ob von Ihnen, vom Buchhandel oder direkt vom Verlag. Das hat nichts mit den Konditionen zu tun, zu denen Sie als Autor oder der Buchhändler die Bücher vom Verlag beziehen.

Menge	Rabatt
ab 20 Exemplaren	5 Prozent
ab 50 Exemplaren	10 Prozent
ab 100 Exemplaren	15 Prozent
ab 200 Exemplaren	20 Prozent
ab 500 Exemplaren	25 Prozent

Tabelle 6: In Deutschland erlaubter Mengenrabatt auf preisgebundene Bücher

Wenn Seminarthema und Buchthema vollkommen identisch sind, dann machen Sie Ihr Buch doch einfach zu Ihrer Seminarunterlage! Jeder Teilnehmer erhält kostenlos das Buch zum Seminar – was Sie einfach bei der Kalkulation der Teilnahmegebühr berücksichtigen. Nach dem Seminar werden Ihre Teilnehmer viel lieber in einem Buch blättern als in einer herkömmlichen Seminarunterlage. Außerdem wirkt es viel nachhaltiger. Meist steht es auch dann noch im Bücherregal, wenn man die Seminarskripte der letzten Zeit längst ins Altpapier befördert hat.

Grundsätzlich ist es auch für jeden Fachbuchautor eine Überlegung wert, Seminare, Workshops oder Fachvorträge zum Thema seines aktuellen Buches anzubieten. Hier wird sich vielleicht ein kleinerer Kreis angesprochen fühlen als bei Sachbuch- und Ratgeberautoren, doch lassen sich ähnliche positive Effekte erzielen. Manchmal werden etwas mehr Vorbereitung und ein anderer Zuschnitt nötig sein, weil sich das Buchthema weniger einfach auf ein Veranstaltungsformat übertragen lässt. Fachautoren sollten vor allem langfristig planen. Welche Kongresse, Symposien oder Fachtagungen stehen an, wenn Ihr Buch erscheint? Wenn Sie dort zu den Referenten gehören, können Sie ebenfalls von einem Effekt der Resonanzverstärkung zwischen Buch und Live-Auftritt profitieren.

Seminare und Vorträge zum Buchthema

Wenn ich mich mit Lektoren oder Vertriebsleuten aus den Verlagen unterhalte, so höre ich manchmal haarsträubende Geschichten von Autoren, die munter losziehen, um die Präsentation ihres Buches in der Buchhandlung verkaufsfördernder zu gestalten. Da wird das eigene, vielleicht nicht ganz so erfolgreiche Buch aus dem Regal gezogen und dort frontal präsentiert, wo eben noch der Konkurrenztitel stand. Diesen lässt der Autor dafür diskret verschwinden, etwa indem er einen Karriereratgeber ins Fach »Recht und Steuern« einsortiert. Oder er bemerkt, dass auf dem Verkaufstisch für »Bestseller« noch Platz ist und sein Buch dort farblich gut hinpassen würde. Am Ende wird daraus eine größere Umräumaktion in der Buchhandlung, bei der er krimireif darauf achtet, dass ihn der Buchhändler nicht erwischt. Anschließend berichtet der Autor dem Verlag stolz von der erfolgreichen Marketingmaßnahme …

Der perfekte Auftritt in der Buchhandlung

In diesem letzten Teil des Buches, in dem es um Vermarktungsmöglichkeiten Ihres Werkes geht, habe ich Vertriebsthemen bewusst ausgeklammert.

Denn der Buchvertrieb, das Handelsmarketing und die Kontaktpflege zum Buchhandel sind die Domäne des Verlags. Autoren, die sich hier beherzt einmischen, stiften meist schon deshalb mehr Schaden als Nutzen, weil sie als Branchenfremde die Gepflogenheiten im Handel nicht kennen.

Die Vertriebskompetenz eines Verlags ist ein wesentlicher Grund, warum sich ein Autor überhaupt um einen solchen Partner bemühen sollte. Eine Publikation im Eigenverlag findet praktisch nie den Weg in die Buchhandlungen. Ihrem Buch zu Präsenz im Handel zu verhelfen, gehört dagegen zu jenen Kernaufgaben, für die seitens der Verlage erheblicher personeller und logistischer Aufwand betrieben wird.

So beschäftigen alle mittleren und großen Verlage Handelsvertreter, die umsatzrelevante Buchhandlungen im deutschsprachigen Raum regelmäßig besuchen, den Buchhändlern das aktuelle Programm präsentieren, Bestellungen aufnehmen, Sonderaktionen initiieren, Remissionen abwickeln und nicht zuletzt mit dem richtigen Händchen für ein positives Image des Verlags sorgen. Viele Vertreter stehen auf den Gehaltslisten der Verlage, es gibt aber auch Selbstständige, die »freien« Vertreter, die für mehrere Verlage unterwegs sind.

Zweimal im Jahr wird den Vertretern auf der so genannten Vertreterkonferenz das Verlagsprogramm der kommenden Saison vorgestellt. Die Lektoren müssen ihre Titel den Vertretern »verkaufen«, sie also mit Argumenten überzeugen, die diese dann im Handel verwenden können. Dabei zählen vor allem knapp auf den Punkt gebrachte Alleinstellungsmerkmale – die USPs –, weil die Vertreter beim Buchhändler oft nur wenige Augenblicke Zeit haben, um ein Buch zu präsentieren.

Buchhändler sind ein einigermaßen selbstbewusster Berufsstand. Sie pflegen ihre Eigenheiten und werden von den Vertriebsleuten der Verlage mit Einfühlungsvermögen behandelt. Auch bei den Konditionen haben die Buchhändler eine ziemlich starke Position. So wird ihnen oft ein uneingeschränktes »Remissionsrecht« eingeräumt. Der Buchhändler kann also jedes Buch, das er nicht verkauft hat, an den Verlag zurückschicken und bekommt dafür den vollen Preis gutgeschrieben.

Als Autor tun Sie gut daran, das zarte Verhältnis zwischen Verlag und Handel möglichst wenig zu stören. Der Buchhändler hat nun einmal seinen Stolz. Trotz aller Bemühungen der Verlage entscheidet er in seinem Reich allein, präsentiert das eine Buch »auf der Rampe« (wie es im Händlerjargon heißt) und schiebt das andere ins Regal. Wer hier als Autor Unruhe stiftet, macht sich den Buchhändler zum Feind und schadet indirekt auch seinem Verlag. Und der Buchhändler ärgert sich ja zu Recht, wenn ein Kunde Bücher umräumt. Schließlich nimmt er auch keinen Stift zur Hand, um im Buch des Autors die Passagen zu streichen, die ihm nicht gefallen. Besser, jeder bleibt bei seinem Metier.

Bestimmt will ich Sie nicht davon abhalten, Ihr Buch im Handel zu beobachten. Bloß sollten Sie sich, wenn Sie im Buchhandel etwas entdecken, was nicht in Ordnung oder verbesserungswürdig ist, vertrauensvoll an die Verantwortlichen wenden.

Fehlt Ihr Buch in einer großen Buchhandlung, dann teilen Sie das lieber Ihrem Verlag mit, als sich beim Buchhändler lautstark zu beschweren. Auch wenn Sie Fehler bei der Präsentation Ihres Buches im Online-Buchhandel entdecken, sollte sich besser der Verlag darum kümmern, als dass Sie E-Mails an *Amazon* und andere schicken. Dort kommen Sie übrigens als einfacher Nutzer nicht einmal an die E-Mail-Adresse des zuständigen Ansprechpartners.

Und natürlich ist es für Sie ärgerlich, wenn zwar fünf Exemplare Ihres Buches in der Buchhandlung liegen, aber alle fest in Folie verschweißt sind, so dass kein Kaufinteressent einen Blick hineinwerfen kann. Bitten Sie in diesem Fall den Buchhändler freundlich, ein Exemplar für Sie zu öffnen. Denn der Buchhändler ist darin geübt, eine Folie zu entfernen, ohne dass der Schutzumschlag einreißt, und er weiß auch, dass das Klebeetikett anschließend nicht in den Papierkorb, sondern an eine passende Stelle auf der Buchrückseite gehört.

Mit persönlicher Empfehlung – Multiplikatoren

Nicht unbedingt Veranstaltungen im engeren Sinn, aber dennoch an dieser Stelle erwähnenswert sind die vielen bestehenden Kontaktpunkte mit Kunden, Partnern und Interessenten, bei denen Sie als Autor Ihr Buch vermarkten oder für Marketingzwecke einsetzen können. Hier sind zunächst einmal die so genannten Multiplikatorenexemplare zu nennen, die bei Erscheinen des Buches

Multiplikatoren

zu verteilen für die Verlage zum Standardprogramm des Buchmarketings gehört.

Anders als bei den vertraglich zugesicherten Freiexemplaren für den Autor handelt es sich hierbei gewissermaßen um Werbepräsente des Verlags für Personen, von denen anzunehmen ist, dass sie das Buch in Fachkreisen oder auf dem gesellschaftlichen Parkett lobend erwähnen und weiterempfehlen werden. Ein Multiplikator muss bei der Zielgruppe eines Buches meinungsbildend sein oder zumindest über einigen Einfluss verfügen.

Üblich ist, dass Sie dem Verlag vor Erscheinen eine Vorschlagsliste mit möglichen Multiplikatoren zukommen lassen. Erfahrungsgemäß verschickt ein Verlag gerne ungefähr 20 bis 30 Multiplikatorenexemplare, bei guten Begründungen auch mehr. Erklären Sie aber bitte nicht alle Ihre Freunde zu Multiplikatoren. Um diese zu bedenken, sind die Freiexemplare da. Auf der Vorschlagsliste sollten Sie kurz begründen, was eine Person zum Multiplikator macht, sofern es sich nicht um einen Namen handelt, den jeder kennt oder dies schon aus dem Jobtitel hervorgeht. Stilvoll wirkt es, wenn der Verlag den Versand der Multiplikatorenexemplare übernimmt – vor allem, wenn es ein Verlag mit einem guten Namen ist –, vom Autor aber für jeden Empfänger eine von Hand unterschriebene Grußkarte beigelegt wird.

Aber auch, wenn der Erscheinungstermin Ihres Buches schon ein wenig zurückliegt, lohnt es sich, bei allen Auftritten, Veranstaltungen oder wichtigen Kundenkontakten zu überlegen, wie Ihr Buch eingebunden werden kann. Die Möglichkeiten sind hier vielfältig. Vielleicht eignet sich Ihr Buch ja als Weihnachtsgeschenk für Ihre Kunden und Partner. Oder Sie schenken es einfach jedem, der Sie in Ihrem Büro besucht. Oder Sie unterstützen mit dem Buch ohnehin geplante Marketingaktionen Ihres Unternehmens. Wie bereits im Einleitungskapitel erwähnt, verschenkte eine führende Unternehmensberatung ihr Buch bei einer »Roadshow«, auf der Unternehmen die Leistungen des Beratungshauses vorgestellt wurden, an potenzielle Kunden, was zu lukrativen Aufträgen führte. Immer geht es dabei um wechselseitige Verstärkungseffekte: Sie machen Werbung für Ihr Buch – und Ihr Buch macht Werbung für Sie.

- Lesungen spielen nur für die Stars unter den Sachbuchautoren eine größere Rolle. Inwiefern Lesungen vor wenigen Zuhörern dem Autor etwas bringen, hängt von Thema und Zielgruppe ab.

- Mit einer Buchpräsentation oder »Buchtaufe« lässt sich bei Erscheinen des Buches für Resonanz in den Medien sorgen. Ihr Verlag und eine PR-Agentur sollten Sie bei Planung und Durchführung unterstützen.

- Ein mit der Buchtaufe verwandtes Veranstaltungsformat ist der Auftritt auf der Frankfurter oder Leipziger Buchmesse. Der Erfolg hängt entscheidend von der Professionalität der Durchführung ab.

- Vorträge zum Thema des Buches, am besten unter Verwendung des Buchtitels, jedoch ohne unmittelbare Orientierung am Buchinhalt, gehören zum Besten, was Autoren für ihre Publicity tun können. Der emotionale Faktor ist hier oft erfolgsentscheidend.

- Vor allem für Ratgeberautoren sind Seminare zum Thema des Buchs ein interessantes Marketinginstrument. Sie können ihr Buch einfach zu ihrer Seminarunterlage machen.

17. Internet – Ihr Buch im Netz

Der US-amerikanische Musiker, Komponist, Musikproduzent und Songwriter Prince kehrte bereits 1998 der Musikindustrie den Rücken und verkaufte seine Musik seitdem exklusiv und in Eigenregie über das Internet. Im Juli 2010 gab der geniale Exzentriker nach zehn Jahren erstmals wieder einer britischen Zeitung ein Interview und diktierte dem Daily Mirror *ins Notizbuch: »Das Internet ist total out. (...) Computer stopfen deinen Kopf nur mit Daten voll und das kann nicht gut sein.« – Sein neuestes Album 20TEN vertreibt er nun ausschließlich als CD-Beilage des Musikmagazins Rolling Stone.*

Nicht nur Musik, auch Bücher sind internetaffin. Und nicht nur in der Musikindustrie, sondern auch im Buchmarkt gibt es große Unsicherheiten über die Zukunft der Vertriebswege. Bereits im Jahr 2005 ließ eine Meldung aus den USA Marketingprofis aufhorchen. Das Buch *Call to Action. Secret Formulas to Improve Online Results* von *Bryan und Jeffrey Eisenberg* hatte es auf die Bestsellerlisten von *New York Times* und *Wall Street Journal* geschafft, obwohl es in keiner Buchhandlung, sondern ausschließlich online erhältlich war und auch nur im Internet beworben wurde.

Seitdem hat sich der Internet-Buchmarkt und insbesondere der E-Book-Markt der unkörperlichen, rein elektronischen Buchausgaben stark weiterentwickelt. Auf den ersten Sachbuch-Bestseller zu einem zeitgeschichtlichen Thema, der nur im Internet präsent ist, müssen wir aber wohl noch etwas länger warten. Insofern sind verschiedentlich zu lesende Schlussfolgerungen, die Verlage machten beim Marketing alles falsch oder der klassische Buchhandel habe sich dank Internet erledigt, etwas voreilig. Dennoch muss sich heute jeder Autor überlegen, wie er mit dem Internet umgehen will.

Virales Marketing

Nur die wenigsten Autoren haben allerdings die Bekanntheit und das spezialisierte Marketing-Know-how eines *Seth Godin*, der schon seit 2001 auf virales Marketing mit Gratis-E-Books setzt und sich 2010 entschieden hat, keine Bücher im traditionellen Sinne zu veröffentlichen. Der Bestsellerautor und Marketingexperte betreibt einen Blog, also ein persönliches Journal im Internet, mit dem er regelmäßig über 400 000 treue Anhänger erreicht. Außerdem tourt er mit Vorträgen um die Welt und verbreitet seine Gedanken via Podcast, also als Audio-Serien im Internet. Dabei nutzt Godin alle medialen Kanäle so geschickt und professionell, dass er mittlerweile ganz offenbar auf den kompletten klassischen Buchmarkt getrost verzichten kann. »Ich kenne meine Leser«, sagt er.

Der Begriff »virales Marketing« kam Ende der 1990er Jahre auf. Damit ist gemeint, dass Bedingungen geschaffen werden, unter denen eine Botschaft im Internet, einem Virus gleich, in kürzester Zeit eine Vielzahl von Empfängern erreichen kann. In einigen Fällen nimmt die Verbreitung dann geradezu epidemische Ausmaße an, so dass wie aus dem Nichts ein Medienhype entsteht.

Was den Buchmarkt betrifft, so haben klassische Pressearbeit und Internetmarketing dasselbe Ziel: Buch und Autor ins Gespräch bringen. Das Internet ist hierzu nicht nur ein konkurrenzlos schnelles, sondern auch unschlagbar kosteneffizientes Medium, gibt es doch viele einfache und preiswerte Wege, im weltweiten Netz auf sich aufmerksam zu machen. Im Idealfall stellt sich der begehrte »virale« Effekt ein, das heißt, der Autor wird durch Weiterempfehlungen immer schneller für immer mehr Menschen ein Begriff.

Buch ohne Zukunft?

Um euphorischen Illusionen vorzubeugen möchte ich an dieser Stelle klar sagen, dass aus meiner Sicht – außer für ganz wenige Zeitgenossen – das Internet als alleiniges Vertriebsmedium Verlage und Buchhandlungen nicht ersetzen kann. Und zwar auf absehbare Zeit. Mit exklusiven E-Book-Ausgaben ebenso wie mit in Eigenregie produzierten Büchern nach dem Book-on-Demand-

Verfahren können Sie nicht die gleichen Ziele erreichen wie mit über einen klassischen Verlag vertriebenen Büchern. Andere Ziele sehr wohl, aber nicht die gleichen. Insbesondere schaffen Sie so nicht den Schritt in die Öffentlichkeit, sondern erreichen weitgehend nur die Kunden, die Sie ohnehin schon kannten.

Man könnte mit einigem Recht sogar bestreiten, dass ein E-Book oder ein BoD überhaupt ein »Buch« und deren Verfasser überhaupt ein »Autor« im eigentlichen Sinne seien. Aber diese Diskussion ist Kümmelspalterei. Die wichtigste Erkenntnis dieses Kapitels ist: Die neuen Kanäle, die das Internet bereitstellt, ergänzen die alten komplementär.

Erste Anlaufstelle: die Website zum Buch (oder Autor)

Ausgangsbasis für alle Aktivitäten im Internet ist die eigene Website. Ich kann jedem Autor – egal, ob im Bereich Fachbuch, Ratgeber oder Sachbuch – nur empfehlen, von dieser Möglichkeit Gebrauch zu machen. Der eigene Internetauftritt ist wie eine virtuelle Marketingzentrale.

Mit Sicherheit verfügen viele Leser dieses Buches bereits über eine Internetpräsenz, sei es in Form einer Firmenwebsite für den Kundenkontakt, sei es in Form einer privaten Homepage. Diesen Lesern möchte ich raten, ihre Internetaktivitäten als Autor von ihren bestehenden Onlinepräsenzen zu trennen und dafür noch einmal eine eigene Website aufzubauen. Zumindest die Internetadresse – die so genannte URL – und das Erscheinungsbild sollten sich von Firmenauftritt oder privater Homepage unterscheiden. Die technische Basis, von der ein Besucher nichts mitbekommt, kann selbstverständlich identisch sein.

Den Internetauftritt kultivieren
Ich empfehle Ihnen diese Trennung erstens deshalb, weil es der öffentlichen Wahrnehmung von Autor und Buch guttut. Wie in diesem Buch an einigen Stellen angeklungen ist, sieht das Publikum im Autor einen Experten, dem – durchaus auch auf der emotionalen Ebene – ein besonderer Status zugebilligt wird. Leser reagieren hingegen skeptisch bis ablehnend, wenn ihnen ein

Buch wie eine Verkaufsbroschüre oder wie das Werk eines Dilettanten vorkommt. Deshalb sollten Sie als Autor Ihre besondere Rolle auch im Internet kultivieren und von Ihrer Geschäftstätigkeit und Ihren privaten Aktivitäten trennen.

Der zweite Grund, der für eine eigene Website zum Buch oder zum Autor spricht, ist die höhere Relevanz in Konkurrenz mit anderen Inhalten im Internet. Eine Suchmaschine, wie beispielsweise *Google,* stuft eine komplette Website zu einem Thema als relevanter ein – und führt sie in einer Trefferliste auf einem besseren Platz auf – als eine Unterseite zu diesem Thema auf einer anderen Website.

Nicht zuletzt ist eine buch- oder autorenspezifische Internetadresse in der eigenen PR auch wesentlich besser kommunizierbar. So können Sie beispielsweise schon im Buch selbst elegant auf die Website zum Buch verweisen, während nur wenige Verlage bereit sein dürften, die Internetadresse Ihrer Firma abzudrucken. Genauso wie bei Journalisten sträuben sich auch bei Verlagsleuten die Nackenhaare, wenn sie als Vehikel für plumpe Werbung für Firmen oder Produkte herhalten sollen.

Mit Ihrer Website verfolgen Sie nun verschiedene Einzelziele. Sicherlich zählt dazu auch der unmittelbare Verkauf des Buches, etwa über eine integrierte Bestellfunktion. Diese Funktion kann auch in einem Link zum Onlineshop des Verlags, zu *Amazon.de,* zu *Managementbuch.de* oder zu einer anderen von Ihnen beauftragten Buchhandlung bestehen, wenn Sie die Bestellungen nicht selbst abwickeln können oder wollen.

Ziele der Buch-Website

Viel wichtiger, als gleich Bücher zu verkaufen, ist es aber, zunächst einmal Aufmerksamkeit zu erzielen. Gerade, wenn Sie als Autor noch nicht sehr bekannt sind, dient die Website dazu, Menschen über deren Interesse am Thema auf Sie und Ihr Buch aufmerksam zu machen. Auf Ihre Website stoßen so beispielsweise Internetnutzer, die über eine Suchmaschine Informationen zu einem ganz bestimmten Stichwort suchen. Und das können auf lange Sicht weitaus mehr Menschen sein als diejenigen, die in den Buchhandlungen zufällig Ihr Buch sehen oder in einer Zeitschrift eine Besprechung darüber lesen.

»Die beste Werbung für Ihr Buch ist die kostenlose Verfügbarkeit im Internet. Diese Erfahrung habe ich in meinen früheren Verlagen gemacht: Die Bücher, die online lesbar waren, hatten die besten Absätze im Buchhandel.

Lassen Sie die Leute gratis lesen, die Wahrscheinlichkeit, dass Online-Leser für einzelne Kapitel bezahlen, ist gering. Es sei denn, Sie heißen *Stephen King* oder *Ken Follett*. Online-Leser sind potenzielle Leser des gedruckten Buches, und wenn Sie sie fesseln können, sind das Ihre künftigen Buchkäufer.«

So schreibt *Bernd Schönig*, ehemals Vertriebsleiter und Geschäftsführer bei diversen Fachverlagen, heute selbstständiger Marketing- und Vertriebsberater für Verlage.

Auch für die Pressearbeit ist eine Website äußerst nützlich. So können etwa Journalisten in einem eigenen Bereich alle für eine Buchrezension oder einen Bericht über den Autor notwendigen Informationen herunterladen. Und wenn Sie Journalisten die Arbeit erleichtern, steigen Ihre Chancen auf eine Besprechung.

Schließlich dient die Website der Kommunikation mit Ihren bestehenden Lesern, die hier zusätzliche Informationen erhalten, von Ihren Live-Auftritten respektive Seminaren erfahren oder mit Ihnen in Kontakt treten und diskutieren können. So werden Leser zu Stammlesern – und manchmal zu regelrechten Fans, die Sie und Ihre Bücher fleißig weiterempfehlen.

Der beste Zeitpunkt, eine Website zu planen und zu konzipieren, ist wiederum der Beginn der eigentlichen Vermarktungsphase unmittelbar nach Manuskriptabgabe. Einige vorbereitende Maßnahmen, wie etwa die Reservierung einer Internetadresse oder die Auswahl eines geeigneten technischen Partners, sollten Sie vielleicht schon etwas früher angehen, um kurz vor Erscheinen des Buches nicht zu sehr unter Zeitdruck zu geraten. Besprechen Sie dann spätestens nach Manuskriptabgabe auch mit Ihrem Verlag, welche Aktivitäten Sie im Internet planen. Denn für einige sinnvolle Angebote, wie etwa den Download von Probetexten, brauchen Sie zumindest das Okay, manchmal auch die aktive Mithilfe des Verlags.

Am Anfang steht jedoch immer die Grundsatzentscheidung, ob Sie die Website auf das Buch oder auf Ihre Person als Autor zuschneiden wollen. Eine Website zum Buch liegt beispielsweise dann nahe, wenn Sie mit einem ganz bestimmten Thema – oder einer zugespitzten These – bekannt werden und diese Inhalte promoten wollen.

So ging *Stefan Fourier* 2006 mit einer Website zu seinem Buch *Drei Oscars für den Chef* ins Internet und leistete sich damit einen separaten Auftritt neben der Website seiner Firma *www.humanagement.de.* Mittlerweile, ein paar Jahre und vier Bücher später, ist aus der Website zum Buch eine vorbildliche Autorenwebsite geworden, auf der das jeweils aktuelle Buch, ein Promotion-Video zum Buch, die anstehenden Vortragstermine, ein Link zum Twitter-Account des Autors und zu seinem Blog und vieles mehr zu finden sind: *www.fourier.de*

Die Website zum Buch bietet sich auch dann an, wenn mehrere Autoren das Buch verfasst haben. Denn Persönlichkeits-PR funktioniert nur dann gut, wenn sie auf eine einzige Person zugeschnitten ist. Bei einer Gruppe von Autoren, die vielleicht sogar menschlich nicht viel mehr verbindet als das gemeinsame Buch, ist sie dagegen schwierig.

Eine Website zum Autor statt zum Buch ist vor allem dann empfehlenswert, wenn Sie in den kommenden Jahren eine Reihe von Veröffentlichungen planen. In diesem Fall bauen Sie sich einen Ruf als Autor auf, zu vielleicht verwandten, aber doch auch unterschiedlichen Themen. Deshalb stehen im Internet Sie und Ihr Expertenstatus im Mittelpunkt, nicht jedoch das Thema Ihres jeweils aktuellen Buches. Mittelfristig rechnen Sie auch damit, dass man gezielt nach Informationen zu Ihrer Person suchen wird.

So setzt Deutschlands meistgelesener Managementautor, *Reinhard K. Sprenger,* ganz auf die eigene Person und präsentiert sich im Internet unter *www.sprenger.com.* Erst nach dem Klick auf »Bücher« findet der Besucher die mittlerweile sieben Werke des Autors. Am Rande bemerkt: *Sprenger* versteht es bei seinem Internetauftritt auch glänzend, auf die für Sachbuchautoren so wichtige emotionale Ansprache des Lesers zu setzen, und posiert auf einem stillgelegten Zechengelände als »Kind des Ruhrgebiets« – eine Eigenschaft, die er zu einem seiner Markenzeichen erhoben hat.

Die passende Internetadresse Abhängig von der Weichenstellung Buchwebsite oder Autorenwebsite werden Sie auch die passende Internetadresse aussuchen. Idealerweise gibt die URL schon eine Vorstellung davon, was den Besucher auf der Website erwartet. Schließlich soll sie auch an Personen kommuniziert werden, die Buch und Autor noch nicht kennen. Abkürzungen und kryptische Verschlüsselungen – beispielsweise »www.e-a-s.de« für »Erfolgreich als Sachbuchautor« – sind da keine gute Idee. Auch deshalb nicht, weil sich solche Adressen nur schwer einprägen. Am besten, die Website heißt so wie das Buch oder der Autor, wie bei den oben zitierten Beispielen *Fourier* und *Sprenger*. Das Markenkapital eines gelungenen Buchtitels steigert sich, je öfter und in je mehr Zusammenhängen der Titel erscheint.

Einige Stolpersteine gibt es. So kann es sein, dass Ihre Wunschadresse bereits vergeben ist. Prüfen Sie das am besten nicht nur mit einer Suchmaschine, denn es gibt auch Adressen, die bereits reserviert sind, aber nicht genutzt werden. Für die deutschen Internetadressen mit der Endung ».de« können Sie bei der *Deutschen Domain-Verwaltungs- und Betriebsgesellschaft DENIC* unter der Adresse *www.denic.de/hintergrund/whois-service/webwhois.html* feststellen, ob eine Adresse bereits registriert ist und welche Kontaktdaten dazu gespeichert sind. Ist die Adresse vergeben, sollten Sie entweder umformulieren oder eine andere Domain – etwa ».com« statt ».de«, ».at« oder ».ch« – ausprobieren.

So schön Ihr Buchtitel sein mag, wäre dennoch eine Internetadresse ungeschickt, die zu lang oder zu komplex ist oder Tippfehler begünstigt. So wäre beispielsweise für das Buch *Die 12 neuen Gesetze der Führung* von *Niels Pfläging* die Internetadresse *»www.die-12-neuen-gesetze-der-fuehrung.de«* schon allein wegen der Länge, den Ziffern und dem Umlaut nicht ratsam. Hier sind Tippfehler fast garantiert, abgesehen von dem wenig ästhetischen Erscheinungsbild dieser Adresse in der Marketingkommunikation. In diesem Fall bietet sich eine prägnante Verkürzung der Adresse an, beispielsweise zu *»www.12gesetze.de«*. Oder aber der Autor entscheidet sich lieber gleich für *»www.nielspflaeging.com«*.

Auch die Endung der Adresse spielt in der Wahrnehmung der Zielgruppe durchaus eine Rolle. Mit den Domains ».de«, ».at« oder ».ch« verorten Sie Buch und Autor im jeweiligen Heimatland. Das hat sich gewissermaßen als Standard etabliert, so dass Sie hiermit nichts falsch machen können.

Eine länderübergreifende Alternative ist etwa ».net«. Ursprünglich war diese einmal für Netzwerkanbieter vorgesehen und weckt bei einigen immer noch gewisse Erwartungen in diese Richtung. Gemischte Gefühle kann auch ».com« bei Ihrer Zielgruppe auslösen, vor allem dann, wenn es sich dabei nicht um eine lupenreine Businessklientel handelt. Wir wollen keineswegs vor der »Dotcom«-Adresse warnen, halten sie aber bei bestimmten Zielgruppen für weniger geeignet. Jedenfalls hätten wir einem konservativen Bundestagskandidaten, der sich vor einigen Jahren im Wahlkampf unter »www.vorname-nachname.com« präsentierte, wohl davon abgeraten. Die Endung ».biz« (amerikanischer Slang für »Business«) wiederum konnte sich bisher nicht recht durchsetzen. Auf manche wirkt sie etwas albern und weckt Erinnerungen an die Geschmacksverirrungen der *New Economy*.

Lassen Sie sich in allen Fragen der Domainregistrierung und der technischen Basis für Ihre Website von einem Profi beraten. Beauftragen Sie am besten eine erfahrene Agentur, die Website anzumelden, nach Ihren Wünschen zu gestalten und zu unterhalten (»hosten«).

Mein Tipp

Sobald Sie die passende Adresse gefunden und registriert sowie alle Technikfragen geklärt haben, geht es an das Erscheinungsbild und die Inhalte Ihrer Website. Bei einer Website zum Buch kann es hier sinnvoll sein, Elemente der Covergestaltung aufzugreifen oder auch das Cover selbst auf der Startseite zu präsentieren, um so einen Wiedererkennungseffekt zu erzielen. Bei einer Website des Autors sollte dagegen kein einzelnes seiner Bücher zu sehr dominieren. Meist steht dennoch ein Buch im Vordergrund, und zwar entweder das jeweils aktuelle oder das insgesamt erfolgreichste und bekannteste.

Visuelle Elemente Vor allem Sachbuchautoren müssen sich gut überlegen, welche visuellen Elemente ihre Autorenpersönlichkeit auf der so wichtigen emotionalen Ebene kommunizieren. Für Fachbuchautoren wiederum ist im deutschsprachigen Raum immer noch ein schlichter, sachlicher Auftritt ratsam, während Ratgeberautoren wie so oft die Mittelposition einnehmen und sich sowohl »seriös« als auch mit *personal touch* präsentieren sollten. Eine professionelle Agentur ist hier in der Lage, ein Webdesign genau nach Ihren Anforderungen zu entwickeln. Ihr Verlag und Ihr Agent können Ihnen Empfehlungen geben, welche Agenturen sich beim Thema Buch auskennen und bereits vergleichbare Projekte gemacht haben.

Inhalt und Funktionen Was soll dem Besucher Ihrer Website nun geboten werden? Am besten für jeden etwas. Wobei die Hauptzielgruppen Ihres Internetauftritts erstens Ihre bestehenden Leser, zweitens Nutzer auf der Suche nach Informationen zu Ihren Themen und drittens Journalisten sind. Im Folgenden machen wir einige Vorschläge für attraktive Online-Inhalte. Wir gehen dabei einmal von einer Website zu einem bestimmten Buch aus. Für eine Website des Autors gelten die meisten Vorschläge genauso, bloß dass sich dieser Internetauftritt über die auf das Buch bezogenen Inhalte hinaus fast beliebig ausdehnen lässt. Diese Inhalte und Funktionen könnte Ihre Website bieten:

Kurzinfo zum Buch Es empfiehlt sich in jedem Fall, Ihr aktuelles Buch möglichst prägnant vorzustellen. Neben einer Abbildung des Covers eignet sich dazu am besten der Werbetext, den auch Ihr Verlag in der Kommunikation verwendet.

Ist Ihnen dieser zu dürftig, fügen Sie ruhig noch ein paar Worte hinzu. Dabei sollten 1000 Zeichen allerdings das Maximum sein, denn im Internet wird weder viel noch aufmerksam gelesen. Zur Kurzinfo gehören auch die vollständigen bibliografischen Angaben einschließlich des Ladenpreises in Deutschland, Österreich und der Schweiz.

Inhaltsverzeichnis Wer neugierig geworden ist, sollte das Inhaltsverzeichnis studieren können, um sich ein genaueres Bild von Ihrem Buch zu machen. Sie können das Inhaltsverzeichnis als HTML-Seite oder, besser noch, als PDF-Datei im Original-Buchlayout bereitstellen.

Wer Ihr Buch noch nicht kennt, sollte unbedingt eine Lesepro-be vorfinden, um sich online einen genauso guten Eindruck ver-schaffen zu können wie in der Buchhandlung. Wir empfehlen, mindestens ein komplettes Kapitel anzubieten, das Sie nach den gleichen Kriterien auswählen wie einen Probetext für einen Ver-lag (siehe Kapitel 6). Am besten bieten Sie mehrere Texte an, denn bekanntlich kommt der Appetit beim Essen. **Leseprobe**

Natürlich müssen Sie das aus nutzungsrechtlichen Gründen mit dem Verlag genau abstimmen. Bitten Sie den Verlag am besten gleich, Ihnen eine PDF-Datei Ihres Buches respektive der ein-zelnen Kapitel im Original-Buchlayout zur Verfügung zu stellen. Diese können Sie dann gemeinsam mit dem Inhaltsverzeichnis oder getrennt davon zum Herunterladen anbieten. Ratsam ist, einen Hinweis anzubringen, dass es sich um rechtlich geschütztes Material handelt, das nicht beliebig verbreitet werden darf.

Ihre Website bietet Ihnen die Möglichkeit, sich etwas ausführli-cher zu präsentieren als im Buch, wo es ja in der Regel auch ein Autorenporträt gibt. Viele Leser werden Ihre Website besuchen, um mehr über Sie persönlich zu erfahren. Stellen Sie aber nicht einfach Ihren Lebenslauf ins Netz, sondern schreiben Sie ein wenig darüber, was Ihre Kompetenz und Ihre Persönlichkeit ausmacht. Am besten unterstützt Sie ein Textprofi dabei, denn den meisten Menschen fällt es schwer, in angemessener Form über sich selbst zu schreiben. Auch ein professionelles Porträtfoto – weder Passbild noch Schnappschuss aus dem Urlaub – gehört auf die Website. **Autorenporträt**

Sehr empfehlenswert, wenn auch ein wenig aufwändiger, ist die Produktion eines kurzen, maximal drei bis vier Minuten langen Videoclips über Sie und Ihr Buch. Den können Sie auf Ihrer Web-site, auf der Videoplattform *Youtube.com* und über Ihren Verlag als Promotion-Video auf *Amazon.de* direkt auf der Produktseite Ihres Buches veröffentlichen. Das sichert Ihnen Aufmerksamkeit und steigert – wenn der Clip gut gemacht ist – Ihre Buchverkäufe. Auch hierbei empfehle ich Ihnen die Zusammenarbeit mit Profis, also mit einer auf die Konzeption und Produktion von Webvideos spezialisierten und entsprechend erfahrenen Agentur. Beispiele finden Sie, wenn Sie auf *Amazon.de* beispielsweise die Stichwörter »ausgekuschelt«, »fourier gewinn« oder »maffay weg« eingeben. **Video zum Buch**

Bestellmöglichkeit Wer durch die Informationen auf Ihrer Website neugierig auf Ihr Buch geworden ist, möchte es oft auch gleich bestellen. Die Bestellungen selbst abzuwickeln ist aufwändig, sichert Ihnen aber unter Umständen pro verkauftem Buch Einnahmen von 50 Prozent und mehr des Ladenpreises. (Vom Verlag mit Rabatt bezogene Bücher sind meist trotzdem honorarpflichtig – eine Detailfrage der Vertragsverhandlungen.)

Beschreiben Sie die Lieferungs- und Zahlungsmodalitäten auf der Website ganz genau und richten Sie am besten eine Eingabemaske ein, damit Sie alle nötigen Informationen des Bestellers erhalten. Ich empfehle Ihnen, versandkostenfrei gegen Rechnung zu liefern – so geben Sie Vertrauensvorschuss, statt ihn vom Leser zu verlangen. Als zusätzlichen Anreiz, bei Ihnen zu bestellen, können Sie anbieten, das Buch handsigniert zu verschicken.

Wollen Sie die Bestellungen nicht selbst abwickeln, setzen Sie einen Link zum Verlag oder einem (Online-)Buchhändler. Wir empfehlen *Amazon.de,* weil viele Internetnutzer hier ohnehin registriert sind und diesem Anbieter in puncto Sicherheit der Zahlungsabwicklung vertrauen. *Amazon* hat auch ein Partnerprogramm, das Sie an den über Ihre Website generierten Umsätzen beteiligt.

Oder: Bieten Sie dem Besucher einfach mehrere Bestellmöglichkeiten zur Auswahl an.

Kontaktmöglichkeit Die Website ist eine hervorragende Plattform, um mit Ihren Lesern in einen Dialog zu treten. So erhalten Sie nicht nur wertvolle Anregungen, sondern können Ihre Leser auch besser an sich binden. Für die Kontaktaufnahme können Sie entweder eine Eingabemaske anbieten oder Ihre E-Mail-Adresse bekannt geben. Legen Sie sich dann am besten eine zusätzliche, auf die Website abgestimmte E-Mail-Adresse zu, beispielsweise nach dem Muster »kontakt@namederwebsite.de«. Ein Kontaktformular schützt Sie besser vor einem möglichen Missbrauch Ihrer E-Mail-Adresse, wird aber von einigen Nutzern als unpraktisch empfunden.

Pressestimmen und Testimonials Keineswegs fehlen sollten positive Besprechungen und Erwähnungen Ihres Buches. Die Kaufentscheidung des Lesers wird hiervon schließlich wesentlich beeinflusst. Ist Ihr Buch verschiedentlich besprochen worden, so können Sie entweder die besten Aussagen im Überblick zusammenstellen oder dem Besucher die einzelnen Rezensionen vollständig zugänglich machen. Dabei sollte natürlich der positive Tenor überwiegen.

Eventuell können Sie auch Stimmen von Lesern zitieren, die wohlwollende Bekenntnisse – so genannte »Testimonials« – zu Ihrem Buch ablegen. Wenn Sie dabei aus Zuschriften zitieren, holen Sie unbedingt die Genehmigung des Absenders ein, da Sie sonst Persönlichkeitsrechte verletzen. Testimonials von Unbekannten sind allerdings weder besonders wirkungsvoll noch sehr glaubwürdig. Wenigstens sollte der Betreffende einen eindrucksvollen Jobtitel haben oder eine bei der Zielgruppe beliebte Marke oder Institution repräsentieren. Am besten sind natürlich Testimonials von Prominenten.

Interview mit dem Autor

Eine schöne Möglichkeit für Ihre Leser, Sie besser kennen zu lernen, ist ein Interview. Dieses Textformat ist beliebt, weil es mühelos und auch selektiv gelesen werden kann und der *personal touch* spürbar ist. Das Interview erlaubt auf engem Raum kurze, prägnante Stellungnahmen zu den unterschiedlichsten Themen. Sie sind bisher noch nicht von *Spiegel* oder *FAZ* interviewt worden? Dann stellen Sie sich die Fragen doch einfach selbst. Hauptsache, dem Besucher Ihrer Website wird eine interessante Lektüre geboten.

Zusatzangebote

Für diejenigen, die Ihr Buch bereits gelesen haben, kann ein Besuch Ihrer Website interessant sein, wenn sie dort zusätzliche Informationen oder originelle Extras vorfinden. Als Fachbuchautor können Sie hier etwa umfangreiches Datenmaterial zur Verfügung stellen, das im Buch keinen Platz hatte. Oder als Ratgeberautor kleine elektronische Helfer zum Herunterladen, beispielsweise einen Kostenrechner bei einem Buch zum Thema »Businessplan«. Kündigen Sie solche Extras bereits im Buch an, locken Sie Ihre Leser gezielt auf Ihre Website.

Zu den möglichen Zusatzangeboten gehören etwa auch Zeitschriftenartikel über Sie, die sich nicht direkt auf das Buch beziehen, für Ihre Leser aber vielleicht trotzdem interessant sind. Oder: Sie engagieren sich sozial oder kulturell für ein bestimmtes Projekt und werben an dieser Stelle dafür. So tun Sie Gutes für andere – und für Ihr eigenes Image.

Denkbar ist auch ein Gewinnspiel auf Ihrer Website – bei dem es zum Beispiel Bücher zu gewinnen gibt. So etwas eignet sich allerdings nicht für jede Zielgruppe und darf keineswegs zu platt sein, weil es sonst eher abschreckend als attraktiv wirken kann.

Podcasts Ein mögliches Extra könnte schließlich auch ein »Podcast« mit Texten aus Ihrem Buch sein. Darunter versteht man Audiodateien, die heruntergeladen und auf dem Computer oder einem mobilen Abspielgerät angehört werden können. Diese mühelose Form des Konsums von Texten ist in der letzten Zeit – sogar für Fachinformationen – immer beliebter geworden. Ein Podcast steigert Ihre Bekanntheit als Autor und macht sicher manchen Hörer neugierig auf das komplette Buch. Das Podcast in einem Tonstudio mit einem professionellen Sprecher erstellen zu lassen kostet, wenn nicht gerade ein Filmstar lesen soll, auch kein Vermögen. Authentischer in der Wirkung ist es, wenn Sie die Dateien mit den Bordmitteln Ihres Multimedia-PC oder Ihres Mac selbst aufzeichnen. Das ist heute kein Hexenwerk mehr. Aber Achtung: Wenn Sie die Originaltexte Ihres Werkes einlesen, machen Sie wieder von einem Verwertungsrecht Gebrauch, müssen sich also mit Ihrem Verlag genau abstimmen.

Veranstaltungs-hinweise Selbstverständlich gehören auf Ihre Website Hinweise auf Ihre Live-Auftritte als Autor, seien es nun aktuelle Vorträge zum Thema, Auftritte in Radio oder Fernsehen oder aber Seminare. Sind Sie selbst der Veranstalter, dann sollte sich der Besucher über die Website auch gleich anmelden können. Andernfalls nennen Sie die Kontaktdaten des Veranstalters. Sinnvoll sind auch Informationen für Firmen oder Institutionen, die Sie als Referenten oder Seminarleiter buchen wollen. Werden Sie in diesem Bereich von einer Agentur betreut, so geben Sie deren Kontaktdaten an.

Aktuelles Es ist zwar mit ein wenig Aufwand verbunden, kann sich aber durchaus lohnen, Ihre Website in einem eigenen Bereich regelmäßig mit aktuellen Meldungen zu versehen. Dabei muss es nicht unbedingt nur um Informationen gehen, die unmittelbar mit dem

Buch zu tun haben. So können Sie hier etwa auch Nachrichten aus Ihrem Fachgebiet präsentieren und aus Ihrer Expertensicht kommentieren. Oder Sie bieten dem Leser interessante Anekdoten und Geschichten rund um das Buchthema.

Wenn Sie das regelmäßig betreiben, ergibt sich ein »Blog« bzw. »Weblog«, also ein Internettagebuch. Dazu gibt es auch spezielle Software, die Sie sich am besten einmal von einem Profi erklären lassen. Der Lohn der Mühe: Ihre Stammleser besuchen Ihre Website immer wieder, um zu schauen, was es Neues gibt, und mit Ihnen zu diskutieren.

Zu einer professionellen Buchwebsite gehört auch ein eigener **Pressebereich**. Hier sollten Journalisten bereits alles vorfinden, was sie brauchen, um über das Buch oder den Autor zu berichten. Der Werbetext, ein ausführliches Autorenporträt und – falls vorhanden – die Pressemitteilung zum Buch sind das Mindeste, was der Besucher hier vorfinden sollte. Auch ein vorbereitetes Interview passt gut hierher, wobei Sie mit den wichtigsten und interessantesten Fragen beginnen. Stellen Sie sämtliche Texte am besten als offene Word-Dokumente zum Herunterladen zur Verfügung, denn dann können Journalisten die Inhalte problemlos in die eigene Textverarbeitung übernehmen.

In den Pressebereich gehört auch professionelles Bildmaterial zum Herunterladen, und zwar – das ist wichtig – in so hoher Auflösung, dass es gedruckt werden kann. Im Allgemeinen ist das TIFF-Format für die Druckvorstufe am besten geeignet. Neben dem Konterfei des Autors sollte das Buchcover als hochaufgelöste Datei zur Verfügung stehen. Sie erhalten eine solche Datei auf Anfrage bei Ihrem Verlag. Interessant sind unter Umständen auch weitere Fotos, die Sie etwa bei der Buchpremiere oder als Referent in Aktion zeigen – sofern sie von Profis gemacht sind und die technischen Anforderungen erfüllen.

Schließlich gibt es von Land zu Land noch einige gesetzliche Bestimmungen darüber, welche Angaben das Impressum enthalten muss. Nicht vorgeschrieben, aber unabdingbar ist auch ein »Disclaimer«, in dem Sie sich von allen über Links auf Ihrer Website erreichbaren Inhalten distanzieren und damit jede Haftung

Impressum und Disclaimer

ausschließen. Ihr technischer Ansprechpartner wird Sie in diesen Dingen beraten.

Weblog statt Website: Auf Tuchfühlung mit dem Leser

»Was ist das Besondere an Weblogs? Zum einen ihre Technik. Sie ist so einfach, dass mit der zu Grunde liegenden Weblog-Software nahezu jeder seine eigene Website erstellen kann. Auch das Publizieren, Kommentieren und Einfügen von Informationen in eine Website hat sich mit dem Aufkommen dieser Software radikal vereinfacht. Und die andere Besonderheit? Sie liegt darin, dass es weniger als ein Zeitungsabo kostet, vom passiven Leser zum aktiven Publizisten zu werden. Wirklich jeder kann für ein paar Euro seine persönlichen Ansichten von Gott und der Welt publizieren, Fachartikel, Kochrezepte oder Reiseberichte veröffentlichen oder sogar ein kleines Magazin aufbauen. Einfach? Preiswert? Genau das Richtige für das kleine Budget! Wenn Sie also Ihre Webseiten häufig aktualisieren und eine besonders einfache und kostengünstige Weise suchen, dies zu tun, dann ist ein Weblog (Kurzform: Blog) genau das Richtige für Sie.«

So schreibt *Bernd Röthlingshöfer (www.berndroethlingshoefer.de)*, ehemals Werbetexter, Kreativdirektor und Geschäftsführer in Werbe- und PR-Agenturen, heute Spezialist für Buch-Marketing im Internet, in seinem Buch *Werbung mit kleinem Budget*.

Hello World! – Webmarketing

Die schönste Website nützt nichts, wenn niemand sie entdeckt. Dafür können Sie einiges tun. Zunächst einmal, indem Sie sie suchmaschinengerecht gestalten, denn sehr viele Besucher werden über *Google* und ähnliche Websites den Weg zu Ihnen finden.

Bringen Sie deshalb auf der Startseite alle relevanten Stichworte zu Thema, Buch und Autor unter, geben Sie den Seiten aussagekräftige Namen – also nicht etwa »Startseite« oder gar »Index« – und vergessen Sie auch die »Meta-Informationen« im Quelltext nicht, die von Suchmaschinen auf den Trefferseiten angezeigt werden. Ein Profi kann Sie bei allen diesen Dingen kompetent beraten. (Die Beratungsleistung selbst ernannter Internetexperten aus dem Bekanntenkreis fällt dagegen oft ausgesprochen dürftig aus, deshalb sollten Sie sich auf diese lieber nicht verlassen.)

Darüber hinaus können Sie selbst eine ganze Reihe von Hinweisen auf Ihre Website platzieren. Das beginnt im Buch selbst, wo Sie etwa am Ende des Vorworts auf die Website hinweisen können, verbunden mit dem Wunsch nach regem Austausch mit dem Leser. Oder Sie fügen als letzte Zeile des Autorenporträts im Buch einen Hinweis wie »Kontakt: www.namederwebsite.de« an. In jedem Fall ist es besser, auf die Website zu verweisen, als eine E-Mail-Adresse anzugeben, denn Sie wollen ja Besucher zu Ihren Inhalten leiten und nicht nur E-Mails empfangen.

Nach Erscheinen des Buches können Sie auch auf Ihrer Visitenkarte oder auf Ihrem Briefpapier einen Hinweis auf die Website anbringen. Oder lassen Sie Gratispostkarten oder Lesezeichen anfertigen, die für das Buch und Ihren Internetauftritt werben, und fügen Sie diese einfach Ihrer gesamten Korrespondenz bei. Eine kleine Aufmerksamkeit mit großer Wirkung. Schließlich können Sie am Ende Ihrer Vorträge oder Seminare eine Folie zeigen, die den Zuhörern Ihre Internetadresse bekannt macht und sie auffordert, mit Ihnen im Dialog zu bleiben.

> **Elegant und in zwei Minuten eingerichtet ist ein Hinweis auf Ihre Website in Ihrer E-Mail-Signatur. Vorteil: Der Link ist sofort klickbar. Fügen Sie doch einfach nach Ihren Kontaktdaten einen Satz ein wie: »Gerade ist mein Buch … erschienen. Alle Infos unter www.namederwebsite.de«.**
>
> **Mein Tipp**

Sonstige Möglichkeiten des Internetmarketings

Internetmarketing für Autoren beschränkt sich nicht nur auf eine eigene Website, auch wenn dies das wichtigste Instrument ist. Es gibt darüber hinaus noch eine Reihe von Möglichkeiten, über das Internet auf Thema, Buch und Autor aufmerksam zu machen und die eigene Botschaft in Umlauf zu bringen.

Google AdWords

Im Grunde eine klassische Werbemaßnahme, die aber ausnahmsweise äußerst wirksam ist, wird von der Suchmaschine *Google* angeboten und nennt sich *AdWords*. Das Prinzip ist ganz einfach. Sie »kaufen« ein bestimmtes Suchstichwort, beispielsweise »Rückenschmerzen«. Gibt nun ein Internetnutzer bei *Google* »Rückenschmerzen« ein, so erscheinen nicht nur die normalen Suchtreffer, sondern es wird auch eine Anzeige eingeblendet, die für Ihr Buch »Die 100 besten Tipps gegen Rückenschmerzen« wirbt und einen Link zu Ihrer Website enthält.

Die Anzeige ist zwar als eine solche gekennzeichnet und von den übrigen Suchtreffern abgesetzt, aber typografisch genauso gestaltet. Manchmal wird sie deshalb – das werfen Kritiker *Google* vor – gar nicht als Anzeige erkannt. *AdWords* können Sie direkt online auf der Website von *Google* einrichten. Den Anzeigentext bestimmen Sie selbst. Auch können bestimmte Länder, Gebiete oder Städte als Zielregion für die Anzeigenschaltung festgelegt werden.

Die Kosten richten sich einmal nach dem Wert des »Keywords«, der wie an der Börse durch die Nachfrage bestimmt wird. Zum Glück gibt es nicht allzu viele Literaturagenten, so dass es im Marketingbudget meiner Agentur kaum auffällt, das Suchwort »Literaturagent« gebucht zu haben. Sollten Sie als Autor im Bereich »Vermögensanlage« tätig sein, wird es hingegen richtig teuer. Dabei richtet sich der Preis zweitens nach der Anzahl der Klicks auf Ihre Anzeige. Sie zahlen nämlich nur dann, wenn Ihre Anzeige auch angeklickt wurde. Die Preise beginnen bei 0,01 Euro bzw. 0,02 Franken pro Klick. Ein Suchwort wie »Vermögensanlage« kommt aber schon einmal auf mehr als das Tausendfache. Damit *AdWords* Sie nicht arm macht, können Sie für einen bestimmten Zeitraum ein Budget festlegen. Ist es ausgeschöpft, erscheint Ihre Anzeige nicht mehr.

Spuren hinterlassen Eine eher indirekte, aber langfristig wirksame Marketingmaßnahme ist Ihre Präsenz als Autor auf interaktiven Websites anderer Anbieter. Hinterlassen Sie im Internet »Spuren«, wo immer Sie können. Beteiligen Sie sich an Diskussionen in Foren, tragen Sie sich in Gästebücher ein, schreiben Sie Kommentare in Weblogs und nutzen Sie offene Plattformen, bei denen jeder Inhalte beisteuern kann.

Damit Sie sich hier nicht verzetteln, empfiehlt sich eine genauere Analyse, auf welchen Websites sich Ihre Zielgruppe bewegt. Haben Sie etwa einen Gesundheitsratgeber geschrieben, so liegt es nahe, sich an Diskussionen in Patientenforen zu beteiligen. Zielen Sie dagegen auf Leser aus dem Businessbereich, sind möglicherweise die Gruppen von *Xing* für Sie interessant.

Die Kunst besteht dabei darin, auf sich und das Buch aufmerksam zu machen, ohne platte Werbung in eigener Sache zu betreiben. Denn gegen Letztere sind viele Internetnutzer geradezu allergisch. Entsprechend reagieren sie in Foren schnell mit ätzenden Kommentaren, wenn jemand sich auf platte Weise selbst verkauft. Es gehört also einiges Fingerspitzengefühl dazu, hin und wieder dezent darauf hinzuweisen, dass Sie Autor sind und Ihre Bücher lohnen beachtet zu werden.

Der beste Tipp, den ich Ihnen hier geben kann, ist dieser: Halten Sie mit Ihrem Wissen nicht hinter dem Berg. Teilen Sie es bereitwillig mit anderen. So machen Sie ganz von selbst auf sich aufmerksam und erwerben sich einen Ruf als Experte. Alles Weitere ergibt sich dann.

KOMPAKT

- »Virales Marketing« bedeutet, dass Bedingungen geschaffen werden, unter denen eine Botschaft im Internet in kürzester Zeit eine Vielzahl von Empfängern erreichen kann. Das ist der Idealfall des Internetmarketings.

- Klassische Pressearbeit und Internetmarketing haben dasselbe Ziel: Buch und Autor ins Gespräch zu bringen. Im Internet gelingt das konkurrenzlos schnell und kostengünstig.

- Der direkteste Weg zu nachhaltiger Präsenz im Internet ist die eigene Website. Sie funktioniert wie eine virtuelle Marketingzentrale, von der aus sich immer wieder Botschaften verbreiten und Aktivitäten anstoßen lassen.

- Ihre Website sollte für am Thema Interessierte, bestehende Leser und Journalisten etwas bieten. Wir empfehlen folgende Inhalte: Kurzinfo zum Buch, Inhaltsverzeichnis, Leseprobe, Autorenporträt, Bestellmöglichkeit, Kontaktmöglichkeit, Pressestimmen und Testimonials, Interview mit dem Autor, Zusatzangebote, Podcasts, Veranstaltungshinweise, Aktuelles, Pressebereich.

- Eine weitere Form des Internetmarketings ist es, als Autor auf anderen Websites präsent zu sein. Das kann über *Google AdWords* geschehen, aber auch dadurch, dass Sie sich an Foren und Ähnlichem rege beteiligen.

Schlusswort: Strategisch publizieren

Den nachhaltigsten Effekt erzielen Sie mit Ihrem Buch, wenn Sie es als Teil einer umfassenden Publikationsstrategie begreifen und einsetzen. Strategisches Publizieren bezieht sich auf die Art und Weise, wie Sie ein einzelnes Buchprojekt umsetzen, auf die Kohärenz aller Ihrer Buchprojekte sowie auf die Synergien zwischen Ihren Buchveröffentlichungen und Ihrer übrigen Kommunikation.

Beim einzelnen Buchprojekt gilt es, die größtmögliche Resonanz hinsichtlich Publicity und der anderen im Einleitungskapitel beschriebenen sekundären Effekte zu erzielen. Dazu sollten Sie das Projekt möglichst früh planen. Machen Sie sich gleich zu Anfang Gedanken über alle Phasen des Publikationsprozesses. Wählen Sie rechtzeitig geeignete Partner aus, wenn Sie professionelle Unterstützung wünschen, und diskutieren Sie mit diesen das Projekt. Mit vorausschauender Planung greift eine Phase in die nächste.

Strategisch publizieren bedeutet auch, sich schon in der Konzeptionsphase eines Buches Gedanken zu machen, was das nächste und übernächste Buch sein könnte. Und nicht etwa erst, wenn Sie ein Buch auf den Markt gebracht haben. Publikationsstrategie heißt, innerhalb Ihres Themenspektrums bestimmte Unterthemen systematisch zu besetzen. Den Rahmen dafür bildet eine umfassende Kommunikationsstrategie für Ihre Person und – falls vorhanden – Ihr Geschäft.

Mit welchen Themen und Thesen möchten Sie in einem Jahr, in zwei und in fünf Jahren in der Öffentlichkeit verbunden werden?

Entsprechend richten Sie Ihre Strategie aus. Dabei beginnen Sie immer bei aktuellen, marktgerechten Themen, für die Sie eine hohe Glaubwürdigkeit besitzen, und arbeiten sich dann von Buch zu Buch zu immer breiteren Zielgruppen vor.

Schließlich und eigentlich meint strategisch publizieren, die Buchveröffentlichung mit den übrigen Kommunikationskanälen, über die Sie Ihre Zielgruppe erreichen, intelligent zu vernetzen. Das Buch ist und bleibt die Königsdisziplin der Öffentlichkeitsarbeit. Das heißt aber: Wenn Sie planen, sich zu einem bestimmten Thema einen Namen zu machen, dann sollte das Buchprojekt als der grundlegende Kompetenznachweis am Anfang stehen.

Mit dem Buchprojekt zu beginnen hat auch praktische Vorteile. Um ein Buch zu schreiben, müssen Sie Ihr Thema intensiv durchdenken. Interviews fallen Ihnen anschließend ebenso leicht wie Konzepte für kürzere Vorträge. Sie haben alles Nötige im Kopf. Während der Manuskriptarbeit bleibt auch fast immer noch einiges an Material übrig. Hieraus lassen sich kleinere Texte erstellen, die Sie als Beiträge in Zeitschriften oder im Onlinebereich veröffentlichen können.

In jedem Fall erzeugt der richtige Mix aus Buchveröffentlichung, kleineren Veröffentlichungen in Printmedien und Internet sowie Live-Auftritten den gewünschten nachhaltigen Effekt für Ihre persönlichen Kommunikationsziele. Mit dem eigenen Buch bringen Sie den Stein ins Rollen.

Ich wünsche Ihnen viel Erfolg beim Publizieren!

Anhang

A. Beispiel-Exposé

Exposé des Buchprojekts

Erfolgreich als Sachbuchautor

Gekonnt publizieren – von der Buchidee bis zur Vermarktung

von Oliver Gorus

Das Wichtigste auf einen Blick (Stand: 01.06.2005)

Arbeitstitel / Untertitel:
Erfolgreich als Sachbuchautor
Gekonnt publizieren – von der Buchidee bis zur Vermarktung

Status des Projekts:
Konzept, Probekapitel

Manuskript-Abgabetermin:
Voraussichtlich 4–5 Monate nach Vertragsunterzeichnung

Geplanter Umfang:
ca. 500 000 Zeichen einschließlich Leerzeichen

Platzierung im Buchhandel:
Wirtschaft: Marketing, Selbstmarketing; Wissen: Schreiben / Autorenratgeber

Zielgruppen:

Alle Experten, die sich durch eine Buchpublikation profilieren und selbst besser vermarkten möchten, insbesondere:

- Trainer, Berater und Coaches
- Unternehmer und Führungskräfte
- Journalisten

Thema und Buch in Kürze:

Enorm viele potenzielle Autoren möchten gerne ein Sach- oder Fachbuch zu ihrem Spezialthema publizieren. Wenn Sie in einer beliebigen Runde von Fachexperten nach der Absicht zu publizieren fragen, wird sich fast jeder im Raume melden. Fragen Sie dann in derselben Gruppe danach, wer schon ein Buch auf dem Markt hat, heben sich nur vereinzelte Arme. Die meisten setzen das Unterfangen nicht in die Tat um. Warum? Weil sie nicht wissen, wie sie das Buchprojekt anpacken sollen, oder weil sie nach kurzer Zeit nicht mehr weiterwissen.

Das eigene Buch ist deshalb so interessant, weil es ein effektives und unterm Strich kostengünstiges Instrument ist, um sich durch einen öffentlichkeitswirksamen Auftritt berufliche Vorteile zu verschaffen. Allerdings sind Buchprojekte eben zeitaufwendig und komplex, und der Buchmarkt zeigt sich für Außenstehende unübersichtlich.

In diesem Buch zeigt ein Profi, was geht und wie es geht. Konsequent entlang der einzelnen Schritte eines Buchprojekts behandelt es alles, was ein Autor über das Publizieren wissen muss. Das Buch ist gespickt mit Insiderwissen und Expertentipps, ergänzt durch kurze, eingebettete Gastbeiträge von Fachexperten.

Im Buch geht es stets darum, praxisnah und mit vielen Beispielen konkrete Handlungsanleitungen zu geben. Der Leser wird in die Lage versetzt, ein eigenes Buchprojekt ergebnisorientiert zu planen und umzusetzen.

Der Autor

Oliver Gorus ist Gründer und geschäftsführender Gesellschafter der Agentur Gorus. Die Buchbranche und ihre Eigenheiten kennt Oliver Gorus seit rund dreizehn Jahren und aus verschiedenen Perspektiven: Der gelernte Buchhändler und ausgebildete Fachlektor arbeitete im Vertrieb eines internationalen Verlagskonzerns, erfand und leitete für einen Bonner Fachverlag ein modernes Wirtschaftsprogramm und machte sich schließlich als Literaturagent selbstständig.

Die *Agentur Gorus* bietet Autoren von Sach- und Fachbüchern ein umfangreiches Leistungspaket und unterstützt Buchprojekte von der Idee über die Positionierung und Konzeption, die Verlagsvermittlung, die Manuskriptphase bis hin zur Vermarktung des fertigen Buches.

Unterstützung der Vermarktung des Buches durch den Autor

Die Agentur Gorus wird das Buch bei ihren regelmäßigen Seminaren für Autoren und im Rahmen ihrer Beratungsleistungen für Autoren einsetzen sowie auf ihrer Website, in ihrem Kunden- und Partnernetzwerk und in ihrem Autorenforum aktiv bewerben. Jede Menge Ideen rund um die Vermarktung des Buches, bei der die Autoren aktiv mitarbeiten möchten, können mit der Marketingleitung Ihres Verlags abgesprochen werden.

Das Thema und seine Relevanz für die Zielgruppe

Das eigene Sachbuch oder Fachbuch ist ein effektives und kostengünstiges Instrument, um sich durch einen öffentlichkeitswirksamen Auftritt berufliche Vorteile zu verschaffen. Das gilt für angestellte Fach- und Führungskräfte mit hohem Spezialisierungsgrad ebenso wie für Unternehmer, Berater oder Trainer, die mit einer gekonnten Publikation ihre beruflich relevanten Themen ins rechte Licht rücken, ihre Kundengruppen erreichen sowie für ihre persönlichen Fähigkeiten effektiv werben.

Allerdings sind Buchprojekte ausgesprochen zeitaufwendig, und der Buchmarkt zeigt sich für Außenstehende unübersichtlich und schwer berechenbar. Viele Autoren verschaffen sich keine hinreichende Klarheit über die Ziele ihres Publikationsvorhabens und scheitern deshalb an der konsequenten Umsetzung. Andere machen sich Illusionen über den Buchmarkt und seine Aufnahmefähigkeit, während wieder andere zwar sinnvolle Ziele im Blick haben, aber nicht wissen, wie man effizient vorgeht, welcher für sie der richtige Verlag sein könnte oder wie man die Vermarktung des fertigen Buches aktiv unterstützen kann. Angesichts von jährlich mindestens 50 000 deutschsprachigen Neuerscheinungen im Feld Non-Fiction ist erfolgreiches Publizieren längst eine Kunst, die erlernt sein will – aber auch erlernt werden kann.

Das Buch und sein Nutzen für den Leser

Das Buch zeigt konsequent prozessorientiert den gesamten Ablauf eines Sachbuch- oder Fachbuchprojekts aus der Sicht des Autors. Es setzt an bei der Frage, warum, für wen und wie es sich überhaupt lohnt zu publizieren. Dann werden von der ersten Buchidee und der Entwicklung eines marktgerechten Konzeptes über Verlagssuche und Manuskripterstellung bis hin zur Vermarktung des fertigen Buches alle Schritte fundiert beleuchtet.

Im Buch geht es stets darum, praxisnah und mit vielen Beispielen konkrete Handlungsanleitungen zu geben. Der Leser wird in die Lage versetzt, ein eigenes Buchprojekt ergebnisorientiert zu planen und umzusetzen.

Konkurrenzwerke, Marktumfeld

Es gibt bereits einige Titel zum Thema Buchveröffentlichung, meist recht allgemein gehalten, manche auf Vermarktung oder Verlagssuche fokussiert. Die wichtigsten sind:

- Sandra Uschtrin: *Handbuch für Autorinnen und Autoren*. Uschtrin, 2005

- Sylvia Englert: *So finden Sie einen Verlag für Ihr Manuskript. Schritt für Schritt zur eigenen Veröffentlichung*. 5. Aufl. Campus, 2003

- Manfred Plinke: *Handbuch für Erstautoren. Wie ich ein Manuskript anbiete und den richtigen Verlag finde*. 3. Aufl. Autorenhaus-Verlag, 2003

- Sonja Klug: *Ein Buch ist ein Buch ist ein Buch. Der erfolgreiche Weg zum eigenen Sachbuch*. Orell Füssli, 2002

- Dirk Meynecke: *Von der Buchidee zum Bestseller. Für Autoren und alle, die es werden wollen*. Econ, 2001

- Britta Schwarz: *So verkaufen Sie Ihr Buch! Erfolgsstrategien und Marketing für Autoren und Selbstverleger*. Autorenhaus-Verlag, 2001

- Doris Mendlewitsch: *Rund ums Buch. Ein Leitfaden für Autoren und Leser*. 3. Aufl. Deadalus, 2001

Das vorliegende Buchkonzept lässt sich von den bestehenden Büchern vor allem durch seine Fokussierung gut abgrenzen: Es beschränkt sich thematisch auf Sachbuch, Fachbuch und Ratgeber und geht von dem Ziel des Autors der Veröffentlichung für eine klar umrissene Leserschaft aus. Damit ist es für seine Zielgruppe deutlich relevanter als andere Handbücher oder Leitfäden für Autoren (Uschtrin, Englert, Plinke, Meynecke, Schwarz, Mendlewitsch), bei denen Belletristik und Literatur, Lyrik, Kinderbuch und Kochbuch gleichermaßen angesprochen werden. Allerdings liegen die Marktfaktoren bei Non-Fiction deutlich anders als bei Fiction. Mit anderen Worten: Sach- oder Fachbuchautoren können mit großen Teilen der genannten Autorenleitfäden nicht viel anfangen.

Die Zielgruppe dieses Buches sind jene, die im beruflichen Kontext publizieren und sich mit der Publikation berufliche Vorteile verschaffen möchten. Insofern ist es konsequent unter dem Aspekt des beabsichtigten Selbstmarketings geschrieben. Es geht also nicht nur darum, wie man ein Buch zustande bringt, sondern wie man so veröffentlicht, dass eine optimale Verbreitung und damit ein optimaler Marketingeffekt erzielt wird – und sich der Wert und das Ansehen der eigenen Person und der eigenen Produkte und Dienstleistungen dadurch erhöht. Dieser Aspekt steht bei keinem der anderen Bücher im Zentrum, dieser Aspekt ist aber aller Erfahrung nach der hauptsächliche Beweggrund für die Zielgruppe, überhaupt zu publizieren.

Seinen Schwerpunkt legt das Buch nicht auf das Schreiben – die Manuskriptphase ist nur einer von vier Teilen. Es geht vielmehr um das Publizieren insgesamt: Konzeption und Positionierung, Verlag suchen und finden sowie Buchvermarktung sind die Themen der anderen Teile. Insofern ist es umfassender als ein Buch ausschließlich über Buchvermarktung (Schwarz) oder als ein Buch ausschließlich über Verlagssuche (Englert, Plinke). Die wichtigsten Weichen für die Verlagssuche und die Vermarktung des fertigen Buches werden nach Meinung des Autors bereits bei der Konzeption und Positionierung des Buches gelegt. Dieser Schwerpunkt bei Konzeption und Positionierung findet sich in keinem anderen Buch.

Geschätzte Lebenszeit im Buchhandel

Das Buch dürfte etwa drei Jahre aktuell bleiben, bevor sich aus inhaltlichen Gründen eine aktualisierte Neuauflage anbieten wird.

Auf den Punkt

- Fokussiert auf Sachbuch, Fachbuch und Ratgeber
- Zeigt Publizieren als Selbstmarketing im beruflichen Kontext
- Erklärt als einziges Buch ausführlich, wie man ein Non-Fiction-Buch konzipiert
- Top-Experte zum Thema gibt zahlreiche Tipps und Hinweise

Gliederung

Vorwort des Autors

Was das Buch bietet, wie es aufgebaut ist, wie man es nutzt usw.

Wozu publizieren? (Einführung)

Steckt den Rahmen ab. Sinn und Zweck des Publizierens. Aus welchen Gründen man publizieren kann und sollte. Realistische und unrealistische Ziele. Primärer und sekundärer wirtschaftlicher Nutzen für den Autor.

Teil 1: Beschreiben – Konzeption und Positionierung

1. Finden Sie »Ihr Thema« – Sprechen kann man über alles, schreiben nicht

Das richtige Thema passt einerseits zur Kompetenz des Autors und ist andererseits buchmarkttauglich. Wie bringt man beides unter einen Hut? Wofür möchte der Autor stehen? Welche Anforderungen stellt der Buchmarkt an ein Thema? Wie das Thema marktgerecht und mit Blick auf die Konkurrenz zuschneiden und fokussieren?

2. Was ist der Wert für den Leser? – Kein Buch ohne Nutzen

Der Unterschied zwischen Thema und Wert. Wer ist die Zielgruppe und warum? Erste Argumente für die Vermarktung. Warum sollte jemand Ihr Buch kaufen?

3. Konkurrenz und Wettbewerb – Wie Sie Ihr Buch einzigartig machen

Professionelle Markt- und Konkurrenzanalyse. Internetrecherche, Recherche in Buchhandlungen. Erfolge anderer richtig einschätzen. Genres und Buchtypen: Wie Sie die richtige Positionierung finden. Alleinstellung und Abgrenzung.

4. Ein treffender Arbeitstitel – Wie soll das Kind nun heißen?

Warum ein treffender Titel so wichtig ist – bereits im Konzeptstadium. Was ist ein Arbeitstitel? Was Titel und Untertitel leisten müssen – und was nicht. Beispiele inkl. Analyse.

5. Eine saubere Gliederung – Zeigen Sie, was Sie zu bieten haben

Warum schon jetzt festlegen? Die Gliederung ist ein Verkaufsinstrument. Leserorientiert statt themenorientiert denken. Anforderungen des Genres. Versteckte Botschaften. Tiefe vs. Breite, Kapitellänge und -anzahl, Wording.

6. Ein überzeugender Probetext – Der Beweis, dass Sie schreiben können

Warum Verlage einen Probetext sehen wollen. Auswahl der richtigen Stelle. Ausschnitte oder zusammenhängender Text? Umfang? Aufbau / Binnengliederung. Layouten oder nicht?

Teil 2: Unterschreiben – Den richtigen Verlag finden

7. Was Ihnen Agenten bringen – Jemand fragen, der sich auskennt

Was Agenten leisten können und was nicht. Den richtigen finden. Ihren Agenten müssen Sie ebenfalls überzeugen. Kosten. Worauf Sie achten sollten.

8. Das professionelle Exposé – Auf den Punkt gebracht

Inhalt und Aufbereitung. Der Blick des Lektors. Was mit Ihrem Exposé im Verlag passiert. Projektdaten, Thema und Bedeutung für die Zielgruppe, Umsetzung und Lesernutzen, Gliederung, aussagekräftiger Probetext, USPs.

9. Der richtige Verlag für Ihr Projekt – Töpfchen und Deckelchen

Mehrere Verlage gleichzeitig ansprechen. Wie Sie die richtigen Kandidaten finden. Was Sie über Verlagsprogramme und Programmsegmente wissen sollten. Großer Verlag vs. kleiner Spezialist. Von A-, B- und C-Titeln.

10. Verlage professionell ansprechen – Bloß nicht auf den großen Stapel!

Die richtige Kontaktaufnahme. Telefon, E-Mail und Post. Was Lektoren von Ihnen wollen. Tipps zum Umgang mit Büchermenschen. Die Programmkonferenz. Was Sie interessant macht. Bestehende Kontakte nutzen. Realistische Erwartungen. Abhaken oder nachhaken? Wenn der Verlag sagt: »Im Prinzip ja, aber … «. Wie Sie mit Absagen umgehen.

11. Verlagsvertrag und Verhandlungen – Kein Buch mit sieben Siegeln

Wie die Konditionen der Verlage aussehen. Was verhandelbar ist und was nicht. Wie Sie beim Verhandeln vorgehen sollten. Nebenrechte. Urheber- / Verwertungsrechte. Welche Rechte hat der Autor? Privatanschrift oder Firma? Umsatzsteuerpflicht, VG Wort.

Teil 3: Schreiben – Die Manuskriptphase

12. Das Buch als Projekt – Effizientes Projektmanagement für Autoren

Zuerst das Konzept, dann der Vertrag, dann erst das Manuskript. Übers Drauflos-schreiben. Zeitmanagement. Puffer einplanen. Abstimmung mit dem Verlag. Möglich-keiten der professionellen Unterstützung beim Schreiben. Formatierung. Word & Co.

13. Die innere Haltung beim Schreiben – Schreiben ist nicht schwer, Autor sein dagegen sehr

Für sich selbst, für den Kollegenkreis oder für den Leser schreiben? Der imaginäre Leser. Über etwas schreiben oder von etwas schreiben? Leseransprache.

14. Schreiben wie ein Profi – Seitenweise wie geschmiert statt Sand im Getriebe

Professionelle Schreibtechniken. Journalistisches Rüstzeug. Genregerechtes Schreiben. Geschwindigkeit und Qualität.

15. Schreibblockaden – Wenn nichts mehr geht

Typen von Schreibblockaden. Blackout, Verbissenheit, Verkrampfung, Vermeidung und was dahintersteckt. Tipps und Tricks gegen Schreibblockaden. Rausgehen, Pausen, Ergonomie und Atmosphäre am Arbeitsplatz. Selbst durchbeißen oder auf Freunde hören? Das Thema beim Schopf packen oder drumherum kreisen.

Teil 4: Darüber schreiben lassen – Buch-PR und Vermarktung

16. Das Vermarktungskonzept – Klappern gehört zum Autorenhandwerk

Wie das Buch vom Verlag vermarktet und vertrieben wird. Was Autoren beitragen kön-nen und sollten. Was Standard ist, wozu der Verlag noch bereit sein könnte. Die blinden Flecken des Verlagsmarketings. Überlassen Sie die Vermarktung nicht dem Verlag alleine, aber stimmen Sie alles ab. Wie und wann Sie ein Vermarktungskonzept erstellen sollten.

17. Veranstaltungen – Der perfekte Auftritt Ihres Buches

Buchtaufe. Lesung. Lesereise. Präsentation und Verkauf auf Seminaren und anderen Auftritten. Das Seminar zum Buch. Das Exemplar im Kofferraum. Ihr Buch auf dem Tisch Ihres Kunden.

18. Internet – Das Buch als Virus im Netz

Ist Ihr Buch netzfähig? Netzwerkmarketing. Virales Marketing. Kostenloser Content. Die Website zum Buch. Newsletter-Marketing. Google AdWords. Foren. Weblogs. Profi-Unterstützung für Internetmarketing.

19. Zusätzliche PR – Ihr Buch als Story

Was Ihr Verlag nicht leisten kann. Externe Buch-PR-Agenturen. Radio-PR, TV. Interviews. Machen Sie sich keine Illusionen. Frei- und Multiplikatorenexemplare. Fokussierte Verteiler, thematische Nischen. Fachartikel.

Das nächste Buch – Strategisch publizieren (Schlusswort)

Anhang

B. Weiterführende Literatur

Delp, Ludwig: *Der Verlagsvertrag*. München: C.H. Beck, 8. Aufl. 2007

Deutsch, Volker / Tatjana Ellerbrock: *Titelschutz. Werktitel und Domainnamen*. München: C.H. Beck, 2. Aufl. 2004

Englert, Sylvia: *So finden Sie einen Verlag für Ihr Manuskript. Schritt für Schritt zur eigenen Veröffentlichung*. Frankfurt / Main: Campus, 6. Aufl. 2007

Kaplan, David Michael: *Die Überarbeitung. Wie Geschichten packender, Charaktere plastischer, Dialoge stärker und Beschreibungen anschaulicher werden. Ein Lehrbuch für Autoren*. Frankfurt / Main: Zweitausendeins, 2002

King, Stephen: *Das Leben und das Schreiben*. Berlin: Ullstein, 2006

Klug, Sonja: *Ein Buch ist ein Buch ist ein Buch. Der erfolgreiche Weg zum eigenen Sachbuch*. Zürich: Orell Füssli, 2002

Mendlewitsch, Doris: *Rund ums Buch. Ein Leitfaden für Autoren und Leser*. Münster: Deadalus, 3. Aufl. 2001

Meynecke, Dirk: *Von der Buchidee zum Bestseller. Für Autoren und alle, die es werden wollen*. Berlin: Ullstein, 2004

Perrin, Daniel: *Schreiben ohne Reibungsverlust. Schreibcoaching für Profis*. Zürich: Werd-Verlag, 1999

Plinke, Manfred: *Handbuch für Erstautoren. Wie ich ein Manuskript anbiete und den richtigen Verlag finde*. Berlin: Autorenhaus-Verlag, 6. Aufl. 2008

Plinke, Manfred: *Recht für Autoren*. Berlin: Autorenhaus-Verlag, 2. Aufl. 2002

Reinhardt, Klaus: *Vom Wissen zum Buch. Fach- und Sachbücher schreiben*. Bern: Huber, 2008

Röthlingshöfer, Bernd: *Kauf! Mich! Jetzt! Die besten Werbestrategien für Autoren und Selbstverleger.* Norderstedt: BoD GmbH, 2004

Röthlingshöfer, Bernd: *Marketeasing. Werbung total anders.* Berlin: Erich Schmidt, 2. Aufl. 2010

Scheuermann, Ulrike: *Wer reden kann, macht Eindruck – wer schreiben kann, macht Karriere. Das Schreibfitnessprogramm für mehr Erfolg im Job.* Wien: Linde, 2009

Schnetzler, Nadja: *Die Ideenmaschine. Methode statt Geistesblitz – Wie Ideen industriell produziert werden.* Weinheim: Wiley-VCH, 2006

Schwarz, Britta: *So verkaufen Sie Ihr Buch! Erfolgsstrategien und Marketing für Autoren und Selbstverleger.* Berlin: Autorenhaus-Verlag, 2. Aufl. 2004

Uschtrin, Sandra: *Handbuch für Autorinnen und Autoren.* München: Uschtrin Verlag, 7. Aufl. 2010

Zinsser, William: *Nonfiction schreiben. Reisebericht, Biografie, Kritik, Business, Fach- und Sachbuch, Wissenschaft und Technik.* Berlin: Autorenhaus-Verlag, 2007

C. Empfehlenswerte Websites

www.uschtrin.de
Informationen über Literaturbetrieb und Buchmarkt von *Sandra Uschtrin*, der Herausgeberin des *Handbuchs für Autorinnen und Autoren*, das über die Website auch bestellt werden kann. Gute Suchmöglichkeit nach Literaturagenten, die mit ihren jeweiligen Arbeitsschwerpunkten vorgestellt werden. (Siehe unter »der Literaturbetrieb« und dann »A – Agenturen«.)

www.litscage.com
Datenbank für die Suche nach Literaturagenturen und -scouts.

www.lektorat.de
Gute Suchmöglichkeit nach freien Lektoren, Ghostwritern und vielen anderen Dienstleistungsanbietern in der Buchbranche.

www.vfll.de
Website des *Verbands der Freien Lektorinnen und Lektoren (VFLL)* mit Suchmöglichkeit in einer Datenbank.

www.berndroethlingshoefer.typepad.com
Informative, ständig aktualisierter Blog des Marketingexperten und Buchautors *Bernd Röthlingshöfer* mit dem Schwerpunktthema Marketing mit kleinem Budget.

www.buchmarkt.de
Aktuelle Brancheninformationen.

www.buchreport.de

Online-Informationen des Branchenmagazins aus dem *Harenberg-Verlag*. Enthält unter anderem die aktuellen Listen für Sachbuchbestseller (Hardcover und Taschenbuch) sowie Wirtschaftsbestseller.

www.boersenblatt.net

Ständig aktualisierte Informationen der Zeitschrift *Börsenblatt* des *Börsenvereins des Deutschen Buchhandels*. Ein täglicher E-Mail-Newsletter mit Brancheninformationen kann kostenlos bestellt werden.

www.buecher.at

Internetauftritt des Hauptverbandes des *Österreichischen Buchhandels* mit verschiedenen Informationen. Link zum Branchenmagazin *Anzeiger*.

www.swissbooks.ch

Website des *Schweizer Buchhändler- und Verlegerverbands*. Ein E-Mail-Newsletter des Branchenmagazins *Schweizer Buchhandel* kann bestellt werden, ist jedoch anders als der Newsletter des deutschen *Börsenblatts* nur für die Abonnenten der Zeitschrift kostenlos.

www.buchmesse.de

Portal der *Frankfurter Buchmesse*. Bietet das ganze Jahr über aktualisierte Informationen. Recherchemöglichkeit nach Verlagen, Agenten und Dienstleistern. (Kurzinfo: Die *Frankfurter Buchmesse* findet alljährlich im Herbst statt und richtet sich vor allem an Fachpublikum aus aller Welt. Man trifft hier auch Lektoren und Programmleiter, deren Terminkalender allerdings prall voll sind. Beste Tage: Mittwoch und Donnerstag.)

www.leipziger-buchmesse.de

Website der *Leipziger Buchmesse*. Die übersichtliche Site ist zur Vorbereitung eines Messebesuchs gedacht. (Kurzinfo: Die *Leipziger Buchmesse* findet alljährlich im Frühjahr statt und richtet sich an breites Publikum. Man trifft an den Ständen eher die Vertriebsmannschaft als Lektoren und Programmleiter. Bester Tag: Freitag.)

www.amazon.de

Website des größten Online-Buchhändlers. Die umfangreiche Datenbank wird von Profis gern zur Marktanalyse benutzt. Unter »Bücher / Erweiterte Suche« kann man nach verschiedenen Kriterien suchen.

www.buchkatalog.de

Datenbank des Großhändlers *KNV Koch, Neff & Volckmar GmbH*. Zahlreiche Suchfunktionen.

www.ubka.uni-karlsruhe.de / kvk.html

Karlsruher Virtueller Katalog (KVK). Umfangreiche internationale Metasuche nach Büchern in Datenbanken der öffentlichen Bibliotheken und des Handels.

www.autorenforum.de

»Wissens-Portal für Autorinnen und Autoren« mit dem Newsletter *The Tempest*. Der Schwerpunkt liegt im Belletristikbereich, aber auch Autoren nichtfiktionaler Literatur finden Nützliches.

www.literaturnetz.com

Aktuelle Informationen für Autoren. Enthält unter anderem die Kontaktdaten zahlreicher Verlage.

D. Über den Autor

Oliver Gorus ist Gründer und Geschäftsführer der *Agentur Gorus*. Die Buchbranche und ihre Eigenheiten kennt er seit rund achtzehn Jahren und aus verschiedenen Perspektiven: Der gelernte Buchhändler arbeitete Anfang der 1990er in verschiedenen Buchhandlungen in Konstanz und Umgebung. Er kaufte im Hinterzimmer bei den Verlagsvertretern Novitäten und Backlist ein und verkaufte sie vorne im Laden: alle Arten von Büchern, vom wissenschaftlichen Lehrbuch über Sachbücher und Romane bis zum Comic. Danach bereiste er als Verlagsvertreter für einen internationalen Verlagskonzern Deutschlands Süden, die Schweiz und Österreich, betreute und beriet Buchhändler. Anschließend wechselte er ins Lektorat und leitete für einen Bonner Fachverlag ein modernes Wirtschaftsprogramm. 2002 machte er sich als Literaturagent selbstständig.

Die *Agentur Gorus* berät Persönlichkeiten, die in der Öffentlichkeit stehen. Unter anderem unterstützt sie Autoren von Sachbüchern, Fachbüchern und Ratgebern beim Publizieren – in allen Phasen, von der Idee über die Positionierung und Konzeption, die Verlagsvermittlung, die Manuskriptphase bis hin zur Vermarktung des fertigen Buches.

Mehr Informationen finden Sie unter *www.gorus.de*

Die Covey-Bibliothek

Stephen R. Covey, Bob Whitman
Führen unter neuen Bedingungen
ISBN 978-3-86936-050-8
€ 19,90 (D) / € 20,50 (A) / sFr 30,50

Stephen R. Covey
Die 7 Wege zur Effektivität
ISBN 978-3-89749-573-9
€ 24,90 (D) / € 25,60 (A) / sFr 37,90

Stephen R. Covey
Der 8. Weg
ISBN 978-3-89749-574-6
€ 29,90 (D) / € 30,80 (A) / sFr

S. M. R. Covey, R. R. Merrill
Schnelligkeit durch Vertrauen
ISBN 978-3-89749-908-9
€ 29,90 (D) / € 30,80 (A) / sFr 43,90

Stephen R. Covey
Die 7 Wege zur Effektivität für Familien
ISBN 978-3-89749-728-3
€ 29,90 (D) / € 30,80 (A) / sFr 43,90

Sean Covey
Die 7 Wege zur Effektivität für Jugendliche
ISBN 978-3-89749-663-7
€ 29,90 (D) / € 30,80 (A) / sFr

Stephen R. Covey
Die 7 Wege zur Effektivität
ISBN 978-3-89749-624-8
€ 49,90 (D) / € 50,40 (A) / sFr 81,00

Stephen R. Covey
Der 8. Weg
ISBN 978-3-89749-688-0
€ 59,90 (D) / € 60,50 (A) / sFr 96,90

Stephen R. Covey
Die 7 Wege zur Effektivität für Manager
ISBN 978-3-89749-890-7
€ 29,90 (D) / € 30,20 (A) / sFr 48,90

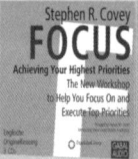

Stephen R. Covey, Stephen M. R. Covey,
Über Vertrauen
ISBN 978-3-86936-093-5
€ 29,90 (D) / € 30,20 (A) / sFr 48,90

Sean Covey
How to Develop Your Personal Mission Statement
ISBN 978-3-86936-092-8
€ 19,90 (D) / € 19,90 (A) / sFr 33,90

Stephen R. Covey
Focus: Achieving Your Highes Priorities
ISBN 978-3-86936-031-7
€ 29,90 (D) / € 30,20 (A) / sFr 48,90

Management – fundiert und innovativ

K. Friedrich, F. Malik, L. J. Seiwert
Das große 1x1 der Erfolgsstrategie
ISBN 978-3-86936-001-0
€ 24,90 (D) / € 25,60 (A) / sFr 42,90

Barbara Schneider
Fleißige Frauen arbeiten, schlaue steigen auf
ISBN 978-3-89749-912-6
€ 19,90 (D) / € 20,50 (A) / sFr 33,90

Hermann Scherer
Jenseits vom Mittelmaß
ISBN 978-3-89749-910-2
€ 49,00 (D) / € 50,40 (A) / sFr 78,90

Ralph Goldschmidt
Shake your Life
ISBN 978-3-86936-107-9
€ 29,90 (D) / € 30,80 (A) / sFr 48,90

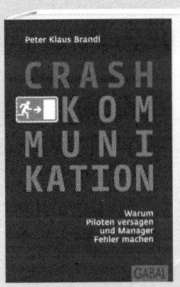

Peter Klaus Brandl
Crash Kommunikation
ISBN 978-3-86936-055-3
€ 24,90 (D) / € 25,60 (A) / sFr 42,90

Frauke Ion, Markus Brand
Motivorientiertes Führen
ISBN 978-3-86936-005-8
€ 29,90 (D) / € 30,80 (A) / sFr 48,90

H. Schäffner, S. Frädrich
So kommen Sie als Experte ins Fernsehen
ISBN 978-3-86936-002-7
€ 39,90 (D) / € 41,10 (A) / sFr 64,90

Friedbert Gay
Das DISG® Persönlichkeits-Profil
ISBN 978-3-89749-352-0
€ 34,90 (D) / € 35,90 (A) / sFr 56,90

Oliver Geisselhart
Kopf oder Zettel?
ISBN 978-3-89749-561-6
€ 29,90 (D) / € 30,80 (A) / sFr 48,90

Weitere Informationen finden Sie unter www.gabal-verlag.de

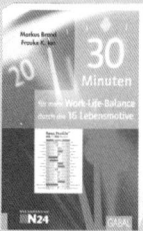